장애인복지론 6판

임종호 · 이영미 · 이은미 공저

Social Welfare for the Person with Disabilities (6th ed.)

학지사

6판 머리말

한국의 장애인복지 정책과 실천 현장은 서로 다른 15개 유형의 장애인들이 분출하는 욕구와 비례하여 늘 역동적이고 때론 아슬아슬하다. 장애 당사자들이나 부모들이 사회적 · 인권 중심의 패러다임으로 추가 기울어 가는 듯하더니, 이제 우리는 이러한 패러다임의 변화를 익숙한 틀로 받아들이게 되었다. 그럼에도 불구하고 장애인 관련 법과 정책이 선언하는 변화의 방향과 현실 간의 괴리는 여전하며, 그 간극에서 비롯되는 고통을 장애인과 장애인 가족이 고스란히 받아 내야 하는 것이 현실이다.

새 정부의 대선 당시 장애인 공약은 '장애인 당사자 중심 정책 · 서비스 결정체계 구축' '장애인 소득보장과 일자리 · 교육 기회 확대' '장애인 지역사회 자립생활 지원' '여성 · 고령 장애인 등 다중 차별 장애인 지원' '발달 · 정신장애인 국가책임제 실시' 등 5개 분야를 중심으로 제시되었다. 그러면서 "대한민국의 장애인정책은 완전히 달라져야 한다."라며 "장애인의 시선으로 세심하게 살펴 제도를 만들겠다."라고 강조했다. 아울러 "장애인과 그 가족이 떠안았던 책임을 국가와 사회가 제대로 나누겠다."라며 "장애인의 권리를 동등하게 보장하고 장애를 이유로 차별받지 않는 나라를 만들겠다."라고 덧붙였다.

이 책의 6판은 새 정부의 장애인 공약 및 최근의 변화 그리고 향후의 기대를 반영하고자 가장 최신의 실태조사 자료와 관련 통계, 주요 이슈와 과제를 바탕으로 내용을 수정 · 보완하여 출간하게 되었다. 전체 내용을 3부로 구분한 기존의 체계는 유지하되, 세부적으로 많은 수정을 거쳤다.

제1부는 제1장 '장애개념과 장애범주'(이영미), 제2장 '장애에 대한 이해'(이영미), 제3장 '장애인복지의 역사'(이영미), 제4장 '장애에 관한 이론적 접근'(임종호)으로 구성하였다. 제3장에서는 서구와 한국의 장애인복지 역사뿐 아니라, 국제장애운동과 한국의 장애운동을 구체적으로 다루었다. 개정의 주안점으로는 제2장은 2023년 장애인실태조사 결과를 중심으로 수정하였고, 제3장도 새롭게 제정된 관련 법률들을 추가하였다.

제2부는 제5장 '생애주기적 접근과 장애'(이영미), 제6장 '장애 유형별 특성 및 등록'(임종호), 제7장 '장애인복지 정책과 관련법'(임종호), 제8장 '장애인복지서비스 전달체계'(임

종호), 제9장 '장애인복지시설에 대한 이해'(이은미)로 구성하였다. 특히 제5장에서는 제도 시행 10년이 지난 성년후견제에 대한 찬반 의견과 개선 과제를 추가하였으며, 제6장에서는 장애 유형을 보다 단순하고 일목요연하게 구성하였다. 제8장에서는 장애인복지 서비스 전달체계를 통한 한국의 복지 체계의 시사점을 살펴보았으며, 제9장에서는 장애인거주시설에 새롭게 추가된 독립형 주거서비스 제공기관에 대해 소개하였고, 장애인복지시설의 새로운 유형으로 편입된 피해장애인쉼터에 대해서도 다루었다.

제3부는 제10장 '장애인복지 핵심 이슈에 대한 이해 1'(이은미)에서 장애와 고령화, 장애와 가족, 장애와 여성에 대해 다루었고, 제11장 '장애인복지 핵심 이슈에 대한 이해 2'(이은미)에서는 장애인 접근권, 장애와 보조기술, 장애인과 유니버설디자인에 대해 설명하였다. 제12장 '세계의 장애인복지'(이은미)에서는 세계의 장애 관련 통계를 최신화하였고, 특히 전 세계 주요 국가들의 장애인고용 및 교육에 대해 중점적으로 다루었다. 제13장 '장애인복지의 실천 과제'(임종호)도 새 정부의 장애인 공약 키워드를 중심으로 새롭게 수정하였다.

이 책은 매 개정판마다 기존의 틀과 중심 내용은 유지하면서도, 최대한 최신의 통계와 자료를 제공하고자 노력해 왔다. 특히 학생들이 쉽게 이해하고 따라갈 수 있도록 각 장마다 유용한 사이트, 관련 동영상, 책, 관련 기사 등을 새롭게 제시하였다.

이 책이 장애인복지에 관심이 있는 독자들과 관련 과목을 수강하는 학생들에게 유용하게 활용되기를 기대하며, 앞으로도 부족한 부분은 지속적으로 보완하고 새롭게 다루어야 할 부분은 놓치지 않고 추가해 나가고자 한다. 이러한 과정에서 독자 여러분의 관심과 애정이 담긴 비판과 조언을 기대해 본다.

끝으로, 이 책이 6판까지 출간될 수 있도록 15년 동안 서로 존중하고 신뢰하며 협력해 온 저자들에게 감사의 인사를 전한다. 아울러, 이 책이 출간되기까지 항상 깊은 관심을 가지고 여러 면에서 배려해 주시고 도와주신 학지사 김진환 사장님께 감사드리고, 꼼꼼하고 정확한 편집을 위해 수고를 아끼지 않으신 유은정 선생님께도 깊은 감사를 드린다.

2025년 8월

저자 일동

1판 머리말

올해로 장애인의 날이 제정된 지 30년이 된다. 강산이 세 번 변하는 동안 장애인복지는 급속한 발전을 거듭하였다. 장애인의 활동보조 제도화, 장애인연금의 도입, 저상버스 도입과 특별운송수단인 장애인콜택시 도입, 장애인을 비롯한 교통약자 편의증진법 제정, 장애인차별금지법 제정, 장애인장기요양보험제도 시범사업 등은 굵직한 성과물이다. 더욱이 재활 모델에서 자립생활 모델로의 변화 시도, 장애인 당사자의 적극적인 권익보장 및 지역사회 통합을 전제로 하는 정책 방향 등 장애인복지에 대한 패러다임도 많이 바뀌었다. 그러나 실제 장애인복지 실천현장에서는 번듯한 하드웨어보다는 문제를 해결할 수 있는 내실 있는 실천방안과 장애인의 피부에 직접 와닿는 소프트웨어가 절실하다.

이 책은 장애인복지를 전공한 저자들이 장애인복지 실천현장에서 현존하는 장애인문제를 심각하게 직시하면서, 장애인복지에 관심을 가지고 지난 몇 년 동안 수집한 자료를 바탕으로 구성하였다. 특히, 사회복지 전공자는 물론 부전공자, 일반 대학생이나 장애인복지 실무자 등을 대상으로 장애인복지에 대한 개괄적인 안목을 부여하기 위한 목적으로 집필하였다.

최근에 '장애인복지론'은 대부분의 대학에서 전공필수에 버금가는 중요한 교과목으로 여겨지고 있다. 특히, 등록장애인 200만 명이 넘는 시점에서 장애인복지 정책과 서비스는 국민생활에 필수적인 요소다. 이에 따라 사회복지 분야에서 '장애인복지론'이 중요한 과목으로 자리매김하고 있다는 것은 주지의 사실이다.

이 책의 내용은 학생과 독자가 장애인복지에 대해 포괄적이고 체계적이며 쉽게 이해할 수 있도록 구성하는 데 역점을 두었다. 과거 '장애인복지론' 교재에서 나타난 과다한 의료용어 사용이나 재활 모델에 입각한 재활 서비스를 지양하고, 현재 장애인계의 요구를 담은 이슈와 과제를 중심으로 기술하였다. 이에 전체를 3부로 구분하여 '장애인복지에 관한 총론적 이해' '장애인복지 실천과 정책' '장애인복지의 핵심 이슈와 과제'로 구성하였다.

제1부 '장애인복지에 관한 총론적 이해'에서는 제1장 장애에 대한 이해(이영미), 제2장 장애개념과 장애범주(이영미), 제3장 장애인복지의 역사(이영미), 제4장 장애에 관한 이론적 접근(임종호)으로 구성하여 제시하였다.

제2부 '장애인복지 실천과 정책'에서는 제5장 생애주기 접근과 장애(이영미), 제6장 장애 유형별 특성(임종호), 제7장 장애인복지 정책과 관련법(임종호), 제8장 장애인복지 서비스와 전달체계(임종호), 제9장 장애인복지시설에 대한 이해(이은미)로 구성하여 제시하였다.

제3부 '장애인복지의 핵심 이슈와 과제'에서는 제10장 장애인복지 핵심 이슈에 대한 이해 1(이은미), 제11장 장애인복지 핵심 이슈에 대한 이해 2(이은미), 제12장 장애운동(이은미), 제13장 장애인복지의 실천적 과제(임종호)로 구성하여 제시하였다.

저자들이 독자에게 유익한 '장애인복지론'을 제공하기 위해 가능한 한 최근의 자료를 제시하고 현장의 목소리를 담으려고 노력하였음에도 지적 한계와 시간적 제한으로 미흡한 부분이 많음을 솔직히 고백하지 않을 수 없다. 독자 여러분의 비판적 충고와 넓은 학문적 가르침을 진심으로 기대한다.

이 책을 출간함에 있어서 먼저 저자들이 서로 존중하고 신뢰하는 가운데 좋은 결실을 맺게 된 것에 감사의 인사를 전한다. 끝으로 이 책의 출판을 적극적으로 맡아 주신 학지사의 김진환 사장님, 출판을 위해 많은 협조와 수고를 아끼지 않으신 영업부의 한승희 차장님, 이규환 대리님, 편집부의 최임배 전무님, 이근호 님께도 깊은 감사를 드린다.

2010년 8월

저자 일동

차례

제2부

장애인복지 실천과 정책

제1부

장애인복지에 관한 총론적 이해

제1장

장애개념과 장애범주

학습개요

장애의 개념은 그 사회에서 어떤 장애인을 대상으로 서비스를 제공할 것인가에 대한 합의와 사회적 · 경제적 · 문화적 환경에 기반하여 정의될 수밖에 없다. 이러한 장애의 개념은 사회에 따라서 상대적으로 정의되며, 시대의 변천과 사회복지의 발전에 따라 많은 영향을 받게 된다. 따라서 이 장에서는 장애에 대한 관점과 시각을 바탕으로 장애개념 모델을 고찰해 보며, 장애개념에 대한 국제적인 변화 추세와 각 국가별 장애의 정의와 범주를 비교하여 살펴보고자 한다.

학습목표

- 장애의 개념을 이론적으로 고찰하고 이해한다.
- 장애개념에 대한 국제적인 변화 추세를 알아보기 위해 세계보건기구의 장애개념 변화에 대해 알아본다.
- 국가 간의 장애에 대한 정의의 범위를 비교하여 살펴본다.

1. 장애개념

1) 장애와 장애인의 정의

장애라는 용어는 다양하게 규정되어 한마디로 정의하기가 어렵다. 장애는 의학적 · 법적 · 사회적 관점에 따라 다양하게 정의될 수 있으며, 시대별 · 국가별 · 학자별로 다르게 정의된다. 장애인에 대한 정의를 보면 「장애인복지법」 제2조에서는 "장애인이란 신체적 · 정신적 장애로 오랫동안 일상생활이나 사회생활에서 상당한 제약을 받는 자"로서 "대통령령이 정하는 장애의 종류 및 기준에 해당하는 자"라고 정의하고 있다. UN의 '국제장애인권리협약'(2006) 제1조에서는 "장애인은 다양한 장벽과의 상호작용으로 다른 사람들과 동등한 조건으로 완전하고 실질적인 사회참여를 저해하는 장기간의 신체적 · 정신적 · 지적 또는 감각적인 손상을 가진 사람을 포함한다."라고 정의하고 있다.

우리나라에서는 과거에 장애를 가진 사람을 폐질자(廢疾者), 병신, 불구자라고 불렀으며, 시각장애인은 장님, 소경, 봉사로 부르고, 청각장애인은 귀머거리, 지적장애인은 백치, 지체장애인은 절름발이 등으로 불렀다. 우리가 무심코 사용하는 호칭에는 장애인을 어떻게 생각하는지에 대한 관점이 들어가 있다. 이러한 호칭은 장애인에 대한 대외적인 의식 형성에 큰 역할을 하며 장애인에 대한 편견을 만들어 낸다. 따라서 장애인에 대해 올바른 호칭을 사용하는 것이 중요하다.

현재 장애를 가진 사람을 표현할 때 가장 보편적으로 사용되는 용어는 '장애인'이다. 1981년 「심신장애자복지법」이 제정될 당시에는 일본에서 사용하고 있는 장해자(障害者)를 빌려 와서 장애자로 사용하였다. 그러나 자(者)의 의미가 부정적이라는 비판에 따라 1989년에 법률 이름을 「장애인복지법」이라고 개정하면서 현재는 장애인이라는 호칭을 사용하고 있다(권선진, 2007).

『표준국어대사전』에 따르면 장애(障碍)는 "어떤 사물의 진행을 가로막아 거치적거리게 하거나 충분히 기능을 하지 못하게 함. 또는 그런 일"을 뜻하며, 장해(障害)는 "하고자 하는 일을 막아서 방해함. 또는 그런 것"으로 되어 있어 의미상으로는 큰 차이가 없다고 할 수 있다. 이 외에도 장애는 "신체 기관이 본래의 제 기능을 하지 못하거나 정신능력에 결함이 있는 상태"를 의미하여, 사회복지 분야에서는 장애를 일반적으로 많이 사용하고 있다. 하지만 「산업재해보상보험법」 「자동차손해배상보장법」 등에서는 아직도 장해라는 용어를 장해등급, 장해급여 등으로 사용하고 있다.

영어로 장애인을 표현할 때는 신체적 혹은 정신적 결함이 있다는 'handicapped'라는 표현보다는 긍정적인 용어인 'the person with disability(장애를 가진 사람)'를 사용해야 하는데, 이러한 표현에서 중요한 것은 장애가 아니라 사람을 강조하고 있다는 점이다. 사람들은 각각 생김새와 개성이 다르므로 장애도 이러한 개인의 특성의 일부로 받아들여야 한다는 것이다(권선진, 2007).

2) 장애의 개념적 접근

장애와 장애인에 대한 관점이나 인식을 바탕으로 장애개념과 이론적 패러다임을 구성하는 모델은 지금까지 개별적인 의료적 모델과 사회적 모델로 나뉘어 설명되어 왔다. 그러나 이렇게 장애에 대한 두 모델을 대립시키는 이분법적인 분류는 너무 단순하며 장애를 적절히 설명하는 데 한계가 있다. 이러한 비판에 대한 대안으로 장애의 복합성을 반영하여 개별적 모델과 사회적 모델, 유물론적 설명과 관념론적 설명을 서로 교차시켜 설명하는 프리스틀리(Priestley, 2003)의 다중 모델에 대해서 살펴보자.

(1) 이분법적 분류

장애에 대한 개별적 모델(individual model)은 의료적 모델이라고도 하는데, 다음과 같은 특징을 가지고 있다. 첫째, 장애문제가 발생하는 위치가 개인이라는 것이다. 둘째, 문제의 원인이 기능적 제한(impairment)이나 심리적 상실에서 기인한다는 것이다. 이 관점은 장애는 불행한 개인에게 무작위적으로 발생하는 사건이라는 개인적 비극이론을 구성한다(Oliver, 1996). 개별적 모델은 개별적 치료와 전문가의 지원, 훈련과 통제 등을 통해 개별적인 사회 적응을 목적으로 하기 때문에 치료나 재활 관련 전문가의 역할이 절대적이다. 개별적 모델은 다음과 같은 비판을 받아 왔다. 첫째, 장애의 사회적 맥락을 고려하지 못했다는 점이다. 개별적 모델은 다양한 환경에 따른 손상의 결과에 차이가 나타나는 것을 설명하지 못한다. 환경에 따른 손상의 결과가 장애인 개인에게 더 심각한 영향을 미칠 수도 있고, 덜 미칠 수도 있다는 사실을 충분히 설명하지 못한다. 장애인에게 완벽하게 맞는 환경이 제공된다면 생리학적 손상이 있어도 장애가 있다고 할 수 없는 경우가 있다는 것이다(이선우, 2009). 둘째, 개별적 모델은 장애인의 생물학적 결함을 강조함으로써 장애인이 사회적으로 열등하다고 추정하게 만든다(김경미, 김미옥, 2006). 신체적

표 1-1 **개별적 모델과 사회적 모델의 비교**

개별적 모델	사회적 모델
개인적 비극이론	사회억압이론
개인적 문제에 관심	사회적 문제에 관심
개별적 치료	사회적 행동
의료화	자조
전문가의 지배	개별적 · 집합적 책임
개별적 정체성	집합적 정체성
목표에 대한 전문가의 통제	장애인의 목표 선택
개별적인 적응	사회변화
환자 보호	소비자의 권리

출처: Oliver, M. (1996). *Understanding disability-from theory to practice* (p. 34). Martin's Press.

손상은 비정상과 동등하다는 생각을 확산시키고, 정상이라는 개념에 집착함으로써 정상에 대해서만 관심을 기울이게 되어 사회의 다양성을 저해할 가능성이 커진다.

한편, 사회적 모델은 장애를 사회적 억압에서 비롯된 문제로 간주하는 관점으로, 사회환경의 문제를 중시하는 사회행동 모델 또는 환경중심 모델이라고 할 수 있다. 사회적 모델에서 장애는 장애인에 대한 제한을 함축하는 모든 것이며, 장애인의 욕구를 사회 내에서 수용하고 적합한 서비스를 제공하는 데 사회가 실패했음을 의미한다. 사회의 실패에 대한 결과는 무작위적으로 개인에게 주어지는 것이 아니라, 사회에서 체계화되고 제도화된 차별로 장애인 집단에게 전달된다는 것이다(김용득, 김진우, 유동철, 2007). 사회적 모델에서는 사회행동을 통한 사회변화를 이루기 위해 장애인이 집합적 주체가 될 것을 요구한다.

사회적 모델도 다음과 같은 비판을 받아 왔다. 첫째, 장애인이 경험할 수 있는 심리적 고통이나 개개인의 독특한 개별성을 무시하고 있다는 점이다. 개별적 모델을 옹호하는 사람들은 사회적 모델이 손상이나 곤경을 병적으로 부인하고 있다고 주장하였다(김경미, 김미옥, 2006). 둘째, 사회적 모델은 보완되어야 할 부분이 많다는 점이다. 우선, 사회적 모델에서 주장하는 사회적 억압이나 차별과 관련된 과정이나 구조를 일상의 수준과 국가의 수준에서 자세하게 검토해야 할 필요가 있으며, 사회 조건을 바꾸면 장애가 사라지는 것도 과장된 측면이 있다는 것이다. 일부 장애인은 사회적 환경이 개선되어도 여전히 사회생활을 하기 어려운 상태라고 할 수 있기 때문이다(이선우, 2009).

(2) 다중 모델: 장애에 대한 네 가지 접근

프리스틀리(M. Priestley)는 장애에 대한 이분법적인 분류가 너무 단순하며 장애를 적절히 설명하는 데 한계가 있다는 비판에 대한 대안으로서 개별적 모델과 사회적 모델을 각각 유물론과 관념론이라는 차원으로 다시 분류하여 네 가지 접근으로 구분한 다중 모델을 제시하였다(Priestley, 1998, 2003). 프리스틀리의 다중 모델은 장애라는 사회현상과 그와 관련된 서비스를 분석하기 위한 유용한 도구다(김경미, 김미옥, 2006; 김정우, 박경수, 2005).

첫째, 개별적-유물론 접근에서 장애는 개인의 물질적 조건에서 나타나는 신체적 손상 또는 개인적 비극의 산물로 간주된다. 분석의 단위는 손상된 신체이며, 분석 방법은 변량적 경험주의(variate empiricism)다. 이 접근에서는 손상을 최소화하고, 손상을 입었을 경우 정상에 가깝게 재활시키는 것을 목표로 한다. 이 접근에서 제공하는 서비스 영역으로는 물리치료, 재활 · 약물 개발, 수술, 보조기기 지원, 장애 예방 등이 해당된다.

둘째, 개별적-관념론 접근에서 장애는 개인적 경험의 산물이자 개인 간에 이루어지는 사회적 역할의 협상을 통한 산물로 정의되며, 분석의 단위는 정체성과 개인의 경험이다. 이 접근에서는 손상에 대한 장애인의 적응과정이나 장애인에 대한 비장애인의 태도, 낙인 등을 연구한다. 이 접근에서 제공하는 서비스 영역으로는 손상에 대한 심리적 문제 해결, 지역사회 중심의 주거, 통합교육, 직업재활, 여가, 자활 등이 해당된다.

셋째, 사회적-유물론 접근에서 장애는 역사적으로 정치나 경제의 발달에 따라 야기되는 물질적인 권력의 관계로 간주된다. 산업화와 자본주의가 발달함에 따라 장애가 야기되며, 억압이나 차별이 장애를 생산한다. 이 접근에서는 억압이나 차별을 만드는 사회구조, 장애를 만드는 장벽(disabling barriers)을 변혁시키는 것이 가장 중요하다. 따라서 분석의 단위는 장애를 만드는 물리적 · 구조적 · 제도적 장벽이다. 이 접근에서 제공하는 서비스 영역으로는 이동권 · 정보접근권 · 인권 확보, 제도적 차별금지 운동, 자립생활 운동 등이 해당된다.

넷째, 사회적-관념론 접근에서 장애는 특정한 문화적 맥락에서 발전하는 사회의 관념론적 산물로 여겨진다. 장애는 사회적 구성물(construct)이며, 분석의 단위는 문화적 표상(cultural representations)이다. 문화적 상대주의에 기초하고 있는 이 접근에서는 사회적 낙인과 역할기대가 장애 구성에 주요 요인이 된다. 이 접근에서 제공하는 서비스 영역으로는 사회적으로 가치 있는 역할(SRV) 수행 지원, 차별문화를 없애기 위한 인권교육과 장애인 인식 개선 사업, 사회적 편견 감소를 통한 사회 통합, 장애를 유발하는 문화 개선

표 1-2 다중 모델에 대한 설명

구분	개별적-유물론	개별적-관념론	사회적-유물론	사회적-관념론
장애	생물학적 결정, 개인적 비극의 산물	개인적 경험과 개인 간의 사회적 역할 협상의 산물	정치경제, 가부장제 하에서 연원하는 물질적 권력관계	사회적 구성물
분석의 단위	손상된 신체	정체성과 개인의 경험	장애를 만드는 물리적 · 구조적 · 제도적 장벽	문화적 표상
방법론	경험주의			
비고	사회적 문제에 대한 생물학적 · 의료적 접근의 부적절한 적용	지나치게 해석적	장애인의 불이익을 개인의 신체적 손상에서 찾는 가정과 근본적으로 결별하지 못함	사회적-관념론을 지지하기 위해 사회적-유물론을 참조하기로 함

출처: Priestley, M. (1998): 김경미, 김미옥(2006)에서 재인용.

사업 등이 해당된다.

이 네 가지 접근은 장애의 복합성(complexity)을 보여 주는 것으로서 절대적으로 상호 배타적인 관계에 있기보다는 서로 중첩되어 있다는 것이다. [그림 1-1]과 같이 상호 중복적인 접근으로 장애를 이해하는 것이 장애를 이해하는 데 더 유용한 틀이 될 수 있다(Priestley, 2003).

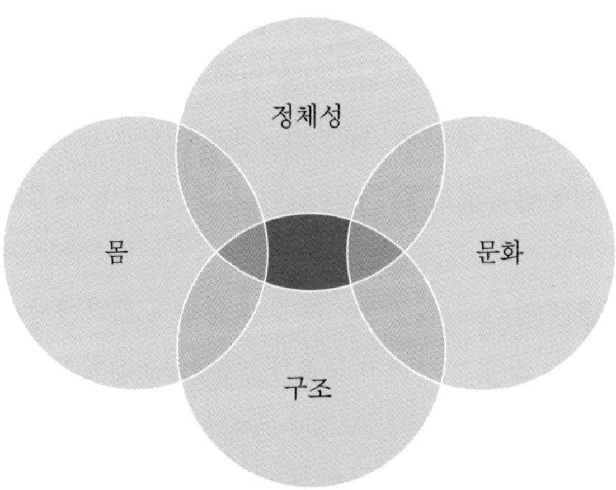

[그림 1-1] 장애의 복합성

출처: Priestley, M. (2003). *Disability: A life course approach* (p. 17). Polity Press.

2. 장애개념의 분류

장애의 개념은 다양한 수준의 장애개념이 혼재되어 있는 상태로 시대의 변천과 사회의 발전과 함께 장애에 대한 개념도 변화하고 있다. 세계보건기구(WHO)에서는 장애의 개념을 전 세계에서 사용할 수 있는 범주로 분류하고자 노력해 왔으며, 장애 패러다임의 변화에 따라 이를 반영한 새로운 장애개념과 분류기준을 제시하고자 노력해 왔다. 장애 개념의 변화 경향은, 첫째, 장애 당사자의 자기결정과 선택에 대한 강조, 둘째, 장애를 규정하는 개념이 단순 모델에서 복합 모델로 전환, 셋째, 장애의 개념 규정에서 환경적 요인을 점차 강조, 넷째, 긍정적인 용어 사용을 강조하고 있는 점 등으로 요약할 수 있다(김용득, 2002).

1) ICIDH

1980년에 세계보건기구에서는 국제장애분류(International Classification of Impairments, Disabilities, and Handicaps: ICIDH)라고 하는 장애에 관한 개념적 틀을 발표하고 이 분류기준을 적용할 것을 권장하였다. ICIDH는 장애의 개념을 세 차원으로 설명하고 있다.

첫째, 손상(impairment)은 심리적 · 생리적 · 해부학적 구조나 기능의 손실 또는 비정상성을 말한다. 이는 손실을 포함한다는 의미에서 질병에 비해 더 포괄적인 개념이다. 손상은 일시적 또는 영구적 손실이나 비정상이 특징이며, 사지, 기관, 피부 또는 정신적 기능체계를 포함한 신체의 구조적 비정상, 결손 또는 손실의 발생이나 존재를 포함하는 것으로 병리적 상태가 외재화된 것을 의미한다.

둘째, 능력장애(disability)는 손상에서 야기된 것으로서 인간에게 정상적인 것으로 간주되는 범위 내에서 또는 그러한 방식으로 활동을 수행하는 능력의 제약이나 결여를 뜻한다. 능력장애는 일상적으로 기대되는 활동 수행 및 행동의 과다 또는 결핍이 특징이다. 능력장애는 손상의 직접적 결과로서, 또는 신체적 · 감각적 또는 기타 손상에 대한 개인적 반응으로서 일어날 수 있다. 즉, 손상이 객관화된 것을 의미하며, 신변처리나 일상생활의 활동 수행에서의 장애를 포함한다.

셋째, 사회적 불리(handicaps)는 손상이나 능력장애로부터 야기된 것으로, 사회문화적 요인에 따른 정상적인 역할의 수행을 제약받거나 방해받는 개인의 불이익을 의미한다.

표 1-3 ICIDH에 의한 장애개념

개념	의미	차원
손상	임상적인 질병을 다른 사람이 인식할 수 있게 되었다. 즉, 일반 타인이 개인의 어떤 '비정상성'을 인식하였다.	신체적 차원
능력장애	활동상 능력제한이 발생하였다. 즉, 개인적인 차원에서 활동수행 능력이 감소되었다.	개인적 차원
사회적 불리	개인의 활동상의 능력제한에 대하여 사회적 참여의 제한이라는 사회적 반응이 발생하였다. 즉, 개인은 다른 사람에 비해 불리한 상황에 처해졌다.	사회적 차원

출처: WHO (1980). *ICIDH: International classification of impairments, disabilities and handicaps*. Author.

사회적 불리는 가치가 규범에서 분리될 때 한 개인의 상황 또는 경험에 부여된 가치와 연관된 것이다. 이는 손상이나 능력장애가 사회화된 것을 의미하며, 이로 인해 야기된 개인에 대한 사회적·문화적·경제적·환경적 결과를 반영한다. 따라서 사회적 불리는 생존 역할이라고 규정될 수 있는 것을 유지하는 능력에 방해를 받을 때 발생한다. 사회적 불리의 분류는 동일한 연령의 다른 사람들에 비해 장애를 가진 사람을 상대적으로 불이익에 처하게 하는 상황에 대한 분류라고 할 수 있다.

ICIDH의 세 차원은 1차 장애, 2차 장애, 3차 장애라고도 불리며, 시간적으로 연속적 관계에 있다. 어떤 질병으로 손상이 발생하고, 손상이 활동능력에 제약을 가져오면 능력장애가 발생하며, 능력장애가 사회적 불이익을 초래할 때 사회적 불리라고 한다. 세 차원에 대한 정책적 행동지침 및 대안으로는 1차적 손상은 예방, 2차적 능력장애는 재활, 3차적 사회적 불리는 기회의 균등화로 제시하고 있다.

2) ICIDH-2

장애의 개념에서 개별적 차원 외에 사회환경적 접근이 강조되기 시작하면서 세계보건기구에서는 ICIDH를 수정하여 1997년에 새로운 분류기준인 ICIDH-2를 발표하였다. ICIDH가 건강상태에 따라 손상, 능력장애, 사회적 불리가 일직선상에서 발생하는 것이라고 보는 것과 달리, 이 새로운 분류의 특징은 환경과의 상호 관계성 속에서 보다 포괄적으로 장애를 규정하는 것이라고 할 수 있다. ICIDH-2는 장애를 손상(impairment), 활동(activities), 참여(participation)로 설명하면서 손상과 활동은 개별적 모델의 개념을, 참

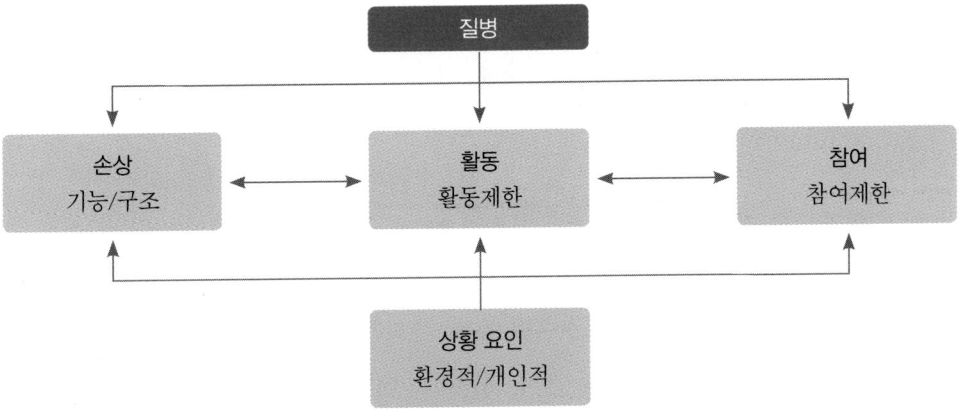

[그림 1-2] ICIDH-2

출처: Priestley, M. (2003). *Disability: A life course approach* (p. 17). Polity Press.

여와 상황 요인(contextual factors)은 사회적 모델의 개념을 제시한다.

ICIDH-2의 구성 요소를 구체적으로 살펴보면, 손상은 신체 구조나 물리적 · 심리적 기능상의 상실이나 비정상성을 의미한다. 손상의 차원은 신체 기능 또는 신체 구조와 관련된 것으로, 이러한 기능상의 제한, 신체 혹은 신체 부분의 기본적인 기능을 수행하는 데 따르는 불능을 손상이라고 한다.

활동 및 활동제한의 경우 일상의 과업에서 기대되는 개인의 통합된 활동으로서 단순

표 1-4 ICIDH-2에 의한 장애개념

구분	손상	활동	참여	상황 요인
기능의 수준	신체 (신체의 부분)	개인 (전체로서의 개인)	사회 (사회와의 관계)	환경적 요인 (기능에 영향을 미치는 외적 요인) 개인적 요인 (기능에 영향을 미치는 내적 요인)
특징	신체 기능 신체 구조	개인의 일상활동	상황에서의 관련	신체적 · 사회적 · 태도적 측면의 실제
긍정적 측면	기능적 · 구조적 통합	활동	참여	촉진 요소
부정적 측면	손상	활동제한	참여제한	장벽, 어려움

출처: WHO (1997). *ICIDH-2: International classification of impairments, activities and participation. A manual of dimensions of disablement and functioning. Beta-1 draft for field trials*. Author.

한 행위의 차원을 넘어 그 이상의 것과 관련이 있다. 예를 들어, 보기 · 듣기 · 인지하기, 학습 · 지식적용 · 과업완수, 의사소통, 운동, 이동, 일상생활, 대인활동, 특정 상황에 대한 반응과 처리, 보조적 도구 · 기술적 원조 등을 포함한다. 참여 및 참여제한은 상황적 맥락에서 개인의 참여 정도, 참여를 촉진하거나 방해하는 사회적 반응을 의미한다. 참여는 환경과 장애인 간의 복잡한 관계와 상호작용으로 규정될 수 있다. 따라서 참여는 생태학적이고 환경적인 모형에 의한 것이다. 이에 해당하는 세부 분류는 개인적인 유지와 보호의 참여, 이동성의 참여, 정보교환의 참여, 사회적 관계의 참여, 교육 · 노동 · 레저와 정신적 영역의 참여, 경제생활의 참여, 지역사회 생활의 참여다(김용득 외, 2007).

3) ICF

세계보건기구에서는 2001년에 ICIDH-2에 제시된 내용을 계승하면서 분류체계와 언어사용을 보다 긍정적이고 환경지향적인 맥락에서 수정한 ICF(International Classification of Functioning, Disability, and Health)를 발표하여 세계적으로 통용될 수 있도록 승인하였다.

결국 ICF는 장애를 가지고 있는 사람들에 제한되어 적용될 수 있는 것이 아니라 모든 사람의 건강에 관련된 요소들을 설명해 줄 수 있는 보편적인 적용이 가능한 틀이라고 할 수 있다.

ICF는 크게 두 영역으로 나뉘는데, 첫 번째 영역은 기능과 장애이며, 두 번째 영역은 상황 요인이다. 각각의 영역은 다음과 같은 두 가지 요소로 구성된다.

첫째, 기능과 장애 영역의 구성 요소는 신체 기능과 구조, 활동과 참여로 구성된다. 신체 기능은 육체의 심리학적 기능을 포함하는 생리학적 기능을 말하며, 신체 구조는 신체 내부기관, 팔, 다리 및 그 구성 요소의 해부학적 부분을 말한다. 손상은 신체 기능과 구조에 발생한 심각한 변형 또는 손실과 같은 문제를 말한다. 활동은 과업 또는 행동의 실행을 의미한다. 참여는 생활상황에 개입하는 것을 말한다. 활동제한은 활동을 수행하는 데 부딪히는 어려움을 말한다. 참여제한은 생활상황에 개입하면서 겪는 문제를 말한다.

둘째, 상황 요인의 구성 요소는 환경적 요소와 개인적 요소로 나뉜다. 환경적 요소는 기능과 장애의 모든 구성 요소에 영향을 미치며, 개인의 가장 직접적인 환경에서 일반적인 환경 순으로 정리되어 있다. 환경적 요소는 사람이 살고 생활을 영위하는 물리적 · 사회적 · 인지적 환경을 구성한다. 이 요소는 사회의 인식, 건축물의 이용불편 요소 등과 같은 개인의 외적 요소다. 환경적 요소는 사회의 구성원으로서 그 개인의 수행, 행동 및

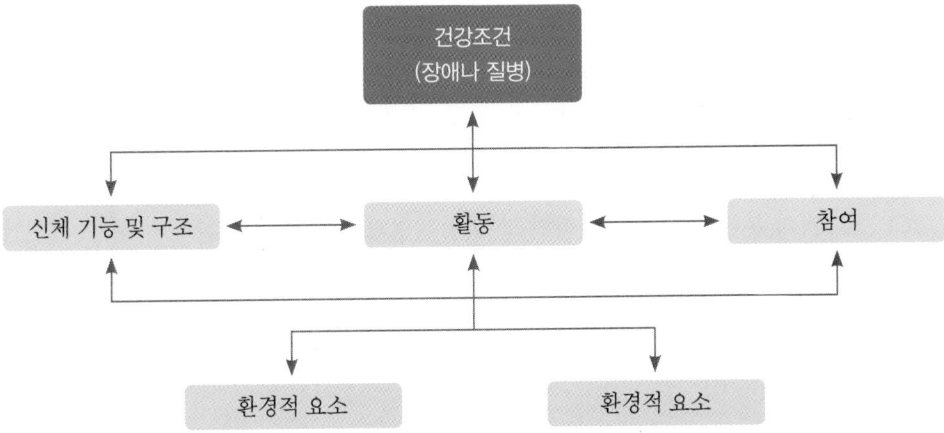

[그림 1-3] ICF 구성 요소 간의 상호작용 관계

출처: WHO (2001). *ICF: International classification of functioning, disability and health*. Author.

과업을 실행하는 능력, 신체 기능 또는 구조에 긍정적 또는 부정적 영향을 미칠 수 있다. 개인적 요소는 개인의 삶과 생활의 특정한 배경이며, 건강상태의 일부분이 아닌 개인의 특성을 구성한다. 이 요소는 성, 연령, 인종, 습관, 대처양식 등의 개별 특성을 말한다.

표 1-5 ICF에 의한 장애개념

구분	영역 1: 기능과 장애		영역 2: 상황적 요인	
구성 요소	신체 기능 및 구조	활동과 참여	환경적 요소	개인적 요소
영역	신체 기능 신체 구조	생활 영역 (과업, 행동 등)	기능과 장애에 영향을 미치는 외적 영향력	기능과 장애에 영향을 미치는 내적 영향력
구성물	신체 기능의 변화 (생리학) 신체 구조의 변화 (해부학)	표준환경에서의 과제수행 능력, 현재 환경에서의 과제수행 정도	물리적·사회적·인지적 측면에서 촉진 또는 방해하는 힘	개별 특성에 의한 영향
긍정적 측면	기능적·구조적 통합성	활동과 참여	촉진 요소	해당 없음
	기능			
부정적 측면	손상	활동제한 및 참여제한	장벽/방해물	해당 없음
	장애			

자료: WHO (2001). *ICF: International classification of functioning, disability and health*. Author.

ICF는 장애에 대한 개별적 모델과 사회적 모델의 통합을 위한 노력의 결과라고 할 수 있으며, 국제질병분류체계인 ICD(International Classification of Diseases)−10과 병행해서 상호 보완적으로 사용하도록 만들어졌다. ICD−10은 질병의 진단에 초점을 두고 있지만, ICF는 기능에 대한 풍부한 정보를 제공하도록 되어 있다(ICF 한국번역출판위원회, 2003).

ICF는 과거의 분류와 달리 개인적인 장애나 질병과 상황적 맥락(환경적 요소와 개인적 요소)과의 상호작용에 의해 기능과 장애를 설명하고자 하는 틀이다. 즉, 특정 영역에서 개개인의 기능 수준은 건강상태와 상황적 맥락의 상호작용의 결과라고 본다.

3. 장애범주

1) 우리나라의 장애범주

장애범주는 그 나라의 정치적 · 사회적 · 경제적 · 문화적 환경에 따라 법으로 정해진 장애의 정의를 따른다. 법적으로 어느 범위까지 장애인에 포함되는가가 그 나라의 장애범주를 실질적으로 규정해 준다고 할 수 있다. 우리나라의 경우에 1988년 11월 장애인 등록사업이 전국적으로 확대 실시되었고, 1989년 「장애인복지법」에서는 법적인 장애인을 지체장애, 시각장애, 청각장애, 언어장애, 정신지체의 5가지 범주로 한정하였다. 다른 나라들에 비해 장애범주가 협소하게 규정되어 있다는 비판에 따라 2000년 「장애인복지법」 개정 이후 지체장애, 뇌병변장애, 시각장애, 청각장애, 언어장애, 정신지체, 발달장애, 정신장애, 신장장애, 심장장애의 10가지 범주로 확대되었다. 2003년에는 2차 장애범주 확대에 따라 안면장애, 장루 · 요루장애, 간장애, 호흡기장애, 뇌전증장애의 5가지 종류의 장애가 추가되어 현재 총 15가지 범주로 확대되었다. 또한 2007년 개정된 「장애인복지법」에 따라 정신지체는 지적장애로, 발달장애는 자폐성장애로 개칭하였다.

장애범주의 확대는 법정장애인의 확대라는 의미 외에 그동안 복지서비스를 받지 못하고 있던 많은 장애인이 수급자격을 얻어 복지혜택을 받을 수 있게 되었다는 점에서 의의를 갖는다고 할 수 있다. 법적인 장애범주는 장애인구의 규모나 서비스 종류, 복지재정 등과도 밀접한 관련이 있기 때문에 핵심적인 사안이다(정무성, 양희태, 노승현, 2006). 따라서 국제적 기준이나 경제적 여건, 장애인의 욕구 수준 등을 바탕으로 장애범주를 단계적으로 확대해 나가야 할 것이다.

표 1-6 「장애인복지법」에 따른 장애분류 및 장애범주

대분류	중분류	소분류	세분류
신체적 장애	외부 신체 기능 장애	지체장애	절단장애, 관절장애, 지체기능장애, 변형 등의 장애
		뇌병변장애	중추신경의 손상으로 인한 복합적인 장애
		시각장애	시력장애, 시야결손장애
		청각장애	청력장애, 평형기능장애
		언어장애	언어장애, 음성장애
		안면장애	안면의 기능상의 장애
	내부 기관 장애	신장장애	투석치료 중이거나 신장을 이식받은 경우
		심장장애	일상생활이 현저히 제한되는 심장 기능 이상
		간장애	일상생활이 현저히 제한되는 만성 중증의 간 기능 이상
		호흡기장애	일상생활이 현저히 제한되는 만성 중증의 호흡 기능 이상
		장루 · 요루장애	일상생활이 현저히 제한되는 장루 · 요루
		뇌전증장애	일상생활이 현저히 제한되는 만성 중증의 간질
정신적 장애	지적장애		IQ 또는 지능지수 70 이하
	정신장애		조현병, 분열정동장애, 양극성정동장애, 반복성우울
	자폐성장애		소아자폐 등 자폐성장애

2) 외국의 장애범주

유럽이나 미국 등 서구 선진국의 경우에는 일반적으로 장애범주가 저개발 국가들이나 아시아 국가들에 비해 매우 포괄적이다(권선진, 2007). 예를 들어, 한국이나 일본의 경우 주로 의학적 모델에 입각하여 신체 구조 및 기능상의 장애로 장애범주를 판정하는 것에 비하여 유럽 등 서구 선진국에서는 신체, 정신의 기능적인 장애에 추가하여 특정한 일을 어느 정도 수행할 수 있는지의 여부에 의한 과업수행 능력, 개인적 요인뿐만 아니라 환경적 요인에 의해 불이익을 받는 조건까지 포함하는 사회적 의미의 장애 등 포괄적인 장애 범위를 채택하고 있다.

표 1-7 장애범주의 국제 비교

국가	장애 출현율[1]	장애범주
한국	5.4%	• 지체장애, 뇌병변장애, 시각장애, 청각장애, 언어장애, 안면장애 • 신장장애, 심장장애, 간장애, 호흡기장애, 장루 · 요루장애, 뇌전증장애 • 지적장애, 정신장애, 자폐성장애
일본	7.6%	• 지체장애, 시각장애, 청각장애, 언어장애 • 정신장애, 지적장애 • 내부장애: 심장, 호흡기, 신장, 방광 및 직장, 소화기능장애
미국	12.6%	• 신체장애(지체, 시각, 청각, 언어), 외형적 추형, 신경계, 근골격계, 감각기관장애 • 정신질환, 자폐성장애, 정서장애, 학습장애, 알코올중독 • 내부장애: 생식기, 소화기, 비뇨기, 피부, 혈액, 내분비계, 암, AIDS
스웨덴	10.1%	• 신체장애(지체, 시각, 청각, 언어) • 지적장애, 학습장애, 정신장애, 정서장애, 약물 · 알코올중독 • 내부장애: 호흡기, 심장, 알레르기, 당뇨 • 사회적 장애: 의사소통이 어려운 외국이민자, 타인의존자
호주	18.3%	• 신체장애(지적, 시각, 청각, 언어, 안면기형) • 지적장애, 정신장애, 정서장애, 알코올중독, 약물중독 • 내부장애: 심장, 신장, 호흡기, 당뇨, 암, AIDS
독일	17.7%	• 신체장애(지체, 시각, 청각, 언어, 추형) • 지적장애, 정신질환, 정서장애 • 내부장애: 호흡기, 심장 · 순환기, 소화기, 비뇨기, 신장, 생식기, 신진대사, 혈관, 피부
영국	21.8%	• 신체장애: 지체장애, 시각장애, 청각장애, 언어장애, 질병, 부상, 선천적 기형 • 정신장애(신체장애 및 정신장애로 인해 자신의 연령, 경험, 자격에 상응하여 취업하지 못하는 자)
프랑스	18.4%	• 신체장애: 지체장애, 시각장애, 청각장애, 언어장애, 기형, 추형 • 지적장애, 정신장애 • 내부장애: 심장, 신장, 호흡기, 소화기, 비뇨기, 내분비, 신진대사기능장애
OECD-30[2]	18.9%	

주: 1) 장애출현율 = 장애인 인구/전체 인구 × 100

2) OECD-30은 30개국에 대해 가중치를 부여하지 않은 수치의 평균임.

출처: 한국장애인개발원(2019). **2019 장애통계연보**; OECD (2010). *Sickness, disability, and work: Breaking the barriers*.

학습과제

- 의료적 모델은 장애인복지서비스를 받기 위한 등급이나 자격기준을 마련하기 위해 사용되었다. 의료적 모델이 병리적 관점에 기초하고 있기 때문에 이 모델을 사용하지 않기를 원한다면 의료적인 기준 외에 장애인복지서비스를 받기 위해 어떤 판정 기준을 사용할 수 있을지 생각해 보자.
- 다중 모델의 관점에서 볼 때, 우리나라의 서비스 패러다임의 동향은 어떠한지 생각해 보자.
- 장애범주 확대 시 새롭게 법정장애로 추가되어야 한다고 생각하는 장애 유형과 추가되어야 할 필요성에 대해 토론해 보자.
- 세계보건기구는 장애의 개념을 전 세계에서 사용할 수 있는 범주로 분류하고자 하였으며, 장애 패러다임의 변화에 따라 이를 반영한 새로운 장애개념과 분류기준을 제시하고자 노력해 왔다. 장애개념의 변화 경향을 설명해 보자.

참고문헌

권선진(2007). 장애인복지론. 청목출판사.

김경미, 김미옥(2006). 한국장애인복지학 연구동향에 관한 분석과 고찰: 장애인복지학의 이론적 패러다임을 중심으로. 한국사회복지학, 58(3).

김성희, 이연희, 황주희, 오미애, 이민경, 이난희, 강동욱, 권선진, 오혜경, 윤상용, 이선우(2014). 2014년 장애인 실태조사. 보건복지부, 한국보건사회연구원.

김용득(2002). 장애개념의 변화와 사회복지실천 함의. 한국사회복지학, 51.

김용득, 김진우, 유동철(2007). 한국장애인복지의 이해. 인간과복지.

김정우, 박경수(2005). 공동모금 재정지원을 통해 본 장애인복지 분야의 서비스 패러다임 동향분석. 한국사회복지학, 57(1).

변경희, 권선진, 우주형, 이은미, 이미정, 유병주(2012). 장애인등록 및 판정제도 발전방안. 보건복지부, 한신대학교 산학협력단.

보건복지부(2006). 2006년도 보건복지통계연보.

이선우(2009). 장애인복지의 이론과 실제. 집문당.

정무성, 양희태, 노승현(2006). 장애인복지개론. 학현사.

한국장애인고용공단 고용개발원(2015). 한눈에 보는 2015 장애인통계.

한국장애인개발원(2019). 2019 장애통계연보.

ICF 한국번역출판위원회(2003). 국제기능 · 장애 · 건강분류 오픈 포럼.

OECD (2010). *Sickness and disability and work: breaking the barriers*.

Oliver, M. (1996). *Understanding disability-from theory to practice*. Martin's Press.

Priestley, M. (1998). Constructions and Creations: Idealism, materialism and disability theory. *Disability and Society, 13*(1).

Priestley, M. (2003). *Disability: A life course approach*. Polity Press.

WHO (1980). *ICIDH: International classification of impairments, disabilities and handicaps*. Author.

WHO (1997). *ICIDH-2: International classification of impairments, activities and participation. A manual of dimensions of disablement and functioning. Beta-1 draft for field trials*. Author.

WHO (2001). *ICF: International classification of functioning, disability and health*. Author.

〈추천 사이트〉

• UICF 한글번역본 2차 개정판

http: //apps.who.int/iris/bitstream/10665/42407/114/9241545429_kor.pdf (2016년 5월 26일자)

제 2 장

장애에 대한 이해

학습개요

현대사회에서는 여러 가지 요인에 따라 장애인이 많아지고 있다. 장애인구는 앞으로도 늘어날 것으로 예측되지만, 장애인에 대한 사회적 태도는 장애인의 사회통합을 가로막는 중요한 요인이 되고 있다. 따라서 이 장에서는 장애인구의 추이를 살펴보고, 장애인의 생활실태와 욕구를 파악하며, 장애인에 대한 사회적 태도와 이러한 태도에 영향을 미치는 요인을 거시적 변수와 미시적 변수로 나누어 알아보고자 한다. 그리고 장애인에 대한 차별을 설명하는 이론에 대하여 살펴보고자 한다.

학습목표

- 장애 관련 현황에 대해 알아본다.
- 장애인에 대한 사회의 태도와 이러한 태도에 영향을 미치는 요인에 대해 살펴본다.
- 장애인 차별에 관한 이론을 살펴본다.

1. 장애 관련 현황[1)]

장애인의 생활실태와 욕구를 파악하여 장단기 장애인복지 정책을 수립하기 위해 「장애인복지법」 제31조와 동법 시행령 제18조 내지 제19조 규정에 의거하여 장애인 실태조사가 시행되고 있다. 1990년 이후 5년마다 전국적으로 장애인 실태조사가 시행되어 왔으나, 2007년 「장애인복지법」 개정으로 조사 주기가 3년으로 단축되었다.

이 장에서는 제10차로 진행된 '2023년 장애인 실태조사'의 결과를 중심으로 우리나라 장애인의 실태와 복지서비스 욕구를 살펴보고자 한다.

1) 장애인구 및 출현율

2023년과 2020년 장애인 실태조사에서는 장애인 추정 수를 제시하지 않고 있다. 2017년 장애인 실태조사 결과를 보면, 전국의 장애인 수는 약 267만 명으로 추정되어, 2005년의 214만 명에 비해 약 53만 명 정도가 증가하였다. 장애인 수가 증가한 것은 장애발생 요인의 증가 외에도 「장애인복지법」 개정으로 장애범주가 확대되었기 때문이다. 인구 100명당 장애인 발생률을 나타내는 장애출현율은 2017년에는 5.39%로, 인구 10,000명 중 539명이 장애인인 것으로 나타났다. 2023년 등록장애인 수는 약 264.7만 명으로 2020년에 비해 약 2.4만 명이 증가하는 등 지속적인 증가 추세를 보이고 있다. 장애인등록률은 90% 이상의 높은 수준을 유지하고 있는데, 장애에 대한 사회적 인식의 개선과 장애등록과 연계되는 서비스 내용의 확대 등에 기인하여 장애인등록률은 높은 수준을 유지하고 있다.

등록장애인 중 장애의 정도가 심한 장애인은 34.9%, 장애의 정도가 심하지 않은 장애인은 65.1%의 분포를 보이고 있다.

장애발생 원인은 사고 혹은 질환 등 후천적 원인에 의해 발생하는 비율이 88.1%로 나타났다(〈표 2-1〉 참조).

또한 장애인구 중 65세 이상의 노인 비율이 54.3%로 2020년의 49.9%에 비해 4.4%p 증가하는 등 고령화 경향이 지속되고 있다. 전체 장애인 가구 중 장애인 1인 가구 비율은

---

1) 출처: 이민경 외(2023). 2023년 장애인 실태조사; 보건복지부(2024). 2024년 4월 보도자료.

표 2-1 장애인구 및 출현율 등

구분	2017년	2020년	2023년	비고
장애인구 수 (추정 수, 등록장애인 수)	266.8만 명	262.3만 명	264.7만 명	※ 2017년은 미등록장애인을 포함한 장애인 추정 수이며, 2020년 및 2023년은 등록장애인 수를 나타냄
장애출현율	5.39%	–	–	
장애등록률	94.1%	–	–	
65세 이상 인구	46.6%	49.9%	54.3%	
1인 가구	26.4%	27.2%	26.6%	
후천적 장애발생률	88.1%	80.0%	88.1%	※ 후천적 질환(58.1%) 후천적 사고(29.9%)

26.6%로 2020년 27.2%에 비해 소폭 감소한 것으로 나타나고 있다.

2023년 장애인 실태조사는 재가장애인에 대한 전국 조사로 시설거주 장애인은 제외된다. 등록장애인(2023년 5월 말 기준) 중 장애인 거주시설의 장애인 2.7만 명을 제외하면 재가장애인은 263.0만 명이다(〈표 2-2〉 참조).

2023년 장애인 실태조사 결과, 주된 장애 유형을 기준으로 전체 재가장애인을 장애 유형별로 구분하면, 지체장애인이 117.0만 명, 청각장애인이 43.0만 명, 시각장애인이 25.0만 명, 뇌병변장애인 24.4만 명, 지적장애인이 22.7만 명의 순으로 많았고, 안면장

표 2-2 전국 장애인 추정 수 (단위: 명, %)

구분		재가장애인	시설장애인	전체
2023년	장애인 수	2,630,374	–	2,657,397
	출현율	–	–	–
2020년	장애인 수	2,622,950	–	2,623,201
	출현율	–	–	–
2017년	장애인 수	2,580,340	88,071	2,668,411
	출현율	5.21	–	5.39
2014년	장애인 수	2,646,064	80,846	2,726,910
	출현율	5.43	–	5.59

애인이 2,737명으로 가장 적었다. 2020년과 2023년 등록장애인 수를 비교하면 청각장애인, 신장장애인, 지적장애인, 자폐성장애인의 수가 증가하였고 지체장애인과 뇌병변장애인의 수는 감소하였다.

2) 장애인의 일반적 특성

2023년 장애인 실태조사 대상자의 성별 분포는 남자가 57.8%, 여자가 42.2%로 남자의 장애출현율이 높은 것으로 나타났다. 장애인 중 남자의 비율이 높은데, 이는 남성에게서 산재 등 사고 비율이 높은 데 기인하고 있으나, 인구의 고령화로 인하여 여성 노인 장애인이 지속적인 증가 추세에 있어서 향후에는 성비의 균형을 이룰 것이라고 예상한다. 주요 외국의 경우 장애인의 성비는 남녀가 균형을 이루고 있다.

장애의 정도는 장애정도가 심한 장애인은 34.9%, 장애정도가 심하지 않은 장애인은 65.1%의 분포를 보였다.

한편, 조사대상 장애인의 연령은 65세 이상이 54.3%로 2020년의 49.9%에 비해 4.4%p 증가하였다. 연령별 장애인 분포에서 65세 이상 노인 계층의 인구가 많은 것으로 나타나 우리 사회가 고령화 사회로 진입함에 따라 장애인의 고령화도 같이 나타나고 있는 것으로 보인다(〈표 2-3〉 참조). 이러한 추세는 점차 장애인과 노인의 경계가 줄어드는 추세를 반영하는 것이며, 향후 장애인복지 대책과 노인복지 대책 사이에 대상자의 구분이 정책 과

표 2-3 **연령 분포** (단위: %)

구분	2011년	2014년	2017년	2020년	2023년
0~17세	3.5	2.7	3.3	3.0	3.1
18~29세	4.2	4.1	4.6	4.2	3.9
30~39세	7.2	6.7	4.8	4.8	4.0
40~49세	14.2	12.5	10.4	9.5	8.0
50~64세	32.1	30.7	30.3	28.7	26.8
65세 이상	38.8	43.3	46.6	49.9	54.3
65~74세	23.8	23.5	23.5	22.0	23.1
75세 이상	15.0	19.8	23.1	27.9	31.2
계	100.0	100.0	100.0	100.0	100.0

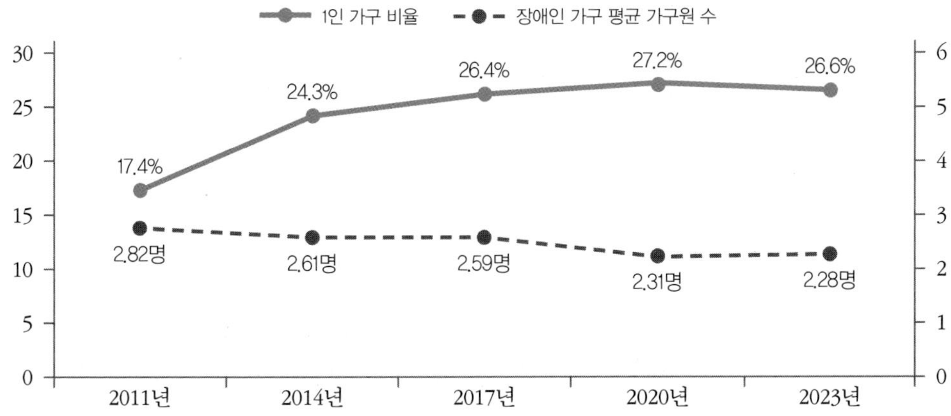

[그림 2-1] 장애인 가구 규모와 1인 가구 비율

제로 부각될 전망이다. 예를 들면, 노인장애인에 대한 복지대책을 장애인 쪽에서 담당해야 할 것인지 아니면 노인 쪽에서 담당해야 할 것인지에 대한 결정이 필요하다.

장애인 가구 중 1인 가구 비율은 26.6%로 2020년 27.2%에 비해 소폭 감소하였다. 평균 가구원 수는 2.28명으로 2020년 2.31명에 비해 감소하는 등 지속적인 감소 경향을 보이고 있다([그림 2-1] 참조).

장애인의 교육 정도는 고등학교가 31.0%로 가장 많고, 초등학교 26.8%, 대학 이상 학력자 17.4%, 중학교 16.3% 순으로 나타나 현저히 낮은 교육 수준을 나타내고 있다. 25세 이상 65세 미만 장애인의 교육 정도는 대학 이상 학력자가 29.0%, 고등학교 학력자는 47.5%로 높게 나타나며, 무학 및 초등학교 졸업자는 감소하는 경향을 보이고 있다(〈표 2-4〉 참조).

표 2-4 교육 정도

(단위: %)

구분	전체 연령					65세 미만				
	2011년	2014년	2017년	2020년	2023년	2011년	2014년	2017년	2020년	2023년
무학	12.3	12.0	10.9	9.2	8.5	4.0	3.8	2.5	2.3	1.7
초등학교	33.0	29.4	27.5	28.4	26.8	24.9	19.3	15.6	11.6	9.5
중학교	18.4	16.0	16.8	18.1	16.3	21.2	16.1	16.6	17.2	12.2
고등학교	24.5	27.2	29.6	29.9	31.0	33.6	38.5	42.2	45.0	47.5
대학 이상[1]	11.8	15.3	15.2	14.4	17.4	16.3	22.3	23.1	23.9	29.0
계	100.0	100.0	100.0	100.0	100.0	100.0	100.0	100.0	100.0	100.0

주: 1) 대학 이상은 3년제 이하 대학~대학원 모두 포함.

18세 이상 장애인의 결혼 여부에 대해 조사한 결과, 전체적으로 유배우가 51.8%로 가장 높았고, 사별 20.7%, 미혼 17.0%, 이혼 9.7%, 별거 0.8%의 순으로 조사되었다. 장애인의 83.0%는 결혼한 경험이 있었고 17.0%는 미혼으로 남자의 경우 미혼 비율이 21.4%로 여자 미혼율 11.1%에 비해 높게 나타났다(〈표 2-5〉 참조).

표 2-5 결혼상태 (단위: %)

구분	2011년			2014년			2017년			2020년			2023년		
	남자	여자	전체	남자	여자	전체	남자	여자	전체	남자	여자	전체	남자	여자	전체
미혼	16.9	8.8	13.5	19.2	10.1	15.4	18.1	11.5	15.3	21.8	11.5	17.4	21.4	11.1	17.0
유배우	68.0	44.7	58.1	63.7	42.5	54.7	65.0	42.5	55.3	60.4	39.1	51.3	61.2	39.0	51.8
사별	5.0	38.2	19.1	5.6	38.2	19.5	5.3	36.6	18.7	6.6	39.9	20.8	5.6	41.2	20.7
이혼	8.8	7.2	8.1	9.3	8.0	8.7	9.9	7.9	9.0	10.5	8.7	9.7	10.9	8.1	9.7
별거	1.3	1.1	1.2	2.0	1.0	1.6	1.6	1.5	1.6	0.7	0.7	0.7	0.9	0.6	0.8
기타 (미혼모/부)	0.1	–	0.0	0.1	0.1	0.1	0.0	0.1	0.1	0.0	0.2	0.1	0.0	0.1	0.02
계	100.0	100.0	100.0	100.0	100.0	100.0	100.0	100.0	100.0	100.0	100.0	100.0	100.0	100.0	100.0

주: 18세 이상 기준

장애인의 결혼 시 배우자에게 장애가 있는 경우는 전체의 2.6%가 '있었다'라고 응답하였는데, 장애 유형별로 유사한 경향을 보였으나 유독 지적장애인의 경우 '있었다'는 비율이 20.2%로 높게 나타났다.

장애인 중 국민기초생활보장 수급자 비율은 20.8%이며, 급여 유형별로는 생계급여 17.4%, 의료급여 17.3%, 주거급여 20.7% 등으로 조사되었다. 장애인 중 국민기초생활보장 수급자 비율은 전체 인구 4.8%(2022년 12월 기준)에 비해 약 4.3배 높은 수준이다(〈표 2-6〉 참조).

표 2-6 국민기초생활보장 급여 유형별 수급 (단위: %)

구분	2017년	2020년	2023년
생계급여	15.0	19.1	17.4
의료급여	16.2	25.0	17.3
주거급여	14.4	14.7	20.7
교육급여	1.4	1.8	1.2

3) 장애인의 신체적 특성

2023년 장애인 실태조사 결과, 장애 원인은 전반적으로 후천적 원인이 88.1%로 가장 높았다. 후천적 사고(29.9%)보다는 후천적 질환(58.1%)애 의한 경우가 더 많았다. 후천적 장애의 비율이 높다는 사실은 모든 비장애인도 연령이 높아짐에 따라, 질병의 이환 또는 불의의 사고로 인해 장애인이 될 수 있다는 점을 의미한다. 누구라도 장애인이 될 수 있으며, 장애를 입은 사람도 특별한 존재가 아니라는 사실을 지속적으로 홍보하는 노력이 필요하다.

또한 18세 미만의 재활치료서비스 이용률은 83.5%로 2020년의 76.3%에 비해 8.6% 증가하는 등 지속적인 증가추세를 보였으며, 고령화 등의 이유로 정기적인 병의원 이용은 지속적으로 높게 나타나고 있다(〈표 2-7〉 참조).

표 2-7 **재활치료 이용 비율** (단위: %)

구분	2011년	2014년	2017년	2020년	2023년
전체 연령	23.0	25.4	26.0	22.9	23.7
18세 미만	63.7	68.5	73.8	74.9	83.5
65세 이상	28.1	31.8	31.4	24.1	25.9

장애인 중 만성질환을 가지고 있는 비율은 84.8%로 2020년 70.6%에 비해 만성질환 유병율이 높아진 것을 볼 수 있다(〈표 2-8〉 참조). 특히 고혈압, 당뇨병은 전체 인구에 비해 높은 유병률을 보이고 있다.

표 2-8 **만성질환 유병률: 고혈압/당뇨(30세 이상)** (단위: %)

구분	2011년	2014년	2017년	2020년	2023년
고혈압	35.2	42.5	46.9	43.9	52.9
65세 이상	49.3	58.4	62.3	56.9	65.8
당뇨병	15.2	20.3	21.9	21.7	26.8
65세 이상	20.0	26.7	28.7	26.6	32.5

주: 30세 이상 전체 인구의 고혈압 유병률(34.8%), 당뇨병 유병률(14.8%)에 비해 30세 이상 장애인의 고혈압 유병률(52.9%)과 당뇨병 유병률(26.8%)은 높게 나타남(국민건강영양조사, 2022).

주관적 건강상태(주관적 건강인지율)는 18.9%가 '좋음', 33.9%가 '보통' 47.2%가 '나쁨'이라고 응답하여 2020년과 비슷한 응답률을 보였다(〈표 2-9〉 참조).

표 2-9 주관적 건강상태(주관적 건강인지율) (단위: %)

구분		장애인[1]			전체 인구[2]
		2017년	2020년	2023년	
주관적 건강상태	좋음	14.9	14.0	18.9	36.2
	보통	33.8	37.3	33.9	45.0
	나쁨	51.3	48.7	47.2	18.8
계		100.0	100.0	100.0	100.0

주: 1) 19세 이상 기준
2) 2022년 국민건강통계(질병관리청)

19세 이상 장애인 중 우울감 경험률은 12.4%이며, 자살생각률은 8.9%로 나타나 2020년에 비해 낮아졌으나 전체 인구에 비해 높은 수치이다. 장애인 중 최근 1년간 정신적인 문제로 전문가 상담(방문, 전화, 인터넷 등)을 받은 경우는 5.1%로 전체 인구의 4.3%에 비해 높게 나타났다(〈표 2-10〉 참조).

표 2-10 우울감 경험, 자살 생각[1]

구분	2020년	2023년	전체 인구
우울감 경험	18.2	12.4	4.7[2]
자살 생각	11.1	8.9	5.7[3]

주: 1) 19세 이상 기준
2) 2022년 국민건강통계(질병관리청), 우울증 선별도구(PHQ-9) 총점 27점 중 10점 이상인 분율임.
3) 2022년 사회조사(통계청), 13세 이상 기준

19세 이상 장애인의 스트레스 인지율은 31.2%로 전체 인구 25.6%와 비교할 때, 5.6% 높은 수준이다(〈표 2-11〉 참조).

표 2-11 **스트레스 인지율(19세 이상)**

구분	2020년	2023년			전체 인구[2)]
		전체	19~64세	65세 이상	
(대단히 많이-많이 느끼는 편임)	33.7	31.2	35.7	27.6	25.6
(조금 느끼는 편임)	52.1	45.8	45.7	45.9	57.8
(거의 느끼지 않음)	14.2	23.0	18.6	26.5	16.6
계	100.0	100.0	100.0	100.0	100.0

주: 1) 19세 이상
2) 2022년 국민건강통계(질병관리청)

장애인이 최근 1년간 병의원에 가고 싶을 때 가지 못한 경험률은 17.3%로, 2020년 코로나19 시기 32.4%로 상승하였으나 다시 낮아졌다. 병의원 미충족 의료의 주된 이유는 '의료기관까지 이동 불편' 36.5%, '경제적인 이유' 27.8%, '시간이 없어서' 13.0%, '동행자

표 2-12 **연간 미충족 의료율(병의원)** (단위: %)

구분		2014년	2017년	2020년	2023년
미충족 의료 경험 있음		**19.1**	**17.0**	**32.4**	**17.3**
미충족 의료 경험 없음		**80.9**	**83.0**	**67.6**	**82.7**
주된 이유	(경제적인 이유)	58.8	39.2	20.8	27.8
	(병의원 등에의 예약 어려움)	1.9	0.2	0.7	0.8
	(의료기관까지 이동 불편)	15.2	25.0	29.8	36.5
	(갈 수 있는 시간에 병의원 운영 안 함)	6.1	-*	-*	-*
	(병의원 등에서의 오랜 기다림)	2.5	0.9	4.3	0.8
	(증상의 가벼움)	6.4	6.9	19.3	6.0
	(의료기관의 장애인 편의시설 미비)	1.8	1.1	1.1	2.6
	(의사소통의 어려움)	4.5	2.5	3.3	3.6
	(의료진의 장애에 대한 이해 부족)		0.9	0.9	0.5
	(시간이 없어서)		13.7	7.3	13.0
	(의료기관 방문 시 동행할 사람이 없음)		7.8	6.8	7.1
	(어떤 의료기관에 가야 할지 몰라서)		1.0	1.6	0.9
	(기타)	2.8	0.6	4.1	0.5
계		100.0	100.0	100.0	100.0

가 없어서' 7.1% 등으로 응답하였다(〈표 2-12〉 참조).

장애인의 정기적 · 지속적으로 보건 · 의료서비스를 이용하는 장애인 비율은 88.5%로, 2020년 코로나19 상황에서 76.3%로 낮아졌던 것에 비해 증가하였다(〈표 2-13〉 참조). 18세 미만은 81.9%, 18~64세가 79.9%, 65세 이상은 95.7%로 노인과 아동의 지속적이고 정기적인 보건 · 의료 서비스 이용률이 높게 나타났다.

표 2-13 보건 · 의료서비스의 정기적 · 지속적 진료 여부 (단위:%)

구분	2014년	2017년	2020년	2023년	연령별		
					18세 미만	18~64세	65세 이상
지속적 진료 받음	78.3	82.3	76.3	88.5	81.9	79.9	95.7
지속적 진료 받고 있지 않음	21.7	17.7	23.7	11.5	18.1	20.1	4.3
계	100.0	100.0	100.0	100.0	100.0	100.0	100.0

4) 장애인의 사회적 특성

지난 1개월간 장애인의 외출 빈도는 거의 매일 외출하는 경우가 63.4%로 2020년에 비해 큰 폭으로 증가하였으며, 전혀 외출하지 않는 경우는 3.5%, 주 1~3회 외출은 24.6%, 월 1~3회 외출은 8.6%로, 2020년보다 감소한 것으로 나타났다(〈표 2-14〉 참조).

외출하지 않는 이유는 '장애로 인한 불편함'이 66.8%로 가장 큰 이유이며, '하고 싶지 않아서' 17.2%, '외출을 도와줄 도우미 부재' 8.5% 등으로 응답하였다.

표 2-14 외출 빈도 (단위: %)

구분	2017년	2020년	2023년	연령별		
				19세 미만	19~64세	65세 이상
거의 매일	70.1	45.4	63.4	94.8	72.1	54.7
주 1~3회	19.5	32.9	24.6	2.1	20.3	29.3
월 1~3회	5.9	12.9	8.6	1.4	5.1	11.7
전혀 외출하지 않음	4.5	8.8	3.5	1.7	2.4	4.4
계	100.0	100.0	100.0	100.0	100.0	100.0

교통수단 이용 시 어려움이 있다는 비율은 35.2%로 2020년 39.8%에 비해 감소하였다. 교통수단 이용 시 어려움을 느끼는 주된 이유는 '버스 · 택시의 물리적 접근과 탑승의 어려움' 53.2%, '버스 · 택시 이용을 위한 정보접근 어려움' 17.9% '장애인 전용 교통수단 부족' 15.5% 등으로 나타났다(〈표 2-15〉 참조).

표 2-15 교통수단 이용 시 어려움 여부 및 이유 (단위: %)

구분		2017년	2020년	2023년
교통수단 이용시 어려움		36.7	39.8	35.2
교통수단 이용시 어렵지 않음		63.3	60.2	64.8
어려운 이유	버스 · 택시의 물리적 접근과 탑승의 어려움**	64.4	52.6	53.2
	버스 · 택시의 이용을 위한 정보접근 어려움**			17.9
	지하철에 엘리베이터 등 편의시설 부족	14.6	12.1	6.3
	장애인 콜택시 등 전용 교통수단 부족	18.3	17.4	15.5
	자동차 개조 및 운전면허증 확보의 어려움	0.7	2.1	0.6
	승차거부 및 심리적 불편함*	-*	5.8	6.4
	기타	2.0	10.0	0.2
계		100.0	100.0	100.0

주: * 2020년부터 추가된 보기 문항, ** 2023년부터 '버스 · 택시가 불편해서'에서 수정 · 분리됨.

장애인의 생활에 대한 전반적인 만족도는 5점 척도 기준 평균 3.3점으로 2020년 3.2점에 비해 높아졌다. '가족과의 관계' '결혼생활' '살고 있는 곳'에 대한 만족 수준은 높은 경향을 보였고, '건강상태' '한달 수입(소득)' '여가활동'에 대한 만족 수준은 낮은 경향을 보였다.

표 2-16 생활만족도 (단위: %)

구분	2014년	2017년	2020년	2023년
매우 만족	7.1	5.0	5.1	6.6
약간 만족	48.5	53.6	50.7	58.5
약간 불만족	33.8	32.6	36.7	28.8
매우 불만족	10.6	8.8	7.6	6.2
계	100.0	100.0	100.0	100.0

표 2-17 생활 영역별 만족도

구분	2014년	2017년	2020년	2023년
전반적 삶의 만족도	3.2	3.2	3.2	3.3
가족과의 관계	3.9	3.8	3.8	3.9
친구 수(대인관계)	3.4	3.4	3.3	3.4
살고 있는 곳(집)	3.6	3.6	3.6	3.8
건강상태	2.7	2.7	2.8	2.9
한 달 수입(소득)	2.6	2.7	2.8	3.0
여가 활동	2.9	3.0	2.9	3.1
하고 있는 일	3.3	3.5	3.4	3.7
결혼생활	3.8	3.7	3.7	3.9

주: 5점 기준(1은 매우 불만족 ~ 5는 매우 만족)

장애인의 사회적 차별 경험을 조사한 결과, 일상 혹은 사회 생활에서 차별이 있다고 느끼는 비율은 80.1%로 2020년 63.5%에 비해 높아진 반면, 차별이 없다는 비율은 19.9%로 2020년의 36.5%에 비해 낮게 나타났다(〈표 2-18〉 참조). 「장애인차별금지 및 권리구제 등에 관한 법률」(이하 「장애인차별금지법」)에 대해서 '알고 있다'고 응답한 경우

표 2-18 장애인 차별 경험 (단위: %)

구분	2020년	2023년	연령별		
			19세 미만	19~64세	65세 이상
없다	36.5	19.9	7.7	13.3	25.8
있다	63.5	80.1	92.3	86.7	74.2
계	100.0	100.0	100.0	100.0	100.0

표 2-19 「장애인차별금지법」 인식 (단위: %)

구분	2020년	2023년	연령별		
			19세 미만	19~64세	65세 이상
알고 있다	10.5	14.9	20.3	23.7	7.7
들어 본 적이 있으나 내용은 모른다	25.9	21.2	27.0	28.4	15.3
알지 못한다	63.6	63.9	52.7	47.9	77.0
계	100.0	100.0	100.0	100.0	100.0

는 14.9%로 2020년 10.5%에서 증가하였다(〈표 2-19〉 참조).

「장애인차별금지법」(2007년 4월 10일 제정)에 대한 인지 비율이 다소 높아졌지만, 장애노인의 「장애인차별금지법」 인지 비율은 7.7%로 낮은 것으로 나타났다. 장애인 차별이 있다는 비율이 여전히 높은 수준임을 고려할 때 장애인 차별 예방을 위한 인식 개선 및 장애인 차별에 대한 모니터링 활동 등 지속적인 차별을 예방하기 위한 노력이 필요하다.

5) 장애인의 일상생활 및 돌봄 특성

장애인의 일상생활 수행 시 도움이 필요한 정도에 대해서 35.3%는 타인의 도움이 필요한 것으로 나타났다. 65세 이상 장애노인의 경우 일상생활에서 도움이 필요한 경우는 37.2%로 2020년 34.1%에 비해 증가하였다(〈표 2-20〉 참조).

표 2-20 일상생활에서의 도움 필요 정도 (단위: %)

구분	2014년		2017년		2020년		2023년	
	전체	65세 이상	전체	65세 이상	전체	65세 이상	전체	65세 이상
혼자서 스스로	51.3	44.9	46.9	38.8	47.8	43.8	45.4	40.6
대부분 혼자서	16.5	18.5	19.2	23.6	20.1	22.0	19.4	22.2
일부 도움 필요	17.7	21.2	19.5	21.7	17.2	18.4	23.0	25.9
대부분 필요	8.6	8.9	8.9	10.1	8.7	9.4	9.0	8.5
거의 남의 도움 필요	5.9	6.5	5.5	5.8	6.2	6.3	3.3	2.8
계	100.0	100.0	100.0	100.0	100.0	100.0	100.0	100.0

일상생활지원서비스를 이용한 경우는 16.0%로 2020년의 14.1%에 비해 1.9% 증가하였다.

표 2-21 일상생활지원서비스 이용 경험 (단위: %)

구분	2014년	2017년	2020년	2023년
일상생활지원서비스 이용 경험	8.2	9.5	14.1	16.0
장애인 활동지원서비스	3.1	3.2	6.5	5.7

노인 장기요양보험	5.2	5.7	7.5	9.9
장애인 생활도우미, 발달장애인 활동서비스 등	–	1.2	2.9	1.5

주: 일상생활지원서비스–장애인 활동지원사업, 노인장기요양보험, 발달장애인 활동서비스, 장애인 생활도우미, 여성장애인 가사도우미 지원사업, 장애아 양육지원사업

일상생활에서 주된 지원자가 가족 구성원인 경우는 82.1%로 가장 높았고, 공적 서비스 제공자인 경우는 13.8% 수준으로 나타났다.

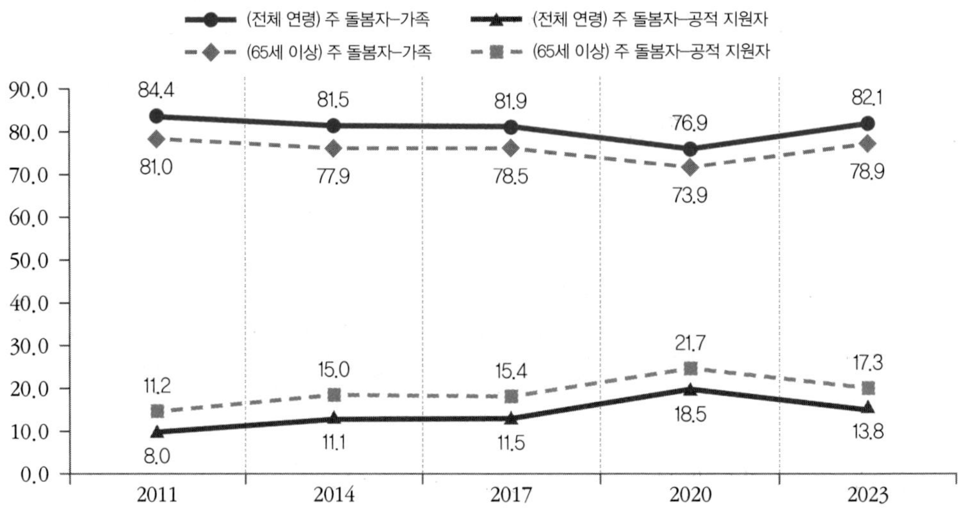

[그림 2-2] 일상생활 지원 필요시 주된 지원자 현황

장애인의 일상생활을 주로 도와주는 사람은 배우자 37.8%, 부모 21.2%, 자녀(며느리, 사위) 18.5%, 형제자매 3.6% 등으로 도움 제공자의 대부분이 가족 구성원(82.1%)인 것으로 나타나 여전히 가족의 부담이 높게 나타났다(〈표 2-22〉 참조).

일상생활에서 지원이 필요한 장애인 중, 현재 지원 수준에 만족하는 경우는 62.3%로, 2020년 54.9%에 비해 증가하였다(〈표 2-23〉 참조).

표 2-22 일상생활을 주로 도와주는 사람의 유형 (단위: %)

구분	2014년		2017년		2020년		2023년	
배우자	37.7		39.4		38.7		37.8	
부모	20.1		21.1		20.8		21.2	
자녀(며느리, 사위)	16.7		16.6		13.3		18.5	
형제 · 자매	5.1	81.5	3.7	81.9	2.8	76.9	3.6	82.1
조부모	1.1		0.5		0.4		0.5	
손자녀	0.5		0.3		0.4		0.3	
기타 가족	0.3		0.3		0.5		0.1	
친척	0.8		0.5		0.6		0.5	
친구	0.8		0.2		0.4		0.3	
이웃	1.1		1.1		0.2		0.9	
활동지원사	3.3		2.2		8.5		3.4	
가정봉사원	0.5	11.1	0.6	11.5	0.5	18.5	0.7	13.8
요양보호사	7.3		8.7		9.5		9.7	
간병인	2.0		2.4		1.3		1.6	
기타	2.7		2.4		2.1		0.7	
계	100.0		100.0		100.0		100.0	

표 2-23 현재 지원 충분도 (단위: %)

구분	2014년	2017년	2020년	2023년	연령별		
					19세 미만	19~64세	65세 이상
충분함	58.9	63.6	54.9	62.3	50.5	64.4	62.5
부족함	41.1	36.4	45.1	37.7	49.5	35.6	37.5
계	100.0	100.0	100.0	100.0	100.0	100.0	100.0

정부는 일상생활 수행 시 도움이 필요한 장애인을 대상으로 2011년에 제정된 「장애인활동지원에 관한 법률」에 의해 장애인활동지원제도를 시행하고 있다. 2020년에 비해 공적 돌봄서비스 지원자가 증가한 것은 장애인활동지원사업 확대, 발달장애인 활동지원서비스 등 돌봄지원 서비스 확대 노력의 결과라고 할 수 있다. 다른 장애 유형에 비해 뇌병변장애, 지적장애, 자폐성장애의 경우 일상생활지원 욕구가 높은 특성을 갖고 있다. 이들 장애의 특성이 활동지원제도와 노인장기요양보험 등 장애인 일상생활지원제도의 서비스 대상자 선정 과정에 충분히 반영되도록 함으로써 이들의 높은 지원 욕구가 충족될

수 있도록 할 필요가 있다.

6) 장애인의 경제적 특성

장애인 가구의 월평균 소득은 3,058천 원, 월평균 지출은 2,426천 원으로 전국 가구 평균과 비교할 때 각각 63.3%, 66.9% 수준으로 낮게 나타났다(〈표 2-24〉 참조).

표 2-24 월평균 가구소득액 및 가구지출액 (단위: 천 원)

구분	2014년		2017년		2020년		2023년	
	장애인 가구	전국 가구[1)]	장애인 가구	전국 가구[2)]	장애인 가구	전국 가구[3)]	장애인 가구	전국 가구[4)]
가구소득액 (전국 가구 대비율)	2,235	3,609 (61.9%)	2,421	3,635 (66.6%)	2,536	4,285 (59.2%)	3,058	4,834 (63.3%)
가구지출액 (전국 가구 대비율)	1,706	2,822 (60.5%)	1,908	2,761 (69.1%)	1,895	3,288 (57.6%)	2,426	3,625 (66.9%)

주: 1) 소득: 통계청 '가계동향조사'(2014. 4/4분기), 지출: 통계청 '가계동향조사'(2013. 4/4분기)
2) 소득: 통계청 '가계동향조사'(2016. 4/4분기), 지출: 통계청 '가계동향조사'(2016. 4/4분기)
3) 소득: 통계청 '가계동향조사'(2019. 4/4분기), 지출: 통계청 '가계동향조사'(2019. 4/4분기)
4) 소득: 통계청 '가계동향조사'(2022. 4/4분기), 지출: 통계청 '가계동향조사'(2022. 4/4분기)

장애로 인한 추가비용은 월 170.0천 원을 추가로 지출하고 있는 것으로 나타났으며, 이것은 2020년의 152.6천 원에 비해 증가한 것이다. 장애로 인한 추가비용이란 장애인이 아닌 경우 지출하지 않아도 되지만 장애인이기 때문에 지출하는 것을 의미한다. 지출비용 영역에서는 의료비가 가장 비중이 크고, 보호·간병비, 교통비 등의 순으로 많이 지출하고 있는 것으로 조사되었다(〈표 2-25〉 참조).

표 2-25 장애로 인한 추가비용(월평균) (단위: 천 원)

구분	2014년	2017년	2020년	2023년
월평균 총 추가비용	**164.2**	**165.1**	**152.6**	**170.0**
교통비	25.6	20.5	25.7	24.1
의료비	66.0	65.9	58.5	57.8
보육·교육비	4.1	8.0	7.5	10.4
보호·간병비	13.6	20.6	21.9	28.2

재활기관 이용료	4.2	4.8	2.6	4.8
통신비	9.9	9.8	11.8	0.2
장애인보조기기 구입 · 유지비	18.9	7.2	15.3	8.8
부모사후 및 노후대비비	16.8	22.9	5.5	18.5
장애 관련 식비	–	–	–	10.7
기타	5.1	5.4	3.8	6.4

주: 2023년 조사에서는 장애 관련 식비를 별도 항목으로 조사(2020년까지 '기타'에 포함)

15세 이상 장애인구 대비 장애인 취업자 비율은 37.2%로 15세 이상 인구 대비 전국 취업자 비율 63.3%에 비해 절반 정도 되는 수준이다. 장애인의 실업률은 4.2%로 통계청 기준 전국 실업률 2.1%에 비해 높은 수준이다(〈표 2-26〉 참조).

표 2-26 취업인구 및 취업률

(단위: %)

구분		15세 이상 인구	경제활동인구			비경제 활동인구	경제활동 참가율	취업률	실업률	취업자 비율
			계	취업	실업					
2023년	장애인	2,567,543	996,927	955,462	41,465	1,570,616	38.8	95.8	4.2	37.2
	전국[1)]	45,452,000	29,390,000	28,764,000	627,000	16,062,000	64.7	97.9	2.1	63.3
2020년	장애인	2,557,895	801,039	754,807	46,232	1,756,856	31.3	94.2	5.8	29.5
	전국[2)]	44,852,000	28,116,000	27,088,000	1,028,000	16,736,000	62.7	96.3	3.7	60.4
2017년	장애인	2,522,593	981,028	931,429	49,599	1,541,565	38.9	94.9	5.1	36.9
	전국[3)]	43,899,000	27,993,000	26,919,000	1,074,000	15,906,000	63.8	96.2	3.8	61.3

주: 1) 통계청(2023). 경제활동인구조사(2023년 10월 기준).
2) 통계청(2020b). 경제활동인구조사(2020년 10월 기준).
3) 통계청(2017b). 경제활동인구조사(2017년 2/4분기 기준).

취업장애인의 직장에서의 지위는 임시근로자 29.6%, 상용근로자 25.9%, 자영업자 24.3%, 일용근로자 18.0% 순으로 조사되었다. 취업장애인의 월평균 임금은 215만 원으로 2020년 188만 원에 비해 증가하였으나 전체 임금근로자 월평균 임금 312.8만 원[2)]에 비하면 여전히 낮은 수준이다(〈표 2-27〉 참조).

2) 통계청(2024). 경제활동인구조사.

표 2-27 취업장애인의 종사상 지위 및 월평균 임금

(단위: %, 만 원)

구분		2014년	2017년	2020년	2023년
취업 장애인 종사상 지위	상용근로자	23.8	26.9	37.2	25.9
	임시근로자	17.2	22.2	19.9	29.6
	일용근로자	18.8	19.8	10.1	18.0
	자영업자	34.7	27.3	31.8	24.3
	무급가족종사자	5.4	3.7	1.0	2.3
취업장애인 월평균 임금		153	171	188	215

7) 복지서비스 수요

국가 및 사회에 대해 장애인들이 우선적으로 요구하는 사항은 소득보장 43.9%, 의료보장 26.9%, 고용보장 7.9%, 주거보장 6.5%, 장애인 건강관리 4.2%의 순으로 나타나고

표 2-28 국가 및 사회에 대한 요구사항

(단위: %)

구분	2014년	2017년	2020년	2023년	연령별		
					19세 미만	19~64세	65세 이상
소득보장	38.5	41.0	48.9	43.9	29.1	45.5	43.5
의료보장	32.8	27.6	27.9	26.9	16.7	19.3	33.4
고용보장	8.5	9.2	3.6	7.9	9.3	12.4	4.3
주거보장	6.4	5.1	7.4	6.5	6.9	7.5	5.7
이동권 보장	1.8	3.0	1.5	2.9	2.0	2.3	3.4
보육 · 교육 보장	1.7	1.2	0.7	1.6	23.3	1.3	0.4
문화여가생활 및 체육활동보장	1.6	1.4	1.4	1.5	1.5	1.4	1.7
장애인 인권보장	2.7	2.5	1.9	2.3	3.6	3.3	1.5
장애인 인식개선	2.2	2.0	1.5	1.4	4.0	1.8	1.0
장애인 건강관리(장애예방 포함)	1.2	6.0	2.5	4.2	2.1	4.1	4.4
의사소통 및 정보접근 참여보장	0.6	0.5	0.3	0.5	1.2	0.6	0.5
재난안전관리	0.5	0.3	0.1	0.4	0.2	0.4	0.3
기타	0.3	0.2	0.3	0.1	0.0	0.2	0.0
없음	1.3	–	2.0	–	–	–	–
계	100.0	100.0	100.0	100.0	100.0	100.0	100.0

있다(〈표 2-28〉 참조). 2020년에 비해 소득보장과 의료보장 욕구는 감소하고, 고용보장, 이동권보장, 보육 · 교육 보장, 장애인 인권보장, 장애인 건강관리 등 다양한 영역의 욕구가 높아지는 결과가 나타났다.

장애등록 이후 국가나 사회로부터 어느 정도 지원을 받았는지에 대한 인식 수준은 2.9점으로 2020년 2.6점에 비해 높게 나타났다. 장애정도가 심한 장애인이 3.36점으로 심하지 않은 장애인의 2.69점에 비해 국가 · 사회 지원 수준에 대한 인식 점수가 더 높았다.

표 2-29 장애등록 이후 국가나 사회로부터 받은 지원 인식 평균값[1)]

구분	2014년	2014년	2017년	2020년	2023년
전체	2.8	2.8	2.9	2.6	2.9
장애정도가 심한 장애인	3.10	3.16	3.18	2.98	3.36
장애정도가 심하지 않은 장애인	2.56	2.57	2.65	2.37	2.69

주: 1) 5점 기준으로 점수가 높을수록 국가 · 사회 지원 인식 수준이 높음을 의미함.

향후 보육 · 교육 시 가장 필요로 하는 지원으로는 특수교육 지원인력 증원 27.8%, 발달재활서비스 확대 26.4%, 대학 등 고등교육 지원 강화 9.2% 등으로 나타났다(〈표 2-30〉 참조).

표 2-30 향후 보육 · 교육 시 가장 필요한 것 (단위: %)

구분	2017년	2020년	2023년	연령별		
				7세 이하	8~15세	16세 이상
장애아동 전문어린이집 확대	20.8	5.6	1.9	6.8	1.2	0.4
장애아동 발달재활서비스 확대	19.9	25.6	26.4	36.9	30.4	14.6
교육도구 · 기자재 사용 시 편리성 확보	3.4	4.3	3.6	3.1	2.9	5.0
교사의 전문성 확보	9.4	9.6	3.1	9.2	1.9	1.8
특수교육 지원인력 증원	12.4	19.3	27.8	27.8	29.7	24.9
교사 및 교육기관의 확대	7.4	4.5	5.6	5.1	8.4	1.5
학교 내 편의시설 확대	2.5	3.7	1.2	0.0	1.0	2.3
등하교 편리성 지원	3.8	4.3	6.0	4.4	6.1	6.7
교육에 대한 충분한 정보 제공	8.0	4.8	6.0	1.5	6.0	8.3
대학 등 고등교육 지원 강화	3.0	3.9	9.2	0.0	1.5	26.2
부모 교육 · 상담 지원 확대	1.1	2.0	2.1	1.2	2.1	2.7

교육비 부담 감소	8.4	8.5	6.3	3.3	8.5	4.6
기타	–	3.9	0.6	0.6	0.4	0.9
계	100.0	100.0	100.0	100.0	100.0	100.0

50세 미만 여성장애인이 가장 필요로 하는 서비스는 가사지원 및 활동지원서비스 24.1%, 자녀양육 지원서비스가 18.4%, 직업훈련 및 취업지원 16.3% 순으로 욕구가 높은

표 2-31 여성장애인에게 가장 필요한 서비스[1)]

(단위: %)

구분	2017년	2020년	2023년	연령별		
				18~29세	30~39세	40~49세
임신 · 출산 관련 교육 및 정보제공	16.0	8.8	6.0	7.9	9.2	3.1
임신 · 출산 · 육아 관련 hot-line 서비스[4)]	4.8	2.2	–	–	–	–
출산비용 지원	9.1	10.2	4.7	4.2	5.1	4.8
여성장애인 임신 · 출산 전문병원	8.0	7.1	5.0	1.9	1.7	8.8
산후조리 서비스	7.2	5.1	3.0	1.0	2.5	4.6
육아용품 대여	0.2	0.2	0.7	0.9	0.5	0.6
자녀양육지원 서비스	13.2	13.3	18.4	14.4	13.0	23.7
자녀교육도우미	2.4	2.7	2.6	5.2	0.0	2.4
가사도우미	7.5	7.7	24.1	24.5	17.6	27.5
활동지원사	10.1	11.3				
건강관리 프로그램	7.0	10.0	3.6	3.5	4.0	3.4
상담서비스(심리 · 정서)	8.0	5.3	5.3	4.9	8.9	3.5
자조집단(멘토)	3.2	0.7	0.5	0.7	0.0	0.7
학교 교육 이외의 학습 및 재능교육지원[2)]	3.3	4.5	1.4	1.9	1.1	1.4
장애를 고려한 여성용품 정보 제공[3)]	–	8.7	2.3	2.9	4.0	0.9
직업훈련 및 취업지원[5)]	–	–	16.3	17.1	24.2	11.4
성희롱 · 성추행 · 성폭행 예방 및 보호[5)]	–	–	5.8	9.0	7.1	3.2
기타	0.1	2.2	0.3	0.0	1.2	0.0
계	100.0	100.0	100.0 (14.0만명)	100.0 (3.9만명)	100.0 (3.6만명)	100.0 (6.4만명)

주: 1) 18세 이상 49세 이하 기준
2) 학교 교육 이외의 학습 및 재능교육지원: 2017년 신설
3) 장애를 고려한 여성용품 정보 제공: 2020년 신설
4) 임신 · 출산 · 육아 관련 핫 라인 서비스: 2023년 삭제
5) 직업훈련 및 취업지원, 성희롱 및 성추행 예방 및 보호: 2023년 신설

것으로 나타났다.

장애인의 98.2%는 중앙부처가 운영하는 장애인 서비스를 이용한 경험이 있으며 평균 4.8개의 서비스를 이용하였다. 현재 실시하고 있는 장애인복지사업 중 가장 이용 경험률이 높은 사업은 통신 관련 요금 감면 및 할인 84.0%, 교통 관련 요금 감면 및 할인 76.3%, 공공시설 이용 시 요금 감면 및 할인 59.4%, 세금공제 및 면제 56.9% 등으로 나타났다.

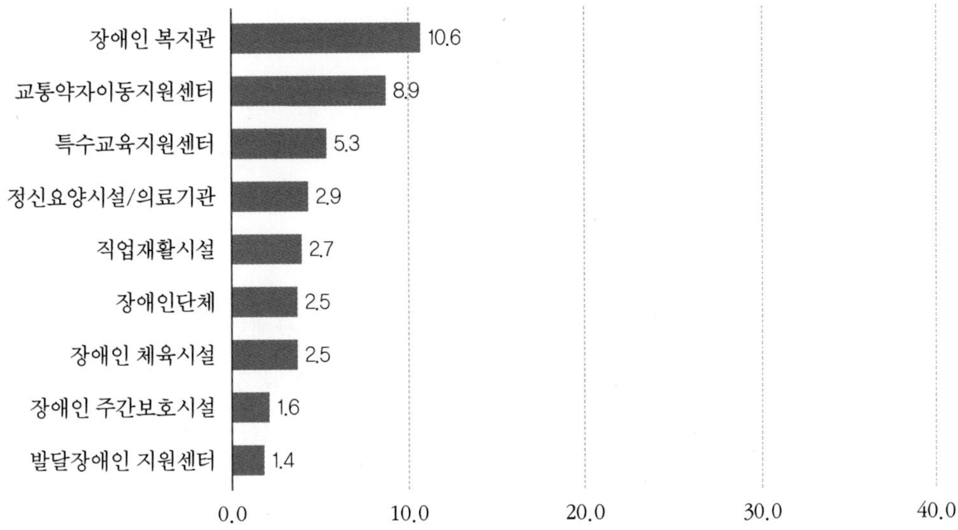

[그림 2-3] 장애인 기관 경험률

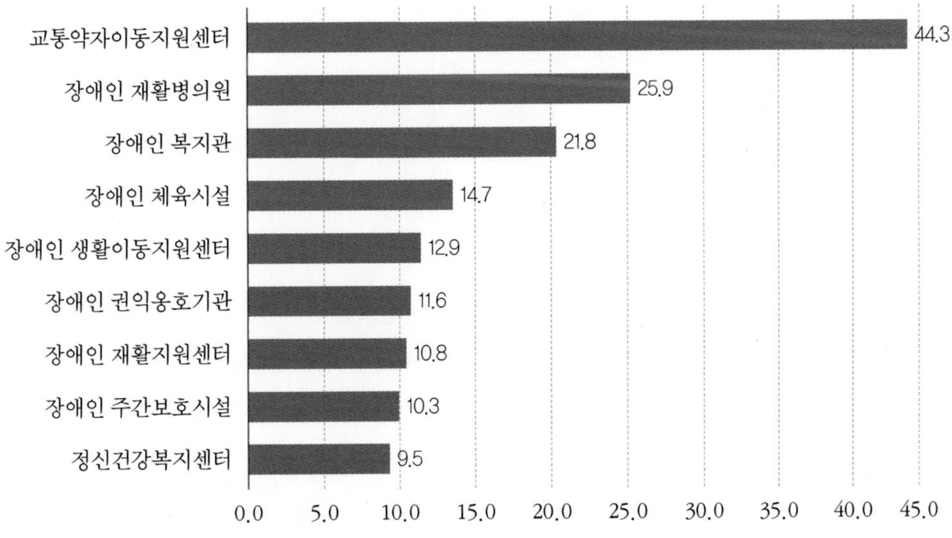

[그림 2-4] 장애인 지원 기관 이용 희망률

주요 사업의 이용 경험률을 보면 장애인연금 12.2%, 경증장애수당 18.1%, 장애아동수당 1.3% 등이며, 일상생활 및 돌봄지원으로 장애인 활동지원서비스 5.7%, 노인장기요양보험 10.0% 등으로 나타났다.

장애인복지서비스 제공 기관 중 이용 경험률이 가장 높은 기관은 장애인복지관이 10.6%로 가장 높게 나타났고, 교통약자이동지원센터(장애인 콜택시, 해피콜) 8.9%, 특수교육지원센터 5.3% 등으로 조사되었다. 향후 이용을 희망하는 장애인복지사업 기관은 교통약자이동지원센터 44.3%, 장애인재활병의원 25.9%, 장애인복지관 21.8%, 장애인체육시설 14.7% 등의 순으로 나타났다.

2. 장애인에 대한 사회의 태도

현대사회는 산업재해의 발생, 교통사고, 각종 질병 등으로 장애인의 수가 증가하고 있으며, 향후에도 새로운 사회문제의 발생으로 장애인구는 늘어날 것으로 예측된다. 이러한 사회변화 속에서 장애인에 대한 비장애인의 태도는 장애인들이 사회통합을 이루어 함께 살아가도록 하는 데 가장 중요한 요인이 된다.

여기서는 장애인에 대한 사회의 태도와 관련된 연구, 그리고 장애인 차별에 관한 이론을 살펴보고자 한다.

1) 장애인에 대한 사회의 태도

장애인에 대한 사회의 고정관념을 살펴보면 다음과 같다.

(1) 동정의 대상

장애인을 불쌍히 여기는 태도는 다양한 방식으로 표출되어 왔다. 장애인에게 서비스를 제공하는 사회복지기관에서도 모금활동을 위해 대중의 동정심을 조장하는 활동을 해 왔다. 「미국장애인법(American with Disabilities Act: ADA)」 제정을 주도하기도 했던 장애인 캠프(J. Kemp)는 텔레비전을 통한 모금방송에 대해 말하면서 "장애인에 대한 동정심을 유발하는 것은 모금액을 증가시킬 수는 있지만, 대중과 장애인 사이에 두려움의 장벽을 쌓게 할 수 있다."라고 지적하였다(Shapiro, 1993). 동정은 무시와 고정관념의 산물이다. 원래의 의도는 이타심에 의한 것일지라도, 모금활동이 동정을 조장하고 죄책감을 이용한다면 사회복지 관련 종사자들도 이러한 부정적 고정관념 조성에 기여하였다고 할 수 있다.

장애인을 동정의 대상으로 여기는 또 다른 방식은 안락사나 낙태와 관련되어 나타나곤 한다. 교통사고를 당하고 나서 중증장애인으로 살아가는 것보다는 스스로 자살하는 것이 낫다고 생각하여 이를 주장하는 장애인을 다룬 영화가 있었다. 이 영화를 본 대중은 장애를 지니고 살아가는 것이 죽음보다 더 힘든 것이라는 메시지를 받게 된다. 태아가 심각한 장애를 지녔을 때 낙태를 하는 것이 정당하다는 사람들의 인식은 장애가 죽음보다 더 나쁜 것이라는 사회적 가정을 드러내는 것이다. 장애를 지닌 사람들에 대한 안락사를 지지하는 전문가들은 장애가 끔찍한 운명이라는 잘못된 인식을 강화시켜 왔던 것이다.

(2) 사회의 위협

장애인에 대한 또 다른 인식은 장애인을 사회의 위협이 되는 존재로 여기는 것이다. 예를 들면, 자신의 이웃에 장애인을 위한 공동생활가정이 있을 때 지역주민은 자녀가 지적장애인 혹은 정신장애인에게 신체적인 공격을 당할 수 있다는 생각에 아이를 보호하기 위해 장애인을 지역사회에서 내쫓아야 한다고 주장하는 것이다. 로데스(Rhodes, 1993)는 장애인을 사회의 위협으로 생각하는 인식이 장애인을 시설에 분리시키고 결혼을 반대하거나 불임시술까지 자행하는 결과를 가져왔다고 주장하였다.

(3) 병자

사회는 장애인을 병자로 취급하여 건강한 장애인에게도 병자로서의 역할을 기대해 왔다. 장애인은 생산적이라고 생각하지 않기 때문에 생산적이고 경제적으로 자립할 수 있는 기회를 거부당한다. 사회의 시스템이 장애인으로 하여금 독립적으로 행동하며 자기결정권을 행사하는 것을 어렵게 하더라도, 장애인은 사회로부터 제공받은 도움에 감사해야 할 책임이 주어져 왔다. 병든 것과 장애는 동의어로 여겨 왔으며, 의료전문가들은 장애인이 서비스를 받기 위해 전문가의 통제하에 있도록 함으로써 장애인 스스로 자율성을 행사하는 것을 억제해 왔다.

(4) 영원한 아이

장애인은 자신의 나이와 관계없이 어린아이와 같이 취급된다. 울펜스버거(W. Wolfensberger)는 이를 "영원한 아이"의 역할이라고 명명하였다. 비장애인에게는 정상적인 발달단계를 거쳐 성장할 것을 기대하는 반면, 장애인에게는 성장이나 발달에 대한 기대를 갖지 않고, 따라서 성장할 수 있는 기회도 주지 않는다. 장애인의 잠재력을 발휘하기 위해 많은 자원을 지원해야 하지만, 낮은 기대로 인해 자원도 적게 지원된다.

(5) 무능력함

휠체어를 탄 장애인이 비장애인과 레스토랑에 갔을 때, 종업원은 휠체어를 탄 장애인에게 주문을 받기보다는 비장애인에게 주문을 받고자 한다. 휠체어를 탄 장애인은 주문할 능력이 없거나 주문을 할 때도 도움이 필요할 것이라고 생각하여 같이 온 비장애인에게 장애인이 무엇을 먹고자 하는지를 묻는다는 것이다. 장애인이 무능력하다는 고정관념은 재활서비스에도 많은 영향을 미치고 있다. 장애인이 무능력하다는 고정관념으로 재활 프로그램을 축소시키기도 하며, 장애문제를 해결하는 수단으로 평가나 의료적 진단을 강조함으로써 누구는 할 수 있고 누구는 할 수 없는지를 결정하곤 한다. 이러한 관점을 찬성하는 사람들은 경쟁고용에서 기능할 수 없는 장애인의 경우 재활서비스를 받아서는 안 된다고 주장한다. 이러한 고정관념을 가진 전문가들은 장애인을 그들의 생애 전반에 걸쳐 통제하려고 한다.

(6) 신의 저주

성경에도 예수의 제자들이 시각장애인으로 태어난 남자를 보고 자신이나 부모가 죄를 지었기 때문에 장애인이 된 것으로 가정하는 구절이 있다. 장애인은 스스로를 신의 눈밖에 난 존재로 생각하며, 이러한 고정관념으로 인해 장애인과 그들의 가족은 죄책감과 수치심을 느끼거나 서로를 비난하게 된다.

2) 장애인에 대한 사회의 태도에 영향을 미치는 요인

장애인에 대한 차별에 대처하는 방안을 마련하기 위해 많은 학자는 장애인에 대한 차별적 태도에 영향을 미치는 요인을 밝히고자 하였다. 거시적 변수와 미시적 변수로 나누어 장애인에 대한 사회의 태도에 영향을 미치는 요인을 살펴보면 다음과 같다.

(1) 거시적 변수에 관한 연구

장애인에 대한 태도를 결정짓는 거시적 변수로는 문화적 배경을 들 수 있다. 많은 학자는 특정 사회의 사회문화적 규범이나 기대가 장애인에 대한 부정적 태도를 형성하고 있다고 본다(Marinelli & Dell Orto, 1984). 특히 아름다운 신체나 건강, 완전성과 같은 개념을 강조하고 개인의 생산성과 성취를 강조하는 곳에서는 장애인을 가치절하하거나 일탈적 지위로 낙인찍음으로써 장애인을 '주변인'이나 '상이한 사람'으로 간주하는 경우가 많다고 한다. 또한 아동 양육방법과 초기 부모의 영향이라는 견지에서 볼 때, 유년기와 아동기에 건강과 정상상태를 중요시하고 건강규칙을 깨뜨리는 질병이나 장기간의 장애를 두려워하는 양육습관은 결과적으로 그러한 상태에 처한 장애인에 대한 혐오감을 낳게 한다는 것이다(Marinelli & Dell Orto, 1984). 아마도 이런 점 때문에 장애인에 대한 개인의 태도가 국가적 배경에 따라 달라질 수 있을 것이다. 실제로, 초이와 램(Choi & Lam, 2001)은 미국에 거주하고 있는 한인 학생들이 한국에 거주하고 있는 학생들에 비하여 정신장애인에 대한 태도가 더 호의적이었음을 보고한 바 있다(서동명, 1999 재인용).

(2) 미시적 변수에 관한 연구

미시적 관점에서 볼 때, 장애인에 대한 개인의 태도에 영향을 주는 요소를 살펴보면 다음과 같다.

첫째, 성별이 장애인에 대한 태도에 영향을 미친다. 유커(Yuker, 1988)는 326명의 대학생을 대상으로 연구를 하였는데, 그 결과 남학생보다는 여학생이 장애인에 대하여 훨씬 긍정적인 태도를 보인 것으로 나타났다. 박성애(1984)의 연구에서도 성별에 따른 장애인의 태도를 조사한 결과, 여자가 약간 더 긍정적인 것으로 나타났다. 그러나 류수경(1991)의 연구에서는 성별에 따른 유의미한 차이가 없는 것으로 나타났다.

둘째, 개인의 연령대가 장애인에 대한 태도에 영향을 미친다. 예를 들어, 레이더(Raider)는 장애인에 대한 아동의 태도는 성인에 비하여 매우 수용적이고 편견이 적다고 보고하였으며, 포프(Popp), 푸(Fu)와 워렐(Warrel)의 연구에서는 지체부자유아에 대한 초등학생의 태도는 연령이 증가할수록 부정적으로 변하는 경향이 나타났다(이종남, 1994 재인용). 성인의 경우에는 20대의 젊은 층이 30대 이상의 연령층보다 장애인에 대해서 긍정적인 태도를 가진 것으로 나타났는데, 이는 20대의 경우 교육과 언론을 통해 과거와 달리 장애인과 직간접적 접촉이 많아졌기 때문이라고 해석되고 있다(이종남, 1994; 이한우, 이원령, 2004).

셋째, 학력 수준이 장애인에 대한 태도에 영향을 미친다. 구체적으로 고학력자들이 장애인에 대해 긍정적인 태도를 가지고 있다는 결과가 많은데, 이는 고학력자의 경우에 사회 전반에 대한 폭넓은 지식을 갖추었기 때문인 것으로 해석된다(이종남, 1994; 채은선, 1999). 그러나 학력이 높은 경우에도 장애인과의 특정 상황, 즉 장애인과의 결혼 의사 등 자신과 구체적으로 관계가 있는 것에서는 학력과 무관하게 부정적인 태도를 보였다는 연구 결과도 보고되었다(류수경, 1991).

넷째, 장애인과의 접촉 경험이 장애인에 대한 태도에 영향을 미친다. 대체로 장애인에 대한 접촉 정도가 많을수록 장애인에 대한 태도가 긍정적으로 변화한다는 연구 결과들이 많았다(류수경, 1991; 박성애, 1984; 송수영, 2001). 이러한 접촉 경험은 가족이나 친구 중에 장애인이 있는 경우처럼 자연스러운 경험뿐만 아니라, 장애체험과 같은 인위적인 경험에서도 모두 긍정적인 태도 변화를 이끌어 낼 수 있다.

마지막으로, 장애인에 대한 교육, 예를 들어 장애인에 대한 정보 제공, 감수성 훈련, 장애체험 등이 장애인에 대한 태도에 영향을 미친다. 장애인에 대한 정보 제공은 장애인에 관한 책 읽기, 수어활동, 장애인에 관한 영화 보기, 장애인 이해 프로그램 제공 등 다양한 교육활동을 통해 장애에 대한 다양한 정보를 제공하는 것을 말한다. 이러한 각종 교육 프로그램은 비장애인의 장애인에 대한 태도를 긍정적으로 개선시키는 데 효과적인 것으로 나타났다(고영미, 2005; 김정배, 2000; 배재순, 2005; 송수영, 2001; 이명자, 2005). 특히 자원봉사나 장애체험, 여러 가지 직접적이고 질적으로 친밀한 접촉이 포함된 프로그램을 통해 장애인에 대한 이해를 보다 긍정적으로 변화시킬 수 있다.

3) 장애인 차별에 관한 이론

(1) 우생학이론

우생학이란 다윈(C. R. Darwin)의 사촌동생인 골턴(F. Galton)이 1883년에 만들어 낸 용어로서 '좋은'을 뜻하는 접두사 'eu-'에 종자를 뜻하는 'geue'이 합쳐진 그리스어의 'eugenes(좋은 종자)'에서 유래한다. 우생학은 유전학적 지식과 고도의 의료기술을 응용하여 유전적으로 열등한 심신 소질을 가진 인구의 증가를 막는 동시에 우등한 심신 소질을 가진 인구의 증가를 적극적으로 도모하여 인류의 유전형질을 개선하기 위한 학문이다. 영국에서는 우생학적 견지에서 범죄자의 발생을 유전적으로 설명하려는 가계연구가 시행되었다. 연구 결과는 정신지체의 유전설을 뒷받침하였으며, 정신지체는 범죄와 빈곤, 타락의 근원이라는 인상을 만들어 내었다. 이로 인해 사회방어와 장애발생 예방을 목표로 사회에서 장애인을 격리·수용하고, 강제로 단종(斷種)시키는 우생법안이 여러 나라에서 시행되기도 하였다. 특히 미국은 우생학을 널리 받아들여 2,500명 이상을 수용하는 대형 시설을 만들기도 하였고, 1931년까지 미국 30개 주에서 「단종법」이 제정되어 장애인의 불임수술을 실시하였다. 독일에서는 우생학이 나치 정권에서 중대한 역할로 작용하여 600만 명의 유대인을 학살하고, 수만 명의 독일인 장애인을 가스실로 보내는 근거가 되었다.

(2) 상품이론

현대 산업사회에서는 각 개인이 갖고 있는 노동력, 지식 등을 상품화함으로써 부와 지위를 높일 수 있다. 가치의 창출과 재창출을 통한 개인의 생각은 그 개인의 시장경제에서의 경쟁력을 좌우하며 그의 사회적 신분에 영향을 미친다. 그런데 장애인은 갖고 있는 생산력이 잘못 판단되거나 낮게 평가되어 그 생산성을 인정받지 못하며, 경제적 이익에 기여할 수 없는 쓸모없는 존재로 여긴다(이익섭, 1993). 따라서 자본주의 사회구조 속에서 장애인은 점차 제외되며, 대부분의 경우 최후의 고용, 최초의 해고라는 노동시장의 법칙이 적용된다.

(3) 편견이론

편견은 비과학적인 선입견에서 출발하는 한쪽으로 치우친 생각이나 견해로서 장애인은 우리 사회의 대표적인 편견의 대상이 되어 왔다.

장애인에 대한 잘못된 인식과 장애 원인에 대한 비과학적이고 미신적인 인식 때문에 장애인을 접촉할 기회가 결여된 대중이 장애인에 대해 갖는 이해는 부정적일 수밖에 없다. 선과 정의는 아름다움으로, 악과 불의는 추악함으로 묘사하는 문화 속에서 신체적 결함은 악과 불의로 표현되고, 그 결과 장애인은 사회참여의 균등한 기회를 갖지 못하게 되고, 이러한 불평등한 처우는 장애인에 대한 이해의 부족을 낳는 악순환 현상을 초래하게 된다.

올포트(Allport, 1958)는 편견의 행동단계를 반대화, 회피, 차별, 신체적 공격이나 학살로 설명하였다. 이러한 편견은 성장과정에서 학습되는 것으로, 과학적 판단에 의해 형성되는 것이 아니고 감성적으로 이루어지기 때문에 장애인에 대한 부정적인 인식을 바꾸는 데 어려움이 따른다.

(4) 정책부재이론

국가정책은 예상되는 사회문제에 대비하고 각종 사회문제를 해결하려는 정부의 노력이다. 따라서 장애인복지정책은 장애인문제를 사회문제로 인식하고 행하는 국가 차원의 노력을 의미한다. 그러나 장애인복지와 관련된 어떤 문제에 대해서는 의도적으로 정책적 수립을 보류하는 결정이 있을 수 있다. 장애인복지가 다른 복지영역에 비해 정치적 비교우위가 낮기 때문에 아무 정책적 노력을 하지 않기로 결정하게 된다는 이론이다. 이는 장애인문제의 심각성을 인식하지 못하였음을 뜻하기보다 우선순위가 낮기 때문에 아무 정책을 수립하지 않기로 결정한다는 것을 의미한다(오혜경, 2005).

학습과제

- 장애인의 실태와 복지욕구를 파악하는 이유에 대해 생각해 보자.
- 장애 관련 현황을 정리해 보고, 장애인 정책에서 재고해야 할 점은 무엇인지 생각해 보자.
- 자신이 가지고 있었던 장애인과 관련된 고정관념이나 편견에 대해 이야기해 보자.
- 장애인에 대한 부정적인 태도를 개선하기 위해서 사용할 수 있는 방법을 제시해 보자.
- 장애인을 인터뷰해 보자. 장애인이 겪은 편견이나 차별에 대해 인터뷰해 보고, 이 장에서 학습했던 것과 비교하여 논의해 보자.

참고문헌

고영미(2005). 장애체험 프로그램이 일반중학교 학생들의 장애인을 대하는 태도에 미치는 영향. 연세대학교 교육대학원 석사학위논문.

고용노동부(2005). 사업체 노동력 조사.

고용노동부(2008). 사업체 노동력 조사.

고용노동부(2011). 사업체 노동력 조사.

고용노동부(2014). 사업체 노동력 조사.

김성희, 변용찬, 손창균, 이연희, 이민경, 이송희, 강동욱, 권선진, 오혜경, 윤상용, 이선우(2012). 2011년 장애인 실태조사. 보건복지부, 한국보건사회연구원.

김성희, 이연희, 황주희, 오미애, 이민경, 이난희, 강동욱, 권선진, 오혜경, 윤상용, 이선우(2014).

2014년 장애인 실태조사. 보건복지부, 한국보건사회연구원.

김성희, 이연희, 오욱찬, 황주희, 오미애, 이민경, 이난희, 오다은, 강동욱, 권선진, 오혜경, 윤상용, 이선우(2017). 2017년 장애인 실태조사. 보건복지부, 한국보건사회연구원.

김성희, 이민경, 오욱찬, 오다은, 황주희, 오미애, 김지민, 이연희, 강동욱, 권선진, 백은령, 윤상용, 이선우(2021). 2020년 장애인 실태조사. 보건복지부, 한국보건사회연구원.

김정배(2000). 청소년의 자원봉사활동이 장애인에 대한 태도 변화에 미치는 영향. 중앙대학교 사회개발대학원 석사학위논문.

류수경(1991). 장애동료와의 의사소통이 직장인의 태도에 미치는 영향 연구. 이화여자대학교 대학원 석사학위논문.

박성애(1984). 신체장애아에 대한 정상아동의 태도변화 연구. 숙명여자대학교 대학원 석사학위논문.

배재순(2005). 장애이해 교육 프로그램 적용이 비장애 유아 학부모의 장애인에 대한 태도 변화에 미치는 효과. 공주대학교 특수교육대학원 석사학위논문.

변용찬, 김성희, 윤상용, 강민희, 최미영, 손창균, 오혜경(2009). 2008년 장애인 실태조사. 보건복지가족부, 한국보건사회연구원.

변용찬, 김성희, 윤상용, 최미영, 계훈방, 권선진, 이선우(2006). 2005년 장애인 실태조사. 보건복지부, 한국보건사회연구원.

변용찬, 서동우, 이선우, 김성희, 황주희, 권선진, 계훈방(2001). 2000년 장애인 실태조사. 보건복지부, 한국보건사회연구원.

보건복지부(2018). 2018년 4월 보도자료.

보건복지부(2021a). 2020년 등록장애인 현황.

보건복지부(2021b). 2021년 4월 보도자료.

보건복지부(2024). 2024년 4월 보도자료.

서동명(1999). 발달장애청소년과의 통합활동 경험을 통한 일반청소년의 장애인에 대한 태도변화. 서울대학교 대학원 석사학위논문.

송수영(2001). 장애인과의 접촉이 장애인에 대한 태도에 미치는 영향. 성균관대학교 대학원 석사학위논문.

오혜경(2005). 장애인복지론. 창지사.

이명자(2005). 장애 관련 TV 프로그램 활용이 실업계 고등학교 학생의 장애인에 대한 태도에 미치는 효과. 공주대학교 특수교육대학원 석사학위논문.

이민경, 김성희, 오욱찬, 오미애, 김진희, 황주희, 조휘래, 이한나, 강동욱, 권선진, 백은령, 윤상용, 이선우(2023). 2023년 장애인 실태조사. 보건복지부, 한국보건사회연구원.

이익섭(1993). 장애인에 관한 국제문헌과 행동지침. 연세사회복지연구, 1.

이종남(1994). 장애인에 대한 일반인의 태도에 관한 연구. 성심여자대학교 대학원 석사학위논문.

이한우, 이원령(2004). 일반인들의 '장애'에 대한 태도연구. **특수교육저널, 5**, 471-492.

질병관리청(2016). **2019 국민건강통계**.

질병관리청(2022). **2022 국민건강통계**.

채은선(1999). 비장애아 어머니의 장애인에 대한 태도에 관한 연구. 가톨릭대학교 대학원 석사학위논문.

통계청(2011a). **2010년 인구주택총조사**.

통계청(2011b). **가계동향조사**.

통계청(2011c). **경제활동인구조사**.

통계청(2011d). **한국통계월보**.

통계청(2014a). **가계동향조사**.

통계청(2014b). **경제활동인구조사 근로형태별 부가조사**.

통계청(2014c). **한국통계월보**.

통계청(2017a). **가계동향조사**.

통계청(2017b). **경제활동인구조사**.

통계청(2020a). **가계동향조사**.

통계청(2020b). **경제활동인구조사**.

통계청(2022a). **가계동향조사**

통계청(2022b). **사회조사**.

통계청(2023). **경제활동인구조사**.

통계청(2024). **경제활동인구조사**.

Allport, G. W. (1958). *Assessment of human motives*. Rinehart.

Marinelli, R. P., & Dell Orto, A. E. (1984). *The psychological and social impact of physical disability*. Springer Publishing Company.

Rhodes, R. (1993). Mental retardation and sexual expression: An historical perspective. In R. W. Mackelprang & D. Valentine (Eds.), *Sexuality and disabilities: A guide for human service practitioners*. Haworth Press.

Shapiro, J. P. (1993). *No pity: People with disabilities, forgiving a new civil rights movement*. Times Books.

Yuker, H. E. (1988). *Attitudes toward persons with disabilities*. Springer Publishing Company.

〈추천 사이트〉

• 우리 친구 까치

https: //www.youtube.com/watch?v=lq0SzS OIDEc

– 지적장애 아동인 까치가 엄지와 함께 반 아이들과 친구가 되는 과정을 담고 있는 감동적인 작품

제 3 장

장애인복지의 역사

학습개요

오늘날의 장애인복지를 이해하기 위해서는 과거 장애인복지가 형성되어 온 역사를 이해할 필요가 있으며, 역사를 알아야 미래를 예측하여 시행착오를 막을 수 있다. 이 장에서는 근대적인 의미에서의 장애인복지가 먼저 발달한 서구의 발달과정을 살펴보고, 다음으로 한국의 장애인복지가 어떻게 시작되고 발달되었는가를 살펴볼 것이다. 또한 국제장애운동의 역사 및 동향과 한국 장애운동의 역사와 동향을 살펴봄으로써 향후 한국의 장애인복지 실천이 나아가야 할 방향을 예측해 볼 수 있다.

학습목표

- 서구에서 장애인복지가 발달한 과정을 살펴본다.
- 한국에서 장애인복지가 발달한 과정을 살펴본다.
- 국제장애운동의 역사와 동향에 대해 살펴본다.
- 한국의 장애운동의 역사와 동향에 대해 살펴본다.

1. 서구 장애인복지의 역사

1) 고대

고대 사회에서의 장애인관은 원시적이고 부정적이었다. 신석기시대 사람들은 장애인에 대해 그 영(靈)이 악하기 때문에 분노한 신에 의해 장애인이 되었다고 보았고, 장애인의 대다수는 죽임을 당하거나 노예가 되거나 신체적 학대와 유기, 방치의 대상이 되었다. 고대 사회에서는 절대적인 가부장제로 인하여 아버지가 아이의 생사문제를 결정할 수 있는 절대권을 가졌다. 신체와 정신이 건강한 남자아이의 출생은 매우 높이 평가된 반면, 딸이나 장애를 가진 아이의 출생은 그 가족에게 치욕이 되었다. 그 시대에는 동물이나 강자로부터 자기 생명과 종족을 보존하고 노동력을 제공하기 위해 건강한 신체는 필수불가결한 조건이었기 때문이다.

스파르타 사람들은 장애를 가진 사람을 그 나이에 상관없이 외곽지역에 버려 죽게 만들었으며, 그리스와 로마시대에는 기형아를 둔 아버지가 벼랑에서 아이를 떨어뜨려 죽이거나 노예로 팔았고, 네로 왕은 장애인을 활쏘기 연습의 표적으로 사용하기도 하였다. 인간의 윤리규범에 지대한 영향을 미친 플라톤은 장애인을 완벽한 사회로 가는 길을 가로막는 장애물로 여겨 "장애인의 자식이나 불구자는 발견되지 않는 아무도 모르는 곳으로 당연히 보내야 한다."라고 주장하였다(Mackelprang & Salsgiver, 1999).

그러나 이 야만스러운 고대시대에도 주목할 만한 예외가 있었다. 고대 이집트인들은 유아 살해를 범죄로 보았고, 고대 중국에서는 정신병이 있는 사람의 처지에 관심이 있었고 음악가나 철학자와 같이 독특한 재능을 가진 맹인을 존경했다는 기록이 있다. 에드워즈(Edwards, 1997)는 고대 그리스시대의 장애인들의 경우 신체적 장애를 갖게 된 상황과 장애인이 누구인지에 따라 지위가 다양하게 나뉘었다고 주장하였다. 전쟁터에서 부상을 당한 그리스인에게는 공적 지원을 제공하고, 보장구를 사용하기도 하였다는 것이다. 6세기 「유스티니아누스 법」은 장애인의 권리를 구체적으로 분류하였고, 장애 유형과 정도에 따라 권리를 기술하였다(이선우, 2009 재인용).

따라서 고대 사회에서 장애인에 대한 인식은 대부분 부정적이었지만, 장애인을 동정이나 보호의 대상으로 보려는 인식과 장애인의 상황에 따라 다르게 취급하는 등 예외적인 경우도 발견할 수 있음을 알 수 있다.

2) 중세

중세 서구에서는 기독교의 전통으로 장애의 상태를 사악한 영혼이나 악마의 마법, 신의 저주에 의해 생긴 결과로 보거나, 반대로 고통받는 예수를 나타내는 것 혹은 천사에게 축복을 받는 인간 이상의 존재로 여기기도 하였다(이선우, 2009). 악마적 원인에 의해 귀신 들린 것이라고 생각했던 시절에는 마녀사냥이 절정에 달하였으며, 특히 정신장애인은 마녀광풍의 최대 피해자였던 것으로 보인다.

한편, 중세는 약자의 보호와 구제, 애타정신을 강조한 기독교의 박애사상을 기초로 하여 종교적으로 구제보호가 시작된 시기였다. 그러나 구제사상은 단순히 종교적 차원에서 자선의 시혜를 베풀어 주는 것이어서 장애인에 대한 차별과 학대는 여전히 일반적인 현상이었다.

중세 초기에 종교적 자선사업이 시작되면서 장애인이나 빈민을 구제하기 위한 시설을 설립하기 시작하였으며, 중세 봉건사회가 산업화에 따른 도시의 발달과 더불어 붕괴의 길을 걷게 되면서 구빈대책도 도시를 중심으로 이루어졌다. 농촌으로부터의 많은 빈민이 유입되자 과거와 같은 종교적 자선으로는 빈민문제를 해결할 수 없게 되었고 영국에서는 1601년 「구빈법」을 제정하게 되는데, 노동능력이 있는 빈민에게는 강제노동이 부과되었고, 장애인과 같이 노동능력이 없는 빈민은 주로 시설에 수용되었다.

이 시기의 장애인 보호사상은 종교적 측면에서 이루어진 자선의 형태였기 때문에 장애인을 비장애인과 평등하게 보는 근대적인 의미의 복지사상과는 거리가 멀었다.

3) 근대

근대에는 르네상스, 의학의 발전, 종교개혁의 영향으로 장애인에 대한 인식이 크게 변화되는 계기가 마련되었고, 장애인의 본질을 합리적으로 이해하려는 노력은 장애아동에 대한 교육의 가능성을 제시해 주면서 장애인 교육이 시작되었다. 또한 현대까지 영향을 미쳤던 우생학이론의 영향으로 장애인 시설이 발달하게 되었다.

(1) 장애인관에 영향을 준 근대사상

장애인에 대한 운명론적인 사상을 버리고 근대적인 장애인관에 입각하여 교육의 가능성을 모색하게 한 근대적 사상은 다음과 같이 전개되었다(오혜경, 2005).

첫째, 르네상스 운동은 장애인관에 영향을 주었다. 르네상스는 신 중심에서 인간 중심, 인간존중주의로 환원하려는 특징을 갖는다. 르네상스에 영향을 받은 인문주의자들은 중세의 종교적 편견과 미신에서 탈피하여 장애인의 본성과 본질을 현실적 근거에서 합리적으로 이해하도록 하였으며, 장애인에 대한 교육의 가능성을 탐색하도록 자극을 주었다.

둘째, 종교개혁도 장애인관에 영향을 주었다. 대표적인 종교개혁자인 마틴 루터(Martin Luther)는 인간의 자율적이고 주체적이며 체험적인 신앙이 신과 인간을 합치시킨다고 보았으며, 청각장애인 혹은 시각장애인, 지적장애인이라고 할지라도 그리스도인이 될 수 있다고 주장하였다. 루터의 장애인관은 지금까지 편견과 미신으로 차별받아 온 장애인에 대한 처우를 혁신하는 중요한 계기를 마련하였다. 특히 루터는 교육이 빈부나 능력에 관계없이 모든 국민을 대상으로 한 보통교육이어야 하며, 학교의 설립 및 유지는 교회의 의무가 아니라 정부의 책임이라고 주장하였다. 보통교육에 입각한 국민교육제도의 실시를 강조한 그의 교육사상은 장애아동의 학교교육 실현을 위한 중요한 사상적 기반이 되었다.

셋째, 의학이 발달함에 따라 장애인의 생리와 병리를 과학적으로 해명함으로써 과학적인 이해에 크게 공헌하였다. 과학적 이해는 종래의 미신적 편견에 의한 인간의 장애에 대한 운명론을 극복하게 하였으며, 합리적이고 과학적인 기초에서 인간의 장애를 이해하게 하였다.

(2) 장애인에 대한 교육 실시

근대 초기(16세기)에 접어들면서 수용보호에만 그쳤던 장애인에 대한 교육이 이루어지기 시작하였다. 17세기에 영국의 경험론자인 프랜시스 베이컨(Francis Bacon)은 인간 이해에 대한 선입견을 타파할 것을 주장하면서 당시까지 내려오던 장애인에 대한 편견을 타파하고 전통적인 장애인관을 시정하는 사상적 기반을 마련하였다. 베이컨에 의해 주도된 경험철학은 교육에 있어 실학주의 교육에 영향을 주었는데, 사실과 경험, 실천을 중시하며 인간을 철저하게 이해하고자 했던 실학주의 교육사상은 장애아동의 교육에 새로운 가능성을 열어 주게 되었다. 18세기에 들어서는 일반 서민의 자녀교육에 대한 대책이 마련되면서 특수아동에 대해서도 관심을 갖게 되었고, 19세기 후반부터는 생리학, 의학, 심리학, 사회학 등의 발전으로 인해 아동의 장애 원인을 규명하면서 특수교육이 크게 발전하였으며, 1882년 프랑스에서는 장애아동에 대한 의무교육을 실시하게 되었다.

(3) 장애인 수용시설의 발달

근대에는 르네상스, 의학의 발전, 종교개혁의 영향으로 장애인에 대한 인식이 크게 변화되고 장애인 교육도 시작되는 등 인간에 대한 낙관주의가 대두된 반면, 장애인을 사회적으로 제거의 대상으로 보는 사회진화론과 우생학이론이 널리 퍼지게 되었다. 사회진화론과 우생학이론은 장애인을 위험하고 유전적으로 열악한 인자를 보유해서 사회의 제거 대상으로 설명하는 근거가 되었고, 장애인을 따로 시설에 수용해 보호하도록 하는 이론적 근거가 되었다(Rothman, 1971). 우생학이론이 유행했던 나라에서는 사회적으로 유용한 유전질의 번식은 장려하고 사회적으로 비생산적이고 바람직하지 못한 유전질의 번식은 제한하는 품질 위주의 인구정책을 중시하여 열악한 유전인자를 보유한 자들에 대한 출산억제정책을 펼치는 데 우생학 이론을 과학적 근거로 삼았다. 장애인에게 생식기능을 빼앗는 불임수술법안을 마련해 지적장애나 정신장애를 지닌 장애인에 대한 불임수술이 행해지기도 하였다(Rhodes, 1993).

9세기 후반에 발달한 우생학이론은 20세기에도 많은 영향을 미쳐서 20세기 초의 우생운동으로 발전하였고, 20세기 초에 대규모 수용시설이 발달한 것에도 지대한 영향을 미쳤다.

4) 현대

장애인복지의 일대 전환점이 된 시기는 두 차례에 걸친 세계대전 이후다. 전쟁을 겪으며 많은 전상장애인이 발달하였는데, 이들은 국가유공자이기 때문에 국가가 지원 대책을 마련할 필요가 있었다. 장애를 개인의 문제가 아닌 국가의 책임으로 인정하면서부터 현대적 의미의 장애인복지가 시작되었다고 볼 수 있다.

(1) 1910~1950년대

이 시기에는 전쟁으로 장애인이 된 퇴역상이군인을 위한 직업재활, 의료재활을 중심으로 장애인제도가 마련되기 시작하였다. 영국에서는 1919년 퇴역상이군인을 일정 비율 이상 자주적으로 고용하고 있는 고용주의 방명록제도를 설치하였고, 이는 「신체장애인고용법」의 근간이 되었다. 이탈리아에서는 1921년 전상장애인의 고용의무를 정한 법률이 제정되었다. 1923년 제네바에서 퇴역상이군인을 중심으로 신체장애인의 고용촉진 방법을 연구하기 위해 모인 전문가회의에서도 법률에 의한 고용의무라는 수단이 필요함을 지적하게 되었다.

제2차 세계대전 후에는 세계 각국에서 장애인의 고용에 관한 법률을 적극적으로 제정하게 되었다. 영국에서는 1944년 「신체장애인고용법」이 제정되었고, 이탈리아에서는 1947년 「산재장애인 의무고용법」의 제정 이후, 「국가봉사신체장애인 의무고용법」 「맹인 의무고용법」 「농아자 의무고용법」 등을 계속 제정하였다. 프랑스는 1955년에 「할당고용법」, 1957년에 「재활기준법」을 제정하였고, 독일은 1953년에 「신체장애인고용법」을 제정하였다.

1955년에 열린 ILO 총회에서는 신체장애인의 직업재활에 관한 국제적 기준을 권고하게 되었는데, 이 권고는, 첫째, 신체장애인에게 차별 없이 근로자의 해고를 하지 않겠다는 약속하에 일정 비율의 신체장애인을 사용자가 고용할 것, 둘째, 신체장애인을 위해 지정 직종을 유보할 것, 셋째, 중증인 신체장애인에게 적당하다고 인정되는 직종에는 고용의 기회나 우선권을 주는 조치를 취할 것 등의 규정을 제시하였다.

(2) 1960～1970년대

1960년대에 들어 장애인의 시설보호를 반대하며 시작된 정상화운동이 전개되었다. 북유럽에서 시작된 정상화원리는 장애인도 비장애인과 같은 권리와 의무를 가져야 하며, 장애인에게 정상적인(normal) 생활조건, 즉 최대한 능력을 개발할 수 있도록 장애인 개개인의 욕구에 적절한 처우나 교육 또는 훈련을 포함하여 다른 모든 시민에게 주어지는 것과 동일한 조건을 제공하는 것을 의미한다(권선진, 2007).

이러한 흐름은 장애에 관한 기존 정책의 대안으로서 자리를 잡게 되었고, 세계 각국으로 파급되어 1971년에 UN에서 '정신지체인 권리선언'을 결의하는 이념적 배경이 되었다. 1975년에는 '장애인 권리선언'을 채택하여 장애인도 다른 사람과 마찬가지로 모든 사회활동에 참여할 권리가 있고, 모든 국가는 장애인의 이 같은 권리를 보호하고 이를 보장하는 적극적 시책을 펴 줄 것을 촉구하였다.

(3) 1980년대

1980년대에 들어서는 국제적 협력체계가 수립되어 UN에서 1981년을 '세계장애인의 해'로 정하고, 회원국의 장애정책의 지속적 추진을 촉구하기 위해 1983～1992년을 'UN 장애인 10년'으로 선포하였으며, 이를 실천하기 위한 구체적 지침으로서 '장애인에 관한 세계행동계획'을 발표하였다. 이와 함께 UN에서는 나라마다 다르게 사용하고 있는 장애의 개념을 분류할 수 있는 국제장애분류(International Classification of Impairment, Disabilities, and Handicaps: ICIDH)를 발표하고 이 분류기준을 적용할 것을 권장하였다.

1981년 미국에는 전미자립생활협의회가 설립되어 장애운동을 활발히 펼치기 시작하였다. 자립생활운동은 미국의 버클리 대학교에서 대학생들이 전문가의 도움 없이 장애인들이 자립적으로 생활할 수 있도록 지원하는 프로그램이 확산되어 자립생활센터로 탄생되면서 확산된 운동으로, 1980년대에 미국 전역은 물론 전 세계적으로 확산되었다.

(4) 1990년 이후

1990년 미국에서는 「미국장애인법(Americans with Disabled Act: ADA)」을 제정하였다. 이 법은 장애라는 이유로 차별을 받지 않도록 하기 위해 장애인 고용 시 차별금지 규정, 교통정책과 관련된 규정, 건축물에 관한 규정, 통신 관련 규정 등 사회적·물리적 환경에 대한 내용을 포괄적으로 다루고 있다(에이타 야시로 외, 1993). 이어서 호주는 1992년에 「장애인차별금지법」을 제정하였고, 영국도 1995년 「장애인차별금지법」을 제정하였다.

한편, 1992년 'UN 장애인 10년'이 끝나면서 장애인의 권리 증진을 위한 각국의 실천 노력을 평가한 결과, 국제 수준의 다양한 활동에도 불구하고 아시아·태평양 지역은 장애인복지의 불균형 상태가 개선되지 못했다는 평가를 받았다. 이에 UN 아시아·태평양 경제각료이사회(ESCAP)에서는 1993~2002년을 '아시아·태평양 장애인 10년'으로 선포하였다.

UN은 장애인의 인권과 관련해서 '장애인 권리 선언' 등 많은 선언을 채택하였지만, 이 선언들은 선언적 수준에 머무르기 때문에 법적 구속력을 가지지 못했다. 이에 UN에서는 보다 강력한 규정인 '국제장애인권리협약'을 2006년 UN총회에서 채택하였다. 회원국은 각국의 입법기관에서 정식 비준절차를 밟고 협약의 내용을 준수하도록 되어 있다(김용득, 김진우, 유동철, 2007). '국제장애인권리협약'의 목적은 모든 장애인이 인권과 기본적 자유를 완전하고 동등하게 향유하도록 보장하고 보호하고 장려하여 장애인 고유의 존엄성을 존중하도록 함을 목적으로 한다. 협약의 주요 내용을 보면 다음과 같다.

첫째, 기존의 장애인 인권 규정에 비해 상당한 수준의 내용적 구체성과 강제성을 가지고 있다. 제33조에서는 협약의 국내 이행과 모니터링을 위해 당사국은 조직체계에 따라 정부 내에 하나 또는 그 이상의 전담부서를 지명하고, 정부 내에 조정기구를 설립 혹은 지명하는 것을 고려해야 한다고 규정하고 있다. 또한 제34조에 따르면 이 기능을 수행하기 위해 장애인 권리위원회를 설치해야 하고, 제35조에 따르면 협약의 의무에 영향을 미치는 조치 및 과정에 대한 종합보고서를 2년 이내에 제출해야 한다고 규정하고 있다.

둘째, 기존의 국제 규정에 비해 근본적이며 중요한 기본적 원칙을 제시하고 있다. 그 원칙은 ① 개인의 천부적인 존엄성, ② 선택의 자유를 포함한 자율, ③ 자립에 대한 존중, ④ 차별금지, ⑤ 완전하고 효과적인 사회참여 및 통합, ⑥ 인간의 다양성과 인간성의 일부분으로서의 장애인에 대한 차이의 존중과 수용, ⑦ 기회의 균등, ⑧ 접근성, ⑨ 남성과 여성의 평등, ⑩ 장애아동의 점진적인 역량 존중 및 정체성 유지에 대한 권리의 존중이다.

셋째, 모든 권리의 내용에 있어 현대사회의 실생활과 관련된 구체적이며 실질적인 권리보장이 이루어질 수 있도록 세세한 내용을 규정하고 있다.

넷째, 장애에 대한 인식 개선을 위해서 각국에서 실질적이고 적절한 대책을 강구하도록 규정하고 있다.

2. 우리나라 장애인복지의 역사

1) 근대 이전

과거 우리나라에서는 장애인을 몹쓸 병에 걸려 몸이 쇠약해진 사람을 뜻하는 폐질자(廢疾者), 잔질자(殘疾者), 독질자(篤疾者)라고 하였다. 장애인은 가족이 책임지도록 하였는데, 기근이나 홍수와 같은 자연재해로 인해 가족이 장애인을 부양하지 못하면 마을 공동체에서 지원해 주도록 하였다. 마을 사람들은 장애인을 불쌍한 사람으로 여겨 도와주고 더불어 살려는 공동체 의식을 갖고 있었다(정창권, 2005). 삼국시대에는 장애인에 대한 구제활동을 병자나 빈민, 고아 등을 대상으로 하는 일반구제활동에 포함시켜 전개하였다. 이는 사궁구휼(四窮救恤)이라고 하여 환과고독(鰥寡孤獨), 즉 홀아비, 홀어미, 고아, 아들 없는 이와 같이 무의무탁한 빈민을 구제하는 것으로 왕이 의류나 곡물, 관제 등을 급여하였다. 『삼국사기』를 보면 고구려 고국천왕 16년에 진대법을 제정하여 관곡을 대여해 주어 질병이나 노동능력이 결핍된 자들을 구휼했다는 기록이 있다. 『삼국유사』에 의하면 신라 3대 유리왕 5년에도 노인이나 병자에 대한 구제를 실시하였고, 백제 비루왕 9년에는 백성의 환고를 조사하여 병자와 노인, 장애인 등에 대해 곡식을 주어 구제한 기록이 남아 있다. 그러나 삼국시대의 정책은 국가의 제도로 정착된 것이 아니었고 왕명에 의해 임시적으로 이루어진 것이었다.

고려시대에는 불교의 영향을 받아 구제사업이 더욱 제도화되는 경향을 보였다. 고려시대에는 창제(倉制), 이재민에 대한 조세와 부역면제 등 각종 구휼제도가 실시되었다. 태조 원년의 흑창, 성조 5년의 상평창, 충선왕 5년의 유비창 등 진대사업용 곡식을 비축해서 춘궁기나 재해로 인해 재해빈민이 발생할 때 대여해 주고 가을이나 풍년에 상환하도록 하는 제도가 발달하였다. 성종 때는 의학교육기관인 대의감이 설립되었고, 서민의 구료기관으로 혜민국을 설치하고, 병자나 빈민, 고아, 노인, 폐질자 등을 구빈 시료하는 동서대비원을 설치하였다. 동서대비원은 환자를 치료하는 것뿐 아니라 무의탁자까지 수용하는 구제기관이었다. 고려시대에 장애인이 어떤 직업에 종사하였는지에 대한 기록은 많지 않지만 맹인을 위한 직업대책을 정부가 유도하여 점복, 독경, 악사와 같은 직업을 갖고 스스로 생활할 수 있도록 해서 맹인 대부분은 직업을 갖고 활동을 했다는 기록이 있다. 고려 초부터 국가가 복업(卜業)을 과거제도에 포함시켜 복인을 선발해 복업이 제도화되었다.

조선시대에는 유교사상의 영향으로 구휼사업이 이루어졌다. 태조 2년에 노약폐질자로 자립할 수 없는 자에게 노동면제 및 구휼을 실시하였고, 세종 원년에 환과고독, 폐질자에게 쌀과 콩 등으로 구제하였으며, 폐질자 모두에게는 노동을 면제하였다는 기록이 있다. 진제장(賑濟場)은 한성부에서 설치한 빈민을 위한 응급 구제기관이었으며, 동서활인원은 가난한 사람들의 의료와 의식을 지원해 주던 기관이었다. 세조 3년에는 동서활인원에 명하여 장애인, 맹인에 대한 진휼을 실시하였고, 정조 7년에는 불구폐질자를 맹인, 절름발이, 문둥이, 간질, 벙어리, 꼽추, 고자 등으로 규정하여 벙어리와 고자는 자력해결에 맡기고 맹인은 복술을, 절름발이는 그물 짜는 일 등을 하도록 해 자립할 수 있게 하였다. 그 밖에 조선시대에는 민간 자체의 구제 형태인 계나 향약이 있었고, 향약의 네 가지 덕목 중 하나인 환난상휼은 가장 중심적인 사업으로 향리주민의 문제와 고난을 감소시키는 데 공헌하였다. 이상의 내용을 종합해 보면, 조선시대의 장애인에 대한 구제대책으로는 맹인의 점술업 허가, 노약폐질자에 대한 노동면제 및 구휼 등 미미한 구제책만이 있어 장애인은 가족이나 친척의 부양에 의존하였음을 알 수 있다.

2) 근대

우리나라에서 최초로 장애인을 보호하고 교육한 것은 고종 31년 미국인 선교사가 평양에서 맹인학생을 집에서 보호하며 맹교육을 실시한 것이 최초다. 한일병합 이후 1911년에 경성고아원을 총독부가 접수하여 제생원이라고 칭하였는데, 조선총독부제생원 규칙을 제정하고 맹아부를 설치하여 맹아 중 일부를 보호 · 수용하면서 그들에게 초등교육과 직업교육을 실시하였다. 이후 일본은 1944년 '조선구호령'을 제정하였는데, 그 대상은 65세 이상의 노쇠자와 13세 이하의 아동, 임산부, 불구자, 폐질자, 부상자, 정신 및 신체장애 등 노동을 못 하는 자로 되어 있다. 이들을 대상으로 신청에 의해 보호사업을 실시하였으나 장애인 구제사업이 장애인만을 대상으로 한 것이 아니라 식민지 통치를 정당화하기 위해 실시된 사업이라는 한계가 있었다.

해방 이후에는 미 군정청이 일본으로부터 제생원을 인수받아 보건후생부 산하로 두어 국립맹아학교로 학교명을 바꾸었고, 1948년 이문형이 정신박약아 수용시설인 중앙각심학원을 설립하였는데, 이 기관이 우리나라 최초의 정신박약보호시설이며, 이후 국립재활원이 되었다.

3) 현대

여기서는 정부 수립 이후를 다루고자 한다. 많은 학자의 연구와 시대적 상황을 반영하여 장애인복지의 발전을 태동기(정부 수립 이후~1980년), 전환기(1981~1988년), 발전기(1989~1998년), 도약기(1999년~)로 구분하여 살펴본다.

(1) 태동기(정부 수립 이후~1980년)

정부 수립 이후부터 1980년까지는 현대적 의미의 장애인복지가 태동한 시기다. 이 시기의 우리나라의 사회경제적 상황은 6 · 25 전쟁, 5 · 16 군사정변, 6 · 3 항쟁 등을 거치면서 정치의 정통성 확보와 경제성장 일변도의 경제정책을 주도하여 경제발전과 함께 노동문제, 실업문제, 소득불균형의 문제 등이 야기된 시기였다.

한국전쟁을 전후한 시기에 장애인복지는 주로 외국의 원조단체에 의해 행해졌으며, 군사원호자와 국가유공자에 대한 대책이 마련되었다. 1950년 「군사원호법」, 1951년 「경찰원호법」, 1952년에는 「전몰군경유족과 상이군경연금법」이 제정되어 상이군경에 대한 지원이 마련되었고, 1961년 군사정권이 들어서면서 상이군경에 대한 지원은 더욱 강화되고 국가보훈 장애인에 대한 지원도 지속적으로 증가하였다.

국제적으로는 정신지체인 권리선언(1971), 장애인 권리선언(1975), 1981년을 세계장애인의 해로 지정 및 결의(1976) 등 UN을 중심으로 활발한 움직임이 있었으며, 이러한 활동에 의해 우리나라 장애인복지가 제도화되는 데 많은 영향을 받았다.

1977년에는 장애 관련 법으로는 최초로 「특수교육진흥법」이 제정되었다. 또한 1978년에는 생활시설 생활장애아동을 중심으로 한 심신장애자종합대책을 발표하기도 하였다. 그러나 1970년에 제정된 「사회복지사업법」은 목적사업에 장애인복지사업을 포함하지 않아 장애 전반에 관한 제도나 법령은 존재하지 않은 시기다.

또한 민간단체가 설립되기 시작하였다. 1952년 우리나라 최초의 지체장애인복지시설인 삼육아동재활원, 한국불구자협회(1954, 현 한국장애인재활협회), 연세재활원 내에 최초 재활병원인 소아재활원(1959), 한국특수교육협회(1962), 세브란스특수학교 초등과정(1964), 삼애회(1965, 현 한국소아마비협회) 등이 설립되었다.

1972년 4월 20일에는 한국장애인재활협회 주최로 제1회 '재활의 날(현 장애인의 날)'을 지정하는 등 민간의 활동이 시작되기도 하였다.

(2) 전환기(1981~1988년)

우리나라 장애인복지의 제도적 틀이 형성된 시기다. 이 시기는 우리나라가 경제 성장 일변도 정책의 후유증 등을 겪게 된 시기며, 이러한 정국 혼란을 수습하기 위해 사회복지정책이 제도화된 시기다. 국제적으로는 세계장애인의 해(1981), UN 장애인 10년(1983~1992)과 행동계획 등이 채택됨으로써 UN은 세계 각국에 장애인복지정책 수립과 이행을 권고하게 되었다. 이때 우리나라는 1988년 서울올림픽을 유치하면서 장애인올림픽도 개최하게 되어 국제적인 시선을 의식할 수밖에 없었다. 따라서 정부는 장애인복지 문제에 관심을 갖고 각종 관련 법을 제정하였으며, 시설을 현대화하여 직업재활 대책 마련에 노력을 기울이게 되었다(김윤정, 1997).

1981년에는 장애인복지의 종합적 법률이라고 할 수 있는 「심신장애자복지법」을 제정하고, 4월 20일을 장애인의 날로 정하였다. 「심신장애자복지법」은 주로 시설에 관한 사항이 주를 이루고 있으며, 이 법의 제정과 함께 보건복지부에 최초로 장애인복지 전담과인 재활과를 신설하였다. 또한 이 시기에 「직업안정법」 개정(1982, 장애인 적성 직종 52개 법제화), 「도로교통법」 개정(1983, 장애인 운전면허 취득 허용), 「건축법 시행령」 개정(1984, 장애인 편의시설 의무화) 등 일반법에 장애 관련 내용 삽입 등으로 다양한 정책과 서비스가 개발되었다.

1988년 장애인올림픽 개최에 힘입어 대통령 직속 장애자복지대책위원회를 구성하여 11개 부분의 정책건의안을 대통령에게 제출하였다. 또한 다양한 정부의 정책사업이 시작되는 시점이기도 하였다. 한국장애인재활협회를 통한 장애인기능경기대회 개최(1981), 국제장애인기능경기대회 참가(1981), 장애인취업알선 시범사업 실시(1982), 지역사회중심재활사업(CBR) 시범실시(1985~1987, 도시형 서울시 관악구, 농촌형 충북 청원군), 정부 주도 장애인의 날 개최(1982) 등 장애인복지 정책과 제도의 핵심사업을 시작하였다. 그리고 1982년에는 서울장애인종합복지관을 시작으로 각 시 · 도에 장애인복지관이 설치되었고, 1987년에는 서울시 지방공무원 9급 행정직에 장애인공무원 특별채용이 이루어졌으며, 장애인등록제 시범사업(1987)과 전국 확대(1988) 등도 이 시기에 이루어졌다. 또한 1988년에는 역사적인 장애인올림픽이 개최되었으며, 이 시기에는 지역사회재활시설 등 다양한 복지시설이 설립되어 재가장애인을 대상으로 하는 종합복지서비스가 제공되었다.

이 시기는 한국 장애인운동의 역사에 있어서 중요한 시기다. 1980년대 이전의 장애인운동이 장애인문제와 관련된 단발적인 사안에 대해 즉발적으로 대응하는 방식으로 전개되었다면, 이 시기에는 장애인 단체를 중심으로 한 조직적이고 체계적인 장애인운동 방식이 전개되기 시작하였다는 점에서 의의가 있다. 따라서 장애인문제를 개인적 차원보다는 사회적 차원에서 새롭게 인식하면서 장애인 관련 조직들이 높은 의식화와 조직화를 보인 시기라고 할 수 있다(이동석, 2004). 이러한 움직임의 배경에는 그 당시의 민주화운동 및 빈민운동이 장애계에 미친 영향도 상당하였지만, 1988년 장애인올림픽을 계기로 장애인의 권익을 확보하려는 단체들의 대규모 집회가 열리게 된 것이 계기가 되었다. 1988년 열악한 장애인의 현실은 외면한 채 엄청난 비용을 들여 장애인올림픽을 치르는 정부를 규탄하기 위해 당해 4월 16일 명동에서 장애인들의 최초의 집회인 '기만적인 장애자복지정책 규탄대회'를 시작으로 수차례의 대규모 집회가 이어졌지만 정부와 언론은 이 문제에 대해 무관심하였다.

(3) 발전기(1989~1998년)

이 시기는 제도적으로 형성된 정책들이 1988년 장애인올림픽 이후에 증가된 장애인 욕구에 부응하여 제도적 틀을 재정비하면서 본격적인 복지급여제도가 시행되기 시작한 시기이며, 재가장애인을 위한 서비스와 장애인복지단체가 다양한 분야에서 왕성한 활동을 펼쳤던 시기다. 1989년에는 장애자를 장애인으로 용어를 변경하는 것 등을 주요 골자로 「장애인복지법」 전면 개정이 이루어졌고, 장애인등록제가 실시되었다. 개정법에 따라 장애인에 대한 복지서비스가 확대되어 저소득 장애인에 대한 의료비 · 자녀교육비 지급, 보장구 교부, 자립 자금 대여, 생업지원, 자립훈련비 지급, 생계보조수당 지급 등 저소득 장애인에 대한 경제적 지원이 시작되었다. 또한 일반장애인에 대한 경제적 지원도 확대되어 1989년에는 전화요금 감면, 1990년에는 장애인 승용자동차 LPG 연료 사용 허용에 관한 시책 등 간접적 소득지원제도도 확충되었다.

1990년에는 「장애인 고용 촉진 등에 관한 법률」이 제정되었다. 이 법은 장애인 의무고용제도를 처음 도입한 것으로, 300인 이상의 근로자를 고용하는 사업주는 그 근로자 총수의 2% 이상을 장애인으로 고용하도록 법으로 의무화한 것이다. 이 법에 따라 장애인 고용 촉진 기금 및 공단이 만들어져서 장애인 고용에 관한 재원과 행정체계가 갖추어졌다. 또한 「특수교육진흥법」이 개정되고(1994), 「장애인 · 노인 · 임산부 등의 편의증진 보장에 관한 법률」이 제정되었으며(1997), 1989년에는 장애인의 날(4월 20일)이 법정기념일로 지정되었다.

1997년에는 보건복지부에 장애인복지심의관실을 두고 장애인제도과와 재활지원과를 두었다. 1997년에는 국무총리실 산하에 장애인복지대책위원회를 설치하였고, 장애인복지발전 5개년 계획(1998~2002)이 수립되었으며, 특수교육발전 5개년 계획(1997~2001)이 수립되었다. 또한 아태장애인 10년 중간평가회의, RI(세계재활협회) 세계대회, UN ESCAP 회의, RNN(아태장애인 10년 민간단체협의체) 캠페인 등을 한국에서 동시에 개최하였다(1997, 한국장애인재활협회 주관). 재단법인 한국장애인복지체육회(1989), 한국장애인고용촉진공단(1991), 국립특수교육원(1994) 등의 법정단체를 비롯하여 다양한 민간 장애인복지단체가 설립되었다. 또한 1996년 한국장애인재활협회에서는 대국민인식개선운동을 위해 '장애인 먼저 운동'을 시작하였고, 1998년 정부는 '한국 장애인 인권헌장'을 제정 및 공포하였다. 장애인 인권헌장은 장애인이 누려야 할 기본적인 권리와 장애인의 사회참여, 평등을 통한 사회통합의 원칙을 제시하고, 일반 시민과 더불어 살아갈 수 있는 사회를 만들기 위한 기본원리를 제시한 것이다(권선진, 2007).

특히 장애인올림픽을 전기(轉機)로 사회적 관심이 장애인에 초점이 맞추어지기 시작하였으며, 장애인단체를 중심으로 장애인운동이 조직적으로 전개되었다. 1980년대 말에 조직된 한국장애인총연맹과 장애우권익문제연구소 등을 중심으로 법안 개정 및 제정 운동을 펼치면서 정부 주도의 장애인복지정책에 이의를 제기하였고, 장애인복지정책의 주체 세력이 장애인임을 분명히 하는 전기를 마련하였다. 장애인단체들은 사안이 발생했을 때 대책위원회를 구성하기보다는 상시적인 조직을 결성할 필요성을 느끼고는 1995년 '한국장애인복지공동대책협의회'를 결성하여 상시적인 단체연대의 틀을 마련하였고, 1998년에는 전 장애계를 포괄하는 한국장애인단체총연맹이 정식으로 조직되었다(이동석, 2004).

(4) 도약기(1999년~)

1999년 이후부터 현재까지는 우리나라 장애인복지가 도약하고 있는 시기로, 다양한 이슈와 현안을 안고 많은 과제에 직면해 있다. 특히 장애인단체가 장애인복지정책의 중심에서 활동하고 있다. 이 시기의 역사를 정리하면 다음과 같다.

첫째, 장애인복지발전 5개년 계획의 수립과 이행이다. 정부에서는 OECD 회원국에 걸맞은 장애인복지 수준을 달성하기 위하여 중장기 종합계획을 수립하였는데, 1998~2002년까지 제1차 장애인복지발전 5개년 계획, 2003~2007년까지 제2차 장애인복지발전 5개년 계획, 2008~2012년까지 제3차 장애인복지발전 5개년 계획을 수립하여 이행하였다. 2013~2017년까지는 제4차 장애인복지발전 5개년 계획, 2018~2022년 제5차 장애인발전 5개년 계획을 수립하여 이행하였고 2023~2027년까지는 제6차 장애인정책종합계획을 수립하여 이행하고 있다.

둘째, 장애범주의 확대다. 1999년 개정된 「장애인복지법」에서는 지체, 시각, 청각, 언어, 정신지체로 한정되어 있던 장애인의 범주를 신장, 심장, 정신장애, 발달장애 등 내부기관의 장애로까지 확대하고, 뇌병변장애를 지체장애에서 분리하여 10종 장애로 확대하였다. 2003년에는 2차로 장애범주를 확대하여 호흡기장애, 간장애, 안면변형장애, 장루장애, 간질장애까지 포함하면서 장애범주가 15종 장애로 확대되었다. 우리나라 장애인의 범주는 다른 선진국들에 비해 협소하게 규정되어 있어 앞으로 더욱 확대될 전망이다.

셋째, 장애인복지 관련 법률의 개정 및 제정이다. 먼저, 1989년에 제정된 「장애인복지법」은 여러 차례 개정되었다. 1999년 개정 시에는 장애범주를 10종으로 확대하였고, 저소득 장애인에게만 교부되던 재활보조기기를 일반장애인도 건강보험 및 의료급여를 통해 구입할 수 있도록 하고, 장애아동 부양수당 및 보호수당을 신설하는 등 재가장애인에 대한 복지서비스를 확대하였다. 2007년 개정에서는 기존의 법과 달리 활동보조인 파견 및 동료 상담 등 장애인 자립생활 지원시책, 여성장애인 권익보호 등이 추가되었고, 재활이라는 용어 대신 자립생활과 장애인의 정책결정에의 참여를 강조한 점이 특징이다. 2011년에는 과거의 생활시설, 공동생활가정, 단기보호시설 등을 포괄하는 거주시설이라는 용어를 도입하고, 최저 서비스 기준을 법적인 수준에서 반영하는 조항을 신설하여 거주시설 개편을 위한 법률적 기반을 마련하였다.

1977년에 제정된 「특수교육진흥법」은 1999년에 전면 개정되었다가 2007년에 「장애인 등에 대한 특수교육법」(이하 「특수교육법」)으로 변경되었다. 1999년에는 의무교육 조항에 무상교육에 대한 내용이 포함되고, 순회교육 · 통합교육 · 개별화교육 · 치료교육 · 직업 및 진로 교육 등 다양한 교육방법이 규정되었다. 2007년에는 「특수교육법」 개정의 특징으로 초 · 중등학교 과정에 머물던 의무교육을 유치원과 고등학교 과정까지 확대하고, 장애인 평생교육시설을 설치하는 등 장애인의 권리를 보장하기 위한 여러 조치를 강조하였다.

1990년에 제정된 「장애인 고용 촉진 등에 관한 법률」은 2000년에 「장애인 고용촉진 및 직업재활법」으로 전면 개정이 이루어졌다. 개정된 법의 주요 내용은 기존의 법률이 경증장애인의 고용 촉진에 비중을 두어 노동부 주관으로 집행되었던 정책에서, 보건복지부가 노동부와 함께 장애인 직업재활사업을 수행하면서 중증장애인을 위한 직업재활 과정을 강조하는 정책으로 바뀐 것이 특징이다. 2002년에도 개정이 되어 의무고용 대상 사업체가 300인 이상에서 50인 이상으로 범위가 확대되었으며, 2005년 개정에서는 경찰이나 소방직 등 특수직종을 제외하고 정부 부문의 의무고용 적용 제외를 단계적으로 폐지하도록 하여 공공부문에서 장애인의 고용 기회가 확대되었다.

2005년에는 「교통약자의 이동편의 증진법」이 제정되어 대중교통에 있어서 저상버스 등 편의시설의 설치와 이동권 보장을 위한 교통체계를 구축하게 되었으며, 2008년에는 「장애인차별금지 및 권리구제 등에 관한 법률」(이하 「장애인차별금지법」)이 제정되어 장애인 인권 확보를 위한 새로운 좌표를 설정하게 되었다. 「장애인차별금지법」에서는 고용, 교육, 재화와 용역의 제공 및 이용, 사법 · 행정 절차 및 서비스와 참정권, 모 · 부성권과 성, 가족 · 가정 · 복지시설과 건강권 등 여섯 가지 영역에서의 차별행위를 금지하도록 규정되어 있다. 장애가 더 이상 장애인의 개별적인 책임에 의한 것이 아니라 사회공동의 노력 부재로 인한 것임을 인정한 획기적인 전환점이 될 것으로 보인다(김용득 외, 2007).

2010년에는 「장애인연금법」이 제정되어 장애인소득지원제도는 18세 이상의 중증장애인을 대상으로 하는 장애인연금, 장애인연금 지급 대상에서 제외된 과거의 장애수당 지급 대상이었던 18세 이상의 경증장애인에게 지급되는 장애수당, 18세 미만의 장애아동을 대상으로 하는 장애아동수당 등으로 구성되었다.

2011년에는 「장애아동복지지원법」이 제정되어 장애아동과 그 가족에 대한 종합적인 지원대책을 마련하였다. 장애아동서비스에 대한 신청과 심사체계가 새로이 도입되고,

중앙장애아동지원센터와 지역장애아동지원센터가 설치되어 장애아동서비스 전달체계가 독립적으로 구축되었다. 2012년에는 「장애인 · 고령자 등 주거약자 지원에 관한 법률」을 제정하여 장애인의 주거 안정과 주거 수준 향상을 위해 필요한 사항을 지원하게 되었다.

2014년에는 「발달장애인 권리보장 및 지원에 관한 법률」이 제정되어 발달장애인의 의사를 최대한 존중하면서 그들의 생애주기에 따른 특성 및 복지 욕구에 적합한 지원과 권리 옹호 등이 체계적이고 효과적으로 제공될 수 있도록 필요한 사항을 규정하여 발달장애인의 사회참여를 촉진하고 권리를 보호하도록 하였다. 2015년에는 「장애인 건강권 및 의료접근성 보장에 관한 법률」을 제정하여 장애인들의 의료보장에 대한 욕구를 충족하기 위해 필요한 사항을 지원하게 되었다.

넷째, 자립생활 이념의 도입과 자립생활센터의 확산이다. 자립생활 이념은 장애인복지기관인 '정립회관'에서 1998~2000년까지 3년간 일본의 휴먼케어협회와 함께 직원연수와 강연회, 동료상담교실 등을 열면서 전국적으로 확산되었다. 2000년 일본자립생활센터협의회의 후원으로 한국자립생활지원기금이 조직되었으며, 이 기금이 우리나라 최초의 자립생활센터인 서울의 '피노키오 장애인 자립생활센터'와 광주의 '우리이웃자립생활센터'에 지원되었다. 자립생활센터 및 관련 단체가 크게 증가하고 있으며, 2006년에는 자립생활센터협의체인 '한국장애인자립생활센터총연합회'가 결성되어 활동하고 있다. 중증장애인의 자립생활에 대한 요구가 증가하자 정부는 시범사업을 거쳐 2007년부터 장애인활동보조사업을 실시하였으며, 2011년에 제정된 「장애인활동 지원에 관한 법률」에 의해 그동안의 활동보조사업에 방문목욕, 방문간호 서비스를 추가한 장애인활동지원제도를 시행하고 있다.

2025년에는 「장애인의 지역사회자립 및 주거전환지원에 관한 법률」(이하 「장애인자립지원법」)이 제정되어 자립을 희망하는 장애인이 지역사회에서 우리의 이웃으로 함께 살아갈 수 있는 기반을 마련하였다.

이 시기에는 장애인 자조단체가 급성장하였으며, 자조단체가 정치세력으로 부각되기 시작하였다. 장애인 단체 연대조직으로 1998년에 단일 연합체로 설립되었던 한국장애인단체총연맹(이하 한국장총)에서는 한국시각장애인연합회와 한국교통장애인협회가 탈퇴하여 한국장총에 가입하지 않았던 한국지체장애인협회 등과 새로운 연합체를 구성하여 2002년에 한국장애인 단체총연합회를 출범시킴으로써 장애계는 양대 단체가 대립각을 형성해 세력을 키워 오고 있다. 또한 비법인이면서 점차 기존 단체에 반발하는 제3의

단체가 2000년부터 성장해 오고 있다(장애인이동권연대, 한국뇌성마비연합회, 한국장애인자립생활센터총연합회 등).

다섯째, 수요자 중심의 장애인복지 정책으로의 전환이다. 2019년 7월부터 장애등급제를 폐지하여 기존의 1~6급 구분을 없애고, 중증장애인은 '장애의 정도가 심한 장애인', 경증장애인은 '장애의 정도가 심하지 않은 장애인'으로 변경하였다. 장애인복지정책의 대상자는 장애인서비스 지원 종합조사를 도입하여 신청인의 일상생활 수행 능력, 인지·행동 특성, 사회활동, 가구환경 등을 종합적으로 평가한다. 서비스 지원 종합조사는 2019년 7월 1일부터 활동지원급여, 장애인 보조기기, 장애인 거주시설, 응급안전서비스, 발달장애인 주간활동서비스에 우선 적용되었으며, 2020년 10월부터 장애인 이동지원서비스 종합조사에 확대되었다(보건복지부, 2023).

장애등급제 폐지는 기존의 장애등급에서 서비스 욕구 중심으로의 장애인복지서비스 자격 기준을 전환한 데에 의의가 있다. 수요자 중심의 장애인서비스 지원체계를 강화하기 위해 지방자치단체는 장애인서비스를 발굴하고 지역 자원과의 연계를 강화하였으며 찾아가는 상담을 강화하였다.

장애인복지 관련 법 주요 연혁

1950년 「군사원호법」
1951년 「경찰원호법」
1971년 UN 정신지체인 권리선언
1975년 UN 장애인 권리선언
1976년 UN이 '세계장애인의 해' 선정
1977년 「특수교육진흥법」 제정
1981년 「심신장애자복지법」 제정
1988년 제8회 서울장애인올림픽대회
1988년 장애인등록사업 전국 확대
1989년 「장애인복지법」 전면 개정
1990년 「장애인 고용 촉진 등에 관한 법률」 제정
1997년 「장애인·노인·임산부 등의 편의증진 보장에 관한 법률」 제정

1998년 장애인 인권헌장 제정 · 공포

1998~2002년 제1차 장애인복지발전 5개년 계획 수립 및 시행

2000년 「장애인복지법」 전면 개정 실시
장애범주 확대 실시(10개 유형)
「장애인 고용촉진 및 직업재활법」으로 전면 개정

2003년 장애범주 2차 확대(15개 유형)

2005년 「교통약자의 이동편의 증진법」 제정

2006년 UN 국제장애인권리협약 채택

2007년 「장애인복지법」 전면 개정
「장애인 등에 대한 특수교육법」 제정
장애인 활동보조서비스제도 시행
「장애인차별금지법」 제정

2010년 「장애인연금법」 제정

2011년 「장애아동복지지원법」 제정
「장애인활동지원에 관한 법률」 제정
「장애인복지법」 개정

2012년 「장애인 · 고령자 등 주거약자 지원에 관한 법률」 제정

2013년 성년후견제도 시행

2014년 「발달장애인 권리보장 및 지원에 관한 법률」 제정

2015년 「장애인 건강권 및 의료접근성 보장에 관한 법률」 제정
장애인 인권보호를 위한 「장애인복지법」 개정

2016년 발달장애인지원센터 설립

2016년 「한국수화언어법」 제정

2017년 장애인권익 옹호기관 설립

2019년 장애등급제 폐지

2021년 장애인 탈시설 로드맵 발표

2024년 「장애인 · 노인 등을 위한 보조기기 지원 및 활용촉진에 관한 법률」 제정

2025년 「장애인의 지역사회 자립 및 주거전환지원에 관한 법률」 제정

3. 국제장애운동의 역사와 동향

장애운동은 장애인으로서 사회가 보여 주는 능력주의(ableism)의 폐단, 즉 장애를 가진 사람들을 가치절하하고 차별하며 불평등과 억압의 상태를 경험하게 하는 상황 및 조건에 도전을 가하는 운동이다(서경석, 1993). 이는 장애를 개인의 병리로 보고 전문가의 진단과 치료를 통하여 개인의 노력으로 재활에 이를 수 있다는 의료적 모델에 기반한 사회의 지배적 가치와 인식에 도전하는 것으로, 장애인들이 겪는 차별과 억압, 불이익을 없애고 사회의 환경과 제도를 개선하여 장애인들이 불이익을 당하지 않고 권리를 행사할 수 있는 사회의 변화를 요구하는 노력이다(이은미, 2005).

1) 미국의 장애운동

미국의 장애운동은 1960~1970년대에 이르는 학생운동, 시민권운동, 여성운동의 영향을 받아 왔다. 장애운동에서도 여성운동에서 강조하는 것과 같이 '개인적인 것이 정치적이다.'라는 원칙 아래 개인의 개별적인 경험이 단지 한 개인의 문제 또는 해당 개인에게만 귀속되는 문제가 아님을 직시하고, 사회적이고 정치적인 차원에서 해결하기 위한 방안을 모색하는 것을 강조하게 되었다.

미국의 장애운동은 '자립생활(independent living)'을 지향해 왔다. 장애인에 대한 멸시와 편견, 차별의 굴레가 온존해 왔던 시기를 극복하고, 장애인에 대한 새로운 관점으로 장애인의 지위 향상과 권익 신장을 가능하게 하는 데 중심적인 역할을 했던 것이 자립생활운동이다. 자립생활운동은 1960년대의 진보적 사회운동의 배경에서 움트기 시작하여, 1970년대의 「재활법」 투쟁으로 발전하였고, 1990년에 「미국장애인법(Americans with Disabilities Act: ADA)」의 제정으로 일단의 열매를 맺음으로써, 미국 장애인정책의 주류로서 확고한 지위를 점해 왔다.

(1) 자립생활 이념의 태동: 1960년대

미국에서 1960년대는 각종 사회운동이 활발했던 시기로서, 흑인민권운동, 여성운동, 반전, 반문화 등 자유주의와 진보적인 이념 활동이 왕성하였다. 1962년 가을 에드 로버츠(Ed Roberts)라는 전신마비 장애인이 1960년대의 미국 사회운동의 진원지였던 캘리포니아 주립대학교 캠클리 캠퍼스(이하 버클리 대학교)에 입학하게 되었는데, 호흡보조장치에 의지해서 살아야 하는 그의 입학은 미국 장애인 인권운동의 출발이 되었다.

로버츠는 버클리 대학교 건물의 비접근성 때문에 학교생활에 큰 어려움을 겪었다. 강의실, 식당, 도서관 등으로 접근이 불가능했기 때문에 로버츠는 교내의 코웰병원에서 기숙하며, 보조자나 친구의 도움으로 학교생활을 겨우 해 나갈 수 있었다. 당시 버클리 대학교에는 로버츠가 유일한 장애학생이었으나, 다음 해에는 로버츠의 소식을 듣고는 교통사고로 전신마비가 된 존 헤슬러(John Hessler) 등 몇몇 장애인이 입학하였다.

그들은 함께 모여 버클리 대학교에서 중요한 이슈였던 언론자유운동, 반전시위, 정치적 사건들을 토론하고, 민권운동에 관심을 가지게 되었다. 특히 로버츠는 여성민권운동을 장애인의 권리 회복과 같은 맥락에서 이해하였다. 신체적으로 약하다는 이미지가 이권에 이용되고 동정과 차별을 초래한다고 보았던 것이다. 그들의 모임은 차츰 장애인으로서 당면하는 문제에 초점을 모았고, 학교 건물의 비접근성에서부터 교통수단의 부재에 이르기까지 그들이 겪고 있는 일반적인 장애물의 제거방법을 논의하였다.

1969년 가을, 로버츠와 몇몇 장애학생은 '자립생활을 위한 전략(strategies of independent living)'이라는 모임을 조직했고, 중증장애학생들이 자립하여 살 수 있도록 하는 지원서비스를 개발하였다. 로버츠와 몇몇 장애학생은 1970년 가을, 독립, 자조, 통합, 그리고 사회적 문제로서의 장애라는 이념과 원칙을 바탕으로 '신체장애학생 프로그램(The Physically Disabled Student Program: PDSP)'을 구성하였다. PDSP는 연방정부와 버클리 대학교로부터 예산을 지원받아 운영되었는데, 휠체어를 사용하는 학생들이 주거와 학교생활에 용이하도록 활동보조인을 확보하고 지원을 하는 내용으로 구성되었으며, 시각장애학생들의 요구도 수용하여 대독서비스도 포함시켰다. 버클리 대학교에서의 PDSP는 대단한 호응을 얻어 100여 명의 학생이 등록하게 되었고, 코웰병원에 있던 학생들은 그곳으로부터 나와 PDSP의 지원으로 자립적인 학교생활을 하였다.

당시로서는 PDSP가 기존의 재활적 관점에 비해 매우 급진적인 것이었다. 장애에 대한 의료적 모델에서는 신체의 기능이 얼마나 회복되었는가로 그 자립성을 측정하였는데, 이것을 장애인이 삶을 통제할 수 있다는 개념으로 전환시킨 것이다. 다시 말해, 장애인의 자립성이라는 것은 남의 도움 없이 수행할 수 있는 과업에 의해 측정되는 것이 아니라, 도움을 얻으면서 할 수 있는 삶의 질로 측정되어야 한다는 것이다.

(2) 장애시민의 권리를 외치다: 1970년대

미국의 장애운동은 자립생활운동을 중심으로 전개되기 시작하였다. 에드 로버츠는 “자립생활운동은 수백만 미국 장애인의 시민권운동이다. 이는 분리와 차별에 대항하는 물결이며, 장애인도 사회의 책임과 행복을 완전히 공유할 능력과 권리가 있음을 확인하는 운동이다.”라고 주장하였다(Independence Inc., 1996). 자립생활철학은 자신의 삶에 대한 통제, 자기결정, 선택의 자유, 동등한 접근성, 의미 있는 사회참여 등이 그 중심이다.

방 2개의 아파트에서 시작한 버클리 자립생활센터는 1972년 연방재활국으로부터 연간 5만 달러의 지원을 받게 되었고, 1970년대 중반까지 캘리포니아 전역과 휴스턴, 보스턴, 뉴욕, 시카고 등으로 퍼져 나갔다. 이 운동은 ‘사람들에게 힘을(power to the people)’이라는 모토로 신체적 · 경제적 · 정치적 무기력을 경험하는 대부분의 장애인에게 적용되기 시작하였다(Levy, 1988).

자립생활운동 중심의 미국의 장애운동에서 가장 중요하고 상징적 의미를 가지는 이슈 중 하나는 교통(이동권)에 관한 것이었다. 1950년대에 흑인들이 버스의 뒷자리에만 앉아야 했던 차별에 대항하여 저항하고 싸웠듯이, 1970년대에는 장애인들이 ‘왜 우리는 버스를 탈 수 없느냐’라고 저항하였다. 덴버 지역에 있던 19명의 장애운동가는 웨이드 블랭크(Wade Blank)를 선두로 대중교통 접근을 위한 미국장애인연대(American Disabled for Accessible Public Transit: ADAPT)를 결성하게 되었다. 이들은 주로 버스를 가로막거나 체인으로 버스와 자신의 몸을 연결하여 버스가 움직이지 못하게 하는 등의 방법으로 시위하였다. 이들의 주장은 장애인이 버스를 이용하지 못하면 다른 사람들도 이용할 수 없다는 것이었다. 경찰이 곧 이들을 체포하러 왔으나 결코 쉽지 않은 문제였다. 우선 경찰은 여전히 장애인들이 아픈 병자라고 생각하여 이들을 해칠까 두려워하거나 아예 부주의했고, 버스처럼 경찰차도 휠체어가 들어갈 수 있는 차량이 아니었고, 결국 감옥으로 데려가고 싶어도 가능하지가 않았다. 감옥도 휠체어가 접근할 수 없는 시설이었기 때문이다(Brown, 2000).

1960년대 공민권 운동의 물결을 타고 탄생했던 자립생활운동은 탈시설화, 탈의료화, 소비자주의, 자조자립 등의 사회운동과 그 맥락을 같이하며 보편화되고 한층 성숙한 기반을 갖추어 나가게 되었다. 자립생활운동은 또한 학문적인 뒷받침을 얻게 되었는데, 데종(DeJong, 1979)은 장애인서비스의 모델이 의료적 모델로부터 자립생활 모델로 전환되어 감을 갈파하고 자립생활 개념을 이론적으로 체계화시켰다.

(3) 시련을 통해 성장하다: 1980년대

1970년대에 말 연방으로부터 재정지원을 받아 설립·운영되던 자립생활센터들은 계약기간이 종료되어 감에 따라 「재활법」에 의해 다시 지원을 받을 수 있을지 초조해하며 걱정 속에 노심초사하고 있었다. 자립생활센터사업이 여전히 시범사업이었기 때문에 재인가를 받지 못할 수도 있다는 걱정이었다. 이러한 상황에서 자립생활센터 운동가들은 1981년에 전미자립생활협의회(National Council on Independent Living: NCIL)를 설립했고, 이 협의회를 통해 장애운동가들은 장애운동을 전개함에 있어 큰 걸림돌이 되는 갈등적 관점을 전환시키려는 운동을 시작하였다.

장애운동가들은 「재활법」 제504조를 계승하여 장애인의 광범위한 평등권이 보장될 수 있고, 보다 실질적인 서비스가 제공될 수 있는 새로운 법체계를 구상하기 시작하였다. 다음의 세 가지 사건은 미국 역사에 있어 가장 포괄적이고 장애인의 지위를 확대한 법률이라고 평가받는 「ADA」의 입법을 촉진하게 되었다(Brown, 2000).

첫째, 전미장애인평의회(National Council on Handicapped, 현재는 National Council on Disability)의 렉스 프리덴(Lex Frieden) 의장이 미국의 장애인들의 지위에 대한 연구를 실시하여 1986년에 『자립을 향해(toward independence)』라는 책을 발간했는데, 여기서 그는 미국의 주택, 고용, 교통, 교육, 그 밖의 다른 영역에서의 장애인에 대한 차별적 정책에 대해 자세히 설명하였다. 이 연구를 통해 차별금지 법안의 필요성이 대두되었고, 1990년에 「ADA」의 초안을 장애운동가들이 작성하게 만드는 계기가 되었다(김종인, 2007).

둘째, 1983년 저스틴 다트(Justin W. Dart)라는 장애옹호가는 장애인이 지역사회에 통합되기 위하여 어떤 법률과 어떤 정책이 필요한가를 상세히 기술한 '장애인에 대한 국가정책(National Policy for Persons with Disabilities)'이라는 문서를 작성하였다. 이것도 역시 1990년의 「ADA」의 기초가 되었다. 특히 1980년대 후반에 저스틴 다트는 전국 각지를 돌아다니며 「ADA」 같은 법에 대한 욕구와 정보를 확인·수집하는 데 많은 시간과 비용을 들였다. 그는 장애인들의 생활상 경험 등을 일기로 기록하게 한 후 이를 수집하여 이 중 특히 마음을 움직일 만한 이야기들을 의회에서 증언하게 하였다. 브라운(Brown, 2000)은 때로 개인적 이야기가 큰 문제를 해결하는 답안을 제시할 수 있고, 특히 법안 통과에 있어서 이러한 자전적 이야기들이 큰 역할을 하기도 한다고 언급하면서 「ADA」의 통과를 위한 싸움에서도 그러했다고 회고한다.

마지막으로, 「ADA」의 통과와 관련하여 의회에 영향을 미친 것은 갤러데트 대학교 사건이다. 이 대학은 당시 세계에서 유일한 청각장애인을 위한 대학이었다. 1987년에 이

대학 총장이 사임하자 학생들은 이제 최초의 청각장애인 총장을 뽑을 시기가 되었다는 의견일치를 모았다. 그러나 이사진은 학생들의 의견을 무시한 채 비장애인 지원자 3명을 선택했고, 이에 학생들은 '청각장애인 총장을 선임하라'라는 운동을 시작하였다. 학생들은 이 이야기를 언론과 의회에 전했고, 이는 곧 전국적인 지지를 얻게 되었다. 일주일 만에 이사진은 학생들의 요구를 수락했고, 학생들에게 인기 있고 청각장애를 가진 예술과학대 학장을 총장으로 임명하였다. 또한 이사진도 절반을 청각장애인으로 교체하였다. 이 사건은 미국의 대중과 의회 양쪽 모두의 심금을 울렸고, 왜 장애인들이 「ADA」와 같은 법을 원하는지에 대한 이해를 돕게 되었다.

물론 1964년의 시민권 운동 이후로 가장 중요한 시민권법이라고 불리는 이 「ADA」 통과는 단지 앞의 세 가지 이야기로 간단히 정리될 수는 없다. 많은 반대에 부딪혔던 것이 사실이다. 특히 장애인 이동권 운동에 앞장섰던 ADAPT를 선두로 「ADA」 통과를 위해 장애인들이 의회에 진입하려고 휠체어를 버리고 높은 계단을 기어오르게 한 시위를 주도하는 등 격렬한 움직임도 있었다.

연방의 반차별법의 이정표로 일컫는 이 법이 통과됨에 따라 교육 기회, 주정부 및 지방정부, 민간 상업시설들에 대해 장애인들의 접근성을 보장함으로써 장애인들의 전적인 사회참여, 통합을 구현하는 것을 국가의 목적으로 확인하기에 이르렀다. 「ADA」 통과 이후 장애인들은 고용 기회와 공공서비스에의 접근성이 높아짐을 경험하였다. 물론 이러한 발전에도 불구하고 주택, 고용, 교육, 공공서비스에서의 장애물은 여전히 존재하고 계속적으로 보고되고 있다. 그러나 많은 역사가와 장애전문가는 「ADA」가 장애운동(자립생활운동)의 새로운 시대를 열었고, 장애인들의 기본적 시민권을 인정하는 법이라는 점에서 매우 의의가 크다고 평가하고 있다(Brown, 2000).

2) 장애운동의 국제적 동향

1971년 UN에서는 '정신지체인 권리선언'을 결의했고, 1975년에는 '장애인 권리선언'을 채택하였다. UN에서는 1981년을 '세계장애인의 해'로 정하고 모든 나라가 장애인에 대한 차별을 없애고 완전한 참여와 평등을 이룰 것을 권고하였다. 이후 1990년 미국에서는 장애인에 대한 차별금지와 포괄적 복지를 다룬 「ADA」를 제정하였고, 이후 영국과 호주 등에서 「장애인차별금지법」 등을 제정함으로써 장애운동의 성과를 볼 수 있게 되었다. 영국에서도 자립생활 및 장애에 대한 사회적 모델을 중심으로 장애운동이 활발하게 진행되었다.

2000년대에 들어서 가장 큰 국제적인 변화 중 하나는 2006년 12월 전 세계 장애인들의 국내외적 장애운동과 네트워크 형성을 통해 국제장애인권리협약이 UN 192개 회원국의 만장일치로 통과된 것이다. 이 협약은 장애인이 인간으로서 가지는 존엄성을 재확인하고 장애인의 인권 보장을 위해 노력할 의무를 밝힌 여덟 번째의 국제인권조약이다. 이를 성안하기 위해 전 세계 장애인권단체와 운동가들, 전문가들이 수많은 공식・비공식 모임을 통하여 장애인의 인권 보장을 위한 각 당사국의 약속을 이끌어 내고자 노력했고, 결국 장애운동가들의 헌신적인 노력과 국제 사회의 협력을 통해 마침내 협약을 통과시켰던 것이다. 특히 이 협약의 특징은 단순히 정부관계자들만의 특별위원회를 통해 만들어진 것이 아니라 각국 (NGO 성격의) 장애단체의 적극적인 참여를 독려하고, 이들의 의견을 대다수 반영하였다는 점이다. 이는 전 세계 장애인들의 오랜 기간의 장애운동이 집약된 결과라고 할 수 있다.

4. 한국의 장애운동

그동안 한국에서 장애운동은 언제부터 어떻게 전개되어 왔는가? 신용호(2000)는 한국의 장애운동이 1980년대 후반부터 초보적으로 시작되었다고는 보지만 총체적인 '운동'이 당시에는 존재하지 않았다고 주장하였다. 이인영(2001)은 한국의 장애운동이 1980년대 후반부터 활발하게 전개되기 시작하였는데, 장애인을 한 개인의 병리적 문제로 보기보다는 사회구조적 문제와 모순으로 바라보게 하는 인식의 전환과 사회의 동등한 구성원으로서 인간다운 삶을 보장받고 권리와 의무를 수행할 수 있는 인권 차원의 문제를 제기하기 시작했으며, 이를 결국 신사회운동의 하나라고까지 말했다. 따라서 한국의 장애운동에 있어 1980년대 후반을 의미 있게 평가하는 것으로 보고 한국의 장애운동의 역사를 조명해 보면 다음과 같다(이인영, 2001).

1) 인권에 대한 초보적 대응: 1986년 이전

1980년대 이전에도 장애인을 둘러싼 인권문제는 많이 발생되어 사회적으로 문제화되기도 하였다. 특히 1960년대 말에서 1970년대까지는 '장애'를 이유로 학교 입학을 거부당하는 사건이 표면화되던 시기였다. 그러나 매우 개별적이고 일회적인 항의나 궐기대회 등의 양태를 보였고, 장애인 당사자 중심이 아닌 장애인 부모나 복지 관련 업무 종사자들의 소극적인 행동이 중심을 이루었다(박용민, 2002).

또한 1980년대에 들어서도 교육권에 있어 장애를 이유로 차별당하는 개인적 사례들이 화제가 되곤 하였다. 1982년에는 '법관임용탈락사건'이라는 충격적인 사건이 일어났는데, 박은수, 박찬, 조병훈, 김신의 네 사람의 장애인이 1980년 제22회 사법시험에 합격하여 사법연수원을 수료하고 법관 임용에 지원했으나, 법원에서는 아무런 이유도 밝히지 않은 채 이들을 법관 임용에서 탈락시켰다(신용호, 2000). 이런 야만적 행동에 대해 장애인 단체는 최초로 공동대책위원회를 결성해 100만 명 서명운동과 다각적인 대응을 하게 되었다. 그러나 여론의 힘을 빌린 일회성 궐기대회 등은 입학제한 조치가 철회되는 등의 본질적인 제도 개선 투쟁으로 발전되지는 못하였다.

한편, 1980년대는 장애인운동조직이 자생적으로 조직화되기에 적절한 환경이 형성되고 있었다. UN에서는 1982~1992년까지를 '세계장애인 10년'으로 선포하고, 1981년을 '세계장애인의 해'로 정해 세계적으로 장애인에 대한 관심이 높아지는 계기가 마련되었다. 또한 1980년대 초반 전두환 정권이 자신의 정통성 부재를 '복지국가 구현'이라는 구호로 무마시키려고 했기에 장애인 단체들이 양적으로 팽창할 수 있는 적당한 토양이 형성되었다. 이러한 사회적 분위기가 제도로 정착되어 1981년에는 「심신장애자복지법」이 제정되기도 하였다.

이러한 사회적 분위기로 한국장애인재활협회(1954), 한국소아마비협회(1975), 한국뇌성마비복지회(1977) 등과 더불어 한국신체장애인복지회(1981), 전국장애인한가족협회(1982), 한국장애인부모회(1985), 한국장애인연맹(DPI, 1986), 한국지체장애인협회(1989) 등 장애 영역별 자생조직이 활발하게 생겨나게 되었고, 청년장애인을 중심으로 한 울림터가 장애인의 인권 향상과 복지 증진을 위해 1986년 결성되기도 하였다.

1980년대 이전의 장애인운동이 장애인 차별이라는 단발적인 사안에 대해 즉발적으로 대응하는 방법의 운동을 전개했다면, 1980년대에 들어서는 비로소 장애인운동조직들이 자조적으로 대거 등장하였으며, 1980년대 이전보다 높은 의식화 및 조직화 정도를 보였다(박용민, 2002).

2) 장애운동의 기초 수립기: 1987~1995년

1960년대 말 이후 대학을 진학하기 시작한 젊은 장애인들이 주축이 되어 젊은 조직이 초기 장애운동에 대거 투입되고, 장애인의 '1988년 장애인올림픽 개최 반대'로 장애운동의 새로운 전기를 마련하게 되었다. 장애인올림픽에 대한 반발은 열악한 장애인복지 현실을 외면한 채 엄청난 비용을 들여 국제적 대회를 개최하려는 정부를 향한 반향으로, 1988년 4월 16일 명동에서 장애인들의 최초 집회라고 할 수 있는 '기만적인 장애자복지정책 규탄대회'를 시발로 같은 해 7월 2일 명동성당, 삼육재활원 농성, 7월 20일 장애인올림픽조직위원회 점거 농성, 10월 9일 '기만적인 장애인올림픽 거부 및 장애인 생존권 결의대회'를 개최하는 등 장애인복지정책에 대한 정부의 안일한 태도를 규탄하는 대규모 집회로 이어졌다(김윤정, 1997; 이인영, 2001).

이후 조직화된 장애인운동의 결실로 1989년 12월 30일에 비로소 「심신장애자복지법」이 전면 개정되어 「장애인복지법」으로 제정되고, 장애인을 노동시장으로 배출할 수 있는 「장애인 고용 촉진 등에 관한 법률」이 1990년 1월 13일에 제정되기에 이르렀다.

특히 이 시기에 여러 장애인단체가 서로 연대할 필요성을 절감했기에 더욱 활발한 장애운동을 펼칠 수 있었다(박용민, 2002). 장애청년 단체들은 다른 사회단체들과 연대하여 적극적으로 사회 변혁 및 운동과 함께 가고자 하는 움직임을 보였다(박경석, 2001; 박용민, 2002). 이는 장애인문제를 개인의 책임이 아닌 국가의 책임으로 명확하게 인식했음을 의미하는 것이기도 하다.

양대 법안 개·제정 운동에서 자신감을 얻은 장애인운동 주축세력들은 1991년에 '천안인애학교' 건립을 주민들과 해당 군청이 반대하는 사건이 발생하자 '천안인애학교 해결을 위한 공동대책위원회'를 구성하여 청와대와 국회에서의 농성은 물론 대중집회 개최를 통해 강력한 싸움을 전개하였다. 이 사건은 장애인시설 건립 반대에 있어 최초의 사건이었기에 장애인운동 역사상 획을 긋는 사건으로 기록된다.

이 시기의 장애인운동은 정부 주도의 장애인복지정책에 대해 이의를 제기하였을 뿐 아니라 장애인복지정책에 있어 주체세력이 장애인임을 분명히 하는 전기를 마련하였다. 또한 정책결정 과정에 있어 장애인운동의 역할에 대해 눈을 뜨기 시작하였으며, 운동조직의 역량을 최대한 발휘하여 장애인운동에 대한 자신감을 갖기 시작했다. 특히 양대 법안 투쟁을 통해 단순히 정책에 대한 문제 제기뿐 아니라 정책의제로 채택될 수 있도록 공청회, 세미나 등의 전술을 최대한 활용하였으며, 정책의제로 채택된 이후에도 대안을 마련하는 대안운동을 전개하고, 이를 적극적으로 채택할 수 있도록 정치적 압력을 최대한 활용하기에 이르렀다. 또한 이러한 과정에서 장애인운동에 대한 자신감은 이후 장애인운동을 장애인만의 운동이 아닌 장애인교육기본권 보장이라는 측면으로 상승시켜 장애인운동을 사회운동으로 한 단계 끌어올리게 되었다.

3) 장애운동의 정치 세력화 및 다원화기: 1996년~현재

양대 법안 통과는 물론 「특수교육진흥법」 개정 운동을 통해 운동에 대한 자신감을 얻은 장애인운동의 주축세력들은 장애운동의 '정치적 세력화'의 필요성을 인식하게 되었다. 이 시기의 장애인운동의 특징으로는 다양하면서도 구체적인 운동의 전개, 기성 장애인단체의 운동 주도 세력화, 타 분야나 시민단체와의 연대, 지역장애인단체 활성화 등을 들 수 있다.

2000년대에 들어 장애운동에서 가장 눈여겨볼 만한 운동의 흐름은 2001년에 오이도역 리프트 추락으로 사망한 한 장애노인의 사건을 기점으로 연대활동을 시작한 한국장애인이동권연대의 활동이다. 장애인을 위한 도로편의 시설이 엉망인 수준을 넘어서 장애인을 죽음의 위험으로 내몰고 있다고 하면서 일간지에 상세하게 보도된 바 있는 오이도역 사건(문화일보, 2001. 1. 26.: 박용민, 2002 재인용)은 반정부 투쟁으로까지 나아가게 만든 계기가 되었다. 즉, 그동안에는 발등에 불이 떨어지면 급하게 모여 비상대책위원회 중심의 활동을 했기 때문에 체계적 대응이 매우 약했던 한국 장애운동의 투쟁 판도에 변화가 일기 시작한 것이다.

2000년대의 장애운동의 또 한 가지의 뚜렷한 변화는 중증장애인을 중심으로 한 자립생활 패러다임의 공론화와 자립생활센터의 설립이다. 이미 2000년대 이전부터 자립생활의 이념과 철학이 장애운동가들과 학자들 사이에 논의 및 도입되고 있었지만, 본격적으로 자립생활센터가 설립되고 확산되며 활동보조인제도를 도입하게 된 것은 최근의 일이다. 또한 2003년에 장애인차별금지법제정추진연대를 출범시켜 58개의 장애인단체가 함께 수년간 노력한 결과, 2007년에 「장애인차별금지 및 권리구제 등에 관한 법률」이 제정되었다. 이러한 일련의 성과들은 장애운동이 조직력을 갖추게 되었음을 의미하고, 다양한 전략과 전술을 행사할 수 있는 운동체가 되었음을 의미한다.

학습과제

- 서구 사회에서 장애인에 대한 사회복지서비스의 본격적인 발전은 언제부터 시작되었고, 어떤 역사적 배경으로 장애인복지서비스가 발전하게 되었는지 설명해 보자.
- 우리나라에서 현대적 의미의 장애인복지가 시작된 때는 언제이고, 한국 장애인복지의 변화의 특징은 무엇인지 설명해 보자.
- 서구와 우리나라의 장애인복지 발달과정을 비교해 보면서 차이점과 공통점이 무엇인지에 대해 토의해 보자.
- 현재 우리나라의 장애인복지 패러다임은 어떻게 변화하고 있는지 제1장에서 설명한 장애 모델을 적용하여 설명해 보자.
- 향후 우리나라 장애인복지 실천의 방향과 과제에 대해 토의해 보자.

참고문헌

권선진(2007). **장애인복지론**. 청목출판사.

김용득, 김진우, 유동철(2007). **한국 장애인복지의 이해**. 인간과 복지.

김윤정(1997). 우리나라 장애인운동의 역사적 전개에 관한 고찰. 가톨릭대학교 대학원 석사학위논문.

김종인(2007). **장애인복지론**. 서현사.

박경석(2001). 한국 장애인 운동의 역사. **정립회관 정립동료상담학교 기초과정 자료집**.

박수경(1997). 산업 재해장애인의 사회통합에 영향을 미치는 요인에 관한 연구. 연세대학교 대학원 박사학위논문.

박용민(2002). 장애인이동권운동의 관점에서 본 한국사회 장애인 운동사. 한국자립생활네트워크 웹사이트 www.knil.org.

서경석(1993). 시민운동과 장애인 운동. **함께걸음**, 1993년 1월호.

신용호(2000). 장애우 운동의 이론과 실제에 관한 소고. 장애우권익문제연구소 엮음, **장애우정책입문**. 나눔의 집, 49-67.

에이타 야시로 외(1993). **ADA의 충격**. (송영욱 역). 한국장애인연맹 출판부.

오혜경(2005). **장애인복지론**. 창지사.

이동석(2004). 장애학의 다중 패러다임에 따른 한국 장애인운동의 성격 분석. **재활복지**, 8(1). 장애인재활협회.

이선우(2009). 장애인복지의 이론과 실제. 집문당.

이은미(2005). 장애여성의 섹슈얼리티-여성주의적 고찰. **아시아여성연구, 44**(1), 97-130.

이인영(2001). 신사회운동으로서의 장애인운동에 관한 고찰: 장애인 고용 촉진 등에 관한 법률과 장애인 고용촉진 및 직업재활법 정책결정과정을 중심으로. 중앙대학교 대학원 석사학위논문.

정창권(2005). **세상에 버릴 사람은 아무도 없다**. 문학동네.

Brown, S. E. (2000). *Freedom of movement: Independent living history and philosophy*. Ilru bookshelf series.

Charlton, J. (1998). *Nothing about us without us*. University of California Press.

DeJong, G. (1979). *The movement for independent living: Origins, ideology and implications for disability research*. Michigan State University.

Independence Inc. (1996). *The volunteer peer counselling program manual*. Independence, Inc.

Levy, C. W. (1998). *A people's history of the independent living movement*. RTC/IL.

Mackelprang, R., & Salsgiver, R. (1999). *Disability: A diversity Model Approach in human service practice*. Brookes/Cole.

Rhodes, R. (1993). Mental retardation and sexual expression: An historical perspective. In R. W. Mackelprang & D. Valentine (Eds.), *Sexuality and disabilities: A guide for human service practioners*. Haworth Press.

Rothman, D. (1971). *The discovery of the asylum: Social order and disorder in the new republic*. Little Brown.

〈관련 사이트〉

• 동계패럴림픽 대회의 역사

http://www.pyeongchang2018.com/horizon/kor/sports/History_of_the_Olym pic_Winter_Games_p.asp(2016년 5월 27일자)

– 1976년 스웨덴 오른스쾰드빅을 시작으로 2014년 러시아 소치 대회까지 총 11회가 개최되었으며, 2018년 대한민국 평창에서 12회 동계패럴림픽이 개최되었다.

장애인과 비장애인, 선수와 관중, 세계인들이 함께하는 세상을 표현

제 4 장

장애에 관한 이론적 접근

학습개요

이 장에서는 과거 장애인복지에서 강조되었던 의료적 모델, 병자 역할 등의 지배적인 이론에서 탈피하여 새로운 패러다임으로 강조된 탈의료화, 탈시설화, 사회통합 등의 이론을 중심으로 살펴본다. 또한 최근 중증장애인의 지역사회에 기반을 둔 자립생활을 가능하게 하는 자립생활 관련 내용을 포괄적으로 제시하였다.

학습목표

- 장애 유형에 적합한 장애 관련 이론이 무엇인지 이해한다.
- 사회적 역할 가치화의 개념을 이해한다.
- 중증장애인이 지역사회에서 자립생활을 이루어 가는 과정을 이해한다.

1. 탈의료화

장애인을 이해하는 데 있어 지배적인 개념은 장애에 대한 의료적 모델로서 장애인에게 필요한 의료서비스 개념이었으나, 1970년대 이후 의료적 모델에 대한 반론이 제기되면서 장애의 탈의료화(demedicalization)에 대한 주장이 제기되었다. 탈의료화는 시설 수용의 치료 개념에서 탈피하기 위한 개념으로, 내재되어 있는 가정은 개개인이 자신의 건강과 의료적 보호에 대해 스스로 책임을 질 수 있다는 것이다. 따라서 탈의료화는 병자 역할(sick role)로부터 탈피하기 위한 것이며, 장애에 대한 의료적 모델에서 기대하는 장애행동을 비판한다. 장애의 탈의료화를 주장하고 있는 중요한 이유는 의료적 모델에서 제시하는 가설이 장애인의 욕구에 적합하지 않다는 것이다. 대표적인 예로, 환자가 급성 질환에 걸리거나 어떤 질환을 회복하는 데 중심을 두는 의료적 모델은 만성적 · 장기적인 장애인에게는 부합하지 않기 때문이다. 탈의료화는 병자 역할이나 이의 파생적 역할인 손상된 역할에 따른 행동 기대를 거부하고, 장애인이 가족, 시민 및 사회 구성원으로서의 책임을 박탈당하는 것을 기대하지 않음을 주장하고 있다(오혜경, 1998).

2. 탈시설화

사회복지시설 내에서 생활하는 장애인이 시설을 벗어나서 재활, 사회 복귀, 그리고 자립을 할 수 있도록 시설과 지역사회에서 적절한 사회복지서비스를 제공하기 위한 방안으로 대두된 것이 탈시설화(deinstitutionalization)다. 이러한 탈시설화의 경향은 장애의 종류와 정도에 상관없이 일어나고 있는데, 그중 지역사회 정신보건운동(community mental health movement)이 가장 대표적인 탈시설화의 노력이라고 볼 수 있다. 이러한 운동 여파로 만성장애인들은 시설의 수용보호 생활을 떠나서 지역사회에 복귀할 수 있었으며, 장애인복지, 노인복지, 청소년복지에도 탈시설화의 경향이 나타났다(오혜경, 1998).

다른 차원에서의 탈시설화에 관한 논점으로는 장애인에 대한 시설보호가 비용이 많이 드는 데 반해, 지역사회보호는 납세자의 지출을 절감시켜 줄 것이라는 정치적 논제가 있는데, 이로 인해 탈시설화 운동이 더욱 강화되었다. 그러나 탈시설화의 폐해 또한 심각

탈시설 장애인 지역사회 자립지원 로드맵

- 장애인의 **주거결정권 보장** 및 **지역사회에서 생활할 권리 우선** 고려
- 탈시설 장애인이 독립생활을 할 수 있도록 **물리적 거주공간과 복지서비스**를 **결합**하여 지원
- **거주시설 신규개소 금지** 및 거주인의 자립생활을 촉진할 수 있도록 **거주시설 변환 지원**
- **2025년부터 단계적으로 年 740여 명** 자립 지원 시, **2041년에 지역사회 전환** 마무리 기대

* 정책 후반기로 갈수록 지원인원 감소, 5년 단위 지원인원 변화: 740명 → 610명 → 500명 → 450명

[그림 4-1] 제23차 장애인정책조정위원회(2021년)

하게 발생되었는데, 중증장애인이나 정신장애인의 경우에 탈시설화를 위한 건축물이나 지역사회 환경상의 보완과 수정, 장애인과 비장애인이 더불어 살 수 있는 사회통합에 대한 시민의 태도 및 인식의 성숙이 우선되어야 함에도 불구하고, 이러한 조건이 갖추어지지 않은 상태에서 이루어진 탈시설화 정책은 많은 장애인의 삶의 질을 더욱 떨어뜨리는 결과를 낳았다.

초기에는 비용 절감 차원에서 탈시설화를 채택하였으나 실제 사회복지서비스 지출에 있어 비용에 대한 효과적인 측면을 확인하지 못해 일반 납세자들에게 설득력을 잃어 갔고, 탈시설화에 대한 대중의 냉소적인 반응 등 장애인 자립생활운동을 확산시켜 나가는 데 또 다른 장벽으로 작용하였다.

따라서 제대로 된 탈시설화의 이념을 달성하기 위해서는 규제가 많은 생활에서 적은 생활로, 규모가 큰 시설에서 작은 시설로, 큰 생활단위에서 작은 생활단위로, 집단생활에서 개인생활로, 지역사회로부터 격리된 생활에서 통합된 생활로, 의존적인 생활에서 자립생활로 시설보호의 방향을 바꾸어 나가야 하며, 지역사회 내에서 지속적으로 적응하기 위한 훈련을 필요로 한다(Scheerenberger, 1977).

3. 정상화

탈의료화 및 탈시설화와 밀접하게 연관된 것이 정상화(normalization) 개념이다. 정상화이론은 1960년대 후반에 스칸디나비아에서 지적장애인의 서비스 실천원칙에서 제기된 이론으로, 시설보호를 반대하면서 생활 리듬과 패턴이 정상적인 생활을 하도록 강조

하는 개념이다. 이러한 이론적인 지향(指向)은 비슷한 시기에 북미에서 유행하여 1970년대와 1980년대 초반을 거치면서 울펜스버거(Wolfensberger, 1980)에 의하여 장애인 재활·교육·복지 측면 등에서 중요성이 더욱 강조되었다. 즉, 정상화이론은 기존의 전통적인 재활서비스 이데올로기에 대해 반대하면서 정상적인 일상생활 리듬을 강조한다.

또한 정상화이론은 개인의 성장과 발달에서 정상적인 발달 경험, 인생주기에서의 선택의 자유, 정상적인 이웃과 함께하는 정상적인 가정에서의 삶, 지역사회에 통합되어 있는 삶을 강조하면서 시설집중화를 반대하는 이념이다(오혜경, 1999). 정상화는 지역사회로의 이전이라는 현상적인 면에서는 탈시설화와 동일하지만 근본적인 지향은 다르게 나타나는데, 탈시설화는 시설 수용의 비인도주의적인 측면에서 출발하였지만, 시설의 비용 측면을 보다 강조한 흐름이다. 즉, 탈시설화는 시설 유지에 따른 비합리적인 재정 투입에 반대하여 복지 예산 삭감이라는 정치적 이유를 제공하는 기능을 하는 반면, 정상화이론은 재정 투입의 대폭적인 증대를 통한 서비스 질의 향상을 주장하는데, 근본적으로 정상화를 위해서는 시설 수용의 경우보다 훨씬 많은 예산이 투입되어야 함을 강조한다(Wolfensberger, 1983). 이처럼 정상화이론은 지속적으로 발전되면서 확산되어 장애인복지 분야에서 서비스 질을 개선시키는 데 영향을 미치는 가장 중요한 기준으로 작용한다.

시설보호에서 정상화이론(normalization theory)은 장애인이 일반 사회와 유사한 생활을 영위할 수 있도록 지원하는 개념이며, 이 이론은 다음과 같은 몇 가지 핵심 원칙을 포함한다(장애인개발원, 2019).

① **자율성 존중**: 개인의 선택과 자율성을 존중하여 그들이 원하는 방식으로 생활할 수 있도록 돕는다.

② **사회통합**: 시설보호를 받는 사람들이 지역 사회 내에서 자연스럽게 통합될 수 있도록 다양한 기회를 제공한다.

③ **일상적인 삶**: 가능한 한 일반 사람들과 유사한 일상적인 경험을 제공하여 시설 내 생활이 아닌 사회적 환경에서의 생활을 지향한다.

④ **개인 맞춤형 서비스**: 각 개인의 필요와 욕구에 맞춘 서비스를 제공하여 그들이 자신만의 삶을 꾸릴 수 있도록 한다.

4. 사회통합

사회통합에 대한 논의 초기에는 주로 지적장애인, 정신장애인들의 사회통합에 대한 논의가 대부분이었으나 UN의 세계장애인의 해 선언 이후, 사회통합이 장애인들의 복지 향상을 위한 궁극적인 목표로 인식되면서 전체 장애인들의 문제로 확대되어 논의되고 있다.

사회통합의 이론적 · 이념적 근거는 정상화 개념이며, 이는 장애가 있다고 하더라도 한 사람의 국민으로서 비장애인과 함께 살아갈 권리가 장애인에게도 있다는 것이다. 사회는 이를 보장할 책임을 갖고 있다는 관점에서 볼 때, 사회통합은 상호 보완적이어야 한다. 그러나 장애인의 사회통합을 권리로서 보장해 주기 위한 사회적 환경 조건이 부족한 사회에서 사회통합의 주체는 장애인이 될 수밖에 없다. 장애인을 위한 사회적 환경이 부족한 우리나라의 경우가 이에 해당한다고 볼 수 있다.

윌러 등(Willer et al., 1993)은 가정, 사회, 생산활동에서 독립적인 생활을 영위하는 것을 사회통합으로 간주하면서 자신의 생활이나 가정문제 결정에 적극적으로 참여할 것을 강조하였다. 엘리(Ely, 1997)는 탈시설화된 만성정신장애인을 대상으로 한 연구에서 사회통합을 강한 사회통합(strong social integration)과 약한 사회통합(weak social integration)으로 나누어 설명하였다. 그에 따르면, 강한 사회통합은 가족이나 가치 있는 타인과 함께 일상적인 활동에 참여하는 것을 의미하고, 약한 사회통합은 정신장애인 혼자서 지역사회의 일상적인 활동에 참여하는 것이라고 정의하였다. 또한 질환이나 심한 외상으로 인해 무능력해진 환자를 대상으로 한 연구에서 사회통합을 정상생활로의 재통합으로 간주하기도 하고, 개인의 핸디캡을 줄임으로써 사회에서 기대하는 일반적인 역할들을 성공적으로 수행하는 것으로 보기도 하였다. 따라서 사회통합이란 비장애인들과 함께 지역사회 활동에 참여하고, 비장애인들과 똑같이 지역사회 자원을 이용하며, 정상적인 사회적 관계, 접촉할 기회, 그러한 관계를 발전시킬 수 있는 기회를 경험하는 것을 의미하는데, 결론적으로 사회통합이란 장애인이 일상적인 사회참여와 활동을 하는 것이라고 정의할 수 있다.

5. 사회적 역할의 가치화

사회적 역할의 가치화(Social Role Valorization: SRV)는 1960년대 후반에 형성되어 발전된 정상화이론에 입각하여 1983년 미국에서 울펜스버거에 의해 체계화된 이론이다. 확실한 정상화가 준비되어 있지 않은 상황에서 주류화와 탈시설화가 이루어질 경우, 그 폐해가 장애인의 스티그마(stigma), 가치절하로 나타나게 된다(오혜경, 1998). 사회적 역할의 가치화는 능력과 가치를 중요시하는 사회에서 가치를 인정받지 못하는 사람들에게 그 사회나 가정, 학교, 직장 등에서 인정받을 수 있는 가치를 창출할 수 있게 하는 것을 목표로 한다(김용득, 2000). 즉, 장애인이라고 하더라도 가치 있게 평가되는 사회적 역할을 잘 수행하면 개인의 속성이 높이 평가된다는 것이다. 이러한 가치절하와 상처에 대한 극복 노력은 1950년대에는 주로 장애인 가족에 의해 주도되면서 가시적인 성과를 거두었고, 1980년대에는 가족의 노력과 함께 장애인 자신, 옹호자, 동료, 전문가에 의해 주도되면서 커다란 변화를 가져왔다.

장애인 사회적 역할의 가치화는 장애인이 사회에서 긍정적인 역할을 수행하고, 그 가치를 인정받는 과정을 의미한다. 이는 장애인의 권리와 자립을 증진시키는 중요한 요소로 작용한다. 장애인 사회적 역할의 가치화는 장애인이 사회에서 존중받고, 자립적인 삶을 영위할 수 있도록 돕는 중요한 과정이다. 이를 통해 장애인의 권리와 자율성이 증진되며, 사회 전반의 인식 변화가 이루어질 수 있다. 장애인복지와 교육 분야에서 SRV 이론의 적용은 이러한 변화를 이끌어 내는 데 중요한 역할을 하고 있다.

① 사회적 역할 가치화(SRV)는 장애인이 사회에서 수행하는 역할의 가치를 높이고, 이를 통해 사회적 인식을 개선하는 이론이다. SRV는 장애인이 사회의 일원으로서 존중받고, 자립적인 삶을 영위할 수 있도록 돕는 데 중점을 둔다.

② 장애인복지와 SRV

- **장애인복지의 소비자주의**: 장애인복지 서비스의 소비자주의 관점에서 장애인의 사회적 역할을 어떻게 인식하고 있는지를 연구한 결과, 장애인의 자율성과 선택권이 강조되고 있다.
- **SRV의 적용**: SRV 이론은 장애인복지 프로그램의 평가와 개선에 활용되며, 장애인이 사회에서 긍정적인 역할을 수행할 수 있도록 지원하는 다양한 프로그램이

개발되고 있다.

③ 장애인 평생교육과 SRV

- **발달장애인 평생교육**: SRV 철학에 기반하여 발달장애인을 위한 평생교육의 발전 방향을 모색하는 연구가 진행되고 있다. 이는 장애인이 지속적으로 사회에 기여할 수 있는 기회를 제공하는 데 중점을 두고 있다.

6. 자립생활

1) 정의와 특성

자립생활은 장애인이 자신의 삶을 스스로 선택·조정하고, 자신의 삶의 전부를 관리하는 것으로서 장애인이 언제 어디서나 자신이 영위할 수 있는 자유를 누릴 수 있음을 뜻한다. 또한 장애인의 자립생활이란 장애인이 스스로 자신의 삶을 선택하고 관리할 수 있도록 필요한 기술과 원조를 제공하는 일이 필수적으로 요구된다(오혜경, 1999). 즉, 장애인의 자립이란 장애인 자신이 가지고 있는 능력을 최대한 활용하여 직업적·경제적으로 자립적인 생활을 영위하는 것을 의미한다.

장애인의 자립생활에 관한 개념적 정의를 위해서는 자립생활의 신념과 원리, 가치를 확인하는 일부터 이루어져야 한다. 자립생활의 이념을 정확히 이해하고 발전시키기 위해서는 자립적(independent)인 것에 대한 개념을 명확히 정의하는 것이 중요한데, 서구 산업 사회에 있어서 자립적인 것은 스스로 지원 가능한 것, 자조(self-supporting)와 스스로 신뢰할 수 있는 것, 자신감(self-confidence)의 개념으로서 자신의 능력과 관련되어 중요하게 정의하고 있다.

영국의 장애운동가인 브리센든(Brisenden, 1989)은 장애인이 필요한 원조와 다양한 지원체계를 제공받음으로써 장애인의 자립생활을 달성하고, 결국 이를 통해 자립이 가능하게 된다고 정의하면서 자립을 위한 개인적인 지원은 개인 스스로 자신을 조정하는 일을 가능하게 하는 것으로서 일상생활이 자립적인 생활이 될 수 있도록 지원하는 것을 의미함을 강조하였다.

존스(Jones, 1993)는 장애인 자신의 건강관리, 식사조절, 취침시간과 같은 모든 일상의 활동뿐만 아니라 보호자의 결정, 금전 관리, 거주지 결정까지 모두 스스로의 선택과 판단에 의해 의사결정 과정에 참여하는 일을 자립생활이라고 정의하였다. 즉, 장애인의 자립생활은 의사결정을 하거나 일상적인 활동을 수행함에 있어 여러 가지 가능한 대안 중에서 다른 사람에 대한 의존을 최소화할 수 있는 선택을 하도록 자신을 통제하는 것으로 정의된다.

이상과 같은 내용을 바탕으로 자립생활의 개념을 살펴보면, 장애인들의 시설보호를 통해 자립생활을 유지하도록 하는 지역사회 보호 그리고 장애인 자신의 자립적인 생활에 대한 지원 등 각기 다른 접근의 차이가 있지만, 중요한 관점은 장애인 스스로 삶을 조정하고 선택하는 주체에 초점을 모으는 것이다. 즉, 개인의 자립적인 자아와 권리를 가진 자립 주체로서 의사결정 과정에 참여하는 활동을 자립생활이라고 정의하고 있으며, 이러한 의사결정에의 전적인 참여는 궁극적으로는 자신을 스스로 조정 가능하도록 만드는 것을 의미한다(오혜경, 1999).

2) 원리 및 기본철학

자립생활의 원리는 다음의 네 가지를 기초로 실천가정을 형성한다. 첫째, 모든 인간의 삶은 가치가 있다. 둘째, 어떠한 손상을 입은 사람이든지 누구나 스스로 원하는 것을 선택할 수 있는 능력이 있다. 셋째, 장애인은 신체적인 반응, 사회적 · 물리적 반응, 지능적인 반응, 감각의 손상, 정서적인 불안 등 다양한 형태의 기능상의 장애를 가지고 있을지라도 자신의 생활 전반을 관리하고 조정할 수 있는 권리가 있다. 넷째, 장애인은 사회생활 전반에 참여할 권리가 있다. 이처럼 자립생활은 인간의 존엄성과 시민권의 총체적인 내용을 포함하기 때문에 장애인의 권리는 부모, 자녀로서 가족의 권리, 교육, 훈련, 고용과 휴가활동, 지역사회 생활에 평등하게 참여할 수 있는 권리 등을 포함한다(오혜경, 1998).

자립생활의 기본철학은 소비자 주권, 독립, 정치적 · 경제적 권리의 세 가지에 기초한다. 이러한 철학은 의사결정가로서의 전문가의 권위를 거부하고, 장애를 단순히 의학적 상태 혹은 신체적 · 정신적 손상으로 보기보다는 사회와 환경과의 상호작용의 결과로 본다(DeJong, 1979).

3) 자립생활서비스의 내용

자립생활서비스는 소비자에 의해 운영되는 지역사회 중심의 비영리기관, 즉 자립생활센터(center for independent living)를 통해 제공된다(Nosek, 1988). 이 자립생활센터는 지역사회 접근을 위한 권익옹호 활동과 결합되어 장애인에 의해 장애인에게 전달되는 자립생활서비스의 실천으로서 1971년 버클리 자립생활센터를 그 원형으로 한다. 버클리 모델은 의뢰를 통한 간접적인 조정 역할을 하면서 개별적인 중증장애인들이 자기결정권을 인정하고 타인에 대한 불필요한 의존성을 최소화하기 위한 서비스를 제공한다(김동호, 2002). 자립생활센터의 주요 사명은 장애 영역에 관계없이 모든 장애인이 자립적으로 살아갈 수 있고, 자신의 생활에 대해 주도적일 수 있도록 지원해 주고, 이를 위한 서비스를 제공하는 데 있다. 여기에 좀 더 구체적인 운영원칙은, 첫째, 센터의 운영방향과 정책수립, 의사결정, 서비스의 실천과 경영에 있어서 소비자에 의한 관리, 둘째, 자조와 권익옹호, 셋째, 동료 관계 및 동료 간 역할모델의 발전, 넷째, 모든 서비스와 프로그램, 활동, 자원, 설비에 대한 중증장애인의 평등한 접근 등이다.

여기서 소비자에 의한 운영원칙은 자립생활센터가 다른 기관과 차별화되는 중심적인 원칙이며, 구체적으로 운영위원회의 과반수는 장애인일 것 등이 자립생활센터 조직 구성의 기준이 된다(나키니시 쇼우지, 1998). 또한 지역사회에 개방된 서비스를 제공하여 지역 내 장애인이 사용하는 서비스 선택의 폭을 높이는 데 서비스의 방향을 둔다. 여기에 속하는 서비스로는 지역사회 욕구 사정, 기관 간 연계, 지역사회 내에서 필요한 변화를 위한 체계 마련(요구되는 서비스 자원 개발 등), 기술지원, 정보 공유 및 교육, 보급 등이 있다. 전 장애 영역을 포괄하여 집단범주에 관계없이 모든 장애인에게 서비스를 제공하고, 권익을 옹호하는 것을 서비스의 기본 방침으로 한다. 물론 자립생활센터는 생활의 중심인 지역사회를 기반으로 하고 있기 때문에 시설생활을 지양한다. 자립생활센터는 자립생활의 각종 실천활동의 중심에서 다양한 서비스를 제공하고, 서비스와 각종 정보를 장애인에게 연결시켜 주며, 장애인 간 조정과 연계의 장으로서 자립생활을 전파·발전시켜 나가는 자립생활의 핵심 조직이자 비시설·비영리 기관으로서 장애인이 주체가 되어 운영해 가는 자립생활의 실천의 장인 것이다.

이러한 자립생활센터를 기반으로 하는 자립생활에 있어 주요 서비스로는 동료상담서비스, 활동보조서비스, 교통편의 제공 서비스, 정보 제공과 의뢰 서비스, 권리옹호서비스, 주택서비스, 보장구 임대 및 수리 서비스, 장애인복지서비스에 대한 상담 등이 있다. 그 구체적인 내용을 보면 다음과 같다(정종화, 2004).

(1) 동료상담

장애인 동료상담은 장애를 가진 사람들이 서로의 경험을 공유하고 지원하는 중요한 과정이다. 이 상담은 서로의 이야기를 듣고, 공감하며, 실질적인 도움을 주는 데 중점을 둔다. 장애인 동료상담은 서로의 경험을 통해 지원하고, 자립적인 삶을 영위할 수 있도록 돕는 중요한 역할을 한다. 이러한 상담은 장애인들이 사회에서 더 나은 삶을 살 수 있도록 하는 데 기여하고 있다(류청한, 2021).

① **동료상담의 개념**: 동료상담은 장애를 가진 사람들이 서로를 지원하고 성장시키기 위한 상담이다. 이는 장애인에 의한 상담이자 장애인을 위한 상담으로, 서로의 경험을 통해 도움을 주고받는 과정이다.

② **핵심적 기능**: 경험의 결과를 공유하는 것이다. 상담을 통하여 장애인들은 자립생활에 필요한 실천 기량을 얻게 된다. 자신과 동일시할 수 있는 상황에 처해 있는 장애인과의 경험은 최고 재활전문가의 조언보다도 더 강력하게 조정하는 힘을 가진다. 동료상담은 적절한 역할모델을 제공할 수 있고, 자립심을 갖는 데 도움이 될 뿐 아니라, 자신의 생활에 대한 책임감을 불러일으킬 수 있다. 이 서비스를 통하여 장애인을 더 이상 다른 사람들의 자선의 대상이 되지 않도록 하여 장애의 유형과 정도에 관계없이 자신에 대하여 책임지도록 할 수 있다.

③ **동료상담 사례**

- **사례 관리**: 안산시장애인가족지원센터에서는 동료상담사를 통해 위기가정 사례를 발굴하고, 상담 후 필요한 경우 사례관리를 제공한다. 이 과정에서 장애인 가족에게 맞춤형 종합정보를 제공하는 서비스를 실시한다.
- **상담 초기 단계**: 동료상담가는 참여자와의 관계 형성을 위해 초기 상담을 실시하며, 지역사회 자립 및 사회활동에 대한 욕구를 파악한다.

④ **동료상담의 중요성**

- **상호 지원**: 동료상담은 장애인들이 서로의 경험을 공유함으로써 심리적 지지를 받을 수 있는 기회를 제공한다.
- **자립생활 촉진**: 동료상담을 통해 장애인들은 자립적인 생활을 위한 정보와 자원을 얻을 수 있다.

⑤ **동료상담의 발전**

- **역사적 배경**: 동료상담은 1970년대 초 미국에서 시작된 자립생활운동의 일환으

로, 서로 대등한 입장에서 이야기를 나누는 것이 중요시되었다.

(2) 활동지원서비스

활동지원서비스(Personal Assistance Service: PAS)는 개인이 일상생활 속에서 적절한 활동을 수행하기 위한 인적지원서비스로, 그 목적은 자신이 할 수 없는 일들을 타인에게 위임함으로써 자신이 성취할 수 있는 일들에 시간과 에너지와 잠재력을 활용할 수 있게 한다. 활동지원서비스는 자원봉사서비스와는 달리 장애인이 선택권과 결정권을 가지고 서비스를 구매하는 소비자의 입장에서 서비스 시간, 용도 등을 결정한다. 즉, 자신이 직접 서비스를 조정한다는 점에서 기존의 자원봉사와는 차이를 보인다.

또한 서비스 제공자와 대상자 간의 일종의 계약관계로, 서비스 제공 시간에 비례하는 일정한 급여를 장애인 당사자가 지급함으로써 서비스를 받는 장애인과 서비스를 제공하는 활동지원사 간에 실질적 수평관계를 형성한다는 점에서 기존 자원봉사와 차이를 보인다. 활동지원서비스는 중증장애인에게 실질적으로 자신이 혼자서 할 수 없었던 대부분의 활동을 가능하게 함으로써 자립생활을 가능하게 하는 가장 현실적이고 실질적인 자립생활서비스다.

따라서 장애인 활동지원서비스는 신체적 또는 정신적 장애로 인해 일상생활과 사회생활이 어려운 장애인에게 필요한 지원을 제공하는 제도이며, 이 서비스는 장애인의 자립적인 생활을 돕고, 가족의 부담을 줄이며, 전반적인 삶의 질을 향상시키는 것을 목표로 한다(이문오, 2023).

① 활동지원서비스 개요

- **정의**: 장애인이 혼자서 일상생활을 수행하기 어려운 경우, 필요한 지원을 제공하여 자립적인 생활을 가능하게 하는 제도
- **목적**: 장애인의 사회 참여를 촉진하고, 가족의 부담을 경감하여 장애인의 삶의 질을 높이는 것이 주요 목적

② 활동지원서비스 신청 자격

- **대상**: 6세 이상~65세 미만의 등록 장애인으로, 혼자서 일상생활을 수행하기 어려운 경우
- **특별 지원**: 65세가 도래하는 경우, 노인 장기요양인정 신청 후 등급 판정을 받아야 한다.

③ 활동지원서비스 급여 종류

- 활동지원 급여: 장애인의 활동지원 등급에 따라 제공한다.
- 특별지원 급여: 생활환경에 따라 일시적으로 지원되며, 출산, 자립 준비, 보호자 일시 부재 등의 경우에 해당한다.

④ 본인부담금 및 급여 금액

- 본인부담금: 수급자의 소득 수준에 따라 다르게 책정되며, 예를 들어, 생계 · 의료 급여 수급자는 본인부담금이 면제되며, 차상위계층은 기준 중위소득에 따라 차등 적용된다.
- 급여 금액: 활동지원 급여는 활동지원 등급에 따라 다르며, 특별지원 급여는 상황에 따라 다르게 지원된다.

⑤ 활동지원서비스의 중요성

- 사회적 참여: 장애인이 사회에 적극적으로 참여할 수 있도록 지원한다.
- 가족 지원: 가족의 부담을 줄여, 장애인과 가족 모두의 삶의 질을 향상시킨다.

(3) 교통편의 제공

① 다인승 특별교통수단 도입: 국토교통부는 장애인의 이동 편의를 위해 다인승 특별교통수단을 도입할 계획이며, 이는 휠체어 사용자와 동반자가 함께 이용할 수 있는 차량으로, 접근성을 높이는 데 기여할 것이다.

② 「교통약자법 시행령」 개정: 2025년 1월 17일부터 시행된 개정안에 따라 강력범죄 전력이 있는 사람은 장애인콜택시와 같은 특별교통수단의 운전원으로 취업할 수 없다. 이는 장애인 이용자의 안전을 강화하기 위한 조치다.

③ 신형 자동발매기 개발: 장애인을 포함한 교통약자의 접근성을 높이기 위해 신형 자동발매기가 개발되고 있다. 이 기계는 휠체어 접근이 용이하고, 음성 및 자막 안내 기능을 제공하여 장애인들이 보다 쉽게 이용할 수 있도록 돕는다.

④ 디지털 안내 서비스: 주요 철도역에 장애인을 위한 디지털 안내 전담직원이 배치되어, 교통약자들이 보다 편리하게 이용할 수 있도록 지원하고 있다.

(4) 권리옹호

권리옹호(advocacy)서비스는 장애인들에게 이전의 지역사회 중심의 프로그램과는 확연히 다른 자립생활서비스로 인식된다. 장애인이 자신의 생활을 주도하고 선택권을 행사한다는 것은 장애인이 자신의 신념에 따라 행동하고, 이제까지의 전통적이고 의존적인 규범을 탈피하여 스스로 소비자로서 권리와 능력을 인정하고 행사함을 의미한다.

장애인 권리 보호를 위한 주요 법적 제도로는 「장애인복지법」, 「장애인차별금지법」, 「장애인정책 기본법」, 「장애인 탈시설 지원법」, 「교통약자 이동편의 증진법」이 있다. 최근의 법안 및 정책 변화로는 2024년부터 8개 지역에서 시범적으로 시행되고 있는 장애인 개인예산제가 있다. 이 제도는 장애인이 자신의 필요에 맞는 서비스를 직접 선택할 수 있도록 지원하고 있다. 또한 장애인의 평생 교육을 보장하기 위한 법안으로 「장애인 평생교육법」이 제정될 예정이며, 이는 장애인의 교육 기회를 확대하는 데 기여할 것이다.

(5) 주택서비스

주택서비스(assistance in obtaining/modifying accessible housing)는 장애인의 주거공간과 관련하여 장애인의 특성에 맞는 구조나 편의시설 등의 설치 및 주택의 개조, 주택과 관련된 각종 정보 제공, 주택 관련 권익옹호, 기술적 지원 등의 서비스를 말한다. 주택서비스는 장애인이 가족과 떨어져 독립된 주거 공간에서 자립생활을 가능하게 하는 중심적 서비스다.

장애인 주택서비스는 장애인이 지역사회에서 자립적으로 생활할 수 있도록 지원하는 주거 서비스이며, 이는 주거공간 제공, 자립 지원 서비스, 그리고 필요한 경우 임대료 및 공공요금 지원을 포함한다.

① 장애인 주택서비스의 중요성

- **자립 지원**: 장애인이 자립적으로 생활할 수 있도록 돕는 것은 그들의 권리와 인권을 보장하는 중요한 요소다.
- **사회적 통합**: 장애인이 지역사회에 통합될 수 있도록 지원함으로써, 사회적 차별을 줄이고 포용적인 사회를 만드는 데 기여한다.

② 서울시 장애인 주택 프로그램

- **정신장애인 지원주택**: 서울시는 정신장애인을 위한 자립정착금 지원 프로그램을 운영하고 있으며, 이는 정신장애인이 지역사회에 정착할 수 있도록 돕는다.
- **장애인 자립생활주택**: 중증장애인을 위한 자립생활주택이 운영되고 있으며, 이 주택은 기본적인 자기관리가 가능한 장애인을 대상으로 한다. 주거공간과 개별 자립지원서비스가 제공된다.

(6) 보장구 임대 및 수리

보장구 임대 및 수리(equipment maintenance, repair and loan)는 장애인이 일상생활을 하는 데 있어서 사용하는 각종 보장구나 재활기구의 유지와 관리, 이에 대한 정보 제공 등의 서비스를 말하는 것으로, 장애인이 자립생활을 하는 데 있어 활동지원서비스와 함께 필수적인 서비스다.

① 장애인 보장구 임대 서비스

- 대여 보장구 종류: 수동휠체어, 전동휠체어, 전동스쿠터, 워커, 목발, 지팡이 등 다양한 보장구를 대여할 수 있다. 대여 기간은 기본 1개월이며, 연장 시 최대 2개월까지 가능하다.
- 정기 점검 및 세척: 대여한 보장구는 정기적으로 점검 및 세척이 이루어져, 사용자의 안전과 위생을 보장한다.

② 장애인 보장구 수리 서비스

- 수리 서비스: 휠체어(수동 및 전동), 스쿠터, 경사로 등의 보장구 관리 및 수리 서비스를 제공한다.
- 접근성: 이러한 서비스는 지역 장애인 및 유관 기관에 제공되며, 장애인의 이동권을 보장하는 데 중요한 역할을 한다.

7. 장애인 소비자주의와 당사자주의

1) 장애인 소비자주의

장애인 소비자주의의 탄생은 장애인의 자립생활운동과 그 맥을 같이한다. 자립생활운동이 자기결정과 자기선택의 이념을 담고 있는 것과 같이 장애인 정책이나 프로그램을 수립하고 수행할 때 그 모든 권리는 의사나 재활전문가, 복지전문가에게 있는 것이 아니라 장애인 당사자에게 있으므로 장애인 정책과 프로그램의 기획이나 결정, 집행이나 평가 등의 전 과정에 장애인의 참여와 결정을 보장하라고 주장하는 것이 장애인 소비자주의의 핵심이다.

이러한 장애인 소비자주의는 그동안 전문가들의 일방적인 결정이나 권력에 반기를 든 것이고, 장애인 당사자의 문제임에도 장애인 당사자가 전혀 권한을 갖지 못했던 패러다임을 바꾸고자 하는 시도다.

특히 최근 복지 수혜자들의 이용자 권리를 강조하는 이용자운동이 성장하고 발전하게 된 것도 이와 같은 맥락이라고 볼 수 있다. 소비자주의는 이용자운동과 유사한 개념이고, 장애운동이나 복지운동에서는 소비자라는 단어와 이용자라는 단어를 혼용하여 쓰기도 한다. 용어가 어떠하든지 간에 가장 중요한 점은 이제 복지소비자, 이용자가 더 이상 수동적인 수급자가 아닌 사회복지정책 과정과 정책 평가에 있어 능동적이고 적극적인 참여자로 권리를 행사해야 한다는 공감대가 형성되기 시작했다는 점이다(박경수, 2006).

그러나 장애인 소비자주의가 실현되기 위해서는 전제조건이 있고, 나름대로의 한계를 가지고 있다. 소비자에게는 시장경제의 원리에서 적용되는 서비스나 상품에 대한 구매력이 핵심이 된다. 장애인 정책과 서비스를 상품이라고 할 때 장애인은 이를 구매할 수 있는 능력이 있어야 한다. 그러나 장애인의 소득 수준이나 경제력이 일반적으로 낮고 빈곤율이 높음을 감안할 때, 진정한 의미에서의 소비자주의는 구현되기가 어렵다. 따라서 장애인이 필요로 하는 상품을 구매할 수 있기 위해서는 정부가 장애인 기초연금이나 추가비용, 서비스 구입비용 지원 등을 통해 장애인 각자에게 필요한 서비스나 프로그램을 구매할 수 있게 지원해야 한다. 이러한 기본전제가 해결되지 않는 이상 소비자주의는 아무런 실효성을 가지지 못할 것이기 때문이다. 또한 단순한 정부 지원을 떠나 장애인 당사자가 노동을 통해 구매력을 갖출 수 있도록 장애인의 노동권을 보장하고, 노동을 통해 소득을 보장할 수 있는 시스템이 갖추어져야 한다. 신자유주의의 흐름 속에 구매력이 있는 사람만이 소비자가 될 수 있다는 논리는 너무도 당연한 것처럼 여겨질 수 있으나, 장애인이 필요로 하는 복지서비스는 공익과 사회정의 차원에서 논의되어야 할 또 다른 차원이라는 것을 간과해서는 안 된다.

2) 장애인 당사자주의

장애인 당사자주의는 장애에 관련한 문제를 해결함에 있어 장애인이 전문가임을 주장하는 이념이다. 따라서 장애인의 욕구를 정확하게 파악하여 더 이상 장애인들이 이 사회의 객체가 아닌 주체로서 역할을 확보하는 것과 역량을 강화하는 것을 목적으로 한다. 장애인 당사자주의는 진일보된 장애운동의 이념으로, 전문가주의와 대치되는 개념이기도 하다.

그러나 당사자주의를 둘러싸고 이를 실현하고 경계를 긋는 일은 혼란스럽고 논의되어야 할 여러 가지 문제가 있다. 예를 들면, 누가 장애인 당사자인가, 장애인의 가족도 당사자인가, 당사자주의를 주장하는 내부 그룹 안에서 또 다른 소외 그룹이 나오지 않는가 등의 문제들이다. 장애운동 내에서도 어느 단체는 장애인 당사자 단체이고, 어느 단체는 장애인 지원단체라는 말을 하기도 한다. 장애인 당사자들이 다수로 구성된 단체라면 장애인 당사자 단체이고, 그렇지 않다면 지원단체라는 말인지 이 문제에 대해서도 명확한 개념 정의는 찾아보기가 어렵다.

장애인 당사자가 아니지만, 만약 생물학적이고 의료적인 차원에서 장애인에 속하는 사람들만이 장애인 당사자라는 주장이 득세한다면 장애의 문제에 대해 함께 고민하고 활동하는 많은 비장애인을 잃게 되는 우를 범하게 될 것이라는 주장도 있다(이문희, 2005). 따라서 장애인 당사자주의는 장애인 당사자의 선택에 따라 생활방식과 형태를 결정할 수 있게 함으로써 삶의 질을 향상시키기 위한 개념이지, 장애를 소유한 사람들만이 가질 수 있는 절대 성역이 아니라고 주장한다.

반면, 장애인복지는 공급자 중심의 패러다임이 주류이기 때문에 장애인 당사자주의가 반드시 필요하다는 주장도 있다. 만약 공급자가 제공하는 서비스가 늘어나면서 수요자도 만족한다면 당사자주의가 필요 없겠지만, 장애인은 항상 서비스의 주체가 아니라 대상자로서 대상화되고, 공급자가 장애인 당사자의 권한을 대행해서 이행해 왔기 때문에 장애인의 눈으로, 장애인의 목소리로 장애인에 대한 정책이나 서비스가 결정되어야 한다고 주장한다(김대성, 2005). 따라서 장애인 당사자주의는 복지소비자주의와 다른데, 소비자주의는 생산자가 따로 있다는 전제하에 소비자의 입장에서 권리를 주장하는 것이지만, 장애인 당사자주의는 생산자와 소비자를 따로 두지 않고 스스로 생산한다는 의미를 지니고 있다고 주장한다(서인환, 2003).

현재 우리나라에서 장애인 당사자주의를 이론적으로 뒷받침할 수 있는 근거가 미약하고, 장애인 당사자주의에 대해서 명확한 개념이나 경계 등을 규정하는 작업이 진행되지 못해 왔기 때문에 이념이나 철학으로 받아들이기에는 부족한 면이 많다. 그러나 그동안 장애인 당사자가 아닌 전문가나 서비스 공급자 중심의 정책 결정 및 실행을 당연한 것으로 간주해 왔던 패러다임에 대한 도전이자 새로운 인식 전환의 틀이 될 것은 분명하다. 이러한 움직임이 단순한 비장애인 배척이나 장애인과 비장애인 줄긋기의 집단이기주의 결과를 낳지 않아야 하며, 총체적으로는 장애인이나 비장애인 모두가 장애인 차별 철폐와 평등한 삶을 구현하는 공동의 목적을 이루는 데 하나의 효율적인 수단이 될 수 있어야 한다.

학습과제

- 장애인의 사회통합을 위한 지역사회의 역할을 제시해 보자.
- 우리나라 장애인 주거시설에서 사회적 역할의 가치화를 실천하는 방안에 대해 간략히 설명해 보자.
- 우리나라에서 자립생활운동이 연착륙되기 위한 방안을 제시해 보자.
- 장애에 관한 이론 가운데 우리나라에서 가장 시급히 필요한 이론은 무엇인지 간략히 설명해 보자.

참고문헌

나키니시 쇼우지(1998). 자립생활운동의 역사적 변천과정 및 현황. **제1회 한일장애인 자립생활 세미나 자료집.**

류청한(2021). 장애인 동료상담 개념의 범주화:개념도 연구법을 중심으로. **장애인복지연구** 12(2). 115-139.

박경수(2006). 장애인복지 소비자주의에 대한 사회복지전문직의 주관적 개념화 분석. **한국사회복지학**, 58(4), 169-196.

서인환(2003). 미국 재활법에 나타난 당사자주의. **장애와 사회**, 2호, 55-69. 우경서원.

오혜경(1998). 장애인 자립생활 실천에 관한 연구. **사회복지리뷰**, 제3집. 가톨릭대사회복지연구소.

오혜경(1999). **장애인 사회복지 실천**. 아시아미디어리서치.

이문오(2023). 장애인활동지원서비스에 관한 비판적 담론분석: 인간 돌봄을 중심으로. 강남대학교 대학원 박사학위논문.

장애인개발원(2019). **장애인주간보호시설 운영 현황 실태조사**.

정종화(2004). 장애인 자립생활의 이념과 철학. **장애와 사회**, 5호. 우경서원.

Brisenden, S. (1989). *A charter for personal care, in progress, 16*. Disablement Income Group.

DeJong, G. (1979). *The movement for independent living: Origins, ideology and implications for disability research*. Michigan State University.

Ely, P. W. (1997). *Quality of life and social integration of psychiatrically disabled citizens in community residences*. University Microfilm International.

Nosek, M. A. (1988). *Rehabilitation counseling bulletin, 35*(3), 174-189.

Scheerenberger, R. C. (1977). Deinstitutionalization in perspective. In J. L. Paul (Ed.), *Deinstitutionalization program and policy development*. Syracuse University Press.

Willer, B., Rosentbal, M., Kreutzer, J. S., Gordon, W. A., & Renpal, R. (1993). Assessment of community integration following rehabilitation for traumatic brain injury. *Journal of Head Traumatic Rehabilitation, 8*(2), 75-94.

Wolfensberger, W. (1980). *Normalization criteria and ratings manual.*

Wolfensberger, W. (1983). *Social role valorization: A proposed new term for the principle of normalisation*. Mental Retardation.

〈추천 동영상〉

- 장애인 자립생활 체험홈

  https://www.youtube.com/watch?v=74YPye8gksQ

  – 체험홈은 자립생활을 희망하는 장애인이 지역사회에서 자립생활 계획을 수립하고, 체험해 봄으로써 실질적인 자립생활을 준비해 나갈 수 있는 거주 공간이다. 입주자 내부 운영 규정에 따라 입주 기간 중 다양한 프로그램을 통해 구체적으로 자립생활을 준비할 수 있도록 지원한다.

제 2 부

장애인복지 실천과 정책

제 5 장

생애주기적 접근과 장애

학습개요

생애주기에 따른 성장 및 발달 단계에 따라 사회복지서비스를 제공하는 것은 사회복지 분야에서 중요한 과제다. 그러나 장애인복지의 경우에는 연령과 관계없이 획일화된 집단적 욕구를 가지고 있는 것으로 간주되어 왔고, 따라서 생애주기 관점을 도입한 연구나 서비스가 잘 이루어지지 않고 있다. 이 장에서는 장애인복지에서 생애주기적 접근이 왜 필요한지를 살펴보고, 장애인의 생애주기별 특성과 서비스 욕구에 대해 알아보고자 한다. 또한 성년후견제의 주요 내용과 향후 과제에 대해 살펴본다.

학습목표

- 장애인복지에서 생애주기적 접근과 관점의 필요성에 대해서 이해한다.
- 장애인의 각 생애주기별 특성과 발달과제에 대해서 이해한다.
- 성년후견제의 주요 내용과 과제를 이해한다.

1. 장애인과 생애주기적 접근 개념

인간은 삶에 있어 생애주기마다 이루어야 하는 과업이 있으며, 그에 따른 개인적 혹은 사회적 욕구를 갖고 있다. 사회복지 분야에서는 생애주기와 인간발달 과정을 중요시하면서 각 단계마다 과업을 완수하고 다음 단계로 발전할 수 있도록 지원하는 것을 주요한 과제로 여겨 왔다. 장애인도 비장애인과 같이 생애주기에 따른 발달과업이 있지만, 지금까지 장애인과 관련된 생애주기나 발달과업에 대한 논의와 관심은 미흡하였다. 장애인들은 연령에 관계없이 필요한 자원이 동일한 것으로 전제되어 왔기 때문이다. 개인의 성장과 발달의 단계에 따라 발달과업을 설명했던 연구자인 지그문트 프로이트(Sigmund Freud), 장 피아제(Jean Piaget), 에릭 에릭슨(Erik H. Erikson) 등은 생애주기별 인간발달의 이론에서 장애를 다루지 않았다. 여러 아동발달이론은 아동이 측정 가능한 일련의 단계를 거쳐 성인으로 성숙하는 것으로 보았으나, 이론의 적용은 과도하게 단순화되어 아동발달의 다양성을 다루지는 못했다.

의학기술의 발달로 만성적인 장애를 지닌 장애인의 평균 수명이 높아지고, 정상화와 사회통합의 이념에 의해 장애인도 비장애인과 똑같이 생애주기와 발달과업에 관심을 기울일 것을 강조하면서 외국에서는 장애에 관한 연구와 실천에서 생애주기의 문제를 연구·적용하고 있고, 국내에서도 이러한 관점을 도입한 연구들이 시도되었다. 이러한 변화의 흐름과 관련해 생애주기의 관점을 장애인복지서비스에 도입하려는 시도는 다음의 세 가지 방향과 관련이 있다(김용득, 2000). 첫째, 장애인의 성장과 발달에 대한 일반적인 관점을 강조하는 방향이다. 즉, 장애발생 이후 특정 인생 시기에 있어서 필수적인 발달상의 지원에 대해 강조하는 방향이다. 둘째, 수평적 팀 협력을 강조하는 방향이다. 특정 생애주기에 장애인이 포괄적인 서비스를 받을 수 있도록 하기 위해서는 관련 전문 분야 간의 팀 협력이 강조된다는 방향과 관련이 있다. 셋째, 수직적 팀 접근을 강조하는 방향이다. 장애인의 성장과 발달단계에 따라 생애주기상 다음 발달단계로 이전할 때 전 단계에서 다음 단계로 서비스 계획을 연결시킨다는 연속성과 관련이 있다.

최근에는 장애에 대한 개념적 모델로 사회적 모델이 강조되고 있다. 사회적 모델은 사회 내 억압된 집단으로서 장애인들이 갖는 집단적 경험을 강조하고 있다. 사회적 모델은 개인적 경험에만 관심을 가졌던 개별적 모델에 비해 장애를 이해하는 데 생산적인 모델이지만, 장애인의 집단적 경험을 과도하게 단순화할 수 있는 위험성이 있다. 생애주기적 접근은 장애가 여러 연령대의 장애인, 여러 발달단계에 있는 장애인에게 서로 다른 의미와 경험을 유발한다고 주장함으로써 장애아동, 장애성인, 장애노인에 대해 보다 주의 깊게 생각할 수 있는 관점을 제공한다(Priestley, 2003).

장애인도 전 생애에 걸친 발달과정에서 이루어야 하는 과업이 있으며, 이를 해결하는 과정에서 다양한 차원의 지원이 필요하다. 장애인의 전 생애에 걸친 지속적이고 통합적이며 보편적인 복지서비스 지원을 위해 생애주기 및 생애과업을 구체적으로 다룰 필요가 있다(노틀담복지관, 2002).

2. 생애주기에 따른 발달

생애주기적 접근은 발달이론을 활용하고 있다. 발달이론에 따르면 신체적 · 정서적 · 인지적 측면은 각각의 발달단계에 통합적으로 관계되기 때문에 어떤 영역에서 장애가 발생하면 다음 단계로의 변화에 문제가 생길 수 있다(김용득, 2000). 이러한 영향의 결과로 건강한 자아상을 확보하는 데 어려움이 따르고, 다음 단계로의 발전은 이전 단계의 성과에 영향을 받기 때문에 계속되는 삶의 도전적 과제에 접근하는 데 지속적인 어려움을 갖는다. 맥켈프랭과 살스기버(Mackelprang & Salsgiver, 1999)는 발달이론가들의 연구결과를 종합하여 사회적 · 문화적 맥락 속에서 서로 다른 생애주기에 장애를 갖고 살아간다는 것이 의미하는 바에 대해 주목하였다. 프리스틀리(Priestley, 2003)도 서로 다른 생애주기에 있는 장애인에게 장애는 서로 다른 중요성을 내포하며, 생애주기적 접근은 다양한 세대에서 장애를 일으키는 장벽의 다양한 영향이나 장애로 기인한 다양한 사회적 의미에 대해 배울 기회를 제공한다고 보았다. 맥켈프랭과 살스기버, 그리고 프리스틀리의 생애주기에 따른 장애인의 정체성 형성과 서로 다른 장애인 세대 간의 불평등 등 관련 이슈에 대한 논의를 중심으로 생애주기별 장애인의 특성에 대해 살펴보면 다음과 같다.

1) 출생과 영아기(출생~3세)

장애아의 출생은 환영받지 못한다. 의학기술의 발달로 산전검사와 유전적 상담을 통해 장애아는 태어나기도 전에 선택적 낙태의 대상이 된다. 외국에서는 장애를 가진 아기들의 바람직하지 않은 출생(wrongful birth)과 관련해 부모가 의사를 상대로 소송하는 법적 사례가 급증하고 있다(Priestley, 2003). 장애아 출생에 대한 정확한 정보를 제공하지 못한 의사가 장애아를 양육해야 하는 부모의 부담에 대해 경제적으로 보상을 해야 한다는 것이다. 장애아의 출산 여부는 앞으로 장애인으로서 살아갈 삶에 대한 구체적인 지식에 근거해 이루어지기보다는 장애인들이 살아가게 될 삶에 대한 이미지에 더 의존하여 결정한다. 사회에서 장애인은 생물학적으로 열등하고, 심리적으로도 손상을 입었으며, 생산성이 없어 가정은 물론 사회적으로도 무거운 짐이 되는 존재라는 인식에 의해 가치절하되어 왔다. 산전검사는 부모에게 소비자의 선택이라는 권리를 보장한다는 미명하에 장애아의 출생을 막는 데 활용되고 있다. 선택의 권리는 장애아의 출생을 선택할 권리를 포함해야 하지만, 장애인의 삶을 가치절하시키고, 경제적 절약의 원리를 강조하는 사회에서는 부모에게 제공되는 정보가 편중되기 때문에 진정한 선택이 이루어지기 어렵다는 것이다.

영아기에 장애를 갖고 살아간다는 것이 의미하는 바를 살펴보면, 선천성 장애아동 혹은 영아기에 장애를 얻은 아이는 후천성 장애인과는 다른 삶을 경험한다. 이들은 장애인의 관점으로 세상을 보는 것을 배운다. 다름을 아는 인지능력이 발달되기 전에 장애인이 되었기 때문에 그들의 생활경험은 장애의 틀 내에 있고, 다른 사람과의 첫 번째 경험도 장애에 대한 시각으로부터 시작한다. 장애영아와 그 가족이 겪는 문제는 다음과 같다.

첫째, 장애영아를 둔 부모는 일상에서 경험하는 세계를 장애영아와 함께 겪게 되며, 부모가 경험하는 것은 아이에게도 영향을 미친다. 그런데 아이를 양육하는 데 있어 의료적 모델에 강하게 영향을 받은 가족은 장애영아를 비장애영아와 다르게 다루기 쉽다(김미옥, 김용득, 이선우, 2003). 장애영아를 키우는 부모는 종종 장애영아를 과잉보호하는 경향이 있다. 과잉보호하는 부모는 종종 아이의 성장 수준에 적당한 발달과업을 배우는 것을 장려하지 않는다. 따라서 장애영아들은 과업을 스스로 개발하는 기회는 물론 어려움과 실패를 통해 배울 수 있는 기회를 차단당한다. 부모는 장애영아가 가진 발달욕구가 무엇인지에 대해 배우고, 이들이 성공적으로 발달과업을 수행할 수 있도록 도와주는 역할을 해야 한다.

둘째, 영아기에는 욕구가 점점 증가하기 때문에 부모나 다른 보호자와의 접촉이 증가한다. 영아기 아동의 성장과 발달의 특징에 대해 에릭슨은 환경에 대한 신뢰감을 형성하는 시기라고 하였다. 그런데 장애영아는 수술, 주사, 약물이나 물리치료 등의 경험으로 인해 부모나 다른 사람과의 접촉이 불안하게 느껴질 수도 있다. 특히 불신은 입원이나 시설 입소로 인해 가족으로부터 분리가 일어날 때 문제가 될 수 있다. 이러한 문제를 해결하기 위해서는 거부감을 주는 치료나 접촉을 보상하기 위한 노력이 필요하며, 부모는 아이가 다른 사람과 안전하고 보호적인 접촉을 받고 있다는 것을 확신할 수 있도록 도와서 아이의 환경에 대한 공포를 최소화할 수 있도록 환경을 수정해야 한다.

셋째, 영아기에는 자신을 둘러싸고 있는 환경에 대한 신체적 · 인지적 통제력을 갖는 것이 중요하다. 그러나 장애영아는 비장애영아보다 그들의 환경을 조작하고 통제하는 것을 배우는 데 많은 어려움을 겪으므로 이를 지원하는 것이 중요하다.

2) 유아기(4~7세)

유아기에는 유아의 언어능력이 발달하게 되는데, 장애유아는 다른 유아기의 아동보다 더 늦게 언어적 기술을 습득할 수 있다. 특히 지적장애나 자폐성장애 유아의 경우에는 언어발달이 매우 늦어진다. 따라서 유아기의 장애아동에게 효과적으로 의사소통을 가능하게 하는 대안을 제시하는 것이 중요하다. 노력의 초점이 언어능력(말하기 능력)보다 의사소통이라면, 아동들은 효과적인 의사소통 방법의 대안을 배우고 개발할 수 있다. 예를 들어, 지적장애유아에게는 언어 대신 몸짓이나 그림 등 대안적 의사소통 방법을 사용하도록 지원할 수 있고, 청각장애유아에게는 시각적 의사소통과 수어에 대해 어려서부터 부모가 관심을 갖고 지원해 줄 수 있다.

장애유아에게는 다양한 환경에 접할 수 있는 기회를 확대하고, 비장애인과 상호작용할 수 있는 기회를 제공하는 것이 매우 중요하다. 신체적 장애가 있는 유아의 경우, 확대된 환경을 경험하기 위해 휠체어 등의 재활공학적 도움을 필요로 할 수도 있다. 장애유아는 다른 사람들의 반응 때문에 자신이 그들과 다르다는 것을 인지하게 되므로 그에 대처하는 방법을 배워야 한다. 이러한 과업을 성공적으로 수행하게 되면 자신을 통제하는 것을 배우게 된다. 장애를 가진 사람들과의 접촉도 필요한데, 장애인과의 접촉은 장애유아들에게 비슷한 사회적 경험과 세계에 관한 물리적 관점을 갖고 있는 다른 사람과 함께 할 수 있는 기회를 제공한다.

장애유아는 인지, 언어, 행동 면에서 비장애유아와 발달 정도의 차이가 크지 않으므로 조기에 통합교육이 이루어질수록 더 높은 효과를 기대할 수 있으며, 이러한 장애유아의 조기통합의 효과와 중요성은 이미 많은 연구에서 증명되었다(Bricker, Pretti-Frontczak, & McComas, 2004).

3) 아동기(8~12세)

아동들은 이 기간 동안 육체적으로, 지적으로, 그리고 정서적으로 급격하게 성장한다. 이 시기는 장애아동에게도 기회의 시기일 뿐 아니라 발전이 제한될 수 있는 문제의 시기이기도 하다. 이 시기에는 교육적 환경이 중요한데, 장애아동에게는 특수한 욕구를 충족시켜 줄 수 있는 개별교육이 필요하다. 장애아동은 개별적인 교육 외에도 통합교육 환경을 마련해 주는 것이 중요한데, 통합교육은 장애아동의 발달에 도움이 되며, 아동들이 자신의 인간관계에 있어서 성공적이고 적절하게 목적을 선택하고 수행하는 능력인 사회적 능력의 측면에서도 도움이 되는 것으로 평가받고 있다. 따라서 개별적인 교육 욕구와 통합을 위한 욕구의 균형을 맞추어 교육시키는 것이 중요하다(변용찬, 2006).

학령기 장애아동은 학교라는 장에서 문제해결과 성취의 경험을 통해 근면감과 자신감을 키울 수 있는 기회가 필요하다. 그러나 장애아동은 사회성 부족으로 인해 친구들의 인정을 받지 못하는 경험을 하기 쉽고 다른 아동에 비해 뒤처지고 좌절을 느끼게 된다. 장애로 인해 친구들로부터의 정확하고 자발적인 피드백을 받기 힘들고, 부정적 스티그마의 대상이 되기 쉬워서 장애아동은 장애의 존재를 부정하게 된다.

특히 이 시기의 장애아동은 장애인을 불완전하게 보는 문화를 배우게 된다. 특히 주변 문화에서 유행하고 있는 신체적 미와 신체 이미지를 개념화한다. 종종 장애아동은 자신이 장애를 갖지 않은 것으로 생각하려고 시도하는 등 자신의 장애를 부인한다. 예를 들어, 장애아동이 장애를 갖지 않은 자신을 꿈에서 자주 보는 일도 이런 맥락에서 이해될 수 있다. 장애아동은 가족 내로 사회관계를 철회할 가능성이 높으며, 이로 인해 또래와의 관계에서 형성될 수 있는 사회적 기술이나 자아존중감 등이 낮아지기 쉽다. 부모나 학교의 부정적인 태도로 인해 성취의 경험은 부족해지고, 자신의 노력을 통해 문제를 해결해 나가려는 자신감과 근면성이 충분히 발달하지 않을 수 있다. 이러한 장애아동에게는 다른 장애인과의 접촉을 갖도록 하는 것이 중요하다. 장애아동이 자신의 존재를 긍정적으로 바라볼 수 있도록 자신이 동일시할 수 있는 역할모델을 갖는 것이 필요하다.

아동기의 발달에서 장애가 발생한 아동에게는 중요한 차이가 있다. 선천적으로 장애가 발생한 장애아동의 경우에는 특별히 혼란스러운 변화가 없기 때문에 아동기에 이르면 가족도 아동의 장애에 비교적 잘 적응하여 맞추어 나간다. 그러나 아동기에 장애가 발생한 아동은 인지적 · 감정적 · 사회적 변화를 경험하게 되는데, 새로이 발생한 장애로 인해 자아개념이 바뀐다. 가족도 장애를 평가하고 진단하는 동안에 불확실한 미래에 대한 혼란을 경험한다. 이러한 변화로 인해 장애가 발생한 아동과 가족은 외부 사회와 맺는 관계가 변화하고, 생활양식이 변하고, 경제적 비용이 과도해지는 등의 스트레스를 경험할 수 있다.

반면, 이 시기에 장애가 발생한 아동은 선천적 장애아동에 비해 유리한 측면도 있다. 출생에서부터 차별적 태도와 경험에 제약이 없었기 때문에 초기의 성격발달과 긍정적인 자아개념을 가질 수 있다는 것이다. 이러한 긍정적 자아개념은 새로이 장애로 인해 생기는 변화에 대처할 수 있는 대처자원이 될 수 있다.

4) 청소년기(13~19세)

청소년기는 신체적 · 감정적 · 사회적 변화를 경험하고 성적 발달이 빠르게 진행되는 시기다. 이 시기의 발달과업은 개인의 정체성 발달과 부모로부터의 독립, 성 정체성을 확립하는 것이다. 장애청소년도 비장애청소년과 비슷한 변화를 겪고 같은 발달과업을 갖고 있지만, 장애청소년의 발달은 사회적 환경에 의해 다음과 같은 제약을 받을 가능성이 높다.

첫째, 장애청소년은 정체성을 형성하는 데 혼란을 경험하게 된다. 부모로부터의 독립성 증가와 함께 결부된 개인의 정체성을 찾는 과업은 일상생활에서 신체적 원조나 이동을 부모에게 의존하고 있는 장애청소년에게는 어렵게 느껴진다. 특히 장애청소년은 부모와의 관계에서 도움을 원하면서도 독립을 원하는 양가감정으로 힘들어할 수 있다. 외부에서 부모 대신 도움을 주는 활동보조인이 도움이 될 수 있지만, 부모가 청소년에게 제공하는 보살핌이 줄어들면서 가족 간의 전통적인 보살핌의 역할에 혼란이 일어나 가족관계에 영향을 미칠 수 있다.

장애청소년은 자신의 정체성을 자유롭게 선택하는 것이 아니라 강제적으로 장애인이라고 불리는 사회적 집단의 정체성을 형성하도록 강요당하는 경우가 많다. 인지적으로 청소년기는 복잡하게 상호 연결된 사회적 규칙과 기준에 대한 이해가 발달하는 시기다. 그런데 장애청소년은 자신의 장애를 사회에서 강요하는 한계로 인식하는 경향이 있다. 따라서 지지적 환경과 긍정적 정체성을 통해 그 한계가 내부적인 것보다 주로 외부적으로 부여된 것이라는 인식을 갖게 하는 것이 중요하다. 긍정적 자아정체감은 장애청소년이 사회적으로 부여된 능력주의를 그대로 받아들이기보다는 사회적 불합리를 인식하도록 하는 자원이 된다(김미옥, 김용득, 이선우, 2003).

둘째, 장애청소년은 성 정체성 발달에 문제가 발생할 수 있다. 장애인은 성에 대해 능동적인 주체가 되지 못하는 무성적(asexuality)인 존재로 묘사되어 왔다. 장애청소년들은 이성을 탐색할 기회가 적고, 자녀를 무성적인 존재로 보는 부모의 태도, 의료진의 부정적 태도 등이 성적 정체성 형성을 방해하는 주요 원인이 된다. 장애청소년은 성교육에서 배제되거나 성교육을 제대로 받지 못하는 경향이 있으며, 자신의 성을 제대로 이해하고 통제할 수 있는 기회를 제대로 갖지 못하고 있다. 특히 내적인 특성보다 외적인 미에 가치를 두는 사회에서 자신이 신체적인 미의 기준에 부합되지 못하다고 믿고 있는 장애청소년은 부정적인 성 정체성을 갖게 될 가능성이 높다(Priestley, 2003). 이들이 긍정적인 성 정체성을 발달시키기 위해서는 다른 사람들의 도움이 필요하다. 성과 장애에 대한 집단적 교육 프로그램을 제공하여 일반적인 성에 대한 지식과 성 문제에서 장애가 갖는 특수한 문제에 대해 교육함으로써 긍정적인 성 심리를 발달시켜야 할 것이다.

셋째, 청소년기는 성인기로의 전환을 준비하는 기간이다. 장애청소년들도 직업이나 독립적인 주거, 사회통합과 같은 성인으로서의 사회적 목표를 달성하기 위해 준비를 해야 한다. 그러나 장애청소년들은 이러한 성인으로서의 목표를 달성하는 데 많은 어려움을 겪고 있는 것으로 나타났다(Wehmeyer, 1997). 사회통합의 측면에서 보면 장애청소년은 분리되고 제한된 경험과 장애인에 대한 사회적 태도 등에 의해 독립된 자율성은 물론 가장 기본적인 적응 기술의 습득조차 어려움을 가지게 되어 지역사회에 정상적으로 통합되고 적응하는 데 힘들어할 수 있다. 따라서 장애청소년을 일반교육의 체계 속에서 함께 교육받도록 하는 완전한 통합교육을 지향해야 할 것이며, 이들의 생활만족도와 삶의 질을 제고하기 위한 기본적 토대를 조성하는 노력이 요구된다. 장애청소년의 긍정적 정체성의 발달은 장애인과 비장애인 친구들과의 관계를 지지하고 지원하는 공동체, 학교, 가족에 의해 촉진된다. 장애청소년은 장애가 환경의 구조물이지 개인적인 실패가 아니라는 것을 이해하도록 도움을 받아야 할 것이다.

5) 성인기

성인기에는 일차적인 관계가 이전의 가족관계에서 새로운 가족관계로 이동한다. 직업을 갖고 사회적 관계에서 가장 활발한 활동을 펼치는 시기다. 성인이란 경제적 독립, 생산성, 양육자의 역할을 해야 한다는 사회적 기대를 받는다. 성인은 고용을 통한 생산과 가족을 통한 재생산의 사회적 관계에 자립적으로 기여하는 존재다. 그런데 장애성인은 생산과 재생산의 역할에서 배제되어 전통적인 성인의 역할에서 벗어나 의존적인 성인의 사회범주로서 존재하게 된다(이선우, 2009).

성인기는 가족으로부터 자립하는 시기다. 자립은 성인기의 핵심 요소이기 때문에 자립을 어떻게 정의하는가 하는 것이 장애운동에서 중요한 목표가 된다. 최근에는 성인장애인의 자립을 능력의 문제로 보고 전문가 중심의 치료를 강조하는 의료적 모델을 비판하면서 의료적 재활서비스가 가장 많이 필요할 것으로 간주되는 중증장애인들이 이러한 서비스 없이도 성공적인 자립을 이루고 있는 사례를 보여 줌으로써 적절한 지원서비스를 통해 지역사회에서 자립생활을 할 수 있다는 것을 강조하는 자립생활 모델이 강조되고 있다(DeJong, 1981). 자립생활 모델에서의 자립은 자신의 생활 전반을 조정하고 관리하는 선택과 자기결정에 관한 것이지, 자신의 모든 과업을 신체적으로 혼자서 수행하는 자율적 신체 기능의 정도가 아니다. 장애인들이 스스로 필요한 원조와 지원을 다양한 지원체계를 통해 받음으로써 장애인의 자립생활이 이루어지고, 결국 이로 인해 자립이 가능해지는 것이다(권선진, 2007).

사회적 지원이 계속 필요한 장애인이 자립하기 위해서는 자신이 살고 있는 지역사회에서 어떤 지원을 받을 수 있는지를 알고, 활동지원와 같은 서비스를 받을 수 있다면 활동지원사에게 무엇을 어떻게 요구해야 하는지를 아는 것이 중요하다. 장애인 보조기기나 보조공학의 지원도 중요하다.

또한 성인기의 중요한 과제 중 하나는 새로운 가족을 구성하는 것이다. 장애인이 부모로서 역할을 준비하고 자신의 자녀에게 사랑과 양육을 제공할 능력을 갖게 하는 것은 중요한 과제가 된다. 그러나 장애인은 사회적으로 임신이나 출산, 양육과 관련해 모·부성권을 제한당하거나 배제·거부당하는 경우가 많았다. 사회는 장애인이 부모의 역할을 수행하는 데 적절한 지원을 제공하지 않았고, 극단적인 경우에는 장애인이 부모의 역할을 수행할 수 없다고 임신중절이나 낙태를 강요하는 부모나 장애인 시설의 사례를 볼 수 있었다. 성인기 장애인이 부모로서 역할을 수행할 수 있도록 지원하는 방안을 개발하고 연구해야 한다(Priestley, 2003).

그리고 성인기 장애인에게 가장 중요한 과업의 하나는 고용이다. 일반적으로 장애인은 낮은 경제활동참가율과 높은 실업률을 보인다. 고용주의 장애인에 대한 편견과 차별적 태도, 교육과 훈련 기회의 불평등, 적절한 지원의 부재 등으로 인해 장애인들의 일자리에 대한 접근은 크게 제한되어 있다. 취업한 장애인의 경우에도 취약한 근로조건 및 편중된 직업분포를 보이고 있다. 잦은 이직, 저임금, 직장 부적응 등으로 고용상태가 불안정하고, 직업 영역도 특정 직종과 업종에서 벗어나지 못하고 있는 실정이다. 성인기 장애인들이 다양한 직업 선택의 기회를 보장받을 수 있도록 장애 특성에 맞는 직종 및 고용 형태를 개발하고 차별금지를 강화해야 할 것이며, 다양한 교육과 직업훈련의 기회를 접할 수 있도록 하고, 장애인의 특성을 반영한 취업지원 체계를 구축해야 할 것이다. 장애인 근로에 적합한 고용환경을 조성하기 위해, 장애인을 고용하는 사업주에게는 유인 체계를 확대하여 장애인용 작업대나 작업보조기기 등의 설치에 따른 부담을 덜어 주어야 한다. 또한 장애인의 이동권을 보장하기 위한 대중교통 접근권도 보장해야 할 것이다(권선진, 2007).

성인기 장애인의 자립을 위해서는 주거 문제도 반드시 해결해야 한다. 중증의 성인기 장애인은 생활시설에 입소하는 것을 당연하게 생각해 왔다. 이는 성인기 장애인에게 필요한 다양한 서비스를 지역사회에서는 이용할 수 없었기 때문이다. 최근에는 중증장애인에게 필요한 활동지원서비스가 제공되어 중증장애인들도 지역사회에서 자립생활을 하는 데 적절한 지원을 받게 되었다. 하지만 서비스 이용 시간의 제한과 본인부담금 등의 문제로 활동지원 제도도 한계가 있는 실정이다. 이러한 문제를 해결하기 위해서는 모든 장애 유형을 배려한 지역사회 이용 시설을 확충해야 한다. 특히 다양한 형태의 공동생활가정을 지원하여 지적장애인이나 자폐성장애인이 성인이 되어 부모로부터 독립할 수 있는 기회를 제공해야 한다.

6) 중년기

에릭슨에 의하면 중년기에는 생산성 대 침체라는 위기를 경험하게 된다. 생산성이란 성숙한 성인이 다음 세대를 구축하고 이끌어 가는 데 필요한 능력과 관련이 있다. 중년기 장애인도 새로운 세대를 생산하고 사회적인 기여를 통해 생산성을 확보하는 과업이 중요한데, 이러한 성취가 없다면 자기침체에 빠져 자기만을 위한 몰두 상태에 빠지게 된다. 그러나 신체적·정신적 문제 때문에, 사회에 대한 생산적 기여에 충실하지 못할 것이라는 장애인 자신의 부정적 기대와 장애당사자에 대한 낙인은 중년기 장애인의 자아침체를 더욱 가속화시킬 수 있다.

성인기 중기에 해당하는 중년기는 관심과 선택이 외부로 넓어지는 시기다. 따라서 40대와 50대에 속한 장애인은 집과 가족에서 외부로 초점을 맞추기 시작하고, 공동체에 깊게 몰두하기 시작한다. 즉, 이 시기는 자신이 속한 지역사회의 구성원과 관계를 맺음과 동시에 자신이 속한 장애공동체의 구성원인 다른 장애인들에 대해서도 관심을 갖고 생활의 폭을 넓히는 시기다. 중년기의 장애인은 장애운동 주동자이고, 장애문화의 리더이거나 열렬한 옹호자다. 그들은 젊은 장애인에게 역할모델이 되어 주고 멘토의 역할을 해준다. 프랭클린 루스벨트(Franklin D. Roosevelt)와 같이 장애를 가진 국가 지도자는 사회에서 장애인들에 대해 긍정적인 인식을 갖게 하는 데 기여한다. 특히 장애가 있는 장애옹호자들은 장애인에 대한 권리와 기회를 확보할 수 있는 조치를 유도하여 사회에 공헌할 수 있다.

이 시기에는 많은 사람이 당뇨나 심장병과 같은 질병으로 장애를 갖게 된다. 그들은 비장애인으로서의 정체성을 유지하려는 경향이 있어, 장애 정체성을 갖거나 장애를 수용하려고 하지 않는다. 그들의 문제점은 자신이 문제와 결함을 가지고 있다고 인식하는 것이다. 중도장애인들도 장애를 가지는 것의 의미를 알고 장애에 대한 이해를 하게 되면 삶의 성숙과 안정을 이루는 데 큰 도움이 된다. 유사한 장애를 가지고 성공적으로 생활하는 다른 사람들과 사회적 관계망을 형성하는 것은 이러한 성장을 촉진하기 위한 좋은 방법이다. 이 시기에 삶의 성숙과 안정을 찾으면 지역사회에 더 큰 영향을 줄 수 있는 기회를 얻게 된다.

7) 노년기

인구 노령화에 의해 장애노인의 수가 점점 증가하고 있다. 노령층에서의 장애출현율이 높아지고 있고, 장애인이 노령화되는 경향도 높아지고 있다(김성희, 고선정, 2004). 노년기 장애인에게 가장 높은 욕구는 소득보장에 대한 욕구이며, 그다음은 의료보장에 대한 욕구다. 이 시기에도 사회적 지원과 지지적 환경이 중요한데, 특히 장애인이 독립적으로 살아가는 데 도움을 줄 수 있는 재활보조기기나 의료기기는 큰 도움이 될 수 있다. 독립성을 증진시켜 주는 도구를 적절히 활용할 수 있도록 지원해 줌으로써 장애를 가진 노인이 자신의 삶을 조절하고, 자신의 결정을 실행할 수 있도록 삶의 질을 향상시킬 수 있다.

노년기의 장애특성은 두 가지 측면에서 생각할 수 있다. 첫 번째는 나이가 들어감에 따라 나타나는 여러 가지 생리학적 기능 저하로 인해, 즉 노인성 장애로 인해 장애인이 된 경우다. 두 번째는 장애를 가지고 살아온 사람들이 노년기를 맞이하는 경우다(이채식, 이은영, 이형열, 김재익, 전영록, 2008). 각각의 상황은 현시점에서 장애라는 상태가 동일하지만 살아온 과정이 달라서 다른 특성을 보이게 된다. 노년기를 준비하는 측면에서는 장애를 가지고 살아온 노인이 삶의 후반부에 장애를 입은 노인보다 노년기의 문제를 더 잘 준비할 수 있다. 각각의 특성을 살펴보면 다음과 같다.

첫째, 노년기에 장애를 얻은 사람들은 복합적인 장애를 갖고 있다. 시각, 청각, 그리고 신체적인 장애는 대부분 생애 말기에 증상이 나타나고, 연령이 증가함에 따라 계속 증가하는 경향을 보이고 있다. 이러한 특성은 노령화된 장애 유형이라기보다는 노인성 장애 유형에 가깝다고 볼 수 있다. 이들은 치료와 보호의 필요성이 매우 높다. 노년기에 장애인이 된 사람들은 장애 문화 또는 같은 장애를 공유하는 다른 사람들과 자신을 동일시하지 않는다. 이러한 특성과 노인에게 수반되는 사회적 고립 때문에 노년기에 장애인이 된 사람들을 위해 사회적 지지와 자원을 제공하는 것은 특히 도움이 될 수 있다.

둘째, 장애를 가지고 노년기를 맞이한 사람들의 특성은 가족과의 연락두절이나 독신 등의 이유로 장기적인 독거생활을 유지해 온 경우가 많으며, 「국민기초생활보장법」에 의한 수급자가 대부분이다. 이들은 기존의 장애에 노환으로 인한 장애가 추가되어 신체적 · 정신적 어려움이 가중되어 지속적인 의료지원을 필요로 한다. 이들 대부분이 시설생활이나 폐쇄적인 생활로 인해 생애주기에 따른 적절한 사회경험이 부족하지만, 장애기간이 길기 때문에 변화가 발생한다기보다는 노년기 이전의 삶을 잘 유지하며 장애 수용과 적응력이 더 높다고 할 수 있다.

3. 생애단계에 따른 장애인 가족지원

장애인 자녀가 성장하면서 가족은 영유아기에서 학령기, 청소년기, 성인기, 노년기의 생활주기를 거치게 된다. 생활주기에 따른 역할 변화가 불가피하며, 역할 변화는 다른 가족 구성원의 지위와 역할에도 영향을 미치게 된다. 장애아동이 있는 가족의 경우 부모는 장애자녀를 지속적으로 보살피고 끊임없이 양육에 참여해야 하며, 비장애형제도 장애형제와 함께 살아가며 영향을 주고받는다. 따라서 장애인 개인에 대한 지원뿐 아니라 가족 전체에 대한 지원을 제공해야 할 필요가 강조되고 있다. 생애주기별 장애인의 구체적 서비스 욕구 및 지원내용과 함께 장애인 가족이 가지는 욕구를 제시하면 〈표 5-1〉과 같다.

표 5-1 생애단계별 장애인 지원내용과 장애인 가족의 관심사

생애주기	욕구 및 지원내용	부모의 관심사	형제의 관심사
영유아기	• 미숙아 및 선천성 이상아 등록 관리 • 장애의 조기 발견 및 개입에 대한 욕구 • 유아특수교육 지원 확대 • 중증장애를 가진 영유아 거주시설 확충 • 장애영유아 전담 보육시설 확대 설치 • 물리치료 및 언어치료, 놀이치료 등 발달재활서비스에 대한 욕구	• 정확한 진단을 받는 것 • 형제나 친지에게 알리는 것 • 서비스를 찾아다니는 것 • 장애가 있다는 것에 대한 긍정적인 의미를 발견하는 것 • 의사결정을 좌우하는 개인적인 관점을 분명히 하는 것 • 낙인의 문제에 대처하는 것 • 커다란 기대를 가지는 것	• 형제의 욕구에 대해 부모의 시간과 에너지 할애가 줄어드는 것 • 관심이 줄어드는 것에 대한 질투의 감정 • 장애에 대한 잘못된 이해와 관련된 두려움
학령기	• 장애학생의 특수교육 진단체계 확립 • 재택 장애아동 학교교육 지원 및 특수학급 특수학교 증설 • 방과후 교육에 대한 욕구 • 교육 관련 부대비용 지원에 대한 욕구 • 발달재활서비스에 대한 욕구 • 무료 도우미 가정방문 학습서비스에 대한 욕구 • 특수교사 확대에 대한 욕구	• 가족 기능의 수행을 위해 일상적인 생활을 조정하는 것 • 교육에 관련된 문제들에 대해 적응하는 것 • 일반학급 통합과 특수학급 분리에 따른 문제를 분명히 하는 것 • 개별화 교육회의에 참여하는 것 • 지역사회 자원을 찾고 활용하는 것 • 교과목 이외의 아동의 활동을 조정하는 것	• 신체적 보호의 욕구에 대한 책임분담 • 장녀가 위기를 맞을 가능성 • 레크리에이션과 여가를 위한 가족의 자원이 제한되는 것 • 교사에게 장애형제를 알리는 것 • 동생이 장애를 가진 형이나 누나를 앞지를 가능성 • 장애형제의 통합에 따라 같은 학교에 다니게 되는 문제 • 장애에 대한 기본적인 정보의 욕구
청년기	• 성역할과 기능에 대한 정보 및 정서지지 교육 프로그램에 대한 욕구 • 진로지도 교육 • 대학 장애인 편의시설 확충 및 대학 장애학생 지원센터 운영	• 장애적 조건의 만성화 가능성에 대해 정서적으로 적응하는 것 • 성적인 문제의 등장에 대한 이해 • 또래의 거부와 배제 가능성에 대하여 대처하는 것 • 직업생활에 대해 계획하는 것 • 여가생활에 대해 계획하는 것 • 사춘기의 신체적 · 정서적 변화에 대처하는 것 • 학교 교육 이후의 생활에 대해 계획하는 것	• 형제에 대한 과잉동일시 • 사람들 사이의 차이점에 대한 폭넓은 이해 • 장애의 영향이 직업의 선택에 미치는 영향 • 낙인의 가능성에 대해서 대처하기 • 형제훈련 프로그램에 참여하는 것 • 형제지지집단에 참여하는 것

성인기	• 경제적 자립 및 임금보조에 대한 욕구 • 취업 알선, 정보 제공 및 직업재활에 대한 욕구 • 문화 및 여가 기회 확대에 대한 욕구 • 장애인의 일상생활에 적합한 주택 개선 및 보급 • 창업자금 융자 등 창업지원 확대 및 컨설팅 • 보장구 지원 및 의료비 지원에 대한 욕구	• 후견인의 필요성에 대한 준비 • 성인으로서의 적절한 주거 형태를 구상하는 것 • 성인에게 의존성이 가지는 함의에 대해서 정서적으로 적응하는 것 • 가족 밖에서 사회화의 기회를 가질 수 있도록 대처하는 것 • 취업이나 직업훈련 프로그램을 시작하는 것	• 재정적 지원에 대한 책임을 질 가능성에 대한 문제 • 유전적 문제와 관련된 걱정을 해결하는 것 • 결혼을 함으로써 새로운 가족에게 장애형제를 소개하는 것 • 직업/주거문제에 대한 정보의 욕구 • 형제의 옹호인으로서의 역할을 분명히 하는 것 • 후견인 문제의 가능성

출처: 김동기(2012). 제4차 장애인정책발전 5개년 계획 평가와 의의. 2012년 제5회 한국 DPI대회 자료집.
보건복지부(2003). 제2차 장애인복지발전 5개년 계획.
정무성, 양희택, 노승현(2007). 장애인복지론(p. 89). 학현사.

4. 성년후견제

「민법」에서는 성년자가 정신적 장애로 인하여 독립적인 법률행위를 할 만한 판단능력이 없거나 부족한 경우를 위하여 금치산과 한정치산 제도를 두고 있다. 장애인의 인권과 노인복지에 대한 국가의 책무와 사회적 관심이 부각되면서 현행 금치산과 한정치산 제도는 부정적 용어를 사용하고 본인의 의사나 장애 정도에 대한 고려 없이 행위능력을 획일적으로 제한하여 사회적 편견을 야기하고, 보호의 대상을 재산적 법률행위로 제한함으로써 복리에 관한 다양하고 실질적인 도움을 제공할 수 없다는 문제점이 지적되어 왔다. 이에 성년후견제도가 포함된 「민법」 개정안이 발의되었고, 2011년 2월 국회 본회의를 통과하여 2013년 7월부터 시행되었다.

1) 성년후견제의 개념 및 주요 내용

(1) 개념

정신적 장애나 치매로 인해 판단능력이 불충분한 사람들이 계약 등 일상생활에서의 법적행위를 함에 있어서 불이익을 받지 않도록 보호하기 위한 제도로서, 장애인 및 노인을 학대 및 착취로부터 보호하고, 이들의 복지를 증진시키며, 자기 스스로 해결할 능력과 독립성을 극대화하는 자기결정권을 존중하는 제도다(최윤영, 2011).

(2) 성년후견 분류

성년후견인은 피후견인의 잔존능력에 따라 성년후견인, 한정후견인, 특정후견인 순으로 구분하는 다원론을 채택하고 있다. 후견의 유형은 질병이나 장애, 노령 등 정신적인 제약으로 인해 후견인이 필요한 경우에 성년후견제도, 원칙적으로 온전한 행위능력을 인정하되 거액의 금전 차용, 보증 등 중요 법률행위만 예외적으로 후견인의 동의를 받도록 하는 한정후견제도, 일정 기간 또는 특정 사무에 관해서만 후견인의 조력을 받을 수 있는 특정후견제도로 구분된다. 후견인의 수는 피후견인의 신상과 재산에 관한 사정을 고려하여 복수로 둘 수 있고, 법인도 성년후견인이 될 수 있다(김정열, 2012).

(3) 성년후견인의 직무제한

피성년후견인의 치료 등의 직무(정신병원, 다른 장소로의 격리 등)에 대해서는 성년후견인이 결정할 수 없고 가정법원의 허가를 받도록 하고 있다. 그리고 성년후견인이 피성년후견인을 대리하여 피성년후견인이 거주하고 있는 건물 또는 대지에 대하여 매도, 임대, 전세권 설정, 저당권 설정, 임대차의 해지, 전세권의 소멸, 그 밖에 이에 준하는 행위를 하는 경우에는 가정법원의 허가를 받도록 하고 있다.

(4) 성년후견인의 선임

가정법원은 성년후견인의 직권 선임 또는 피성년후견인, 친족, 이해관계인, 검사, 지방자치단체장의 청구에 의하여 성년후견인을 선임하도록 하고 있다. 또한 장래의 정신능력 악화에 대비해 본인이 직접 후견인과 후견내용을 정할 수 있는 후견계약제도가 신설되었다. 후견계약은 질병, 장애, 노령, 그 밖의 사유로 인한 정신적 제약으로 사무를 처리할 능력이 부족한 상황에 있거나 부족하게 될 상황에 대비하여 본인 스스로 자신의 재산관리 및 신상보호에 관한 사무의 전부 또는 일부를 다른 자에게 위탁하고, 그 위탁사무에 관하여 대리권을 수여하는 것을 내용으로 하는 임의후견인 제도를 도입하고 있다. 임의후견인으로 선임된 경우라도 후견계약에서 정한 임무에 적합하지 아니한 사유가 있는 자인 경우 가정법원은 임의후견감독인, 본인, 친족, 검사 또는 지방자치단체장의 청구에 의하여 임의후견인을 해임할 수 있다. 정부에서는 취약계층 발달장애인 성인에 대한 성년후견 심판절차 비용과 후견인 선임비용을 지원하는 사업을 실시하고 있다.

(5) 성년후견인의 결격사유

미성년자, 피성년후견인, 피한정후견인, 피특정후견인, 피임의후견인, 회생절차개시결정 또는 파산선고를 받은 자, 자격정지 이상의 형의 선고를 받고 그 형기 중에 있는 사람, 법원에서 해임된 법정대리인, 법원에서 해임된 성년후견인, 한정후견인, 특정후견인, 임의후견인과 그 감독인, 행방이 불분명한 사람, 피후견인을 상대로 소송을 하였거나 하고 있는 자 또는 그 배우자와 직계혈족 등은 성년후견인이 될 수 없다.

(6) 성년후견인 변경

성년후견인은 정당한 사유가 있는 경우에는 가정법원의 허가를 받아 사임할 수 있고, 가정법원은 피후견인의 복리를 위하여 후견인을 변경할 필요가 있다고 인정하면 직권으로 또는 피후견인, 친족, 후견감독인, 검사, 지방자치단체장의 청구에 의하여 후견인을 변경할 수 있도록 하고 있다.

(7) 후견감독인

후견인의 사무를 감독하며, 후견인이 없는 경우 성년후견인의 선임을 청구하는 역할을 하는 후견감독인을 두도록 하고 있다. 후견감독인은 피후견인의 신상이나 재산에 대하여 급박한 사정이 있는 경우 그의 보호를 위하여 필요한 행위 또는 처분을 할 수 있고, 성년후견인과 피후견인 사이에 이해가 상반되는 행위에 관하여는 후견감독인이 피후견인을 대리할 수 있도록 하고 있다. 후견감독인의 동의를 필요로 하는 행위로는 영업에 관한 행위, 금전을 빌리는 행위, 의무만을 부담하는 행위, 부동산 또는 중요한 재산에 관한 권리의 득실 변경을 목적으로 하는 행위, 소송행위, 상속의 승인, 한정승인 또는 포기 및 상속재산의 분할에 관한 협의 등을 명시하고 있다.

2) 성년후견제의 현황과 개선과제

성년후견제는 과도하게 법적 능력을 제한하는 금치산과 한정치산 제도를 본인의 의사와 현존능력을 존중할 수 있는 탄력적 후견제도로 대폭 개선하고, 고령화 시대에 노후를 대비하여 후견인과 후견의 내용을 본인 스스로 미리 정할 수 있는 후견계약을 새로 도입하는 한편, 법인과 복수후견인, 후견감독인 제도를 신설함으로써 후견제도를 내실화·전문화하였다. 성년후견제도는 정상화 이념, 자기결정권의 존중, 잔존능력의 활용 등의 이념을 실현함으로써 장애인의 권리옹호에 도움이 되기 위해 도입되었으며, 「발달장애인 권리보장 및 지원에 관한 법률」 제9조에도 심판청구의 주체, 이용대상, 후견인 후보자, 후견제 이용에 따른 비용 등을 명시하고 있다.

하지만 성년후견제가 도입된 지 약 10년이 지난 지금까지도 후견제도에 대한 대립적 의견이 지속되고 있다(김영연, 윤태영, 배광열, 2023). 후견인을 선임한 장애당사자들이 각종 자격취득, 취업을 제한당하고 당사자의 의사결정과 자율성이 침해되고 있는 점에 대해 우려하며 성년후견제도의 폐지를 주장하는 반대의 목소리가 있다. 이들은 성년후견제도를 도입한 2013년 당시 이미 정신적 장애인에 대한 법적 지원과 보호의 패러다임이 의사결정대행제도에서 의사결정지원제도로 변화하였고, 유엔 장애인권리협약 제12조에서 말하는 장애인의 완전한 법적인 권리를 누리는 것과 성년후견제도는 정면으로 배치되므로 폐지되어야 한다고 주장한다.

반면, 찬성하는 측에서는 장애인을 취약한 상황으로부터 보호하고 지역사회에서 고립되지 않도록 하기 위한 인적 네트워크 형성 차원에서 성년후견제도는 필요하다고 주장한다. 또한 현재 성년후견제도를 대체할 만한 다른 대안을 마련하지 못한 상태에서 자기결정권을 보장하고 있지 못하다는 문제점만 부각시킨 채 성년후견제도를 없앤다면 오히려 의사결정능력에 장애를 가진 사람들의 권익을 심각하게 침해하게 된다고 주장한다. 장애인 당사자들이 자신의 후견인을 선임하는 과정에서 충분한 의사소통에 대한 지원을 받고 있지 못하다는 지적에 대해서는 법률상 문제보다는 당사자에 대한 복지 지원의 부족에서 비롯된 것이라고 하였고, 이러한 문제를 보완하기 위해 법원에서 발달장애인 · 언어장애인의 사법접근권 강화를 위한 보완대체의사소통 개발 방안 등을 마련하고 있다고 하였다.

한편, 국가인권위원회도 발달장애인 공공후견지원사업의 모니터링 결과 다음과 같은 제도 개선이 필요하다고 제안하였다. 첫째, 후견인과 피후견인의 다양한 의사소통 지원 방안을 마련하여 후견인은 피후견인의 의사를 대행이 아닌 지원하는 역할로 강화할 필요가 있다. 둘째, 공공후견심판 청구를 위한 실무인력이 부족하여 공공후견 개시까지의 시간이 길어지고 있으므로 각 지역 지원센터에서 공공후견 사무업무를 지원하는 실무인력을 보충하여야 한다. 셋째, 공공후견인 활동비가 적절하지 않으므로 활동비 인상을 위한 예산증액이 필요하다(구만서, 서해정, 김홍철, 2022).

학습과제

- 임산부에 대한 기형검사 결과, 장애아가 태어날 확률이 높다는 결과가 나왔다면 낙태를 해야 할 것인지 낳아야 할지에 대해 토론해 보자.
- 선천적으로 혹은 아주 어린 나이에 장애를 갖게 된 아동의 경우, 그들 부모의 장애에 대한 감정은 장애아동의 정체성 형성에 큰 영향을 미치게 된다. 정체성 형성에 영향을 미치는 부모의 영향력이 장애아동의 경우와 비장애아동의 경우 어떻게 다른지, 어떤 점이 비슷한지 토론해 보자.
- 생애주기에 따라 장애인가족의 욕구가 어떻게 다른지 토론해 보자.
- 장애인은 비장애인과 마찬가지로 생애주기라는 발달단계를 거치며 삶의 각 단계마다 보편적인 욕구 위에 그 단계에서 요구하는 개인적·사회적 과업을 가지고 있다. 게다가 장애는 그 유형이 다양하며, 각 유형마다 다른 신체적 특성과 다른 사회적 · 심리적인 문제를 가지고 있다. 장애 유형별로 각 생애주기마다 제공될 수 있는 서비스를 기획해 보자.

참고문헌

구만서, 서해정, 김홍철(2022). 발달장애인 복지서비스 모니터링 결과보고서. 국가인권위원회.

권선진(2007). 장애인복지론. 청목출판사.

김동기(2012). 제4차 장애인정책발전 5개년 계획 평가와 의의. 2012년 제5회 한국 DPI대회 자료집.

김미옥, 김용득, 이선우(2003). 장애와 사회복지. 학지사.

김성희, 고선정(2004). 장애 유형별 장애노인의 특성에 관한 연구. 한국노년학, 24(3).

김영연, 윤태영, 배광열(2023). 성년후견제도 시행 10주년, 제도의 존폐를 논하다. 함께걸음, 397호.

김용득(2000). 생애주기와 장애인복지 서비스. 노틀담복지관 개관 13주년 기념세미나: 생애주기별 서비스 모델 적용과 전망 자료집.

김정열(2012). 장애인 성년후견제 지원체계 및 운영방안. 2012년 제1차 장애인정책토론회 자료집. 한국장애인개발원.

김지숙, 윤홍근, 김명진(2015). 성년후견제도의 현황과 향후 과제. 성년후견제 세행 2주년 점검 심포지엄 자료집. 법무법인 율촌.

노틀담복지관(2002). 생애주기별 지역사회재활의 통합적 실천방법. 노틀담복지관 개관 15주년 기념세미나 자료집.

박희찬(2000). 생애주기별 서비스 모델 적용과 전망에 대한 토론. **노틀담복지관 개관 13주년 기념 세미나: 생애주기별 서비스 모델 적용과 전망 자료집.**

변용찬(2006). **생애주기별 장애인의 복지욕구 분석 연구.** 한국보건사회연구원.

보건복지부(2003). 제2차 장애인복지발전 5개년 계획.

이선우(2009). **장애인복지의 이론과 실제.** 집문당.

이채식, 이은영, 이형열, 김재익, 전영록(2008). **장애인복지론.** 창지사.

정무성, 양희택, 노승현(2007). **장애인복지론.** 학현사.

최윤영(2011). 성년후견제 도입 의미와 과제. **2011년 제1차 장애인정책토론회 자료집.** 한국장애인개발원.

Botsford, A. (2000). Integrating end of life care into services for people with an intellectual disability. *Social Work in Health Care, 31*(1), 35-48.

Bricker, D., Pretti-Frontczak, K., & McComas, N. (2004). **장애영유아를 위한 교육방법**[*An activity-based approach to early intervention*]. (허계형, 이영철 공역). 교육과학사.

DeJong, G. (1981). **장애인의 접근 여건과 자립생활의 성과, 장애인복지정책과 장애인 복지연구의 방향**[*Environment accessibility and independent living outcomes*]. (정립회관 역). 정립회관.

Mackelprang, R., & Salsgiver, R. (1999). *Disability: A diversity model approach in human service practice*. Brookes/Cole.

Priestley, M. (2003). *Disability: A life course approach.* Polity Press.

Wehmeyer, M. L. (1997). Self-determination as an educational outcome: A definitional framework and implications for intervention. *Journal of Developmental and Physical Disabilities, 9*(3), 175-209.

〈관련 기사〉

• 신탁 · 의사결정 지원센터 개소식 기사(에이블뉴스, 2015년 11월 30일자)

– 한국자폐인사랑협회가 국내 최초로 '발달장애인 신탁관리 시스템'을 도입하였다. 발달장애인 또는 부모(위탁자)의 재산을 협회(수탁자)에 맡기면 신탁이 개시되며, 대상자인 발달장애인(수익자)을 위해서만 사용되는 신탁재산은 맞춤형 금고와 같아서 수익자 이외의 어떤 사람도 신탁재산을 가져갈 수 없게 되어 있는 시스템이다. '신탁 · 의사결정 지원센터'는 신탁 및 후견계약 등의 설계와 체결을 지원하는 업무를 담당한다.

30일 한국자폐인사랑협회가 개최한 신탁 · 의사결정 지원센터 개소식
이날 한국자폐인사랑협회와 한국성년후견학회가 상호협력을 위한 업무협약을 체결했다. (왼쪽부터) 한국자폐인사랑협회 김용직 회장과 한국성년후견학회 제철웅 교수가 환하게 웃고 있다. 발달장애인들의 성공적인 자립생활을 돕는 신탁 · 의사결정 지원센터가 개소식을 갖고, 본격적인 업무에 돌입했다.

제 6 장

장애 유형별 특성 및 등록

학습개요

장애인 실태조사는 2005년까지 5년마다 실시되었으나, 2008년부터는 3년마다 실시한다. 따라서 이 장에서는 2024년에 발표된 '2023년 장애인 실태조사'를 바탕으로, 「장애인복지법」에서 분류한 15종의 장애 유형별 특성에 대해서 살펴보고자 한다.

학습목표

- 장애 유형마다 의료적인 성격이 짙은 내용보다는 장애인복지를 이해하는 데 유용한 정보인 장애의 정의와 장애의 원인을 이해한다.
- 장애 유형별 특성을 이해한다.
- 장애인 등록절차를 이해한다.

1. 장애의 정의 및 분류[1)]

1) 지체장애

(1) 정의

지체장애는 신체의 특정 부분이 손상되거나 결손되어 정상적인 기능을 수행하지 못하는 상태를 말한다. 이는 신체의 구조적 결함이나 기능적 장애로 인해 발생할 수 있다.

(2) 영향

지체장애는 개인의 이동성, 일상생활, 사회적 상호작용에 큰 영향을 미치며, 장애의 정도에 따라 다양한 지원이 필요하다.

(3) 유형

① 선천적 장애

태어날 때부터 존재하는 장애로, 유전적 요인이나 임신 중의 환경적 요인에 의해 발생한다.

예 척추이분증, 사지 결손 등

② 후천적 장애

사고, 질병, 노화 등으로 인해 후에 발생하는 장애이다.

예 교통사고로 인한 사지 마비, 뇌졸중 후유증 등

③ 신경계 장애

신경계의 손상으로 인해 발생하는 장애로, 운동 기능에 영향을 미친다.

예 다발성 경화증 등

1) 한국보건사회연구원(2024). 2023 장애인 실태조사.

④ 근골격계 장애

뼈, 관절, 근육의 문제로 인해 발생하는 장애이다.

예 관절염, 골절 후유증 등.

(4) 지체장애의 관리 및 지원

- **재활 치료**: 물리 치료, 작업 치료 등을 통해 기능 회복을 도모한다.
- **보조기구**: 휠체어, 보행기 등 다양한 보조기구를 통해 이동성을 향상시킨다.
- **사회적 지원**: 장애인복지 정책 및 프로그램을 통해 사회적 통합을 지원한다.

(5) 진행성 근위축증

① 정의

진행성 근위축증(Progressive Muscular Atrophy: PMA)은 신경계 질환으로, 주로 운동 신경세포가 점진적으로 퇴화하여 근육 약화와 위축을 초래하는 질환이다. 이 질환은 루게릭병(ALS)과 유사하지만, 주로 상위 운동 신경세포가 아닌 하위 운동 신경세포에 영향을 미친다.

② 주요 증상

- **근육 약화**: 초기에는 손과 발의 근육 약화가 나타나며, 점차적으로 다른 부위로 확산한다.
- **근육 경련**: 근육의 경련이나 떨림이 발생한다.
- **호흡 문제**: 질병이 진행됨에 따라 호흡 근육이 약해져 호흡 곤란이 발생한다.

③ 치료 방법

- **약물 치료**: 현재 FDA에서 승인된 치료제가 있으며, 이는 진행성 근위축증 환자에게 사용되고 있다. 2023년 기준으로 3,500명 이상의 환자가 이 치료를 받았다.
- **물리 치료**: 근육의 기능을 유지하고 증상을 완화하기 위해 물리 치료가 권장된다.

(6) 척수장애

① 정의

척수장애는 척수의 손상이나 질병으로 인해 신체의 여러 기능에 영향을 미치는 상태를 말한다.

② 원인

- **외상**: 교통사고, 낙상, 스포츠 부상 등으로 인한 척수 손상
- **질병**: 척수염, 종양, 허리디스크 등으로 인한 손상
- **선천적 요인**: 선천적인 기형이나 유전적 요인

③ 증상

- **운동 기능 저하**: 팔이나 다리의 운동 능력이 저하되거나 마비될 수 있다.
- **감각 손실**: 통증, 온도, 촉감 등의 감각이 감소하거나 상실될 수 있다.
- **자율 신경계 문제**: 배뇨, 배변, 성기능 등에 영향을 미칠 수 있다.

④ 치료 및 관리

- **재활 치료**: 물리 치료, 작업 치료 등을 통해 신체 기능을 회복하고 일상생활에서의 자립성을 높일 수 있도록 돕는다.
- **약물 치료**: 통증 관리 및 다른 증상 완화를 위한 약물을 사용한다.
- **보조기구**: 휠체어, 보행 보조기구 등을 사용하여 이동성을 향상시킨다.

2) 뇌병변장애

(1) 정의

뇌병변장애는 뇌의 손상으로 인해 외부 신체 기능에 장애가 발생하는 상태를 말한다. 이는 상하지의 마비, 관절의 경직, 불수의적 운동, 균형감각장애, 실조증상 등을 포함한다. 또한 시각, 청각, 언어 기능 장애나 지적장애와 같은 인지적 저하도 동반될 수 있다.

(2) 원인

- **주요 원인**: 외상성 뇌손상, 뇌졸중, 뇌출혈, 뇌종양, 뇌성마비, 파킨슨병 등
- **출산 과정의 영향**: 출산 중 호흡장애로 인한 뇌의 산소 부족이 주요 원인으로 지적된다.

(3) 증상

- **신체적 증상**: 상하지의 마비, 관절 경직, 불수의적 운동, 균형감각장애
- **인지적 증상**: 언어장애, 지적능력 저하, 정서적 문제

(4) 치료 및 관리

- **치료 방법**: 물리 치료, 언어 치료, 작업 치료
- **목표**: 환자의 기능 회복과 일상생활의 질 향상을 목표로 한다.

3) 시각장애

(1) 정의

시각장애는 시각적 기능이 손상되어 시각적 정보를 제대로 인식하지 못하는 상태를 말한다. 이는 완전한 실명부터 부분적인 시력 손실까지 다양한 형태로 나타날 수 있다. 시각장애는 일반적으로 시력의 정도에 따라 분류된다.

(2) 분류

- **완전 시각장애**: 빛을 감지할 수 없는 상태
- **부분 시각장애**: 시력이 제한적이거나 특정 거리에서만 인식 가능한 상태
- **시각적 장애**: 시각적 정보 처리에 어려움을 겪는 경우

(3) 지원 서비스

- **교육 및 훈련**: 시각장애인을 위한 전문 교육 프로그램이 제공되며, 이들은 독립적인 생활을 위한 기술을 배울 수 있다. 예를 들어, 점자 교육, 컴퓨터 사용법, 일상생활 기술 등이 포함된다.
- **보조기구 지원**: 점자 책, 확대경, 음성 안내 기기 등의 보조기구를 지원한다.
- **사회적 지원**: 정부 및 비영리 단체에서 제공하는 다양한 사회적 지원 프로그램이 있다.

이들은 시각장애인의 사회적 통합을 촉진하고, 직업 훈련 및 취업 지원을 포함한다.
- **정신적 지원**: 시각장애인들이 겪는 심리적 어려움을 극복하기 위한 상담 서비스와 지원 그룹이 운영되고 있다. 이는 정서적 지지와 사회적 상호작용을 촉진한다.

(4) 시각장애인에 대한 에티켓

- **자기소개**: 시각장애인은 목소리로만 사람을 인식할 수 있으므로, 먼저 인사를 건네고 자신의 이름을 밝히는 것이 중요하다.
- **정면에서 인사**: 가까이 다가갔을 때는 정면을 보고 또렷하게 인사하며, 시선을 맞추는 것이 좋다.
- **안내 자세**: 시각장애인을 안내할 때는 그들의 반걸음 앞에 서서 팔꿈치 윗부분을 잡도록 안내한다.
- **계단 안내**: 계단을 오르내릴 때는 계단의 위치를 먼저 알려 주고, 난간을 잡을 수 있도록 도와준다.
- **좁은 길 안내**: 좁은 길에서는 안내자의 팔을 뒤로 하여 잡게 한 뒤, 길이 좁아진다는 사실을 미리 알려 준다.
- **의자 안내**: 의자에 앉도록 도와줄 때는 먼저 의자의 위치를 알려 주고, 앉을 수 있도록 돕는다.
- **신체 접촉**: 시각장애인과의 신체 접촉이 필요한 경우 그들의 동의를 얻은 후에 진행하는 것이 좋다.
- **대화 시 주의**: 대화 시에는 가까이에서 정면을 바라보며 또렷하게 말하는 것이 중요하다.

(5) 점자

점자는 19세기 초 프랑스의 니콜라스 바루비에에 의해 처음 개발되었다. 그는 야간 작전에서 암호로 사용하기 위해 6개의 점을 세로로 배열한 점자를 만들었다. 이후 루이 브라이유가 이를 발전시켜 1834년에 현재의 6점 점자를 완성했다. 한국의 점자는 1923년 박두성 선생이 한글 점자를 연구하여 1926년에 '훈맹정음'으로 발표했다. 이는 한국에서 시각장애인을 위한 점자의 기초가 되었다.

점자는 시각장애인이 스스로 읽고 쓸 수 있는 유일한 문자로, 지식 교육을 가능하게 한다. 또한 시각장애인들이 독립적으로 정보를 얻고, 사회생활을 영위하는 데 필수적이다.

점자를 통해 자신감을 얻고, 자립적인 생활을 할 수 있게 된다. 현재 시각장애인 10명 중 9명은 점자 문맹인 것으로 나타났는데, 이는 교육 환경이 부족하여 점자를 배우지 못한 결과다.

4) 청각장애

(1) 정의

청각장애인은 청각적 자극을 인식하는 데 어려움을 겪는 사람들로, 경미한 손실부터 완전한 청각 상실까지 다양한 정도의 장애를 포함한다.

(2) 지원 서비스

- **의료적 지원:** 청각장애인을 위한 청력 검사 및 보청기 등을 지원한다.
- **교육적 지원:** 특수교육 프로그램과 통합 교육을 통해 청각장애 아동의 학습을 지원한다.
- **사회적 지원:** 「장애인복지법」에 따라 다양한 사회적 지원 서비스가 제공되며, 이에는 상담 서비스, 직업 훈련 등이 포함된다.

(3) 수어(수화)

수어는 청각장애인들이 사용하는 비언어적 의사소통 수단으로, 손과 몸의 움직임을 통해 의미를 전달한다. 수어는 청각장애인들이 사회에서 의사소통을 원활하게 할 수 있도록 도와주며, 그들의 문화와 정체성을 형성하는 중요한 요소다.

(4) 데시벨과 청각장애의 관계

데시벨(dB)은 소리의 강도를 측정하는 단위로, 청각장애의 정도를 평가하는 데 사용되고, 일반적으로 다음과 같은 기준이 있다.

- **90 dB 이상:** 두 귀의 청력 손실이 각각 90 dB 이상인 경우, 심한 청각장애로 분류
- **80 dB 이상:** 두 귀의 청력 손실이 각각 80 dB 이상인 경우, 중증 청각장애로 분류
- **70 dB 이상:** 두 귀의 청력 손실이 각각 70 dB 이상인 경우, 경증 청각장애로 분류

(5) 인공와우 수술

청각장애인을 위한 중요한 치료 방법으로, 손상된 청각 신경을 대신하여 소리를 인식할 수 있도록 돕는 장치이며, 주로 심각한 난청을 앓고 있는 환자, 특히 2세 이전에 수술을 받은 아동에서 언어발달이 유의미하게 향상된 사례가 많다.

수술 비용은 상당히 높으며, 수술과 관련된 모든 비용이 포함된다. 2025년 기준으로, 수술 비용은 약 500만 원에서 1,000만 원 이상이 될 수 있다. 건강보험이 적용되는 경우가 많으며, 기준 중위소득 이하의 청각장애인이 지원받을 수 있다. 인공와우 수술에 대한 더 많은 정보는 반드시 전문가와의 상담이 필요하다.

5) 언어장애

(1) 정의

언어장애는 언어의 이해 및 표현에 어려움을 겪는 상태로, 발음, 어휘, 문법, 그리고 대화의 흐름에 영향을 미칠 수 있다. 이는 선천적이거나 후천적인 원인으로 발생할 수 있다.

(2) 원인

언어장애는 뇌 손상, 유전적 요인, 발달장애, 또는 환경적 요인 등 다양한 원인에 의해 발생할 수 있다. 예를 들어, 뇌졸중이나 외상성 뇌손상은 언어 능력에 큰 영향을 미칠 수 있다.

(3) 지원 서비스

① 언어 치료

치료의 목표는 의사소통 능력을 향상시키고, 사회적 상호작용을 증진시키는 것이다. 언어 치료사는 개인의 필요에 맞춘 치료 계획을 수립하여 발음, 어휘, 문법 등을 개선하는 데 도움을 준다.

② 특수교육 지원

언어장애를 가진 아동을 위한 특수교육 프로그램이 제공된다. 이 프로그램은 언어 능력 향상뿐만 아니라, 사회적 기술과 정서적 발달을 지원한다.

(4) 청각장애와 언어장애의 차이

청각장애는 청각 기능의 손실로 인해 소리를 듣거나 이해하는 데 어려움을 겪는 상태이며, 원인은 유전적 요인, 외상, 감염, 노화 등 다양한 원인으로 발생할 수 있다. 주요 특징은 소리의 감지 능력 저하, 언어 이해 및 소통에 어려움, 청각 보조기구(예: 보청기) 사용 가능이다.

언어장애는 언어의 이해나 표현에 어려움을 겪는 상태로, 발음, 언어 구성, 유창성 등에 문제가 발생할 수 있다. 발달적 요인, 뇌 손상, 유전적 요인, 심리적 요인 등 여러 가지 요인으로 발생할 수 있고, 주요 특징은 말하기 능력의 저하(발음, 어휘 사용 등), 언어 이해의 어려움이 있으며, 치료 및 재활을 통해 개선이 가능하다.

따라서 청각장애는 주로 청각 기능에 관련된 장애인 반면, 언어장애는 언어의 이해와 표현에 관련된 장애다. 소통 방식에 있어서 청각장애인은 소리로 소통하는 데 어려움을 겪고, 언어장애인은 언어를 사용하여 소통하는 데 어려움을 겪는다.

6) 안면장애

(1) 정의

얼굴의 근육이나 신경에 문제가 생겨 발생하는 증상으로, 주로 안면신경마비(구안와사)와 관련이 있다. 이 장애는 다양한 원인에 의해 발생할 수 있으며, 치료 방법도 여러 가지가 있다.

(2) 원인

- **바이러스 감염**: 특히 헤르페스 바이러스가 주요 원인으로 알려져 있다.
- **스트레스**: 정신적 스트레스가 면역력을 저하시켜 안면신경에 영향을 줄 수 있다.
- **기타 요인**: 수면 부족, 면역력 저하 등도 원인이 될 수 있다.

(3) 치료 방법

- **한방 치료**: 한약(2024년 4월부터 건강보험 적용), 추나요법, 침 치료, 부항 치료 등
- **양방 치료**: 약물 요법(스테로이드 제제와 항바이러스제가 주로 사용), 물리 치료 등

(4) 화상의 분류: 심각도에 따라

① 1도 화상(표재성 화상)

- **특징**: 피부의 가장 바깥층(표피)만 손상됨
- **증상**: 발적(붉어짐), 통증, 부종(부기)
- **치료**: 차가운 물로 식히고 보습제나 화상 연고 사용

② 2도 화상(부분층 화상)

- **특징**: 표피와 진피 일부가 손상됨
- **증상**: 물집, 심한 통증, 부종
- **치료**: 깨끗한 거즈로 덮고, 심한 경우 병원 치료 필요

③ 3도 화상(전층 화상)

- **특징**: 피부의 전층이 손상되고, 지방층까지 침범할 수 있음
- **증상**: 피부가 흰색 또는 검게 변하고 통증이 없을 수도 있음(신경 손상)
- **치료**: 즉시 병원으로 가야 하며, 피부 이식이 필요할 수 있음

④ 4도 화상

- **특징**: 근육, 뼈까지 손상될 정도로 깊은 화상
- **증상**: 조직이 괴사하고 피부가 타버린 듯한 모습
- **치료**: 응급 치료 및 수술이 필수

(5) 얼굴 함몰

얼굴 함몰은 얼굴의 특정 부위가 비정상적으로 움푹 들어가거나 줄어드는 상태를 의미한다. 증상은 얼굴의 특정 부위가 비정상적으로 움푹 들어가거나 비대칭적인 얼굴 모양으로 외관에 대한 심리적 불편함이나 스트레스를 가져온다.

7) 신장장애

(1) 정의

신장장애는 신장(콩팥)이 정상적으로 기능하지 못하는 상태로, 체내의 노폐물과 과잉 수분을 제거하는 기능이 저하되어, 다양한 건강 문제가 발생한다.

(2) 복막투석

복막투석은 복강 내에 있는 복막을 이용하여 혈액에서 노폐물과 과잉 수분을 제거하는 방법이다. 장점은 환자가 집에서 스스로 할 수 있어 생활의 질이 향상되고, 혈액투석보다 식이 제한이 덜하고, 혈압이 안정적으로 유지될 수 있다. 단점은 복막염과 같은 감염의 위험이 있으며, 초기 교육이 필요하며, 환자가 스스로 관리해야 한다.

(3) 혈액투석

혈액투석은 기계적 장비를 사용하여 혈액을 체외로 빼내어 노폐물을 제거한 후 다시 체내로 주입하는 방법이다. 장점은 신속하게 노폐물을 제거할 수 있어 효과적이고, 전문 의료진의 감독하에 진행되므로 안전성이 높다. 단점은 주 3회 정도 병원에 가야 하며, 시간과 비용이 소요되고, 식이 제한이 더 엄격하다.

(4) 신장이식

신장이식은 신장 기능이 심각하게 저하된 환자에게 다른 사람의 건강한 신장을 이식하는 수술이며, 주로 만성 신부전, 당뇨병, 고혈압 등이 원인이 되어 신장 기능이 저하된 경우에 시행된다. 신장이식의 과정은 기증자 선택 후 기증자와 수혜자의 혈액형, 조직형, 면역학적 검사 등을 통해 적합성을 평가한다. 수술은 환자의 하복부에 새로운 신장을 이식하는 방식으로 이루어지며, 기존 신장은 보통 제거하지 않는다. 이식 후에는 면역 억제제를 복용하여 이식된 신장이 거부 반응을 일으키지 않도록 관리해야 한다.

8) 심장장애

(1) 정의

심장장애는 심장이 정상적으로 기능하지 못하는 상태로, 심장 질환의 일종이며, 이는 심장 근육의 약화, 판막의 문제, 심장 리듬의 이상 등 다양한 형태로 나타날 수 있다.

(2) 원인

심장장애는 유전적 요인, 생활습관, 고혈압, 당뇨병, 심장병 이력 등 여러 요인에 의해 발생할 수 있다.

(3) 어린이 심장병 수술

어린이 심장병은 선천적이거나 후천적으로 발생할 수 있으며, 심장 구조의 이상으로 인해 혈액 순환에 문제가 생길 수 있다. 이러한 경우 수술이 필요할 수 있다. 수술 방법은 심장병의 종류에 따라 다르며, 일반적으로 개심술이나 최소 침습 수술이 사용되고, 수술 후에는 회복을 위한 관리가 필요하다.

(4) 심장판막증

심장판막증은 심장 내 판막이 제대로 열리거나 닫히지 않아 혈액의 흐름에 문제가 생기는 질환으로 선천적이거나 후천적으로 발생할 수 있다. 증상으로는 호흡 곤란, 피로감, 심장 두근거림 등이 있으며, 진단은 심장 초음파 등을 통해 이루어진다. 치료 방법은 약물 치료와 수술이 있으며, 심한 경우에는 판막 교체 수술이 필요할 수 있다.

9) 간장애

(1) 정의

간장애는 간의 기능이 정상적으로 작동하지 않는 상태로, 간세포의 손상이나 염증, 간경변 등이 포함되며, 원인은 바이러스 감염(예: B형, C형 간염), 알코올 소비, 비알콜성 지방간 질환, 자가면역 질환, 유전적 요인 등이다.

(2) 간경화

간경화는 간 조직이 손상되어 섬유화가 진행되고, 간의 기능이 저하되는 질환으로, 주로 만성 간염, 알코올 남용, 비만, 당뇨병 등이 원인으로 작용한다. 간경화의 주요 증상으로는 피로, 황달, 부종, 복수, 간성 뇌증 등이 있으며, 질병이 진행된 경우에는 간암으로 발전할 수 있다. 간경화의 진단은 주로 혈액 검사, 초음파, CT 스캔 등을 통해 이루어지며, 치료는 원인에 따라 달라진다. 알코올 섭취를 중단하거나, 간염 치료를 받는 것이 중요하며, 심한 경우에는 간 이식이 필요할 수 있다.

10) 호흡기장애

(1) 정의

호흡이 힘들거나 고통스러운 상태로, 환자는 "숨쉬기가 어렵다." "숨이 가쁘다." 등의 증상을 호소한다. 이러한 증상의 원인으로는 혈액 내 산소 수치가 낮아지거나 이산화탄소 수치가 높아지는 상태인 급성 호흡 부전과 만성 폐쇄성 폐질환과 같은 오랜 폐질환으로 인해 발생한다.

(2) 증상

- **숨가쁨**: 가벼운 활동에도 숨이 차는 느낌
- **청색증**: 피부나 입술이 푸른색으로 변하는 증상
- **혼돈 및 졸림**: 산소 부족으로 인한 인지 기능 저하

(3) 산소치료기

호흡기 질환이나 기타 건강 문제로 인해 산소 부족 상태에 있는 환자에게 산소를 공급하는 장비이며, 주로 만성 폐쇄성 폐질환(COPD), 천식, 폐렴, 심부전 등 다양한 질환의

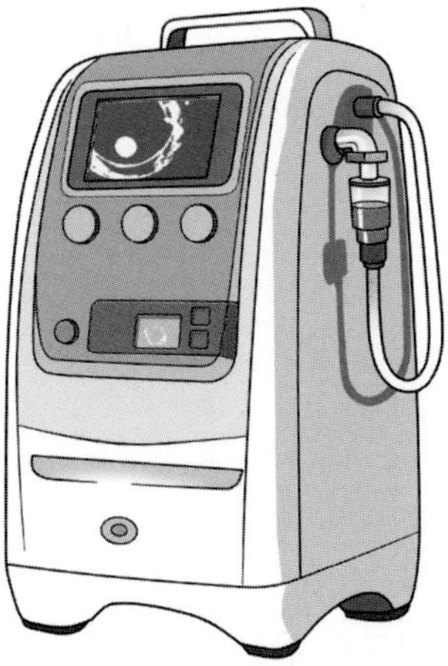

[그림 6-1] 가정용 산소치료기

치료에 사용된다. 산소치료기의 종류로는 주로 병원에서 사용하는 고정식 산소치료기, 이동이 가능하여 외출 시에도 사용이 가능하며 배터리나 충전식으로 작동하는 휴대용 산소치료기, 공기에서 산소를 농축하여 공급하는 장치인 산소농축기가 있다. 이 장비들은 혈중 산소 포화도를 높여 신체 전반의 산소 공급을 개선하고, 호흡이 힘든 환자에게 도움을 준다.

11) 장루 · 요루장애

(1) 장루

장루는 장의 일부를 외부로 연결하여 대변이 체외로 배출되도록 하는 수술이며, 주로 대장암, 크론병, 궤양성 대장염 등의 질환으로 인해 장의 기능이 저하되었을 때 시행된다. 장루의 종류로는 대장의 일부를 외부로 연결하여 대변이 배출되는 대장루와 소장의 일부를 외부로 연결하여 대변이 배출되는 소장루가 있다.

(2) 요루

요루는 소변이 체외로 배출되도록 하는 수술로, 주로 방광암이나 기타 방광 질환으로 인해 방광을 제거해야 할 때 시행된다. 요루의 종류로는 요관을 외부로 연결하여 소변이 배출되는 요관루와 신장에서 직접 소변이 배출되도록 하는 신장루가 있다.

(3) 장루와 요루의 차이점

장루는 대변의 배출을 위한 것이고, 요루는 소변의 배출을 위한 것이다. 환자의 상태 차이를 보면, 장루는 소화기계 질환으로 인한 경우가 많고, 요루는 비뇨기계 질환으로 인한 경우가 많다.

12) 뇌전증장애

(1) 정의

뇌전증은 뇌의 비정상적인 전기적 활동으로 인해 발생하는 질환으로, 반복적인 발작이 나타나는 것이 특징이다. 뇌전증의 원인은 다양하며, 유전적 요인, 뇌 손상, 뇌종양, 감염 등이 포함된다. 과거에는 '간질'이라는 용어가 사용되었다.

(2) 발작 증상

- **전신 발작(대발작)**: 의식 상실, 전신 경련(몸 전체가 경련하는 상태), 발작 후 혼란, 피로감, 근육통
- **부분 발작(국소 발작)**: 의식이 명확하게 유지되는 상태에서 특정 신체 부위의 경련이 발생

(3) 비발작 증상

발작 후 혼란이나 기억 상실, 기분 변화(우울감, 불안감 등), 졸음이나 피로감

(4) 진단 및 치료 방법

- **진단 방법**: 환자의 병력과 발작의 유형을 평가하는 임상 평가, MRI나 CT 스캔을 통해 뇌의 구조적 이상을 확인하거나, 뇌의 전기적 활동을 기록하여 비정상적인 패턴을 찾는다.
- **치료 방법**: 항경련제인 약물 치료와 약물 치료로 효과가 없는 경우 수술을 통해 발작의 원인이 되는 뇌의 일부를 제거할 수 있다.

13) 지적장애

(1) 정의

지적장애는 지적 기능의 제한과 적응 행동의 결함을 포함하는 장애로, 일반적으로 IQ가 70 이하인 경우로 정의되며, 이는 DSM-5-TR에 따라 진단되며, 지적장애는 발달 초기부터 나타나야 한다.

(2) 특징

지적장애는 지적 기능의 결함뿐만 아니라, 사회적 상호작용, 의사소통, 자립적인 생활을 위한 기술의 결함을 포함하며, 이러한 결함은 개인의 일상생활에 큰 영향을 미칠 수 있다.

(3) 지원 서비스

① 교육적 지원

- **특수교육**: 지적장애 아동을 위한 특수 교육 프로그램이 제공되며, 이들은 개인의 능력에 맞춘 교육을 받는다.
- **통합교육**: 일반 학교에서의 통합 교육을 통해 사회적 상호작용을 증진시키고, 다양한 경험을 제공한다.

② 직업훈련

- **직업재활 프로그램**: 지적장애인을 위한 직업훈련 프로그램이 마련되어, 이들이 자립할 수 있도록 지원한다.
- **취업 지원**: 취업 알선 및 직장 내 적응을 위한 지원이 제공된다.

③ 사회적 지원

- **상담 서비스**: 심리적 지원과 상담을 통해 정서적 안정과 사회적 기술을 향상시킨다.
- **가족 지원**: 가족을 위한 교육 및 지원 프로그램이 제공되어, 가족이 지적장애인을 효과적으로 지원할 수 있도록 돕는다.

④ 의료 서비스

- **정신건강 관리**: 지적장애인에게 필요한 정신건강 관리 및 치료가 제공된다.
- **의료 서비스 접근성**: 필요한 의료 서비스를 쉽게 이용할 수 있도록 지원한다.

(4) 다운증후군

다운증후군(Down syndrome)은 21번 염색체의 비정상적인 복제에 의해 발생하는 유전적 장애이며, 일반적으로 21번 염색체가 하나 더 존재하여 총 47개의 염색체를 가지게 된다. 이로 인해 신체적 · 인지적 · 발달적 특성이 나타난다. 신체적 특징으로는 평평한 얼굴과 작은 코, 긴 혀, 짧은 목, 작은 손과 발, 눈의 외측이 위로 올라간 형태 등이 있다. 인지적 특징으로는 경미한 지적장애에서 중증 지적장애까지 다양하게 나타날 수 있고, 언어발달이 느리거나 학습에 어려움을 겪을 수 있다. 다운증후군은 임신 중 초음파 검사나 혈액검사 등을 통해 조기 진단이 가능하며, 출생 후에는 염색체 분석을 통해 확진할 수 있다.

14) 정신장애

(1) 정의

정신장애는 개인의 사고, 감정, 행동에 영향을 미치는 심리적 또는 정신적 상태를 의미하며, 이는 일상생활에 지장을 주고, 사회적 기능을 저하시킬 수 있다.

(2) 유형

- **우울증**: 지속적인 슬픔과 흥미 상실을 특징으로 하며, 일상생활에 큰 영향을 미칠 수 있다.
- **불안장애**: 과도한 걱정이나 불안이 지속되는 상태로, 공황장애, 사회불안장애 등이 포함된다.
- **조현병**: 현실과의 접촉이 상실되는 심각한 정신장애로, 환각이나 망상 등의 증상이 나타난다.
- **양극성 장애**: 극단적인 기분 변화가 특징으로, 우울증과 조증이 반복된다.

(3) 지원 서비스

- **정신건강 상담**: 전문 상담사와의 상담을 통해 감정적 지지와 문제 해결을 도와준다.
- **약물 치료**: 정신장애의 증상을 완화하기 위해 약물을 처방받을 수 있다.
- **심리 치료**: 인지행동치료(CBT), 정신역동적 치료 등 다양한 심리 치료 방법이 있다.
- **재활 프로그램**: 직업 재활, 사회적 기술 훈련 등을 통해 사회 복귀를 지원한다.
- **지원 그룹**: 비슷한 경험을 가진 사람들과의 모임을 통해 정서적 지지를 받을 수 있다.

(4) 조현병

정신질환의 일종으로, 현실과의 접촉이 상실되거나 왜곡되는 증상을 특징으로 하며, 이 질환은 환각, 망상, 사고의 혼란, 감정의 둔화 등 다양한 증상을 포함할 수 있다. 조현병은 일반적으로 청소년기 후반에서 성인 초기에 발병하며, 유전적 · 환경적 · 생물학적 요인 등이 복합적으로 작용하여 발생하는 것으로 알려져 있다. 약물 치료는 주로 항정신병 약물이 주로 사용되며, 치료는 개인의 증상과 필요에 따라 조정된다. 조현병은 만성적인 질환일 수 있지만, 적절한 치료와 지원을 통해 많은 환자들이 증상을 관리하고 삶의 질을 향상시킬 수 있다.

(5) 양극성 장애(또는 조울증)

기분의 극단적인 변화가 특징인 정신 질환이며, 이 장애는 주로 두 가지 주요 기분 상태인 조증과 우울증이 교대로 나타나는 것이 특징이다. 조증 상태에서는 기분이 비정상적으로 고양되고, 에너지가 넘치며, 과도한 자신감, 수면 부족, 충동적인 행동 등이 나타날 수 있다. 경조증은 조증보다 덜 심각하지만 여전히 기분이 상승하고 에너지가 증가하는 상태다. 우울증 상태에서는 슬픔, 무기력, 흥미 상실, 수면 문제, 식욕 변화, 자살 생각 등이 나타날 수 있다. 양극성 장애는 일반적으로 청소년기 후반에서 성인 초기에 발병하며, 유전적 · 생물학적 · 환경적 요인이 복합적으로 작용하여 발생하는 것으로 알려져 있다.

15) 자폐성장애

(1) 정의

자폐성장애(Autism Spectrum Disorder: ASD)는 사회적 상호작용과 의사소통의 어려움, 제한적이고 반복적인 행동 패턴을 특징으로 하는 신경발달장애다. 이 장애는 생애 초기부터 나타나며, 개인마다 증상의 정도와 유형이 다르다.

(2) 증상

- **사회적 상호작용의 어려움**: 타인과의 눈 맞춤, 감정 표현의 부족
- **의사소통의 문제**: 언어발달 지연, 비언어적 의사소통의 부족
- **제한적이고 반복적인 행동**: 특정한 루틴이나 행동을 고집하는 경향

(3) 지원 서비스

- **조기 개입 프로그램**: 자폐성장애 아동을 위한 조기 진단 및 치료 프로그램으로, 언어 치료, 행동 치료 등을 지원한다.
- **교육 지원**: 특수 교육 프로그램 및 통합 교육을 통해 자폐 아동의 학습을 지원한다.
- **가족 지원**: 부모 교육 및 상담 서비스를 제공하고 가족의 정서적 지원을 위한 프로그램을 운영한다.
- **직업 훈련 및 취업 지원**: 성인이 된 자폐인에게 직업 훈련과 취업 기회를 제공하여 사회적 통합을 도모한다.

(4) 서번트 증후군

서번트 증후군(Savant Syndrome)은 신경발달장애를 가진 개인이 특정 분야에서 비범한 재능을 보이는 현상을 말하며, 이 증후군은 자폐스펙트럼장애와 관련이 깊지만, 모든 서번트 증후군 환자가 자폐증을 앓고 있는 것은 아니다. 서번트 증후군은 일반적으로 지능이 낮거나 발달장애가 있는 개인이 특정 분야에서 뛰어난 능력을 보이는 경우를 의미한다. 예를 들어, 음악, 예술, 수학, 기억력 등에서 비범한 재능을 발휘할 수 있다. 특징으로는 음악, 언어, 날짜 계산, 암산 등 다양한 분야에서 뛰어난 능력을 보이고, 서번트 증후군 환자 중 약 10%가 자폐증을 앓고 있다. 자폐증 환자 중 서번트 증후군이 발견되는 비율은 일반 인구보다 훨씬 높다.

2. 장애인 등록 절차[2)]

「장애인복지법」 제32조(장애인 등록) 및 동법 시행규칙 제3조부터 제10조 규정에 의하여 2011년 4월 1일부터 신규등록 및 재판정 대상자는 모든 등급에 대하여 심사를 시행한다.

1) 장애인 등록 상담 및 신청

시장, 군수, 구청장은 장애인으로 등록하고자 하는 사람의 주소지 관할 읍 · 면 · 동장을 통하여 「장애인복지법 시행규칙」 별지 제1호 서식의 '장애인 등록 및 서비스신청서'(이하 신청서)에 의하여 장애인 등록 신청을 받는다. 장애인 등록 신청은 본인이 하는 것을 원칙으로 하되, 18세 미만의 아동과 거동이 불가능한 경우 등 본인이 신청하기 어려운 경우에는 보호자가 신청을 대행할 수 있으며, 대리 신청이 가능한 보호자의 범위는 장애인의 배우자, 직계존 · 비속, 직계존 · 비속의 배우자, 형제자매, 형제자매의 배우자, 장애인을 보호하고 있는 장애인복지시설의 장이다.

장애인 등록 담당은 장애인 등록 신청 시 사전에 장애등급 판정기준(고시 제2009-227호)

2) 보건복지부(mohw.go.kr)의 장애인정책 부분 참고.

에서 규정한 장애범주(장애 분류 및 정도)에 포함되는지 여부, 진단비용, 구비서류 등에 대하여 충분히 상담한다. 「국가유공자 등 예우 및 지원에 관한 법률」에 의한 국가유공자와 지원대상자 중 상이등급 1~7급에 해당되는 경우는 「장애인복지법」 제15조(다른 법률과의 관계)에 따라 장애인 등록이 제한된다(단, 상이등급을 받은 장애 부위와 다른 장애 부위의 경우 해당 부위에 한해 등록이 가능하며, 상이등급을 받은 장애 부위와 합산하여 판정할 수 없음).

2) 장애진단 의뢰서 발급

「장애인복지법 시행령」 등에서 규정한 장애범주 및 장애판정 시기 등에 적합한 경우, 장애등급심사를 위한 관련 서류 제출을 안내하고 「장애인복지법 시행규칙」 별지 제2호 서식의 장애진단 의뢰서를 발급한다. 장애 유형별 장애등급심사에 필요한 구비서류 및 장애심사서류 완화(검사결과지, 진료기록지 등)에 대하여 설명한 후 '구비서류안내문'을 출력하여 교부하고, 보다 자세한 상담이 필요한 경우 국민연금공단지사 담당자에게 추가적인 상담을 요청하며, 신청인이 국민연금 장애심사를 받은 사실이 확인되는 경우에는 공단과 협의하여 국민연금 장애심사자료(진료기록지, 검사결과지)를 활용할 수 있다.

3) 장애등급심사 구비서류 확인 및 접수

장애인 등록 신청자에게 장애등급심사가 결정 · 통보되고, 시 · 군 · 구(특별자치도 포함) 및 읍 · 면 · 동에서 장애인 등록이 완료된 후에 장애인복지서비스가 제공됨을 안내하고, 기존 등록장애인에게 장애등급심사 후 장애등급에서 제외되는 경우 장애인 등록이 취소될 수 있으며, 장애인 차량 및 각종 조세감면 혜택에서 제외될 수 있음을 안내한다. 심사처리 기간은 심사접수일로부터 21일이 소요되고, 신규 장애인 등록 신청자는 심사결정 후 장애인 등록을 할 수 있으며, 장애인 등록 후 장애인증명서 발급, 장애인자동차표지 발급 등의 절차를 진행할 수 있다.

4) 장애등급심사 요청

장애인 등록 담당은 신청인의 기본정보, 보장 구분, 신청 유형, 주장애/부장애 등을 진단내역에 입력하고 서류 이송내역 등에 대하여 확인한 후 전산 송신으로 심사를 의뢰한다. 공단 지사로 구비서류 송부 시 장애진단서는 스캔 저장 후 원본은 보관하고 장애진단서 사본(담당자 원본대조필 확인)과 기타 구비서류를 송부하며, 진료기록지 원본 또는 사본(담당자 원본대조필 확인) 송부 여부는 담당자가 판단하여 탄력적으로 결정할 수 있다. 신청 유형 구분은 다음과 같다.

- **신규**: 장애인 등록을 신규 신청하는 경우
- **재판정**: 재판정 시기가 도래한 경우(재판정 시기 지정 및 의무 재판정)
  - 시장, 군수, 구청장이 재판정이 필요하다고 판단하여 직권으로 실시하는 경우
  - 기존 등록장애인이 장애인연금 또는 활동보조 등 복지서비스를 신청하는 경우
- **조정**: 등록장애인이 장애등급을 조정 신청하는 경우(단일장애의 등급 상향 또는 다른 장애와의 중복 조정)
- **이의신청**(기존에는 재청구): 장애등급심사 결과에 불복하여 이의신청하는 경우

5) 심사결과 확인 및 등록

장애인 등록일(등급 조정일)은 장애등급 결정일이 되며, 심사완료 확인은 '행복e음'의 진단내역 등록에서 '등급심사 수신결과 조회' 버튼을 클릭하여 확인한다. 아울러 '장애등급심사 대상자 조회'에서 심사결과를 등록한 후 '진단내역 등록'으로 이동하여 진단내역이 잘 등록되었는지 확인한다.

6) 신청인에게 심사결과 통지

신청인에게 장애인 등록 결과를 즉시 통지하며, 심사결과를 통지할 때는 공문에 '행복e음'의 장애등급결정서를 첨부한다. 재판정 대상자의 경우 재판정 대상 해당 여부를 공문에 안내하고, 지속적인 치료가 필요한 장애 유형(정신장애, 심장장애, 신장장애, 호흡기장애, 간장애, 장루·요루장애, 간질장애 등)일 경우에는 공문에 이를 안내한다. 안내문 예시는 다음과 같다.

〈안내문 예시〉 정신장애 2급으로 결정된 경우

– 정신장애는 2년마다 장애 정도를 재판정해야 하므로 향후 재판정이 필요하며, 재판정시 '장애판정 직전 1년 이상 지속적이고 적절한 치료 중임에도 불구하고 장애가 있음을 확인한 후 진단'하므로 지속적이고 적절한 진료를 받으시기 바랍니다.

7) 민원상담 및 사후관리

심사결과에 이의가 있는 경우 심사결과에 대하여 설명(필요한 경우 공단지사의 협조 요청)하고 추가서류의 보완 등을 하여 심사결과를 통보받은 날로부터 90일 이내에 이의신청을 할 수 있다. 이의신청 심사결과에도 불복하는 경우 특별자치도지사, 시장, 군수, 구청장으로부터 심사결과를 통지받은 날로부터 90일 이내에 행정심판 또는 행정소송을 제기할 수 있다. 심사결과, 등급 외, 결정보류, 확인불가, 심사반려를 통지받으면 당해 장애 유형에 대해서는 인정하지 않으므로 기존 장애인일 경우 장애인 등록이 취소 처리된다.

3. 장애등급제 폐지[3)]

1) 장애등급제 폐지 내용

장애등급제는 장애인 개인의 다양한 욕구를 반영한 서비스 지원 기반을 마련하고, 수요자 중심의 접근성 높은 맞춤형 지원체계를 구축하기 위한 목적으로 폐지되었다. 이에 따라 기존의 장애등급 대신, 장애인의 일상생활 수행능력, 개인의 욕구, 필요 등을 종합적으로 평가하는 도구가 개발되어 단계적으로 확대 · 적용되고 있다.

관련 법적 근거를 살펴보면, 「장애인복지법」 제32조 장애인 등록, 제32조의4 서비스

3) 대한민국 정책 브리핑(www.korea.kr)의 장애등급제 폐지 참고(2022. 2. 23.).

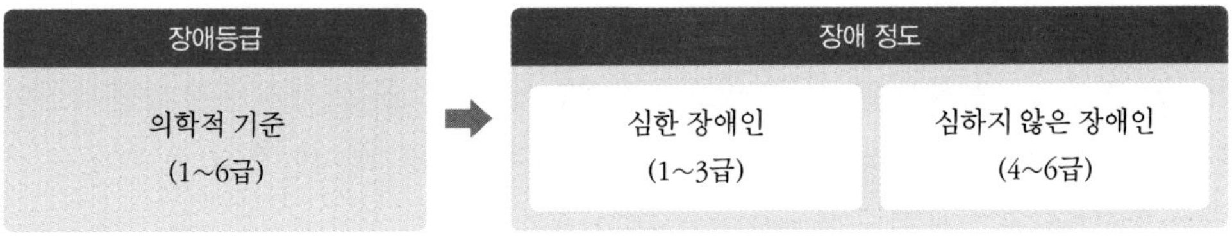

–객관적 기준에 의한 장애 정도 판정 및 장애인복지서비스 지원을 위하여 장애인 등록은 유지

[그림 6-2] 장애 정도

출처: 한국장애인개발원(https://www.koddi.or.kr/service/rating_intro.jsp, 제도안내).

지원 종합조사, 제32조의7 민관협력을 통한 사례관리 등에 따른 것으로, 주요 내용은 다음과 같다. 의학적 기준에 따른 장애등급(1~6급)은 폐지되고, 장애인 등록을 위한 심사 결과를 장애 정도에 따라 2단계로 구분한다.

2) 장애등급제 폐지 함의

첫째, 장애등급제 폐지 정책 결정 과정에서 핵심적 역할을 한 주요 행위자는 장애인단체로 나타난다. 장애등급제 폐지에 장애인단체의 활동은 정책 형성 과정에서 매우 중요한 요인으로 작용하였다. 전국장애인차별철폐연대를 중심으로 타 단체들이 연대하여 세력화한 후 끊임없는 투쟁과 문제 제기로 일반대중과 정부의 관심을 받기 시작하였고, 마침내 장애등급제 폐지 문제가 정치권의 대선공약을 통해 정책의제로 채택되는 결정적인 주요인으로 작용하였다. 그러나 장애인단체들의 이러한 역할과 노력에도 불구하고, 장애등급제 전면 폐지가 아닌 정부가 주도한 장애정도에 따른 중·경증으로의 분류 및 단계적 폐지라는 정부안이 통과된 것은 장애인단체들이 세력화에는 성공하였지만, 정책대안을 제시하는 전문적 능력이 미약했기 때문으로 해석할 수 있다. 즉, 장애등급제 폐지라는 정책목표를 달성할 수 있는 정책 수단으로서의 정책 대안들을 마련하고, 각 대안들을 종합적으로 비교·분석할 수 있는 전문적 역량 부족에 기인한 것으로 판단된다.

둘째, 이러한 장애등급제 폐지의 정책 결정 과정, 특히 이슈화와 정책 의제화 과정에서 장애인복지운동 요인의 중요성이 뚜렷하게 나타났다. 장애인 운동가들이 중심이 된 투쟁과 이슈화 전략은 문제의 심각성 인식과 정치적 분위기 변화에 중요한 영향을 주어 정책의제화 과정의 중요 요인으로 작용할 수 있었다. 그러나 장애인단체의 이러한 세력화 성공에도 불구하고 대안의 정책 결정 과정에서는 별다른 역할을 하지 못한 데에는 합리적인 대안을 내놓을 수 있는 전문성이 매우 취약했기 때문인 것으로 보인다. 따라서 이러한 한계를 극복하기 위해서는 앞으로 장애인 당사자는 물론, 정책 결정 과정에 참여하는 전문가로서의 사회복지시설 및 단체, 사회복지사협회, 정치인 및 관련 학자 등 전문가가 공조하는 정책 하위 체계가 구축되어야 한다.

셋째, 장애인단체의 참여가 활발히 나타나 정책의제 성립에 결정적인 역할을 한 것으로 나타났다. 이와 관련하여 타 사회복지정책의 결정 과정에서도 이러한 참여를 활발히 전개할 필요가 있다. 장애인단체 외에도 노인 등의 당사자 집단 및 스스로를 대변할 수 없는 아동을 대신한 부모의 참여 혹은 사회복지 현장의 문제점을 가장 잘 알고 있는 사회복지사나 사회복지사 단체 등의 참여도 우리나라 사회복지의 발전을 위한 기폭제가 될 수 있을 것이다. 물론 이를 위해서는 정책 과정에 대한 지식과 경험, 조직화 등 사전적인 준비도 필요하다. 특히 사회복지사들에게 있어서 이러한 실천은 사회복지 현장이나 기관에서의 미시적 실천만이 아니라, 거시적 실천 혹은 정책적 실천이라는 의미를 갖게 될 것이다(이금희, 2020).

학습과제

- 장애인을 대하는 올바른 에티켓을 제시해 보자.
- 장애 예방을 위한 방안을 제시해 보자.
- 장애등급제 폐지에 따른 대안을 제시해 보자.

참고문헌

이금희(2020). 장애등급제 폐지의 정책결정과정에 관한 연구. 성결대학교 대학원 박사학위논문.

한국보건사회연구원(2024). 2023 장애인 실태조사.

〈추천 동영상〉

• 장애 예방할 수 있어요

http: //www.mgoon.com/ch/cho7011/v/532602

– 임신 준비기부터 유아기까지 일어날 수 있는 장애의 요인들을 정리한 자료

제7장

장애인복지 정책과 관련법

학습개요

최근 장애인문제는 장애인들의 낮은 수준의 삶의 질, 급증하고 있는 장애인구와 이들의 새로운 요구, 그리고 기존 장애인정책의 한계로 인하여 사회문제로 대두되고 있다. 정부의 노력에도 불구하고 장애인들의 삶의 질은 여전히 낮은 수준이며, 장애인의 소득 수준은 비장애인의 절반 수준에 불과하여 기본적인 삶조차 보장받지 못하는 실정이다. 더욱이 장애인 차별도 지속되어 취업 시 차별을 경험한 장애인이 42%에 이르고 있다. 따라서 분출하는 욕구에 대응하고 변화를 요구하는 해결방안을 소득보장정책, 고용보장정책, 교육보장정책, 「장애인차별금지법」 등을 중심으로 쟁점과 개선방안을 살펴보고자 한다.

학습목표

- 장애인 소득보장정책 관련법과 정책을 살펴보고 이해한다.
- 장애인 고용보장정책 관련법과 정책을 살펴보고 이해한다.
- 장애인 교육보장정책 관련법과 정책을 살펴보고 이해한다.
- 「장애인차별금지법」의 주요 내용을 살펴보고 이해한다.

1. 장애인 소득보장정책[1)]

1) 장애인연금

장애인연금제도는 장애로 인하여 생활이 어려운 중증장애인의 생활안정 지원과 복지증진 및 사회통합을 도모하기 위하여 중증장애인의 근로능력 상실 또는 현저한 감소로 인하여 줄어드는 소득과 장애로 인한 추가 비용을 보전하기 위해 매월 일정액의 연금을 지급하는 사회보장제도다. 장애수당과 달리 「장애인연금법」에 의해 보장되며, 물가상승률 등을 반영하여 매년 인상된 연금을 받을 수 있다.

장애인연금제도는 2011년 장애인 실태조사 결과, 근로무능력 중증장애인의 경제활동이 어려워 생활 수준이 열악하고, 경제활동참가율 17.80%(對 국민 62.1%), 고용률 16.32%(對 국민 60.1%)로 노인보다 소득 수준이 열악하며(54.3만 원 對 70.8만 원), 생활비용은 추가로 지출되고(각종 의료비, 교통비, 재활치료비 등으로 월평균 23.6만 원 추가 소요) 있는 등 열악한 경제적 상황에 대한 소득보장정책의 일환으로 도입되었다.

또한 국민연금제도의 장애연금 및 노령연금을 받는 수급자가 7만 명에 불과하며(2008년 기준), 최저생계비 이상의 소득 및 재산을 보유한 부모 등이 있으면 정부의 복지 지원을 받지 못하는 사각지대를 해소하기 위함과 아울러 생활이 어려운 중증장애인의 생활안정을 지원하는 사회보장제도를 마련하기 위해 도입하였다.

장애인연금은 기초급여와 부가급여로 구분된다. 기초급여는 근로능력의 상실 또는 현저한 감소로 인하여 줄어드는 소득을 보전해 주기 위하여 지급하는 급여로 소득보장 성격의 연금이다. 부가급여는 장애로 인하여 추가로 드는 비용의 전부 또는 일부를 보전해 주기 위하여 지급하는 급여로, 추가 지출비용 보전 성격의 연금이다. 장애인연금은 매월 20일에 지급되며, 대상자는 18세 이상 등록한 중증장애인 중 본인과 배우자의 소득과 재산을 합산한 금액(소득인정액)이 선정기준액 이하인 경우에 해당된다.

1) 2025 장애인 연금사업 안내 지침: 보건복지부 장애인 자립 기반과(2025. 1.).

장애인연금 예시(2025년 기준)

- 단독 가구(기초생활수급자)
- 기초급여(342,510원) + 부가급여(90,000원) = 월 432,510원

2) 장애수당

장애수당이란 장애인의 장애 정도와 경제적 수준을 고려하여 장애로 인한 추가적 비용을 보전하게 하기 위해 국가와 지방자치단체가 지급하는 금전적 지원이다(「장애인복지법」 제49조).

장애수당의 지급대상자는 다음과 같다. 신청월 기준 18세 이상인 사람으로서 「장애인복지법」에 따라 등록한 장애인이며, 장애 정도는 「장애인연금법」상 중증장애인에 해당하지 않는 자(종전 3~6급)다. 단, 18~20세로서 「초 · 중등교육법」 제2조에 따른 학교에 재학(휴학 및 의무교육대상자 중 유예자도 포함) 중인 사람은 제외된다.

대상자 선정 기준은 국민기초생활보장 수급자 및 차상위계층으로서 별도로 정하는 기준에 해당해야 한다. 장애수당 지급액은 재가장애인의 경우 월 4만 원, 시설장애인의 경우 월 2만 원이 지급된다(2021년 장애인연금 사업안내, p. 201).

3) 장애아동수당

장애아동수당은 장애아동을 보호 및 양육하는 보호자의 경제적 생활 수준, 장애 정도를 고려하여 장애아동의 보호자에게 장애로 인한 추가비용 보전을 위해 지급하는 수당으로, 1999년 「장애인복지법」을 전면 개정하면서 보호수당과 함께 도입되었다.

2025년도 중증 장애아동수당은 소득 수준에 따라, 월 7~20만 원에서 9~22만 원으로, 경증 장애아동수당은 월 2~10만 원에서 3~11만 원으로 단가가 인상되었고, 중증인 생계 · 의료급여 수급자(재가)의 경우 22만 원까지 받을 수 있다. 2025년도 장애아동수당 인상은 2007년도 이후 18년 만에 처음으로 이루어지며, 약 1만 6,000명의 저소득 장애아동 가구가 장애로 인해 소요되는 추가 비용을 지원받을 수 있을 것으로 기대된다.

4) 국민연금의 장애연금

장애연금은 국민연금 중 장애인을 위한 연금으로, 국민연금 가입자가 가입 중에 발생한 질병 또는 부상으로 인하여 완치 후에도 신체 또는 정신상의 장애로 인해 노동 능력이 상실 또는 감소된 경우에 생계 안정을 위해 지급되는 급여로 장애 정도(장애등급 1~4급)에 따라 지급된다. 가입기간 중 산업재해가 아닌 다른 이유로 장애를 입은 경우에 지급하며, 산업재해로 장애를 입은 경우에는 산업재해보상보험으로 처리된다. 장애연금은 장애가 존속하는 동안 계속 지급된다.

장애연금은 장애연금과 장애일시보상금으로 나뉘는데, 장애연금은 장애등급 1~3급에 해당하는 장애를 당한 경우에 지급한다. 장애등급에 따라 기본연금액의 100%, 80%, 60%를 지급하게 된다. 장애일시보상금은 장애등급 4급(「국민연금법」상)에 해당하는 장애를 입은 경우에 지급한다. 또한 수급권자에 의하여 생계를 유지하던 배우자, 자녀(만 18세 미만 또는 장애 2급 이상) 또는 부모(60세 이상 또는 장애 2급 이상, 배우자의 부모 포함)가 있는 경우에 가족수당 성격의 부가급여로 가급연금을 지급한다.

5) 산재보험의 장해급여

근로자가 업무상의 사유로 부상을 당하거나, 질병에 걸려 치유되었으나 신체에 정신적 또는 육체적 장해가 남아 장해급여 지급대상에 해당될 경우 장해등급에 해당되는 지급일수에 평균임금을 곱하여 지급된다. 장해 1~3급까지는 연금으로만 지급되며, 1~4년분의 1/2에 해당하는 금액을 선급으로 지급받을 수 있다. 장해 4~7급까지는 일시금과 연금 중에 선택할 수 있고, 연금으로 선택할 시 그 연금의 2년분의 1/2에 해당하는 금액을 선급받을 수 있으며, 장해 8~14급까지는 일시금으로만 지급된다.

2. 장애인 고용보장정책

1) 의무고용제도

장애인 의무고용제도는 1990년의 「장애인 고용촉진 및 직업재활법」 제정으로 도입되었

표 7-1 의무고용률 (단위: %)

기준연도	2021년	2022년	2023년	2024년
국가 및 지방자치단체 (소속 공무원 정원 기준)	3.4	3.6	3.6	3.8
공공기관 (근로자 총 수 기준)	3.4	3.6	3.6	3.8
사업주 (근로자 수 기준)	3.1	3.1	3.1	3.1

표 7-2 고용부담금 (단위: 원)

장애인 의무고용인원 대비 고용하고 있는 장애인 근로자 비율			
1/2 이상 3/4 미만	1/4 이상 1/2 미만	1/4 미만	장애인을 고용하지 않은 경우
1,217,940	1,378,800	1,608,600	1,914,440

고, 국가, 지방자치단체, 상시근로자 50명 이상의 공공기관 및 민간기업에게 일정 비율 이상 장애인을 고용하도록 의무를 부과한 제도다. 「장애인 고용촉진 및 직업재활법」 제27조 제7항 및 제29조 제3항에 따라 장애인 고용이 현저히 저조한 경우에는 명단을 공표하며, 2008년부터 연 1회 명단을 공표하였고, 2011년부터는 연 2회 명단을 공표하고 있다. 장애인 고용인원이 의무고용인원에 미달하면 장애인 고용부담금을 부과한다(상시근로자 100명 이상).

2) 지원고용제도

지원고용제도는 지적장애나 발달장애와 같은 중도장애인의 지역사회 통합을 촉진하고 중도장애인의 지속적인 지원요구를 고려한 고용 모델이다. 이는 분리 모델을 지양한 현재까지의 최선의 대안이며, 비장애인과의 통합된 직업 환경에서 고용의 기회를 제공한다(박승희, 2008).

미국의 「1984년 발달장애인법(The Developmental Disabilities Act of 1984)」에 의해 채택된 지적장애, 학습장애, 자폐증, 뇌성마비 등 발달장애인들을 위한 지원고용제도는 정상화(normal-action)의 정신을 바탕으로 한다. 지원고용의 필요성은 발달장애인들을 위한 최선의 직업재활서비스로 인식되어 왔던 기존의 보호 작업장은 장애인들이 비장애인과 분리된 특정의 장소에서 극히 단순한 작업에 종사하도록 되어 있기 때문에 그러한 차별적이고 분리된 환경은 장애인들에게 문화적으로 정상적인 기회를 제공하지 못할 뿐만 아니라 일탈된 행동도 관대히 넘어가고, 따라서 그들이 지역사회의 직업환경에 수용될 수 있는 수준으로 기능할 수 있는 가능성이 점차로 감소되는 문제점이 지적되면서 부각되었다.

지원고용의 전제 조건은 다음과 같다. ① 실제의 작업(real work)에 고용되어야 한다. ② 그러한 고용은 정규적이고 통합된 작업환경(regular and integrated work setting)에서 이루어져야 한다. ③ 지속적인 지원이 있어야 하며, 그러한 지원을 지속시키는 데 필수적인 것이어야 한다. ④ 고용의 상태를 유지하기 위해서는 지속적인 지원을 필요로 하는 중증의 장애인을 대상으로 한다.

지원고용의 대표적인 유형으로는 직업코치(job coach)가 장애인과 1:1로 한 조를 이루어 직무를 수행하는 개별화 배치 모델(individual placement model), 4~5명의 장애인을 집단으로 동일 직무에 배치하고 해당 업체의 직원에 의해 특별한 지도를 받게 하는 기업 내 집단 고용 모델(the enclave model), 4~5명의 장애인과 직업코치가 한 조를 이루어 요청이 있는 업체로 이동하면서 작업을 수행하는 이동 작업자 모델(mobile crew model), 먼저 일정 기간 동안 현장 외의 장소에서 특정의 작업에 관해 집단으로 훈련을 받고, 다음 단계로 개별화 배치 모델과 같이 직업현장에서 직업코치에 의해 지원을 받는 고용 훈련 모델(employment training model) 등이 있다(Wehman et al., 2000).

3) 장애인 표준사업장

장애인 표준사업장이란 경쟁노동시장에서 직업 활동이 곤란한 중증장애인의 안정된 일자리 창출과 사회통합 기반을 조성하고, 장애인 중심의 작업환경 기준을 제시하여 중증장애인의 친화적(물리적 · 정서적) 환경을 조성하기 위해 지원하는 제도다. 기준은 장애인 10명 이상, 상시근로자 중 장애인을 30% 이상 고용, 「장애인 · 노인 · 임산부 등의 편의증진 보장에 관한 법률」에 따른 편의시설을 갖추고, 장애인근로자에게 「최저임금법」 제5조에 따른 최저임금액 이상의 임금을 지급해야 한다. 2025년 기준 전국에 808개의 표준사업장이 운영되고 있다(한국장애인공단, 2025).[2)]

한편, '자회사형 표준사업장'은 기업의 장애인 고용 확대를 위해 2008년 1월부터 시행한 제도로, 출자지분이 50%를 넘고 직원의 30%(중증장애인 비율 50%) 이상을 장애인으로 고용하는 자회사를 운영하면 고용장애인을 모회사에서 고용한 것으로 간주하는 제도를 말한다. 이에 따르면 「장애인 · 노인 · 임산부 등의 편의증진 보장에 관한 법률」에 따라 편의시설을 갖추어야 하고, 장애인근로자에게 최저임금 이상의 임금을 지급해야 한다. 정부는 이 사업장에 대해서는 최대 10억 원의 지원금과 고용장려금을 지원한다(이효성, 장창엽, 홍자영, 2008).

4) 근로지원인제도[3]

장애인 근로지원인제도는 장애인 근로자가 직장에서의 업무를 원활하게 수행할 수 있도록 지원하기 위해 마련된 제도다. 이 제도는 중증장애인 근로자 및 공무원에게 근로지원인 서비스를 제공하여, 그들이 보다 원활하게 근무할 수 있도록 돕는다.

(1) 장애인 근로지원인제도 개요

① **목적**: 장애로 인해 업무 수행에 어려움을 겪는 중증장애인 근로자에게 필요한 지원을 제공하여, 그들의 고용 안정성을 높이고 직무 수행 능력을 향상시키기 위함이다.

② **지원 내용**: 근로지원인은 장애인 근로자가 직무를 수행하는 데 필요한 다양한 지원을 제공하며, 이에는 업무 보조, 환경 조정, 심리적 지원 등을 포함한다.

③ **장애인 근로지원인제도 운영**

- **지원 대상 및 기준**
  - **대상**: 중증장애인 근로자 및 공무원으로, 최저임금 이상을 지급받는 근로자, 여성 중증장애인 근로자, 중소기업에 고용된 근로자 등
  - **제외 대상**: 월 소정근로시간이 60시간 미만인 장애인 근로자, 최저임금 미만을 지급받는 장애인 근로자 중 최저임금 적용제외 인가를 받지 않은 자, 고용관리비용 지원을 받고 있는 장애인 근로자

---

2) 한국장애인고용공단(2025) 정보공개 공공데이터.

3) 한국장애인공단(kead.or.kr)의 장애인지원-근로지원인 지원사업 참고.

- 선발 기준: 장애인 근로자의 고용 형태와 근로 조건에 따라 선발되며, 지원이 필요한 정도에 따라 차별화된 서비스가 제공된다.

• 지원 한도: 일 8시간, 주 40시간 한도 내 지원
• 지원 조건 및 기간: 근로지원인 서비스를 이용하는 중증장애인 근로자는 시간당 300원의 본인부담금을 사업수행기관에 납부해야 하며, 매 회계연도 기준 1년 이내 서비스 제공 기간이 종료된 장애인 근로자가 계속 희망할 경우 다시 신청 가능하다.
• 신청 방법: 장애인 근로자는 사단법인 월로를 통해 신청하거나, 한국장애인고용공단에 직접 신청할 수 있다.
• 제도의 중요성
  - 고용 안정성: 장애인 근로지원인제도는 장애인 근로자들이 직장에서의 고용을 유지하고, 직무 수행 능력을 향상시키는 데 중요한 역할을 한다.
  - 사회적 통합: 이 제도는 장애인들이 사회에서 보다 적극적으로 참여할 수 있도록 도와주며, 사회적 통합을 촉진한다.
  - 장애인 근로지원인제도는 장애인 근로자들이 직장에서의 어려움을 극복하고, 보다 나은 근무 환경을 조성하는 데 기여하는 중요한 제도다. 이 제도를 통해 장애인 근로자들이 자신의 능력을 최대한 발휘할 수 있도록 지원하는 것이 필요하다.

3. 장애인 교육보장정책

1) 특수교육의 정의

"특수교육이란 특수교육대상자의 교육적 요구를 충족시키기 위하여 특성에 적합한 교육과정 및 제2호에 따른 특수교육 관련 서비스 제공을 통하여 이루어지는 교육을 말한다"(「장애인 등에 대한 특수교육법」 제2조 제1호). 그리고 "특수교육 관련 서비스란 특수교육대상자의 교육을 효율적으로 실시하기 위하여 필요한 인적 · 물적 자원을 제공하는 서비스로서 상담지원 · 가족지원 · 치료지원 · 보조인력지원 · 보조공학기기지원 · 학습보조기기지원 · 통학지원 및 정보접근지원 등을 말한다"(「장애인 등에 대한 특수교육법」 제2조 제2호).

2) 「장애인 등에 대한 특수교육법」 개정[4)]

(1) 주요 개정 과정

시대적 변화와 사회적 요구에 따라 「장애인 등에 대한 특수교육법」은 제정 이후 여러 차례 개정되어 왔다. 2013년 개정에서는 특수학교 기숙사에 응급상황에 대비한 전문 인력을 두도록 하고, 특수교육대상자에 대한 인권 보호를 위해 특수교육교원의 자질 향상을 위한 교육 · 연수과정과 통합교육을 하는 일반학교 교원의 교육 · 연수과정에 특수교육대상자 인권의 존중에 관한 내용이 포함되도록 하였다.

2015년 개정에서는 특수교육 및 장애대학생에 대한 실태조사를 의무화하고, 실태조사를 위한 자료제출요청권 등을 인정하여 실태조사가 원활히 이루어질 수 있도록 하는 한편, 의료기관 및 복지시설 등에 순회교육을 위한 학급을 설치하도록 하여 특수교육대상자의 체계적인 교육이 이루어질 수 있도록 하였고, 대학의 장이 대학입학 전형절차에서 장애수험생에게 필요한 수험편의 수단을 제공하도록 하여 장애수험생이 장애로 인한 불리함 없이 입학전형에 응시할 수 있도록 하였다. 2016년 개정에서는 특수교육대상자 선정요건 중에서 '정신지체'를 '지적장애'로 변경함으로써 장애 관련 용어를 통일하고자 하였다.

2008년 5월 26일부터 시행된 「장애인 등에 대한 특수교육법」은 기존의 「특수교육진흥법」이 최근 특수교육 현장의 요구와 동향을 충분히 반영하지 못하고 있다는 비판에 따라, 특별한 교육적 요구가 있는 이들에게 통합된 교육환경을 제공하고 생애주기에 따라 장애 유형과 정도의 특성을 고려한 교육을 실시하여 이들의 자아실현과 사회통합에 기여하고자 제정되었다.

종합하면, 「장애인 등에 대한 특수교육법」은 특수교육대상자의 의무교육 연한 확대, 장애 영유아부터 고등교육에 이르는 전 생애주기에 기반한 특수교육서비스와 통합교육, 평생교육의 질적 제고를 위해 제정된 법이라는 데에 의미가 크다고 할 수 있다.

(2) 주요 특징

첫째, 특수교육대상자의 의무교육 연한이 확대되었다. 「특수교육진흥법」에서는 초등

4) 「장애인 등에 대한 특수교육법」 일부 개정 법률(2024. 2. 27.)

과 중등 과정을 의무교육으로 하였던 것에 반해, 「장애인 등에 대한 특수교육법」에서는 3세부터 17세까지의 특수교육대상자는 의무교육을 받을 권리를 가진다고 하였다(제3조 제2항).

둘째, 생애주기에 따른 교육지원 대책을 구체적으로 명시하였다. 장애영유아(제18조), 장애를 가진 학령기의 초 · 중 · 고등학생(제20조), 대학생(제29조, 제30조, 제31조, 제32조), 장애성인의 평생교육(제33조, 제34조)에 이르기까지 생애주기별 다양한 특수교육을 지원하는 내용을 담고 있다. 교육뿐 아니라 정당한 편의제공(제31조) 등 교육적 지원을 받을 수 있는 법적 근거 역시 마련되었다.

셋째, 특수교육 지원대상의 범위와 특수교육 기회가 확대되었다. 기존에는 9개 장애 유형에 해당되고 특수교육의 요구가 있어야만 교육지원의 대상이 되었는데, 「장애인 등에 대한 특수교육법」에서는 9개 장애 유형 이외에도 발달지체 등이 신설되어 장애가 명확하게 드러나지 않은 아동에게도 교육지원의 기회가 제공될 수 있도록 하였다(제15조 제1항 제10호).

1. 시각장애, 2. 청각장애, 3. 지적장애, 4. 지체장애, 5. 정서행동장애, 6. 자폐성장애, 7. 의사소통장애, 8. 학습장애, 9. 건강장애, 10. 발달지체, 11. 그 밖에 대통령령으로 정하는 장애.

그 밖에도, 특수학교 내에 영아반을 설치하고(제18조 제2항), 장애영유아에게 순회교육의 기회를 제공하며(제18조 제3항), 고등학교 이후의 전공과의 교육을 확대하여 사회로의 전환에 필요한 진로 및 직업교육을 제공받는 기회를 제공하도록 규정하였다(제24조).

넷째, 특수교육의 질을 제고자 하는 노력이 포함되었다. 교육과정별 학급당 학생 수를 규정하여 보다 질 높은 교육지원이 가능하도록 하였다(제27조). 또한 상담지원, 가족지원, 치료지원, 보조인력지원, 보조공학기기지원, 학습보조기기지원, 통학지원 및 정보접근지원 등 특수교육 관련서비스 규정을 신설하여(제28조), 장애학생을 위한 교육내용뿐 아니라 다양한 교육지원을 통해 질 높은 교육이 이루어질 수 있도록 유도하였다.

다섯째, 특수교육대상자에 대한 차별금지 범위를 확대하였다. 구체적인 차별 행위의 대상을 법률에 명시하고(제4조) 이러한 차별 행위를 한 자에 대해서 벌칙을 부과하도록 규정하여(제38조), 교육 현장에서 장애를 이유로 한 차별이 이루어지지 않도록 하였다.

3) 특수교육의 현황

표 7-3 **연도별 특수교육 현황 추이**

(단위: 교, 학급, 명)

구분		2014	2015	2016	2017	2018	2019	2020	2021	2022	2023(A)	2024(B)	B–A
특수교육대상자 수		82,278	88,067	87,950	89,353	90,780	92,958	95,420	98,154	103,695	109,703	115,610	5,907
학교 과정별	장애영아	680	742	656	549	582	532	439	369	359	407	470	63
	유치원	4,219	4,744	5,186	5,437	5,630	5,989	6,536	7,197	8,248	8,781	8,746	−35
	초등학교	33,184	33,591	33,770	35,505	38,031	41,091	43,205	44,814	48,448	51,585	54,283	2,698
	중학교	22,159	21,108	19,793	19,218	18,788	18,462	19,140	20,212	21,462	23,005	25,013	2,008
	고등학교	22,973	23,422	23,943	23,655	22,584	21,502	20,655	20,169	19,867	20,725	22,040	1,315
	전공과	4,063	4,460	4,602	4,989	5,165	5,382	5,445	5,393	5,311	5,200	5,058	−142
특수학교 수		166	167	170	173	175	177	182	187	192	194	195	1
일반학교 특수학급 수		9,617	9,868	10,065	10,325	10,676	11,105	11,661	12,042	12,712	13,287	13,931	644
교원 수*		17,922	18,339	18,772	19,327	20,039	20,773	22,145	23,494	24,962	25,599	27,084	1,485

* 국 · 공 · 사립, 특수교육지원센터 교원(기간제 교사 포함)

4) 장애인 고등교육 지원

(1) 목적 및 주요 과정

① 목적

장애대학(원)생 교육복지 활성화 방안 등이 추진되고 있으나, 코로나19 등을 계기로 대학 현장의 장애학생 차별 개선 및 지원 강화 요구가 지속되고 있다. 이에 따라 장애대학(원)생의 고등교육 접근성 제고, 실질적 학습권 보장, 사회통합을 위한 적극적 조치와 지원체계 구축이 필요하다.

② 주요 정책 추진 과정

- 대학 내 장애인 교육복지 실태평가 실시(2003)
- '대학 장애학생 학습권 보장 종합대책' 수립(2004. 8.)
- 교육부, 장애학생 학습지원 도우미 사업 지원(2005)
- 대학 장애학생 교육지원 관련 법령 제정(2007) 및 시행(2008)
- '장애인 고등교육 발전 방안' 수립(2011. 2.)

- 대학정보공시, 대학의 장애학생지원체계 등 공개(2011)
- 장애대학생 교육복지지원 활성화 방안(2020~2022) 수립(2020. 2.)

(2) 현황 및 문제점

① 장애인 대학교육 접근성 제약

- 장애인 특별전형 도입(1995) 이후, 장애대학생의 규모는 늘어났으나 모집 규모 및 운영상 제약 등으로 실질적 접근에 한계
- 최근 발달장애 학생의 대학 진학이 증가하고 있으나, 장애특성을 반영한 구조화된 교육 제공 노력 미흡

② 대학의 장애학생 지원기반 부실

- 고등학교(전공과 포함) 단계까지는 국가와 지방자치단체의 전반적인 지원(통학, 수업, 교재 등)이 이루어지나 대학에서는 대학 및 개인 부담으로 전환
- 대학은 재정여건 악화 등으로 장애학생 지원에 적극 투자가 어렵고, 대학 내 장애학생지원센터는 형식적으로 운영된다는 지적
- 대학별 장애학생 규모나 학생별 지원 필요사항 등이 상이하여, 개별 대학 차원에서 전문적 · 안정적 지원체계 구축에 한계

③ 장애대학생 지원사업에 대한 현장 요구 대응 미흡

- 현장 수요를 반영하여 운영을 개선하고, 교육지원인력 및 보조기기 지원 외에도 원격기술 등을 활용한 다각적 지원 활성화 필요

(3) 추진 방향 및 과제

① 추진 방향

- 장애학생의 고등교육 참여 기회 확충
- 장애대학(원)생의 실질적 학습권 보장
- 대학의 장애학생 지원체계 구축 및 인식 개선

② 추진 과제

1. **장애학생 고등교육 접근성 제고:** 장애인 특별전형 운영 개선, 장애학생 대학진학 지원 강화, 대학 인프라를 활용한 교육기회 확대
2. **대학의 역량 강화 지원 및 책무성 제고:** 중앙 및 권역별 대학 지원체계 마련, 장애대학생 교육복지 지원 실태평가 운영 개선, 장애대학(원)생 지원 관련 대학별 정보공개 강화
3. **장애대학(원)생 지원사업 운영 내실화:** 장애대학(원)생 지원사업 구조 개편, 현장수요를 반영한 사업 운영 내실화, 거점대학 중심 교육 및 취업 지원 활성화, 국립대학의 장애학생 지원 강화
4. **현장 소통 및 부처 간 협업 강화:** 수요자가 참여하는 정책 모니터링 실시, 대학과 소통 및 협업 강화, 관계부처 간 협업사업 발굴 및 추진

(4) 장애학생도우미 제도

장애학생도우미 제도는 전문대학 이상 대학교에 재학하는 장애학생들을 위한 지원제도로서 「장애인 등에 대한 특수교육법」 및 동법 시행령에 따라 2008년부터 운영되고 있다. 도우미의 유형에는 일반도우미, 전문도우미, 원격교육전문도우미가 있다. 일반도우미는 장애학생들의 이동이나 강의 및 대필 지원 등 특별한 기술이나 자격증 없이도 수행할 수 있는 지원을 제공하며, 전문도우미는 수어통역사, 속기사 등에 의한 교수 · 학습 지원을 담당한다. 원격교육전문도우미는 인터넷 원격시스템을 통해 실시간 강의 내용의 수어통역 및 문자통역 지원 등이 포함된다. 특히 원격교육지원시스템은 교수의 강의 내용을 웹 카메라와 스피커를 통하여 원격교육지원시스템(한국복지대학교) 내의 원격강의 지원센터를 접속하여 전문도우미가 내용을 전달받아 실시간으로 수어와 텍스트로 전환하여 학습자에게 지원하는 시스템이다.

4. 「장애인차별금지 및 권리구제 등에 관한 법률」[5)]

1) 「장애인차별금지 및 권리구제 등에 관한 법률」이란

「장애인차별금지 및 권리구제 등에 관한 법률」은 「장애인차별금지법」이라고도 한다. 장애로 인한 차별을 금지하고, 장애를 이유로 차별받은 사람의 권익을 구제함으로써 장애인의 사회참여와 평등권 실현을 통해 인간으로서의 존엄과 가치를 구현하기 위해 만들어진 법이다. 장애인 당사자는 물론 장애인을 돕고 있는 사람에 대한 차별을 금지하고, 보조견 및 장애인 보조기기 등의 정당한 사용을 방해해서는 안 된다는 내용을 담고 있다.

2) 제정 이유

장애인구의 급속한 증가세와 여성장애인과 노령장애인, 그리고 중증장애인 수가 증가함에 따라 장애인구 구조도 변화하였다. 이와 함께 장애인들의 사회참여 욕구가 급속히 증가하여 교육권 및 이동권 등의 보장 요구와 자립생활운동의 확산 등 새로운 변화가 매우 빠르게 진행되고 있다. 그러나 이러한 환경 변화에도 불구하고 우리 사회에는 아직도 장애를 이유로 차별하는 관행이 지속되고 있으며, 복지시설 등에서의 장애인 폭행, 감금 등의 사례도 빈번히 제기되는 등 심각한 인권침해 사례가 지속되고 있다. 그러나 이 중 극히 일부 사례만이 국가인권위원회에 제소되어 환경 변화에 대처하기가 미흡한 실정이다. 새로운 환경 변화에 대처하기 위한 시도는 정부의 정책적 노력만으로는 한계가 있어 민간부문의 협조가 절대적으로 필요하다. 이에 정부가 앞장서는 가운데 민간부문의 노력과 협조를 이끌 제도적 틀을 구축하고, 이를 통하여 장애를 사유로 한 차별을 금지하고 장애인들의 권리를 구제함으로써 미래에 지속 가능한 정책 패러다임을 구축할 필요가 있었다. 이에 2007년 4월 10일에 제정하였고 법 공포 후 1년이 경과한 날부터 시행되었다.

5) 보건복지부(mohw.go.kr)의 장애인정책 > 장애인권익지원 참고.

3) 차별의 정의 및 차별금지 대상

(1) 차별의 정의

- **직접차별**: 정당한 이유 없이 장애인을 제한, 배제, 분리, 거부 등에 의하여 불리하게 대하는 경우
- **간접차별**: 장애인에 대하여 형식상으로는 제한, 배제, 분리, 거부 등에 의하여 불리하게 대하지 아니하지만 정당한 이유 없이 장애를 고려하지 아니하는 기준을 적용함으로써 장애인에게 불리한 결과를 초래하는 경우
- **정당한 편의 제공 거부에 의한 차별**: 과도한 부담이나 현저히 곤란한 사정과 같은 정당한 이유 없이 장애인에 대하여 정당한 편의제공을 거부하는 경우
  ※ 정당한 편의: 장애인이 장애가 없는 사람과 동등하게 같은 활동에 참여할 수 있도록 장애인의 성별, 장애의 유형 및 정도, 특성 등을 고려한 편의시설, 설비, 도구, 서비스 등의 제반 인적 · 물적 수단과 조치
- **광고에 의한 차별**: 정당한 이유 없이 장애인에 대한 제한, 배제, 분리, 거부 등 불리한 대우를 표시 · 조장하는 경우

(2) 차별금지 대상

- **장애인**: 신체적 · 정신적 손상 또는 기능 상실이 장기간에 걸쳐 개인의 일상 또는 사회생활에 상당한 제약을 초래하는 자
- **장애인을 대리 · 동행하는 자**: 장애아동의 보호자 또는 후견인, 그 밖의 장애인을 돕기 위한 자
- **보조견 또는 장애인 보조기기의 정당한 사용**: 보조견 또는 장애인 보조기기 등의 정당한 사용을 방해하거나 보조견 및 장애인 보조기기 등을 대상으로 차별하는 행위

4) 차별금지 영역

(1) 고용

근로관계에서는 모집, 채용, 임금, 승진, 인사 등에서의 차별금지 및 채용 전 의학적 검사 금지를 말하고, 시설의 편의제공을 위해서는 직무수행 장소까지 출입이 가능한 접근로 등을 설치해야 하며, 통학 및 이동 시 교통편의, 이동용 보장구, 학습시설, 화장실

등 편의시설을 제공해야 한다. 수업 시 수어통역, 점자자료, 인쇄물 음성 변환 출력기, 휠체어 등 장애인 보조기기를 제공해야 한다(「장애인차별금지법」 제13~14조, 동법 시행령 제8~10조).

(2) 교육

교육책임자는 장애인의 입학 지원 및 입학을 거부할 수 없고, 전학을 강요할 수 없으며, 「영유아보육법」에 따른 어린이집, 「유아교육법」 및 「초 · 중등교육법」에 따른 각급 학교는 장애인이 당해 교육기관으로 전학하는 것을 거절하여서는 아니 된다. 〈개정 2011. 6. 7.〉

(3) 재화와 용역의 제공 및 이용

편의제공 내용은 토지, 건물 매매 · 임대 · 입주, 금전대출, 보험가입 등의 이용을 보장하고, 시설물 이용 시 주 출입구의 접근로, 복도, 계단 또는 승강기, 장애인주차장 등을 제공해야 한다. 이동 및 교통수단 분야에 있어서는 안내방송, 행선지 표시, 교통약자용 좌석, 문자안내판 등을 제공해야 한다(「장애인차별금지법」 제15~50조, 동법 시행령 제13조).

또한 파일로 저장된 데이터나 녹음된 자료, 전화망이나 인터넷망 등 통신망을 통하여 교환 · 전송 · 소통되는 정보나 텔레비전의 방송 등 전자 형태로 변환된 것을 의미하는 전자정보의 경우 자막, 수어, 화면해설을 제공해야 하며, 인터넷 정보인 홈페이지의 웹 콘텐츠 접속 시 접근성 지침을 준수해야 한다. 비전자정보인 문서 및 출판물에 대한 인쇄물음성출력기, 점자자료, 텍스트 파일 등 장애 유형을 고려하여 정보를 제공해야 하며, 공공기관 등이 주최 · 주관하는 행사 시 수어통역사, 보청기, 휠체어 등을 제공해야 한다(「장애인차별금지법」 제20~23조, 동법 시행령 제14조).

(4) 문화 · 예술 · 체육 활동

장애인의 문화 · 예술 활동 참여 및 향유를 위해서 출입구, 위생시설, 안내시설, 관람석, 열람석, 음료대, 판매대 및 무대단상 등에 접근하기 위한 시설 및 장비를 설치 또는 개조해야 하며, 장애인과 장애인 보조인이 요구하는 경우 문화 · 예술 활동 보조인력의 배치 및 장애인의 문화 · 예술 활동을 보조하기 위한 휠체어, 점자안내책자, 보청기 등 장비 및 기기를 제공해야 한다. 체육활동 시 국가, 지방자치단체는 장애 유형, 성별을 고려한 체육 프로그램 등 정당한 편의를 제공해야 하는데, 정당한 편의의 주요 내용은 장애인의 체육활동에 필요한 시설 설치 및 체육용 기구 배치, 장애인이 참여할 수 있는 체육활동 프로그램 운영, 장애인이나 장애인의 보조인이 요구하는 경우 체육지도자 및 체육활동 보조인력의 배치, 장애인 체육활동의 편의를 위한 장비 등의 사용설명 내용이 포함된 영상물 및 책자의 배치, 장애인을 위한 체육활동 관련 정보 제공, 장애인 체육활동을 위한 의료서비스 제공 등이다(「장애인차별금지법」 제24~25조, 동법 시행령 제15~16조).

(5) 사법 · 행정 절차 및 서비스와 참정권

행정서비스 이용 시 점자자료, 인쇄물음성출력기, 수어통역, 대독 등의 서비스를 제공하고 보조인력을 적극 활용하여 이용에 불편함이 없도록 해야 한다. 사법서비스로는 인신구금 · 구속 시 장애의 유형 및 상태를 고려한 정당한 편의제공은 물론, 형사 · 사법 절차에서 보호자, 변호인, 통역인, 진술보조인 등의 조력을 제공해야 한다. 참정권 보장을 위해 정당 및 후보자에 대한 정보 접근권 보장(점자자료, 웹 사이트 접근성 확보 등) 및 장애의 유형 및 정도에 적합한 기표방법 및 선거용 보조기구의 개발 보급, 보조원 배치를 해야 한다(「장애인차별금지법」 제26~27조, 동법 시행령 제17조).

(6) 모 · 부성권, 성 등

「장애인차별금지법」 제28조 및 제29조에 따르면, 모 · 부성권의 차별금지를 위해 임신 · 출산 · 양육 · 입양 등에서 모 · 부성권 보호를 위하여 입양기관은 장애인이 입양하고자 할 경우 장애를 이유로 입양자격을 제한해서는 안 되며, 교육책임자, 보육시설 및 복지시설 종사자는 장애인 자녀를 차별해서는 안 된다. 성에서의 차별금지를 위해 성에 대하여 주체적으로 표현 · 향유할 자기결정권을 존중하고, 국가 및 지방자치단체는 장애를 이유로 한 성에 대한 편견 · 관습 및 차별적 관행을 없애기 위한 홍보 · 교육을 실시해야 한다.

(7) 가족 · 가정 · 복지시설, 건강권 등

「장애인차별금지법」 제30~32조에 따르면, 장애인의 의사결정권을 존중하기 위해 교육권, 재산권 행사, 사회활동 참여, 거주권 등의 보장 및 양육권 · 친권 · 면접 교섭권 등에 있어 제한 · 박탈을 금지한다. 건강권을 위해 장애 유형 및 특성에 적합한 의료 정보 등을 제공하고, 선 · 후천적 장애발생의 예방 및 치료 등을 위한 시책을 추진해야 한다. 괴롭힘 등의 금지를 위해 유기, 학대, 폭력, 괴롭힘 등을 금지 및 예방해야 한다.

(8) 장애여성 · 장애아동 · 정신장애

「장애인차별금지법」 제33~37조, 동법 시행령 제18~19조에 따르면, 장애여성에 대한 차별금지, 성폭력 예방교육 시 장애여성에 대한 성인식 등을 포함한 장애여성에 대한 인식 개선 및 지원책 등의 적극적인 조치를 마련해야 한다. 장애 유형 및 정도에 따른 원활한 수유지원, 직장 보육시설 우선 입소 및 보육서비스 이용 시 편의를 제공해야 한다. 장애아동의 교육, 훈련, 건강보호 · 재활서비스, 취업준비 등을 제공받을 기회를 제공하고, 아동의 유기, 학대, 착취, 감금, 폭행, 강제 시설 수용, 무리한 재활치료 등을 금지하며, 장애아동을 보호하는 친권자 및 양육책임자에 대한 지원책을 마련해야 한다. 정신장애인을 부당하게 이용하거나 이들에 대한 불이익을 금지하고 인권침해를 예방하기 위한 교육 · 홍보를 실시해야 한다.

5) 차별행위에 대한 구제절차

- 국가인권위원회 진정 → 조사 → 권고
- 법무부 시정명령 → 과태료(3,000만 원 이하) 등 부과
  - 법무부장관의 시정명령을 정당한 사유 없이 이행하지 아니한 경우
- 법원 민사상 손해에 대한 손해배상 청구
- 사법기관 형사소송

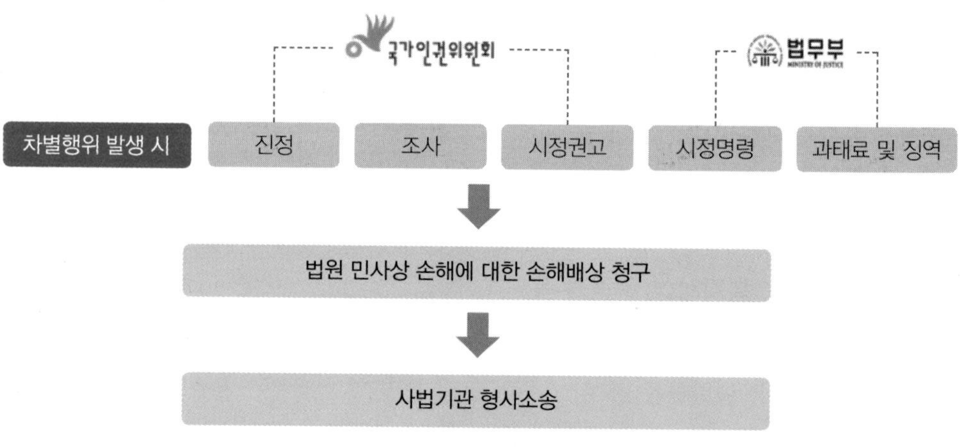

[그림 7-1] 권리구제절차

5.「발달장애인 권리보장 및 지원에 관한 법률」 시행[6)]

1)「발달장애인법」 제정의 의미와 평가

「발달장애인법」은 발달장애인의 의사를 최대한 존중하고, 생애주기에 따른 특성 및 복지 욕구에 적합한 지원과 권리옹호를 통해 인간다운 삶을 영위할 수 있도록 하는 목적으로 제정되었다. 발달장애 관련 단체가 연대하여 결성한 '발달장애인법제정추진연대'가 수년간 노력하여 결실을 맺게 된「발달장애인법」은 법조문의 배치에서부터 발달장애인의 권리를 보장하기 위한 의지가 담겨 있다.

즉, 원칙적으로 자신의 신체와 재산에 관해 스스로 결정할 권리가 있음을 천명하며(제3조 제1항), 자기결정권 보장(제8조)의 조문을 성년후견(제9조), 의사소통지원(제10조)의 앞에 위치하여 발달장애인의 권리를 보장함에 있어 발달장애인이 스스로 결정하도록 하는 것이 원칙임을 강조했다. 이후 제9조에서는 성년후견제의 이용을 위한 요건 및 절차를 명시하고 있는데, 구체적으로 성인 발달장애인에게 의사결정의 대리 또는 지원이 필요한 상당한 이유가 있는 경우에는 지방자치단체의 장이「민법」에 따라 가정법원에 후견심판을 청구하게 된다. 이와 관련한 발달장애인 '공공후견지원사업'은 국가와 지방자치단체의 예산으로 후견서비스를 제공하는 것으로 2013년 9월부터 시행되고 있다. 제10조에서는 의사소통 지원을 정하여 발달장애인의 권리와 의무에 중대한 영향을 미치는 정보를 이해하기 쉬운 형태로 작성 · 배포하도록 하고 있으며, 이후 복지지원 및 서비스의 장에서는 사회복지서비스 신청, 계좌관리, 고용, 문화활동 등 다양한 범위의 활동에 있어서 발달장애인을 지원하도록 정하고 있다.

2) 주요 내용

(1) 복지 서비스 확대

「발달장애인법」은 발달장애인에게 필요한 의료지원, 재활훈련, 직업훈련 등의 복지

6) 보건복지부(http://www.mohw.go.kr/front_new/policy/index.jsp?PAR_MENU_ID=06&MENU_ID=0637)의 정책 > 생애주기별 맞춤형 복지 > 장애인 > 장애인권익지원 참고.

서비스를 제공함으로써 이들의 건강과 자립을 지원한다.

(2) 교육 및 직업 지원

발달장애인을 위한 교육 프로그램과 직업 훈련이 확대되며, 발달장애인이 직업을 통해 사회에 기여하고 자아실현을 할 수 있도록 돕는다. 이를 통해 발달장애인들이 경제적으로도 자립할 수 있는 기회를 제공받게 된다.

(3) 보호자 지원

발달장애인의 부모나 보호자를 위한 심리적 지원 프로그램과 교육도 포함되며, 보호자들이 발달장애인을 올바르게 지원할 수 있도록 돕는 다양한 프로그램이 마련되어 있다.

(4) 시설 및 주거 지원

발달장애인이 안전하고 쾌적한 환경에서 생활할 수 있도록 주거 지원을 포함한 다양한 시설들이 제공되며, 이는 발달장애인이 자립 생활을 할 수 있는 기반이 되며, 보다 안정적인 생활 환경을 보장한다.

(5) 의사결정권 보장

「발달장애인법」은 발달장애인들이 자신의 의사를 표현하고 결정할 수 있는 권리를 보장한다. 보호자나 기관이 아닌, 본인이 스스로의 삶을 주도적으로 선택할 수 있도록 돕는 제도가 마련되어 있다.

3) 「발달장애인법」의 한계

「발달장애인법」의 제정된 의의에도 불구하고, 최근에는 발달장애인 스스로 의사를 결정할 능력이 충분하지 아니한 경우의 의사결정 지원(제8조 제3항 이하)이나 성년후견제도(제9조)가 장애인 당사자의 자기결정 원칙을 유지하기에는 법 구조상 치밀하지 못하고, 오히려 발달장애인의 자기결정권을 침해하고 있다는 문제가 제기된다(박정연, 2020; 박인환, 2021). 또한 최근에는 발달장애인의 지원과정에서 겪는 어려움과 딜레마 상황에 대한 현장연구가 보고되고 있으며(김미옥, 김새봄, 유하얀, 2019), 장애인수당을 관리하는 후견인이 당사자의 허락 없이 자금을 사용하거나, 장애인 당사자에게 도움이 된다는 이유로 원치 않는 사회복지 프로그램에 참여시키는 경우, 장애인의 건강관리를 이유로 당사자가 선호하는 음식의 섭취를 완전히 금지하는 경우와 같이 발달장애인의 보호범위와 자기결정권 제한 여부에 대한 문제상황은 실제 현장에서 너무도 쉽게 찾아볼 수 있다.

4) 개선 방안

첫째, 발달장애인의 자기결정권을 보장하기 위해서는 의사결정능력과 대리 혹은 대행 필요성에 대한 판단에 앞서 법 자체에서 '상당한 이유'에 대한 최소한의 가이드라인을 제공해 주어야 한다. '상당한 이유'에 의존한 의사결정대리는 발달장애인 당사자의 자기결정권을 침해할 수 있는 여지가 크다. 종래 현명하지 않은(unwise) 선택을 하거나, 말이 어눌하여 의사소통이 어려워 보인다고 해서 의사결정능력이 없다고 볼 수 없고 의사결정의 시도와 실패의 과정만으로 의사결정능력을 판단해서도 안 된다는 내용이 그 주요한 요소가 될 것이다.

둘째, 충분한 지원이 이루어지지 않은 상태에서 자기결정능력을 논할 수 없으며 지원의 정도와 범위는 상태에 기반하기보다 각 사안(事案)에 기반하여야 한다. 충분한 지원을 위해 당사자의 눈높이에 맞는 의사소통방법 등의 지원이 선행해야 하고 아무런 시도도 하지 않은 상태에서 이루어지는 판단은 발달장애인에 대한 편견에 기반할 가능성이 있다는 점을 주지해야 한다.

셋째, '최선의 이익'의 관점에서 의사결정을 지원한다는 것이 당사자의 의사를 전적으로 대리한다는 것을 의미하지는 않는다. 당사자의 욕구와 선호에 대한 충분한 파악이 전제되어야 하고, 무엇보다 이러한 파악을 위한 과정에 대한 고지가 당사자에게 이해할 수 있는 언어로 충분히 이루어져야 한다. 또한 의사결정을 지원하는 과정은 최소한의 개입의 원칙에 따라서 이루어져야 한다.

넷째, 「발달장애인법」의 시행령, 시행규칙 제정과정에서 발달장애인의 권리보장 및 자기결정권을 충분히 이해하지 못한 결과 발달장애인의 잔존의사능력이 보장될 여지를 축소시킨 경향이 있다. 이를 위해 「발달장애인법」은 하위 입법의 전문성을 고려하는 동시에 발달장애인의 본인의 의사결정을 최대한 보장하는 방향으로 개정되어야 하고, 입법을 담당하는 각 행정기관의 인권감수성 재고도 동반되어야 한다.

학습과제

- 장애인가구의 삶의 질을 높이는 방안을 제시해 보자.
- 장애인의 생애주기에 맞는 정책을 제시해 보자.
- 장애인의 차별에 대응하는 구체적인 사례를 제시해 보자.

참고문헌

박승희(2008). **대학교 내에서 지적장애인 지원고용 프로그램의 실행과 성과**. 한국장애인고용촉진공단 고용개발원.

이효성, 장창엽, 홍자영(2008). 시각장애인 헬스키퍼 고용창출을 위한 자회사형 표준사업장 설립 사례 보고서. **연구보고서, 1**(1), 1-225.

한국장애인고용공단(2025). 정보공개 공공데이터.

Wehman, P., Bricout, J., & Kregel, J. (2000). Supported employment in 2000: Changing the locus of control from agency to consumer. In M. L. Wehmeyer & J. R. Patton (Eds.), *Mental retardation in the 21st century*. PRO-ED.

〈추천 동영상〉

- 「장애인차별금지법」 이해

  https://www.youtube.com/watch?v=xFCEYiVn7y8

제 8 장

장애인복지서비스 전달체계

학습개요

장애인복지서비스 전달체계는 예산과 인력을 투입하여 얼마나 효과적이고 효율적인 결과를 얻는지와 서비스 수요자의 만족도가 얼마나 높은지가 중요하다. 효과성이 높다는 것은 수요자의 만족도가 크다는 것을 의미하지만, 아울러 제한된 자원을 적절히 배분하여 중복과 낭비를 줄이는 효율성 역시 무시할 수 없다. 기본적으로 복지행정 전달체계는 수요자 중심의 전달체계여야 함에도 불구하고 현실은 공급자 중심 또는 행정가 중심의 전달체계로 편향될 가능성이 농후하기 때문에 언제나 효과성과 효율성의 문제를 점검하여야 한다. 따라서 이 장에서는 이러한 현행 장애인복지서비스 전달체계의 현황 및 문제점을 지적하고, 개선방안을 제시해 보고자 한다.

학습목표

- 장애인복지서비스 전달체계의 문제점과 개선방안을 이해한다.
- 장애인복지서비스 종합지원체계를 이해한다.

1. 사회복지서비스 전달체계의 개념과 구성 원칙

1) 사회복지서비스 전달체계의 개념

사회복지서비스 전달체계(delivery system)란 복지서비스를 구체적으로 추진하고 실천하기 위해 필요한 자원을 조달 및 배분하여 서비스를 실시하는 조직체계를 의미한다. 이 체계는 여러 구성 요소로 이루어진다. 즉, 서비스자원에는 인력, 시설이나 기기, 재원, 지식 · 정보 등이 속하고, 이들 자원을 조합하여 서비스가 조직화된다. 따라서 사회복지공급은 서비스의 직접공급수준, 자원개발과 조달수준, 재원조달수준으로 나눌 수 있다. 사회복지의 공급체계는 각각의 수준 특성에 대응해 중앙정부, 지방자치단체, 전문직 집단 기업 등의 다양한 주체와 기관, 조직이 관련 사회복지정책으로 되었다. 이것을 유형화하면, 먼저 사회복지서비스가 공공적으로 제공되느냐, 자발적 혹은 사적으로 제공되느냐, 또 공공적 경우에서도 행정이 직접 서비스를 제공하느냐, 행정의 인가에 의한 민간단체가 행정책임의 위탁계약에 의해서 제공하느냐로 대별된다. 그리고 사적 서비스 제공의 경우에도 시장적 서비스의 제공과 지역사회를 형성하는 시민참가에 의한 서비스 제공으로 대별되는데, 이것들이 서비스 전달 유형을 이룬다.

2) 사회복지서비스 전달체계의 구성 원칙

사회복지서비스 전달체계의 구성 원칙은 사회복지 행정이 지향하는 이념을 구현하기 위하여 전달 체계가 갖추어야 할 필수적인 요소이며, 새로이 신설되거나 변화된 사회복지서비스 전달체계가 이러한 원칙을 구현하고 있는 것인가를 평가하는 것은 사회복지서비스 전달체계의 발전을 위하여 필수적이다(서재호, 2008). 사회복지서비스 전달체계의 구성 원칙에 대해서는 학자들마다 조금씩 상이한 의견들을 제시하고 있으며, 대표적인 학자로는 Gilbert와 Specht(1986), Gates(1980)가 있다. Gilbert와 Specht(1986)은 통합성, 연속성, 접근성, 책임성 등을 주장했고, Gates(1980)는 사회복지서비스 전달체계의 구성 원칙을 8가지로 주장하였다. 8가지 원칙은 통합성, 적절성, 책임성, 전문성, 포괄성, 접근용이성, 형평성, 지속성이다. 국내 학자인 이진(2009)은 통합성, 전문성, 포괄성, 적절성, 지속성, 접근성, 책임성을 주장했다.

앞과 같이 사회복지서비스 전달체계 구성 원칙은 학자들에 따라 다양한 원칙이 제시된다. 공통 원칙을 종합해 보면, 제공자와 이용자 모두에게 적절한 복지서비스를 통합하여 지속적으로 제공할 수 있는 사회복지서비스 전달체계를 구축하는 것이다. 사회복지서비스 전달체계 구성 원칙인 통합성, 접근성, 전문성, 적절성과 관련된 개념은 다음과 같다.

첫째, 통합성이 충족되어야 한다. 장애 유형별 욕구와 특성을 반영한 서비스 제공을 위해서는 지역사회에 산재되어 있는 다양한 서비스 제공 기관들과 얼마만큼 활발하고 유기적인 교류와 연계를 실시하고 있는지에 달려 있기 때문이다(심석순, 2015). 통합성의 원칙으로, 사람들의 욕구나 문제는 대부분 복합적이고 상호 연관되어 있기 때문에 제공되는 서비스도 상호 간 유기적으로 연결되어 제공되어야 한다는 원칙을 의미하며, 대상자의 복합적인 문제 해결을 위해, 동시에 투입되는 여러 가지 다른 종류의 서비스가 서로 유기적인 연계를 맺으면서 수혜자의 욕구에 적합하게 제공되는 것을 의미한다. 공급자 중심의 전달 체계가 대상자들의 욕구에 맞춤형으로 접근하지 못하고, 사회복지서비스 전달체계를 관리하는 중앙 부처도 서로 연계가 되지 않는 상황에 있어 다양한 복지사업을 제공함에 있어 비효율성이 발생되고 있다고 지적하면서 통합성의 원칙을 강조했다(류애정, 2012).

둘째, 접근성이 충족되어야 한다. 접근성이란 사회복지서비스에 대한 수요자의 접근이 용이하면서, 필요로 하는 대상들이면 누구나 쉽게 사회복지서비스를 받을 수 있어야 함을 의미한다(홍인정, 2010).

셋째, 전문성이 충족되어야 한다. 일선 행정기관에서 어느 정도의 전문성을 확보하고 있는지는 사회복지서비스 전달체계의 성공 여부를 가늠하는 잣대가 된다. 지방자치단체가 충분한 복지 전문가를 확보하여, 이들로 하여금 전문적인 사회복지서비스를 제공하도록 하는 것은 전달체계의 구성 원칙 중 전문성을 실현시키기 위한 가장 핵심적인 요소로, 서비스 제공 인력의 전문성을 강조했다(홍인정, 2010). 장애라는 특수성을 감안하여 장애 유형별에 따른 특성을 반영한 서비스를 제공하기 위해서는 개인별 이용계획을 수립하고, 공공 및 민간의 모든 서비스 영역을 망라한 후 장애인 개인에게 최적화된 서비스 계획을 도출해 내는 것으로 해당 분야별 전문가와의 심층적인 상담, 진단, 평가 등을 통한 결정절차가 필요하기 때문이다. 이에 이용계획 수립 과정에 전문적인 사례관리자로 참여할 각 해당 분야별 전문자격을 갖춘 전문가 확보가 필수적이다(심석순, 2015). 따라서 개편된 장애인복지서비스 전달체계를 구축하기 위해서 가장 선행되어야 할 과제로는 장애 유형별 및 영역별 해당 전문가가 얼마나 확보되어 있는가가 관건이다.

넷째, 적절성이 충족되어야 한다. 적절성의 원칙은 대상자의 욕구 충족의 적절성과 정책목표 달성에 적절한가가 가장 핵심적인 요소이며, 주로 사회복지서비스의 수준이나 양과 관련된 것으로 사회복지서비스가 수요자의 문제해결에 충분해야 한다는 점을 의미하며, 서비스 제공에 차질이 생기지 않도록 법적 근거 미비하지 않은지 검토되어야 한다 (이진, 소순창, 2009).

2. 공공과 민간서비스의 전달체계

1) 공공서비스 전달체계의 현황

우리나라의 공공서비스 전달체계는 중앙정부와 보건복지부를 정점으로 하여 각 시 · 도 이하에서는 행정안전부 일반 행정체계에 편입되어 시 · 군 · 구와 읍 · 면 · 동으로 이어지는 이원적 조직체계로 구성되어 있으며, 중앙행정부서인 보건복지부에서 사업계획 및 예산을 배정하면, 시 · 도, 시 · 군 · 구와 읍 · 면 · 동의 지방행정기관을 통하여 집행되고 있다.

장애인복지의 행정기관은 하나로 통일된 것이 아니고 제도와 사업별로 분할하여 담당하고 있으며, 중앙정부의 부처는 보건복지부 장애인정책국과 그 아래에 장애인정책과, 장애인권익지원과, 장애인자립지원과를 두고 있다. 이 외에도 고용노동부와 교육부가 있으며, 국가보훈처, 국방부 등에서도 장애인 관련 업무를 수행하고 있다. 고용노동부에서는 장애인의 고용과 관련된 업무와 「산업재해보상보험법」에 의한 장애보상 업무, 교육부에서는 특수교육 업무와 「사립학교교직원 연금법」에 의한 폐질보상 업무, 국가보훈처에서는 「국가유공자 등 예우 및 지원에 관한 법률」에 의한 상이보상 업무를 담당하고 있으며, 국방부에서는 「군인연금법」에 의한 상이연금 및 장애보상금과 관련한 업무를 맡고 있다. 지방정부의 경우, 광역자치단체인 서울특별시는 장애인복지과에서, 광역자치단체는 대부분 장애인계에서 담당하며, 기초자치단체의 경우에는 장애인복지팀과 읍 · 면 · 동에서는 사회복지 공무원이 담당하고 있다. 또한 직업재활서비스 전달체계를 살펴보면 보건복지부와 고용노동부에서 각기 정책과 제도 운영을 관장하고 있으며, 시 · 도, 시 · 군 · 구의 지방자치단체와 고용노동부 지방사무소를 통하여 사업을 집행하고 있다. 일선 전달체계로서는 장애인공단 및 시 · 도 지부, 직업훈련기관, 장애인복지기관 및 시설 등에서 직업교육, 직업훈련, 취업지도 등의 서비스를 담당하고 있다. 의료재활서비스는 주로 보건복지부에서 정책과 제도 운영을 관장하고, 시 · 군 · 구의 지방자치단체를 통하여 집행하고 있으며, 일선 전달체계로서 보건소 등의 보건기관과 병원 등의 의료기관, 그리고 재활병원과 장애인복지기관 등의 전문시설에서 직접적인 의료재활서비스를 제공하고 있다. 공적 부조 및 사회적 서비스 부문은 대부분 보건복지부에서 정책과 제도 운영을 관장하고, 공적 부조, 시설보호, 재가장애인서비스, 상담지소 등의 서비스는 지방행정기관, 장애인복지기관, 기타 시설 등에서 담당하고 있다.

2) 민간서비스 전달체계의 현황

민간서비스 전달체계는 대체로 구체적이고 직접적인 서비스를 제공하는 사회복지조직으로 구성되어 있으나 직접적인 서비스의 전달을 통해서 장애인복지를 완성하기는 어렵다. 장애인에 대한 사회적 환경을 변화시키기 위한 노력도 전개되어야 보다 효과적으로 서비스를 전달할 수 있기 때문이다. 따라서 민간서비스 전달체계는 민간에 의해 운영되는 사회복지시설과 장애인의 권익 보호 및 회원의 복지 증진을 목적으로 설립된 장애인단체가 중심이 되어 장애인들에게 서비스를 제공하고 있다(정일교, 김만호, 2010).

장애인복지시설은 대부분 민간 법인이나 기관에서 운영하며, 이용 시설인 장애인복지관은 대부분 정부에서 설립하여 그 운영을 민간기관에 위탁하고 있으며, 장애인복지사업을 수행하는 전국적 성격의 민간단체로는 사단법인 한국시각장애인연합회 등 30개 이상의 단체가 설립되어 있다.

민간부문에서도 여러 가지 형태의 기관, 단체, 시설 등이 장애인복지서비스 사업을 하고 있다. 민간기관은 민간단체와 일선에서 시설보호서비스를 주로 하는 사회복지법인과 시설로 구분할 수 있는데, 이들 기관, 단체, 시설은 각기 설립 목적에 따라 프로그램을 운영하거나 자원 동원 및 조직 등의 지역사회사업을 실시하고 있다. 민간활동단체는 사단법인, 사회단체, 사회복지법인, 재단법인 또는 임의단체로 구분되어 있다.

민간서비스 전달체계는 보건복지부로부터 광역 및 기초 단체를 통하여 시설운영자에게 전달되며, 장애인에게 직접적으로 서비스를 제공하고 있다. 민간서비스 전달체계 내부적으로는 장애인재활협회, 사회복지협의회 등의 상위조직이 있지만 의사결정체계가 아닌 협의체계이기 때문에 민간서비스 전달체계가 가시적으로 분명하게 구축되어 있는 것은 아니다(정일교, 김만호, 2010).

각종 장애인복지서비스협회는 민간 기구를 대표할 수 있는 유일한 조직은 아니고, 당해 지역의 사회복지법인과 장애인복지시설 등이 당연히 가입해야 할 조직도 아니기 때문에 대표성을 갖는 데 한계가 있다. 그리고 많은 사회복지법인과 장애인복지서비스와 관련된 비영리법인의 대표자가 이들 협의회에 가입하는 것을 기피하거나 가입하더라도 형식적인 참여에 그치고 있다.

또한 각종 장애인복지서비스의 협의회가 당해 지역에서 장애인복지에 관한 조사, 연구와 각종 복지사업을 조성하는 데 주도적인 역할을 담당하고 있는 것은 사실이지만, 시 · 도 협의회별로 소수 인원은 상근직원과 부족한 예산 실정으로 민간기구의 장애인복지서비스를 중추적으로 감당하기에는 어려움이 많다. 그리고 예산과 인력 지원이 만족한 수준에 미치지 못하므로 시 · 도 협의회가 그 고유 기능을 소홀히 하는 경향이 있다. 한편, 장애인운동 관련 단체는 장애인 문제를 한 개인의 병리적 문제로 규정하는 것이 아니라 사회구조적 문제와 모순으로 규정하는 인식의 전환으로 보고, 장애인 문제를 인권적 차원에서 근본적으로 접근한다는 관점을 가지고 있으며, 운동의 대상이 정책 내용이므로 정책 형성 과정에 영향력을 행사하여 구체적 제도의 변화를 끌어내기 위한 것으로 보고 있다.

이와 같이 장애인복지서비스 전달체계에서 민간서비스 전달체계는 대체로 구체적이고 직접적인 서비스를 제공하는 사회복지조직으로 구성되어 있다. 하지만 직접적인 서비스의 전달을 통해서 장애인복지를 완성하는 것은 어렵다. 왜냐하면 장애인에 대한 사회적 환경을 변화시키기 위한 노력도 전개되어야 서비스를 보다 효과적으로 전달할 수 있기 때문이다. 따라서 장애인복지서비스의 민간서비스 전달체계는 사회복지시설과 장애인단체가 중심이 되어 움직일 수밖에 없다.

3. 장애인복지서비스 전달체계의 문제점

첫째, 통합적인 서비스 조정 기능이 부재하다. 장애인복지서비스 전달체계의 문제점은 서비스 신청과 서비스 이용까지의 단계의 경우 공공부문은 공적서비스에 대하여만 관여를 하며 공적서비스의 경우에도 소득 및 자산 조사에 따른 기계적인 적격성 여부만을 판단할 뿐, 이외의 부분은 민간기관에 일임하여 놓은 상황이라고 할 수 있다. 이러한 분절적 구조는 이용자의 역량 강화를 위한 선택권 보장에도 한계를 가지게 되며 권리구제에서도 소극적인 법적 구제 이외에 적극적인 권리보장을 추구하기가 힘든 구조라고 할 수 있다(이승기, 2012).

둘째, 장애인복지 관련 민관 협력 체계의 구축이 미비하다. 공적서비스 전달체계와 민간서비스 전달체계 간의 유기적인 협조관계가 형성되지 못하고, 서비스 제공에 있어서 상호 단절된 채 운영됨으로 인해서 지속적인 서비스의 질 저하 및 서비스 중복이라는 서비스 전달체계의 비효율성이 한국의 장애인복지서비스 전달체계의 고질적이고 시급히 해결해야 할 문제로 지적받아 왔다(서동명, 이승기, 조윤화, 2012).

셋째, 읍 · 면 · 동 행정복지센터에 장애인 전문 사례관리 인력이 없다는 점이다. 다만, 읍 · 면 · 동의 맞춤형복지팀에 통합사례관리사가 가구 대상자를 중심을 사례관리를 실시하고 있지만, 이는 주 사례관리 대상자가 장애인이 아닌 경우 누락될 우려가 있으며, 개인의 욕구 중심으로 사례관리를 실시하는 것이 아니라 가구 중심인 노인, 다문화, 청소년, 여성 가구 중심으로 주 사례관리 대상자 중심으로 통합적으로 사례관리를 실시하고 있다(윤상용, 2012). 장애인복지서비스 전달체계의 경우 분절과 파편, 중복의 문제와 함께 이용자 중심의 서비스 관련 정보 제공 및 서비스 이용을 위한 통일된 진입 창구와 통합된 관련 행정기관의 부재가 문제점으로 지적되었다. 이러한 문제점들을 해결하기 위해서 정부는 장애등급제 개편 및 폐지에 따른 장애인복지서비스 전달체계 개편을 위해 세 차례에 걸쳐서 시범사업을 진행했다.

넷째, 우리나라의 장애인복지서비스 전달체계는 두 가지의 체계로 구축되어 있다. 하나는 보건복지부, 시 · 도 및 시 · 군 · 구 중심으로 이어지는 체계로, 보건복지부, 시 · 도, 시 · 군 · 구로 이어지는 체계의 경우 보건복지부는 장애인복지서비스 및 법규와 중앙정부 차원에서의 예산지원을 포괄적으로 담당하고 있고, 시 · 군 · 구는 장애인복지서비스에 대한 총괄적인 책임을 지고 있으며, 다른 한 축은 장애인복지관, 장애인자립생활센터 등 장애인에게 직접적인 서비스를 제공하는 서비스 기관 중심으로 되어 있다(김정희 외, 2012). 이처럼 두 가지 체계로 구축되어 있는 장애인복지서비스 전달체계와 관련하여 지적되어 온 문제점들을 살펴보면, 첫째, 장애인복지 관련 부처 및 업무에 따라 서비스들이 산발적으로 나뉘어 있어 장애인들의 요구에 신속히 대응하지 못할 뿐만 아니라 부처 간 서비스 연계의 부족으로 인해 서비스를 중복적으로 제공하는 문제가 발생되어 왔다. 이 때문에 장애인이 서비스를 이용할 경우에 장애인 스스로 서비스를 일일이 찾아다니면서 서비스를 신청해야만 서비스를 이용할 수 있는 불편함이 초래되어 왔고,

정보가 부족하고 이동이 불편한 장애인의 경우에는 서비스 대상자임에도 불구하고 혜택을 받지 못하게 되는 사각지대가 발생하게 되었다(이승기, 2009).

다섯째, 공급자 중심의 서비스 적격성에 관한 사항이다. 장애인에게 제공되는 급여 및 서비스는 장애인 등록과 이에 따른 장애인복지카드 발급, 장애수당과 장애연금 등 현금 지원과 활동지원서비스 등의 서비스 지원, 그리고 각종 감면혜택이 주된 내용을 이루고 있는데, 이러한 체계는 장애인의 개별적 욕구에 근거하기보다는 장애 유형과 장애 정도에 따라 사정하고, 이에 대응하여 급여 및 서비스가 제공되는 체계로 구축되어 있어 장애인이 필요로 하는 서비스를 충분하고도 적절하게 제공할 수 있는 기초적 여건을 마련하지 못하고 있다(서동명 외, 2012).

4. 장애인복지서비스 전달체계의 개선방안[1]

1) 네트워크 구축을 통한 장애인의 사회참여 활성화

장애인의 사회참여를 촉진시키기 위해서 서비스를 이용하는 장애인들을 중심으로 한 네트워크를 구축하는 것이 필요하다. 사회참여는 접수 및 초기상담 단계, 사정 단계, 서비스 연계 및 모니터링 단계, 종결 및 사후관리 단계에서 수요자에게 긍정적인 영향을 미칠 뿐만 아니라 장애인의 삶의 질 향상으로 이어지는 데 있어 중요한 매개역할을 한다. 즉, 장애인이 서비스를 이용하는 동안에 사회참여를 촉진하기 위해서 서비스를 이용하는 장애인 간의 네트워크를 형성하여 서비스를 이용하는 과정 내내 발생할 수 있는 어려움이나 문제점을 주체적으로 해결할 수 있도록 서비스 이용자들을 중심으로 한 네트워크를 구축하는 것이 필요하다.

이는 그동안 장애인들은 서비스를 이용하는 도중에 발생하는 문제 등에 대해서 서비스의 수혜자 측면에서의 수동적인 태도로만 대처해 왔다고 볼 수 있기 때문이다. 따라서 서비스를 이용한 장애인의 사회참여를 더욱 촉진시키기 위해서는 장애인들을 중심으로 한 네트워크를 구축하여 서로 간의 정보를 공유하고, 공유된 정보를 통해 서비스를 받기

1) 김경란(2014)의 논문 내용을 재구성함.

이전보다도 지역사회 활동에 주도적으로 참여할 수 있을 것이다. 트위터, 페이스북 등을 활용하거나 인터넷 카페, 모임 등을 형성하여 필요한 정보를 서로 공유하게 함으로써 지역사회에 적극적으로 참여할 수 있는 기회가 더 많아질 것이고, 이러한 노력을 통해 장애인의 사회참여가 촉진될 것으로 기대된다.

2) 장애인의 욕구를 반영한 사정체계 마련

장애인의 욕구가 반영된 서비스 사정체계 마련이 필요하다. 서비스 담당자는 장애인의 욕구를 정확하게 파악하여 사정하는 것이 중요하다. 즉, 사정은 서비스 이용계획 수립의 전 단계로, 이용계획을 수립하는 데 핵심적인 요소로서 서비스 이용자의 잠재되어 있는 욕구를 잘 파악하고 이를 계획 수립 시 반영할 수 있어야 한다. 특히 서비스 담당자는 서비스를 이용하는 장애인의 실제적인 욕구를 파악하는 데 사정의 초점을 맞추어야 한다. 이는 정확한 욕구사정이 서비스 전달과정의 성공 여부를 결정하는 중요한 요소가 되기 때문이다(정순둘 외, 2007). 따라서 사회복지사는 장애인의 잠재되어 있는 욕구를 발견하고, 이러한 잠재된 욕구와 현재의 욕구를 중심으로 한 사정을 실시해야 한다. 또한 욕구사정을 위한 내용으로는 장애인의 장애 상태, 근로능력 정도, 경제적 상황, 가족 여건 등 장애인과 관련된 전반적인 상황을 파악할 수 있어야 하고, 이를 토대로 장애인이 어떠한 서비스를 원하는지를 알 수 있는 욕구사정 체계가 되어야 한다. 이를 위해 실천현장에서는 객관적이고 표준화된 욕구사정 도구가 개발되어야 한다.

3) 서비스 전달과정에서 장애인의 자기결정과 의사결정 과정에의 참여 보장을 위한 법적 근거 마련

수요자 중심의 서비스 전달과정을 확립하기 위해서는 장애인이 서비스를 이용하는 과정 중에 장애인의 자기결정권 보장과 의사결정 과정에 참여할 수 있는 법적 근거를 마련할 필요가 있다. 현재 우리나라의 「사회복지사업법」 제36조에서는 사회복지시설의 개방적이고 민주적인 운영을 위하여 사업계획의 수립과 평가, 근무자의 환경 개선 등을 심의하는 운영위원회를 두도록 규정하고 있으며, 동법 시행규칙 제24조에서는 운영위원회의 구성에 관하여 제시하고 있다. 이 규정에 의하면, 「사회복지사업법」상의 사회복지시설은 서비스 이용자나 보호자의 대표 또는 지역주민이 중요한 결정에 참여할 수 있는 구조로 되어 있으며, 많은 장애인복지관의 운영위원회에는 서비스 이용자나 보호자의 대표가 위원으로 참여하고 있다. 그러나 실제로 의미 있는 참여가 이루어지지 않고 있는 것이 현실이다(김용득, 2007). 이러한 운영위원회의 형태는 장애인이나 보호자의 대표가 위원으로 참여하는 것을 명문화하고 있지만, 장애인 당사자가 의사결정 과정에 참여하여 자기결정권을 행사할 수 있도록 하는 법적 근거는 미비하다고 볼 수 있다. 서비스 전달과정에서 장애인의 자기결정과 의사결정 과정에 참여할 수 있도록 하는 법적 근거는 전무한 것이 현실이다. 특히 서비스 전달과정에서 장애인이 의사결정 과정에 참여하여 자기결정권을 행사할 수 있도록 하기 위한 법적 근거 마련의 필요성이 제기된다. 이를 위해서는 서비스 전달과정에서 장애인이 주도적으로 의사결정 과정에 참여하여, 자기결정권을 행사할 수 있도록 하는 법적 근거를 마련하는 것이 필요하다.

4) 직접지불제도 도입

서비스 전달과정에서 장애인의 욕구에 맞는 서비스를 선택할 수 있는 권한과 선택한 서비스를 통제할 수 있도록 하는 지원체계 마련이 필요하다. 이를 위해, 우선 정부는 장애인의 선택과 통제권이 보장될 수 있도록 수요자 중심의 직접지불제도를 도입하는 것에 대해 검토할 필요가 있다. 영국의 직접지불제도는 장애인이 필요한 서비스를 직접 구매할 수 있도록 현금을 지급하는 것을 합법화하는 제도이다. 장애인이 자신이 선호하는 서비스 대신 현금을 직접 받는 형태로, 장애인은 자신이 선호하는 서비스 내용이나 서비스 기관을 주도적으로 선택할 수 있고, 스스로 서비스를 통제할 수 있는 권한을 부여받았다(Harris et al., 2011).

이러한 결과로 비추어 볼 때, 서비스를 이용하고자 하는 장애인이 서비스를 결정하는 과정에서 직접 참여하여 그들이 직접 필요한 서비스를 선택할 수 있는 기회를 보장받았음은 물론 결정한 서비스의 세부 내용 또한 현금 지급 방식으로 전환함으로써 장애인 당사자의 선택과 통제권을 중시한다는 점에서 매우 의의가 있다. 실제로 직접지불제도는 장애인의 서비스에 대한 선택과 통제권을 향상시켜 장애인의 삶의 질 증진으로 이어지게 되었다(Metzler, 2007). 따라서 이러한 영국의 직접지불제도를 도입하여 장애인의 욕구에 맞는 서비스를 스스로 선택하거나 통제할 수 있도록 제도적으로 정착화시키는 정책적 제고가 요구된다.

5) 수요자 중심의 평가체계 마련

장애인이 직접 서비스 평가에 참여하여 의견을 개진할 수 있도록 수요자 중심의 평가체계가 가능한 정책의 수립이 필요하다. 기존의 전문가 중심의 평가 방식은 수요자가 주도적으로 평가과정에 직접 참여할 수 있는 기회가 제한되어 왔다. 따라서 서비스 기관은 실질적으로 수요자가 서비스를 이용하면서 경험하게 되는 문제점들에 대한 정보를 파악하지 못하고 있는 실정이다. 현재 서비스 기관에서는 이용자 만족도 등의 이름으로 서비스 평가를 실시하고 있다. 그러나 이러한 평가는 엄밀한 의미에서 공급자 중심의 평가라고 볼 수 있다. 특히 서비스 평가지표는 주로 사업의 실적 위주로 평가하고 있어 장애인의 의견이 반영되기에는 한계가 있다. 이에 평가제도 설계에 대한 내용과 범위 등이 충분히 고려되어야 한다(신현욱 외, 2011). 그간 수요자 중심적인 평가체계의 필요성과 이를 추진해야 한다는 당위성은 지속적으로 논의되고 강조되어 왔지만, 장애인복지 실천현장에서의 구체적인 방안은 아직까지 미흡한 것이 사실이다. 따라서 장애인이 주도적으로 참여하여 의견을 개진할 수 있도록 수요자 중심의 평가체계로 개선되어야 할 것이다.

이를 위해, 첫째, 수요자 중심의 평가지표를 개발할 필요가 있다. 지금까지 서비스 기관에서의 평가지표는 정량평가의 형태로 기관의 실적 위주의 평가지표가 주를 이루고 있다. 그나마 일부 정성평가의 형태로 평가가 진행되고 있지만 그 내용을 면밀히 살펴보면, 수요자 중심의 평가지표라고 하기에는 한계가 있다. 따라서 수요자 중심의 평가지표 개발이 요구된다고 본다. 이를 통해 단계별 서비스 전달과정에서의 수요자 중심적인 요소인 장애인의 선택권 보장 정도, 욕구 반영 정도, 자기결정권 보장 정도, 의사결정 과정에의 참여 정도 등과 관련된 내용을 평가지표에 반영하는 것에 대한 구체적인 검토가 필요할 것이다. 둘째, 수요자 중심의 평가체계를 위해서 장애인이 주도적으로 평가과정에 직접 참여하여 과정을 수행하는 것이 필요하다. 그동안 장애인에게 있어 평가는 서비스의 수혜자 측면에서 서비스 제공자가 주도적으로 평가를 실시하였다. 이러한 공급자 중심의 평가 방식과 과정은 장애인이 서비스를 이용하면서 겪게 되는 문제점들에 대해서 적극적으로 의견을 개진하기가 어려웠다. 이러한 원인으로는 공급자 중심의 평가지표에 의한 평가방식이나 사회복지사와의 관계 등이 작용했다고 볼 수 있다. 따라서 수요자 중심의 평가체계를 마련하기 위해서는 평가방식과 평가과정에 있어서 장애인이 주도적으로 평가과정을 진행하면서 자신의 의견을 자유롭게 개진할 수 있도록 하는 수요자 중심으로의 개선이 필요하다.

6) 장애인복지서비스 종합지원체계의 도입[2)]

(1) 공급자 중심적 체계의 한계

장애인복지서비스 종합지원체계의 도입은 그동안 지속적으로 논의되어 왔던 장애인복지서비스 지원체계를 이용자 중심으로 전환하는 노력의 일환에 있으며 장애등급제의 개편과 연동되어 가시화되었다. 이용자 중심적 전달체계는 장애인이 필요로 하는 서비스를 제공하는 과정에서 이용자에 대한 욕구조사, 이용자의 참여, 권리 보장 및 서비스 선택을 보장하는 체계를 의미하며, 서비스의 공급자가 주된 역할을 하는 관점에서 벗어나 이용자 중심으로 시스템을 구축하고자 하는 패러다임의 전환을 의미한다. 장애인에게 서비스가 제공되기 위해서는 서비스를 생산 · 전달하고 장애인이 이용하는 일련의 절차가 진행되어야 한다. 이용자 중심적 전달체계는 이러한 과정이 장애인 중심적으로 재편되어야 함을 의미하는 것으로, 서비스의 생산은 장애인이 필요로 하는 욕구에 따라 만들어져야 하고, 서비스를 전달하고 이용할 때에도 마찬가지라고 할 수 있다.

현재의 서비스 전달체계는 공급자 중심적 체계로 일컬어지며 서비스를 생산하고 전달하는 과정에서 장애인이 아닌, 공급 주체의 편의와 효율의 관점에서 구축된 시스템이라고 할 수 있다. 이로 인해 이용자가 배제되는 한계를 가지게 되고 서비스의 경직화와 분절화를 초래하게 된다. 이것은 서비스 제공을 위한 제도의 설계 및 실천 영역에서 지속적으로 영향을 미치게 되고 이용자에 대한 민감성을 약화시키는 요인으로 작용함을 의미한다.

장애인복지서비스 종합지원체계는 현행의 공급자 중심적 체계를 이용자 중심적으로 전환하고자 하는 노력을 담고 있지만, 주로 서비스 생산-전달-이용이라는 전반적인 과정에서의 고민과 대안은 미흡하고, 장애인의 욕구 조사를 통한 서비스 계획 수립에 주로 초점을 맞추고 있다. 이것은 장애인이 필요로 하는 서비스 욕구에 대한 대응 강화를 일부 실현할 수 있지만, 이후의 서비스 단계인 생산과 전달 및 이용과정에 관한 내용을 충분히 담고 있지 못하는 한계를 가지게 된다.

2) 이승기, 김동기(2020). 장애인서비스 종합지원체계 도입에 따른 전달체계 개편과 법적 강화방안에 관한 고찰. 사회복지법제연구, 11(1)을 2020년 5월 재구성함.

(2) 도입 배경

장애등급을 폐지한다는 것은 장애인에게 '맞춤형 서비스' 지원을 하겠다는 것을 의미하며, 맞춤형 서비스 지원이란, 절대적 기준인 장애등급에 전적으로 의존하는 것이 아니라 장애인이 처한 문제, 서비스 욕구, 장애정도, 생활 환경 등을 종합적으로 고려해서 서비스를 결정하는 소비자 중심의 서비스 제공방식으로의 전환을 의미한다. 따라서 서비스지원 종합조사와 소비자 중심의 맞춤형 전달체계 구축, 즉, '장애인복지서비스 종합지원체계'의 도입은 핵심적인 선결과제임을 알 수 있다.

(3) 현재 전달체계

장애등급제 폐지에 따른 이용자 중심의 맞춤형 전달체계를 구축하는 것이다. 이는 장애인이 권한 있는 서비스 제공 및 결정기관을 한 곳만 방문하면 one-stop으로 종합상담 및 서비스 욕구조사, 서비스 계획 수립, 자원연계 및 서비스 이용, 모니터링 등 일련의 서비스 지원 절차를 모두 지원받을 수 있는 체계를 의미한다.

2019년 7월 장애등급제 단계적 폐지에 따라 도입된 전달체계는 '통합적 전달체계 모형'으로서 지난 3차 장애등급제 개편 시범사업 모형 중 읍 · 면 · 동 중심모형에 해당된다. 이는 장애판정과 종합지원조사는 국민연금공단에서 실시하고 개인별 지원계획 수립 및 서비스 연계는 읍 · 면 · 동 주민센터와 시 · 군 · 구를 중심으로 이루어진 전달체계 모형이다. 즉, 장애인만을 위한 별도의 '독립적 전달체계'를 구축하지 않고, 기존에 설치 및 작동하고 있는 주민센터와 시 · 군 · 구를 중심으로 장애등급제의 단계적 폐지에 따른 '통합적 전달체계'를 구축하였다. 구체적인 구조는 [그림 8-1]에 제시되어 있다.

[그림 8-1]과 같은 전달체계를 구축한 것은 장애 정도 결정통지 또는 서비스 신청단계에서 장애인 개별 특성을 고려한 서비스 제공을 위해 개별욕구와 장애 유형 및 정도, 사회 · 환경적 요소를 파악하여 이용 가능한 복지서비스를 맞춤형으로 안내 및 상담하기 위함이다. 우선적으로, 장애인복지서비스는 공적서비스(Track A)와 민간서비스(Track B)로 구분되는데, 공적서비스는 장애 정도(유형) 확인만으로도 제공될 수 있는 요금 감면 등과 같은 즉시 서비스와 서비스지원 종합조사를 통해 조사 결과에 따라 지원 여부가 결정되는 조사필요 서비스로 구분된다. 하지만 즉시 서비스와 조사필요 서비스 모두 읍 · 면 · 동 주민센터에 통합신청 및 접수할 수 있으며, 국민연금공단이 종합조사를 실시하고 공적서비스 수급자격은 최종적으로 시 · 군 · 구에서 결정한다. 반면, 민간서비스의 경우에는 읍 · 면 · 동 맞춤형 복지팀에서 1차 서비스 연계 및 사례관리를 하는데, 독거

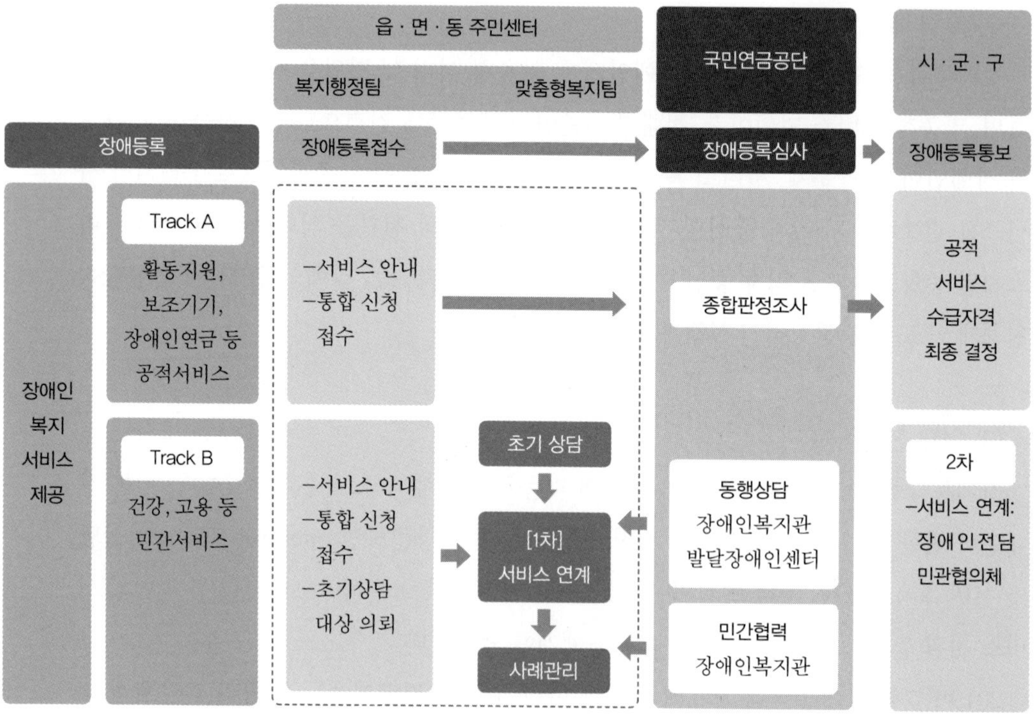

[그림 8-1] 통합적 전달체계

발달장애인 또는 가족 구성원이 모두 발달장애인인 가구의 경우에는 지역발달장애인 지원센터 또는 장애인복지관에 동행상담을 요청할 수 있다. 또한 읍 · 면 · 동에서 해결하지 못하는 고난위도 복합문제를 가진 장애인 가구에 대한 사례관리 및 2차 서비스 연계를 강화하기 위해 시 · 군 · 구에 장애인전담 민관협의체를 설치 및 운영하고 있다.

이와 같은 통합적 전달체계 모형은 일차적으로 서비스 수급자인 장애인 입장에서는 접근성이 좋다는 강점과 함께 공공기관인 읍 · 면 · 동 주민센터와 시 · 군 · 구에서 서비스 연계를 주도하기 때문에 지역사회의 다양한 공공 및 민간자원에 대한 연계가 수월하다는 강점이 있다. 하지만 개인별 지원계획 수립을 비롯하여 사례관리 및 사후관리 등을 수행함에 있어서 필요한 장애인에 대한 감수성과 전문성이 이와 같은 공공기관이 상대적으로 취약하기 때문에, 그리고 더 나아가 2년을 기준으로 순환보직인 점을 고려한다면 전문적인 서비스 지원은 현실적으로 어렵다는 단점이 있다. 즉, 장애등급제를 폐지하고 이용자 중심의 맞춤형 지원으로 전환하겠다는 것은 그만큼 전달체계 내에서 핵심적인 역할을 담당하는 공급자의 전문성과 서비스 연속성 확보가 매우 중요한데, 통합적 전달체계 모형에서는 이를 기대하기가 현실적으로 어렵다.

(4) 전달체계 개편 방안: 독립적 전달체계 구축을 중심으로

우리나라 정책 현장에서 특정 대상만을 위한 별도의 독립적 전달체계는 이미 존재하고 있는데, 대표적으로 취약계층 아동 통합서비스를 담당하고 있는 '드림스타트'가 그 예다. 독립적 전달체계 모형은 장애등급제 개편 시범사업 모형 중 국민연금공단 중심모형과 흡사한 것으로, 장애판정, 종합지원조사뿐만 아니라 개인별 지원계획 수립과 서비스 연계를 기존의 읍·면·동 주민센터가 아닌 국민연금공단과 같은 별도의 전달체계를 활용하는 방식이다. 종합지원을 위한 전달체계 개편 방안으로서 국민연금공단을 활용하는 방식을 취하는 것은, 첫째, 독립적 전달체계를 구축함에 있어서 장애에 대한 전문성을 갖추고 있어야 하는데, 국민연금공단의 경우 기존에 국민연금 급여 중 장애연금 지급과 관련된 장애판정 업무에 대한 경험, 기초생활보장수급제도에 있어서 근로무능력자에 대한 판정업무에 대한 경험, 장애인활동지원제도를 수행하고 있는 경험, 마지막으로, 2015년도부터 2017년도까지 3차례에 걸쳐 시행된 장애등급제 개편 시범사업에 참여한 경험 등 장애와 관련된 업무를 지속적으로 수행해 왔기 때문에 다른 공공기관에 비해 상대적으로 장애에 대한 전문성을 갖추고 있다. 둘째, 독립적 전달체계를 구축함에 있어서 소비자, 즉 장애인의 접근성이 보장되어야 하는데, 2020년 1월 기준 전국에 7개 지역본부와 109개 지사가 설치 및 운영되고 있어서 장애인의 지역적·물리적 접근성에 있어서 용이함을 알 수 있다.

국민연금공단+장애인종합지원센터 협업모형은, 장애판정은 국민연금공단에서 실시하고, 드림스타트와 같이 그 이후에 진행되는 서비스지원 종합조사, 개인별 지원계획 수립 및 사후관리를 전담하는 별도의 독립적 전달체계인 가칭 '장애인종합지원센터'를 시·군·구마다 설치하여 진행하는 것이다. 이와 같은 모형은 기본적으로 발달장애인과 비발달 장애인을 구분하지 않고, 모든 장애 유형에 대해 종합조사, 개인별 지원계획 수립 등과 같은 사례관리를 총체적으로 지원하는 모형으로서, 이와 같은 모형이 향후 전국적으로 구축된다면 기존에 설치된 지역발달장애인지원센터의 역할 또한 새롭게 고민되어야 할 것이다. 한편, 이와 같은 모형은 국민연금공단과 장애인종합지원센터, 두 주체 간의 전문성을 살릴 수 있다는 측면에서는 강점이 있다. 반면, 장애인종합지원센터가 시·군·구 단위로 설치될 수밖에 없기 때문에 읍·면·동 주민센터와 같은 접근성을 기대하기는 어렵다는 점과 새로운 전달체계를 설치할 때 수반되는 초기비용을 확보하는 것이 어렵다는 단점이 있다. 또한 장애인종합지원센터의 법적 권한과 위상이 기존 '지역발달장애인지원센터'와 같은 수준에 머물 수밖에 없기 때문에 공적급여에 대한 최종 결정 권한도 시 · 군 · 구에 있을 뿐만 아니라, 지역사회 자원을 연계하는 것도 시 · 군 · 구와 같은 지방정부와 비교했을 때 현실적으로 쉽지 않다. 하지만 초기구축 비용의 경우 현재 국민연금공단 내에 존재하고 있는 '장애인지원실' 내의 서비스 종합조사 인력을 이동 및 재배치한다면 상당 부분 해결될 수 있을 것으로 판단된다.

5. 발달장애인 복지서비스 전달체계 사례[3)]

1) 보건의료 관점에서의 발달장애인 보건서비스의 문제점

(1) 발달장애인 보건의료서비스 컨트롤 타워 부재

발달장애인 보건의료서비스에 관한 컨트롤 타워가 없으며, 국립정신건강센터의 행동발달증진센터가 거점병원을 지원하는 형태로 운영되는 한계에 대한 지적이 있다.

발달장애인 복지서비스에 관해서 중앙장애아동 · 발달장애인지원센터 및 지역발달장애인 지역센터가 신설되어 추진되고 있지만, 보건의료서비스에 관한 컨트롤 타워는 없는 상태이고 운영체계 및 관련 교육 지원을 국립정신건강센터 행동발달증진센터에서 단편적으로 수행되고 있다. (참여자 A1, 2020. 3. 15.)

국립정신건강센터의 행동발달증진센터는 추가 지정 예정인 6개의 거점병원의 운영체계 및 관련 교육을 지원하게 되어 있지만, 국립정신건강센터의 행동발달증진센터도 인력 및 예산 문제로 인해 운영체계 확립이 미흡할 뿐만 아니라 관련 전문가도 부족한 상태이다. (참여자 B, 2020. 3. 17.)

3) 배영현 외(2022). 전문가 경험 분석을 통한 발달장애인 보건복지서비스 전달체계 개선방안 연구. 정서 · 행동장애연구, 38(2), 217-230.

(2) 발달장애인 보건의료서비스 전문시설 및 인력 부족

발달장애인 거점병원은 2곳, 행동발달증진센터는 3곳뿐으로 시설이 부족하고 관련 전문가 양성도 어려운 상황이다. 이로 인해 공공의료의 제 역할을 충실히 수행하지 못하여 민간시설이 역할을 대신하고 있다. 이러한 이유로 발달장애인에게 체계적인 조기 진단 및 개입을 위한 보건의료서비스 제공이 어렵다는 문제가 있다.

> 발달장애인의 조기 진단과 개입은 최대한의 건강 회복, 삶의 질 향상을 비롯해 사회참여를 통해 진정한 사회통합을 위한 기본 토대라고 볼 수 있지만, 국립정신건강센터의 행동발달증진센터, 지정 거점병원인 한양대학교병원 및 부산대학교병원과 행동발달증진센터가 설치되어 행동발달증진센터 3곳, 거점병원 2곳으로는 발달장애인에게 체계적인 조기 진단 및 개입을 위한 보건의료서비스 제공이 현실적으로 어려운 상황이다. (참여자 B, 2020. 3. 17.)
>
> 행동발달증진센터와 거점병원의 규모와 인력적인 한계로 인해서 발달장애인의 행동발달 치료와 발달재활서비스는 민간시설에서 공공의료를 대신해 이루어지고 있는 현실이다. (참여자 C1, 2020. 3. 19.)

(3) 발달장애인 보건의료서비스 지원 부족

발달장애인 보건의료 통합 데이터베이스 구축이 지연되고 있으며, 시행 중인 발달재활서비스조차 충분한 예산 지원이 되지 못하는 실정이다. 이로 인해 전반적인 보건의료

> 중앙장애아동·발달장애인지원센터는 발달장애인 통합 데이터베이스 구축을 추진하고 있지만, 담당 인력 부족 및 보건의료서비스 지원 체계와 연계가 되지 않아 통합 데이터베이스 구축이 지연되고 있다. (참여자 A1, 2020. 3. 15.)
>
> 사회서비스 전자바우처에 의해 발달재활서비스를 받을 수 있도록 지원하고 있지만, 서비스범위의 제한으로 인해 민간시설에서 고가의 비용을 지불하고 치료를 받는 실정이다. (참여자 A2, 2020. 3. 15.)

서비스 지원이 부족하다는 문제가 있다.

(4) 발달장애인 보건의료시설 구축과 전문가 양성의 어려움

발달장애인의 건강보험 수가는 낮은 단가와 비급여로 책정되어 병원에서는 적자에 대한 부담으로 운영을 꺼리는 실정이다. 중앙장애아동·발달장애인지원센터에서는 발달재활서비스 자격관리를 수행하고 있지만, 행정적 관리에 초점을 두고 있어서 보건의료시설 구축과 전문 인력 양성에는 한계가 있다는 문제가 있다.

> 발달장애인의 행동발달치료와 발달재활서비스 등이 건강보험에서 낮은 단가의 급여지원 또는 환자 본인 부담인 비급여로 책정되어 있어 병원에서는 적자 경영이 불가피하여 질 높은 의료서비스를 제공하기 어려울 뿐만 아니라 발달장애인 전문 의료기관 신설이나 관련 전문가 양성이 이루어지고 있지 못한 실정이다. (참여자 C2, 2020. 3. 19.)
>
> 중앙장애아동·발달장애인지원센터에서 발달재활서비스 제공인력 자격관리를 수행하고 있지만 발달재활서비스 전문가의 질 향상을 위한 전문직업성 관리 및 업무 능력 향상 교육 등은 이루어지고 있지 못한 실정이다. (참여자 B, 2020. 3. 17.)

(5) 발달장애인 보건복지서비스 연계 어려움

보건의료서비스는 개별 전문 분야별 서비스를 제공하기 때문에 복지서비스 업무체계와 연계하여 업무를 수행하는 것을 피하려는 경향을 보인다. 그리고 복지서비스 업무체계는 현재 구축된 행동발달증진센터나 거점병원과 같은 보건의료서비스 기관과는 연계가 이루어지지 않고 있으며, 특히 지역사회 중심의 통합적인 보건복지서비스가 부재하다는 점이 문제로 지적되었다.

> 보건의료 전문가들은 개별 전문분야 및 영역을 지키면서 행정적인 지원을 받고 싶어하지만 복지서비스 업무체계에 포함되어 업무 수행하는 것을 선호하지 않아 협조가 원활하지 않다. (참여자 A2, 2020. 3. 15.)

> 중앙장애아동 · 발달장애인지원센터 및 지역발달장애인지원센터는 지자체와 협력하여 발달장애인의 복지서비스 확대를 위해 노력하고 있지만, 행동발달증진센터 및 거점병원과는 연계가 되지 않아 반쪽짜리 지원이 이루어지고 있는 현실이다. (참여자 B, 2020. 3. 17.)
>
> 수요자 중심의 보건의료 서비스 제공을 위해서는 지자체와 협력이 필요하지만, 행동발달증진센터 및 거점병원 지정이 추가로 추진되고 있을 뿐 지역사회 중심의 보건복지서비스 연계는 부재한 상태이다. (참여자 C1, 2020. 3. 19.)

2) 해외 사례: 프랑스의 포용적 장애인복지서비스 전달체계

프랑스는 한국과 마찬가지로 장애인과 노인 복지에 대해 이원화된 제도적 배경을 가지면서 자립성연대기금(CNSA)을 조성하여 장애인과 노인의 돌봄 개선 및 삶의 질 향상을 위해 지속적인 노력을 기울이고 있다. 그러나 최근 발달장애인 상당수가 인접 국가 벨기에의 시설로 유입되고, 장애인복지서비스 신청 처리 기간이 늦어지는 등의 문제가 제기되면서 서비스 제공의 효과와 효율을 높이기 위한 행정 절차 개선 및 정보화 작업에 촉각을 곤두세우고 있다. 장애인복지의 전환점을 맞고 있는 현시점에서 제도적 유인을 위해 개인의 선택에 의한 삶의 계획과 사회적 포용을 강조하는 프랑스의 장애인 정책 사례는 시사하는 바가 클 것이다. 이에 개별화되고 포용적인 장애인복지서비스 제공을 지향하는 프랑스 장애인복지 정책의 주요 내용을 소개하고, 우리나라 장애인복지서비스 전달체계 개편에 대한 함의를 제시하고자 한다.

(1) 프랑스 장애인복지의 주요 배경

① 장애의 법적 정의

장애 및 장애인의 정의는 한 나라의 정치적 · 문화적 · 사회적 여건과 수준에 따라 달라진다. 이에 따른 장애인의 상황을 파악하는 것 역시 상당히 복잡하고 어려운 일이라고 할 수 있다. 여느 나라와 마찬가지로 프랑스도 장애개념이 기존의 의료적 관점에서 사회적 관점으로 점차 확대되었고, 보다 통합적이고 일치된 정의의 필요성이 제기되었다. 이와 같은 장애의 정의는 의료적 측면의 기능적 장애들에만 국한되는 것이 아니라 활동의 제한과 제약을 초래하는 환경적 요소와 사회적 참여의 상호작용도 고려하고 있다(박혜미, 2016). 즉, 프랑스의 장애는 환경적 · 개인적 요인들의 상호작용을 반영하는 국제기능장애건강분류(ICF)의 장애개념을 기반으로 한다. 이에 따른 장애인 정책은 보다 광범위한 보상과 접근권 확보, 개인의 선택을 존중하는 서비스 지원을 강조한다.

② 장애개념의 변화와 자립성연대기금(CNSA)의 도입

장애인 정책은 노인 분야와 마찬가지로 사회적 원조의 개념에서 출발하였다. 그러나 장애를 바라보는 사회적 관점이 진화하면서 점차 장애인 문제를 다루는 방법도 변화한다. 우선 장애 문제는 산업화로 인한 산업재해와 관련하여 새로운 형태의 일이나 사고에 따른 위험으로 간주되며, 원조적 접근 차원에서 보험적 접근 차원으로 전환되었다. 세계대전 이후 장애에 대한 관점이 회복의 차원으로 접근되었다가 2005년 「장애인법」과 마드리드 선언에 따라 차별적 동정을 벗어나 기회의 평등을 기반으로 하는 새로운 보상의 개념으로 확대된다.

③ 「장애인법」 제정의 성과

현재까지 장애인복지의 핵심 법안으로 기능하고 있는 「장애인법」은 장애의 정의, 장애인과 장애인 서비스의 개념, 장애인 정책과 서비스 전달체계 전반을 재구성하는 계기가 되었다(황주희 외, 2017). 「장애인법」은 어떤 원인에 의한, 어떤 성질의 결핍이든 나이와 삶의 형태에 상관없이 장애인의 보편적 권리를 보장할 수 있고, 장애로 인한 결과들에 대해 개별화된 보상이 가능하며, 개인의 선택에 의한 삶의 계획에 따른 지원을 강조하고 있다. 이러한 맥락에서 개인 삶의 계획에 대한 통합적 지원을 위해 별도의 원스톱 장애 전담 기구인 지역장애인센터(이하 MDPH)를 설치하였다. 이후 MDPH는 장애인의 행정적 거점이자 법적 권리 보장을 위한 유일한 창구로 기능하게 되었다.

「장애인법」은 고용에서의 차별을 완화하고 장애인 의무고용률을 최소 6% 이상으로 강화하여 장애인이 차별 없이 직업 활동에 참여할 수 있도록 독려한다. 이 법의 제정 이후 장애인 고용이 기업과 공공 영역의 사회적 의무로 자리 잡게 되었고, 장애고용률이 60% 이상 증가한 것으로 조사되었다. 장애실업률은 22%로 비장애실업률의 두 배가량 되는 것으로 파악된다. 또한 장애 아동 및 청소년의 학습권과 집에서 인접한 일반 학교로의 취학 보장을 추진한 결과, 10년 동안 약 두 배가 넘는 장애아동이 일반 학교에 진학한 것으로 나타났다. 여전히 일각에서는 「장애인법」의 미진한 결과에 대한 불만도 있다. 하지만 이 법에는 장애를 바라보는 사회의 시선을 바꾸고 장애인을 향한 사회적 배려를 증진하려는 포부와 이를 위해 장애 관련 정책을 근본적으로 개선하려는 의지가 담겨 있다.

④ '통합'에서 '포용'으로의 변화

프랑스의 장애는 ICF 모델의 상황적 접근과 다양한 환경 요인과의 상호작용을 중요시하며, '모두의 모든 것에 대한 접근', 즉 보편적 접근성과 이를 위한 보상의 원칙을 강조한다. 2005년 「장애인법」에서 '포용(inclusion)'이라는 용어가 직접적으로 사용되지는 않았지만, 이 법이 부여하는 가치와 활동 기조는 포용적 사회의 철학적 배경과 인권 보장을 반영하고 있다.

기본적으로 통합적 모델은 장애인의 구조적 측면이나 활동의 제한에 대해 의료적 처치나 재활로 그 간극을 줄여 정상적인 사회의 일원이 될 수 있도록 하는 것을 강조한다. 그 간극이 너무나 큰 대상자들을 위해서는 별도의 특화된 영역을 구축하려는 경향이 있다. 즉, 통합은 유사성의 권리 보장을 강조하고, 장애인이 비장애인과 비슷해질 수 있도록 적합한 여러 서비스 지원을 통해 모든 수단으로 보상하도록 하지만, 정상의 세계에 맞지 않는 것에 대해서는 배제를 용인한다고 볼 수 있다. 그러나 포용성은 신체적인 차이를 고치려 한다거나 어떻게 해서든 장애인을 기설정된 정상의 범위로 합류하도록 하는 데 치중한다기보다는 장애를 가진 상황의 단일성, 차이, 개인적 특성을 가질 권리를 보장하며 장애인이 사회적 참여에서 배제되는 상황에 대해 관대하지 않다. 이처럼 통합은 정상 상태에 대한 기존 규범에 의문을 제기하지 않지만, 포괄성은 이 규범 자체를 다양하게 만들어 단일한 특성들을 포용한다(Le Capitaine, 2013).

포용적 사회가 지향하는 포용은 인간과 환경의 상호작용을 강조하며 어떤 유형의 결핍일지라도 상호작용적인 장애 상황에 대한 정의를 개념화하므로 모든 장애인이 정상화의 범주로 포함될 수 있게 한다. 다시 말해, 포용의 경계라고 할 수 있는 정상 상태라는 것의 범주가 모두에게 확장된다고 볼 수 있다. 이처럼 포용을 기반으로 하는 접근은 그 사회에서 장애인이 어떠한 위치에 있고, 장애인 정책이 장애인에게 어떻게 영향을 미치며, 어떠한 방향으로 그들의 삶을 이끌어 내는지의 분석과 연관된다. 즉, 사회적 포용은 사회적 권리의 확보, 참여에 이르는 과정으로 간주된다. 이와 관련된 원칙들을 제시하는 2005년 「장애인법」은 프랑스 장애인 정책의 실천 방향이 근본적으로 바뀌는 계기가 되었다. 또한 기존의 장애카드, 장애인우선권카드, 장애주차카드를 대체하여 포괄이동카드(CMI)가 도입된 것도 장애 혹은 자립성 상실 상황의 대상자들이 일상생활을 용이하게 하는 범주를 보다 개별적 · 포용적으로 적용하려는 기조를 반영한 것이라고 해석할 수 있다.

(2) 지역 장애인센터(MDPH)의 전달체계

① MDPH의 구조와 현황

지역 장애인센터인 MDPH는 장애인 관련 급여 및 지원 서비스, 수급을 위한 욕구 평가 등을 담당하고, 종합적인 장애판정 체계를 구축하며, 장애인복지서비스 제공의 중추적 역할(박혜미, 2016)을 수행하고 있다. 프랑스의 경우, 한국과 같이 장애의 유형 및 등급을 구분하여 정의하고 있지 않으나 별도의 분류 체계를 통해 장애판정 및 장애인복지서비스에 대한 수급자격의 심사가 이루어진다. 대부분의 선진국에서 장애인복지서비스 대상에서 장애인과 비장애인을 구분하지 않는 보편적 전달체계를 구축하고 있는 것과 달리, 장애인을 대상으로 독립적인 원스톱 창구인 MDPH를 구축한 프랑스의 사례는 전 세계에서 비슷한 사례를 찾아보기 힘든 독특한 전달체계라고 할 수 있다(서동명, 이승기, 조윤화, 2012).

② MDPH의 조직과 기능

MDPH는 의료, 준의료 전문가와 심리학, 사회복지, 교육, 고용 및 직업교육 분야의 전문 인력으로 구성되는 다학제적 종합사정평가팀을 조직하여 장애와 관련된 보상 욕구를 사정하도록 하고 있다. 팀의 구성은 「장애인법」에 명시된 바와 같이 어떤 원인과 유형의 장애에 관한 욕구를 사정하느냐에 따라 다르게 구성될 수 있다. 대상자의 욕구 및 특성에 따라 관련 기관이나 해당 서비스에 협력을 요청할 수 있고, 희귀 질병의 경우 특정 센터를 지정하여 팀을 운영할 수도 있다.

종합사정팀의 주 업무는 장애인의 보상에 대한 욕구 정도를 평가하고, 영구적 제한과 관련하여 삶의 계획과 법률적 근거에 따라 개인보상계획(PPC)을 제안하는 데 있다(Art. 64- L.146-8). 종합사정팀은 장애인의 삶의 계획을 반영하여 보상 필요도를 평가하고, 장애인과 그 후견인이 스스로 자신이 원하는 삶의 방향을 계획할 수 있도록 그들의 요구사항에 대한 정보를 제공하고 지원한다.

③ 개별화된 계획 중심의 서비스 지원

2002년 사회의료서비스 활동의 개혁에 관한 법은 서비스 제공 체계가 아닌 이용자 중심으로, 즉 그의 발언, 그의 계획에 대한 표현에 따라 적합한 서비스 지원을 모색해야 함을 부각시킨다. 2005년 「장애인법」도 이와 같은 맥락에서 장애인은 더 이상 그의 결핍에 따라 정의되는 것이 아니라, 그가 놓인 현실적인 상황(생활 습관, 가족 관계, 지역 공간 접근성 등)에 따라 각 제한에 맞는 보상, 완화, 재활 및 치료를 필요로 함을 강조한다. 또한 장애인은 온전한 그리고 능동적 주체이므로 그의 욕구만으로 축소하여 간주되어서는 안 되며 그의 열망이 모든 개입의 출발점으로 고려될 것을 추구한다.

장애인은 욕구, 바람, 기대 등을 자유롭게 표현하는 '삶의 계획'을 네 장으로 구성된 서면으로 MDPH에 제출할 수 있다. 장애인의 요청 시 이를 작성하기 위해 필요한 도움을 제공하는 것 또한 MDPH의 주요 임무 중 하나다. 삶의 계획은 하나의 표현과 소통의 공간으로 장애인, 장애아동의 부모, 법적 대리인이 장애인의 상황과 기대에 가장 적합할 수 있는 보상이 이루어질 수 있도록 한다.

장애인과 종합사정팀이 그의 삶의 계획에 대해 심도 있는 대화와 협상을 거친 후 개인보상계획(PPC)이 작성된다. 개인보상계획은 삶의 계획과 사회적 활동, 참여 및 기능의 제한 정도를 반영한 보상 필요도에 따라 허용된 장애인의 법적 권리 및 제공받을 수 있는 급여와 서비스들을 명시하고 있다. 아동을 위해서는 개인진학계획(PPS)을 작성한다. 이는 장애인 권리·자립위원회(CDAPH)가 최종 결정을 내리기 전에 장애인과 그의 가족 등 주변 환경과 소통하는 중요한 기회가 된다.

또한 중복합 장애인이 서비스의 단절 없이 생애주기별 욕구에 맞는 질적인 동반을 받을 수 있도록 종합동반계획을 수립하고 있다. 종합동반계획은 필요에 따라 장애인이 받고 있는 서비스의 제공기관, 서비스 및 프로그램들을 확인하고, 어떤 성격의 서비스를 누구에게 얼마나 자주 지원받고 있는지를 포괄적으로 파악하여 개입하는 전문 인력들 가운데 코디네이터를 지정하도록 하고 있다. 이러한 새로운 장치의 도입은 MDPH가 장애인 지원 서비스의 질적 수준에 대한 포용적 분석을 강화하고, 서비스 제공자들을 연계하여 서비스 제공의 단절을 예방하는 것에 주력할 필요가 있음을 시사한다.

(3) 시사점

우리나라는 서비스의 파편화, 분절, 중복으로 인한 장애인복지서비스 이용의 불편을 해소하고자 서비스 종합판정 도입을 필두로 하는 장애인복지서비스 전달체계의 개편을 앞두고 있다. 프랑스는 2005년 「장애인법」 제정과 함께 도입한 장애인 대상의 독립적 원스톱 창구인 MDPH를 중심으로 종합사정 체계를 구축하고, 개별화된 포용적 서비스 지원 방식을 추구하고 있다. 즉, 지역장애인센터는 적절한 정보 제공, 서비스 신청 및 이용 절차의 간소화를 통한 이용자의 편의 증진뿐 아니라 서비스의 분절성과 파편화를 예방하는 전달체계 중심으로 기능한다. 장애인의 서비스 이용을 위한 진입 단계를 단일화·단순화할 수 있는 전문 창구의 부재는 장애인의 욕구에 따른 서비스 연결의 어려움을 유발할 수밖에 없다.

읍·면·동 복지 허브화를 통해 찾아가는 맞춤형 서비스 체계를 구축한다고 하더라도 맞춤형 지원을 위해서는 장애인에 대한 이해 및 관계 설정, 전문적 개입을 위한 실천 전략 등 제공 주체들의 전문성과 이념적 정체성을 강화해야 할 필요가 있다. 「장애인법」 제정 이후 프랑스의 장애인복지는 국가적 연대를 기반으로 포용적 사회 구현을 위해 장애로 인한 결과들을 보상하여 장애인의 자립을 도모하고, 스스로 선택할 수 있는 가능성을 부여함으로써 장애인이 사회 전 영역에 온전히 참여하며 시민권을 행사할 수 있도록 접근권을 보장하고자 하였다. 통합보다는 포용성을 강조하는 이념적 흐름은 장애인의 있는 그대로를 받아들이고, 그의 관점을 반영하는 방식의 중요성을 부각시킨다. 즉, 장애인에 대한 개입은 관계의 상호성과 선택의 능력을 통해 개인과 그가 놓인 환경 사이의 불균형을 해소하는 데 목적이 있다. 이제 돌봄을 제공하는 것이 아니라 장애인의 선택을 동반하는 것으로 장애인 지원의 의미가 전환되었다.

최근 프랑스는 서비스 제공의 연속성과 효율성을 강화하고 포용적인 지원을 보장하기 위해 공동 정보 시스템을 도입하여 전문 종사자들 간의 정보 공유를 활성화하고, 전달체계를 간소화하여 장애인의 편의를 증진하고자 한다. 삶의 계획, 개인보상계획을 보완할 수 있는 종합동반계획을 통해 서비스지원계획을 고안하는 것을 넘어 서비스 지원의 단절을 예방하고, 포용적인 분석과 전문가들 간 연계 및 조정으로 서비스의 질적 수준을 제고하고자 노력하고 있다. 이처럼 프랑스가 주도하고 있는 장애인복지 정책의 다각적인 변화는 장애인의 선택에 대한 존중을 통한 사회적 포용 실현이라는 정책적 의지를 드러낸다. 한국도 맞춤형 지원체계 구축을 통해 장애인복지서비스 전달체계 전반을 개선하고 장애인의 삶의 질 향상을 도모하고자 장애인 등급제 폐지라는 큰 개혁의 전환점을 앞두고 있다. 이러한 시점에서 장애인의 권익과 참여를 증진시킬 수 있는 현실적이고 합리적인 개편의 방향성을 명확히 할 필요가 있다. 특히 장애인의 자립생활을 위한 포용사회 구현이라는 제5차 장애인 종합계획의 비전과 현 정부의 포용적 복지국가에 대한 국정 전략을 통해 드러난 포용적 접근에 대한 정책적 기조를 공고히 하는 것이 매우 중요하다.

학습과제

- 공적서비스의 이중 전달체계에 대한 대안을 제시해 보자.
- 장애인복지서비스 전달체계 시스템이 실제 장애인들에게 연착륙할 수 있는 방안을 제시해 보자.

참고문헌

김경란(2014). 서비스 전달과정에서의 수요자 중심성이 장애인의 삶의 질에 미치는 영향. 이화여자대학교 대학원 박사학위논문.

김용득(2007). 영국 사회복지서비스의 구조와 서비스 질 관리 체계. **보건복지포럼**, 76-91.

김정희, 조홍식, 박희찬, 김용득, 이승기, 김경란, 이선화(2012). **장애인서비스지원 체계 구축 및 제도 개선방안 연구**. 한국장애인개발원, 보건복지부.

배영현 외(2022). 전문가 경험 분석을 통한 발달장애인 보건복지서비스 전달체계 개선방안 연구. **정서·행동장애연구, 38**(2), 217-230.

박혜미(2016). 프랑스의 노인과 장애인을 위한 장기요양 정책 분석: APA와 PCH를 중심으로. **보건사회연구, 36**(1), 349-376.

백은령(2010). 장애인복지 분야의 사례관리실천 현황과 과제. **사례관리연구, 1**(1), 23-46.

서동명, 이승기, 조윤화(2012). 수요자 중심형 장애인복지 전달체계 모델 개발 연구. **한국장애인복지학, 17**, 191-216.

서재호(2008). 기초자치단체의 사회복지서비스 전달체계 개편에 대한 평가; 사회복지전달체계의 구성원칙을 중심으로. **한국거버넌스학회보, 15**(1), 139-164.

신현욱, 최영광, 전동일(2011). **수요자 중심의 직업재활서비스 연계 촉진방안 연구**. 장애인복지관협회.

심석순(2015). 발달장애인 서비스 전달체계의 비판적 고찰: 발달장애인법의 발달장애인 지원센터 설치조항을 중심으로. **비판사회정책, 48**, 187-218.

오혜경(1998). **장애인 복지학 입문**. 아시아미디어리서치.

윤상용(2012). 장애인복지서비스 전달체계의 분석과 발전적 대안 모색: 서비스 진입체계를 중심으로. **생활과학연구논총**, 16(1).

이승기, 김동기(2020), 장애인서비스 종합지원체계 도입에 따른 전달체계 개편과 법적 강화방안에 관한 고찰. **사회복지법제연구**, 11(1).

이진(2009). 한국 사회복지전달체계 개선방안에 관한 연구: 지방정부 역할을 중심으로. 국민대학교 대학원 박사학위논문.

이진, 소순창(2016). 한국 가족복지전달체계 개선방안에 대한 연구: 전달체계의 적절성, 통합성, 지속성을 중심으로. **지방정부연구**, 20(1), 81-108.

정순둘, 김경미, 박선영, 박형원, 최혜지, 이현아(2007). **사회복지와 임파워먼트**. 학지사.

정일교, 김만호(2010). **장애인복지론**. 양서원.

홍인정(2010). 사회복지서비스 전달체계의 현황 및 시사점; 구성원칙 중 전문성을 중심으로. 보건복지포럼, 한국보건사회연구원.

Gates, B. (1980). *Social program administration: The implementation of social policy*. Prentice Hall.

Gilbert, N., & Specht, H. (1974). *Dimension of social welfare policy* (p. 29). Englewood.

Gilbert, N., & Specht H. (1986). *Dimensions of social welfare policy* (2nd ed.), Prentice-Hall.

Harris, J., & Roulstone, A. (2011). *Disability, policy and professional practice*. SAGE Publications.

Le Capitaine, J.-Y. (2013). L'inclusion n'est pas un plus d'intégration: L'exemple des jeunes sourds. *Empan, 89*, 125-131.

Metzler, H., et al. (2007). Begleitung und Auswertung der Erprobung trägerübergreifender persönlicher Budgets.

〈추천 동영상〉

- 희망복지지원단

  https: //www.youtube.com/watch?v=Qn_awoT6T_A

  -보건복지부 희망복지지원단 활동을 애니메이션과 함께 만든 영상

제 9 장

장애인복지시설에 대한 이해

학습개요

장애인복지시설의 유형별 기능과 특성, 설치 및 운영 현황에 대해 살펴보고, 각 유형별 시설이 안고 있는 문제점과 해결방안을 점검해 봄으로써 장애인복지시설에 대한 이해를 넓히고, 장애인복지시설과 관련한 정책 및 실천 실태를 파악한다.

학습목표

- 장애인복지시설을 유형별로 살펴본다.
- 장애인복지시설의 문제점 개선을 위한 방안들에 대해 살펴본다.

1. 장애인복지시설의 역사와 패러다임의 변화

1) 장애인복지시설의 역사

역사적으로 장애인복지시설은 구빈원에서 그 기원을 찾을 수 있다. 봉건체제에서 근대 자본주의로 변화되어 가는 과정에서 발생한 노동 가능한 빈민과 노동 불가능한 빈민, 즉 사회적 일탈자로 낙인되었던 집단을 격리 수용하기 위한 조치로 나타난 구빈원에서 출발한 것이다. 오늘날의 시각에서 보면 이러한 장애인 수용시설은 사회적 일탈자들에 대한 대응책으로 설계된 매우 비인권적인 제도였으며, 운영방식 또한 처벌적인 태도를 취하고 있었기 때문에 이로 인해 나타나는 부정적 결과들은 우리나라뿐만 아니라 서구 사회에서도 이미 확인된 바 있다.

우리나라의 장애인복지시설은 1950년대의 전쟁고아 보호시설에서 출발하였다. 1956년 당시의 시설은 허약아 갱생원, 지체부자유자 갱생시설, 맹아 갱생시설, 신체장애자 수산시설, 보신 제작시설, 점자도서관, 점자출판사업으로 분류되어 있었다. 1970년대에 들어서면서 이러한 시설들이 장애인 생활시설로 대대적으로 전환되었고, 1981년에 제정된 「심신장애자복지법」에서는 지체부자유자 재활시설, 시각장애자 재활시설, 언어 · 청각장애자 재활시설, 정신박약자 재활시설 등 장애 유형에 따른 분류와 심신장애자 요양시설, 근로시설, 점자도서관, 점자출판시설 등 서비스에 따른 분류를 병용하기 시작하였다.

1989년에 전면 개정된 「장애인복지법」에서는 장애인 재활시설, 장애인 요양시설, 장애인 유료시설과 이용시설을 새롭게 채택하였고, 직업재활시설을 근로시설과 보호작업장으로 이원화시켰다. 1990년대에 들어서는 기존의 유형들 외에 소규모 공동생활가정 및 단기보호시설이 설치되기 시작하였다(김용득, 2008). 1999년에 다시 동법이 전면 개정된 이래, 장애인복지시설의 종류는 장애인 생활시설, 장애인 지역사회재활시설, 장애인 직업재활시설, 장애인 유료복지시설, 장애인 생산품 판매시설로 분류되었다. 2011년에는 「장애인복지법」 제58조(장애인복지시설) 제1항 각 호에 따라 장애인 거주시설, 장애인 지역사회재활시설, 장애인 직업재활시설, 장애인 의료재활시설, 장애인 생산품 판매시설로 분류하였다. 가장 최근에는 피해장애인 쉼터가 추가되었다.

서구의 경우, 대규모 장애인 수용(생활)시설은 탈시설화 및 지역사회 거주 경향으로 인하여 그 숫자가 대폭 감소해 왔으며, 소규모 생활시설이나 대안적 형태의 시설이 증가하는 경향을 보이고 있다. 우리나라에서도 이와 유사한 변화가 일어났는데, 2011년에 시설 소규모화를 주요 골자로 「장애인복지법」 제59조 개정을 통해 장애인 거주시설의 정원은 30명을 초과할 수 없도록 하였다. 그러나 법 개정 이후 기존의 대규모 시설에 대한 소규모화 정책 적용과 후속 조치가 잘 이루어지지 않아 실효성은 부족하다고 평가되고 있다(서해정, 이선화, 2018).

2) 장애인복지시설 관련 패러다임의 변화

국내 및 국외 장애인복지서비스 패러다임은 장애인을 지역사회로부터 격리하고 분리하여 보호하려는 서비스에 지나지 않았던 단계에서 훈련과 교육에 중점을 두는 서비스 단계로 발전했고, 이어 지역사회에서의 통합된 생활에 초점을 맞추는 단계로 변화해 왔다(임성만, 2009). 장애는 개인적 비극이고, 치료해야 할 대상으로 보며, 지극히 개인의 문제로 치부하던 개인적 · 의료적 모델에서 사회환경의 변화를 통한 장애문제의 해결책에 초점을 두는 사회적 모델로의 주류 담론 변화는 장애인복지의 전 영역에서 변화를 촉구하고 있다. 특히 수용 또는 생활시설 중심의 분리적 보호서비스에서 장애인 당사자의 선택권과 자기결정권을 강조하는 정상화와 탈시설화 이념에 기초한 자립생활 패러다임으로의 전환을 요구하고 있고, 지역사회에 기반한 거주와 생활을 이룰 수 있는 새로운 모형의 서비스를 요구하고 있다. 지역사회에 거주하면서 개인의 행복을 추구할 수 있는 제반 도움과 서비스를 받을 수 있는 지원에 대한 욕구가 높아지고 있는 것이다.

장애인복지시설과 관련한 변화 중 눈여겨보아야 할 것은 '시설의 소규모화'다. 2011년 3월 30일에 「장애인복지법」이 개정되면서 장애 정도와 생활환경을 고려해 시 · 군 · 구에서 거주시설 이용 적격성을 심사하도록 규정하고, 신축되는 거주시설은 거주 인원이 30명을 초과할 수 없도록 하였다. 또한 '생활시설'이라는 용어 대신에 '거주시설'이라는 용어를 사용하여 기존의 지역사회 재활시설에 포함되었던 '장애인 공동생활가정'과 '장애인 단기보호시설'을 거주시설에 편입시켰다. 이러한 변화는 기존 생활시설의 대규모화와 집단적 서비스 제공으로 인한 부작용을 개선하고 질 높은 서비스를 제공하고자 하는 정책의 시작으로 해석할 수 있다.

그러나 장애인 거주시설 소규모화 정책은 탈시설 정책과 유기적으로 연동되어 장애인의 지역사회 거주 확장과 안정화로 연결되지 못하는 한계점이 많이 지적되어 왔다. 특히 2023년 기준 거주시설의 평균 거주 인원이 42명으로, 여전히 소규모로 보기 어려운 시설 운영이 이루어지고 있으며, 오히려 시설을 분할하여 증식하는 악용의 사례도 발견되고 있다고 비판받고 있다. 탈시설 후 주거나 활동지원, 주간활동 등의 인프라가 여전히 부족한 문제, 시설이 소규모화되면서 겪게 되는 국고 지원 기준 축소의 문제, 가족의 탈시설화 반대로 정책의 실효성이 의심되는 문제 등을 겪어 왔다(서해정, 이선화, 2018).

3) 탈시설 정책과 흐름

서구의 탈시설화 운동은 1960년대에서 1970년대에 활발히 이루어진 반면, 우리나라의 탈시설화 운동은 2000년대를 기점으로 이루어졌다고 보는 것이 일반적이다. 그러나 중앙정부의 탈시설화 정책은 법적 근거가 약하고, 이 정책을 추진할 전담부서나 인력, 로드맵이 마련되어 있지 않아 공공 영역, 즉 중앙정부의 탈시설화 정책은 그 실체를 찾기가 힘들었다(강정배, 김현지, 김태용, 2018). 2011년부터 장애인 자립생활센터 중점사업으로 탈시설화 지원업무를 추가했지만 예산지원이 부족할 뿐 아니라(조한진 외, 2012), 2017년 장애인복지시설 사업안내에서 중증장애인 자립생활센터의 지원사업으로 '시설거주장애인 탈시설화 자립지원 등의 서비스' 제공이 언급되었으나 이것도 역시 집행 예산 편성이나 지원 매뉴얼 부재 등 실행력에 있어 빈약함을 보였다.

여러 비판하에 정부는 2021년 8월 '탈시설 장애인 지역사회 자립지원 로드맵'을 발표했다. 2022년부터 2024년까지 3년간 시범사업을 추진하고 2025년부터 본사업으로 전환하여 연간 740명씩 자립을 지원해서 2041년 지역사회 전환을 마무리하는 것이 그 계획의 핵심이다. 그러나 2024년 기준 시범사업 집행률이 저조(26.3%)하고(경향신문, 2024. 11. 3.), 예산 삭감 등으로 본사업으로의 전환에 난항을 겪는 등 문제가 드러나고 있다. 특히 지역 간 격차가 있고, 인프라가 부족하여 지방자치단체별 격차가 드러나고 있으며, 가족의 돌봄 부담 등으로 정책 추진에 어려움이 존재한다.

2. 장애인복지시설의 유형과 현황

「장애인복지법 시행규칙」 [별표 4]에서는 장애인복지시설을 장애인 거주시설, 장애인 지역사회재활시설, 장애인 직업재활시설, 장애인 의료재활시설, 장애인 생산품 판매시설, 피해장애인 쉼터(성인 및 아동)로 분류하고 있다. 피해장애인 쉼터는 2025년 4월 23일

시행된 「장애인복지법」 개정에 따라 추가되었다. 유형별로 분류하여 살펴보면 다음과 같다.

1. **장애인 거주시설**: 거주 공간을 활용하여 일반 가정에서 생활하기 어려운 장애인에게 일정 기간 동안 거주 · 요양 · 지원 등의 서비스를 제공하는 동시에 지역사회생활을 지원하는 시설
2. **장애인 지역사회재활시설**: 장애인을 전문적으로 상담 · 치료 · 훈련하거나 장애인의 일상생활, 여가활동 및 사회참여활동 등을 지원하는 시설
3. **장애인 직업재활시설**: 일반 작업환경에서는 일하기 어려운 장애인이 특별히 준비된 작업환경에서 직업훈련을 받거나 직업생활을 할 수 있도록 하는 시설
4. **장애인 의료재활시설**: 장애인을 입원 또는 통원하게 하여 상담, 진단 · 판정, 치료 등 의료재활서비스를 제공하는 시설
5. **장애인 생산품 판매시설**: 장애인 생산품의 판매 활동 및 유통을 대행하고, 장애인 생산품이나 서비스 · 용역에 관한 상담, 홍보, 판로 개척 및 정보 제공 등 마케팅을 지원하는 시설
6. **피해장애인 쉼터**: 학대 등으로 피해를 입은 장애인을 임시로 보호하고, 사회복귀를 지원하기 위해 설치 · 운영하는 시설

장애인 거주시설	장애인 지역사회재활시설	장애인 직업재활시설	장애인 생산품 판매시설
1. 장애 유형별 거주시설 2. 중증장애인 거주시설 3. 장애영유아 거주시설 4. 장애인 단기거주시설 5. 장애인 공동생활가정 6. 독립형 주거서비스 제공기관	1. 복지관 2. 주간보호시설 3. 체육시설 4. 수련시설 5. 생활이동지원센터 6. 수어통역센터 7. 점자도서관 8. 점자도서 및 녹음서 출판시설 9. 재활치료시설	1. 보호작업장 2. 근로사업장 3. 직업적응훈련시설	생산품 판매시설

장애인 의료재활시설	피해장애인 쉼터
의료재활시설	1. 장애인 쉼터 2. 피해장애아동 쉼터

표 9-1 장애인복지시설의 현황 (단위: 개소)

구분	2015년	2020년	2025년
장애인 거주시설	1,484	1,539	1,524
장애인 지역사회재활시설	1,248	1,519	1,816
장애인 직업재활시설	560	720	827
장애인 의료재활시설	20	18	19
장애인 생산품판매시설	17	18	19
피해장애인 쉼터	–	–	19[1)]

출처: 보건복지부(2015, 2020, 2025). 장애인복지시설 일람표 재구성.

전국의 장애인복지시설은 〈표 9-1〉과 같은 추세로 증가되어 왔는데, 2011년의 시설 유형 분류가 개정되면서 지역사회재활시설로 분류되던 단기거주시설 및 공동생활가정이 거주시설에 포함되었기 때문에 장애인 지역사회재활시설의 수가 가장 많음을 알 수 있다.

1) 장애인 거주시설

우리나라의 장애인 거주시설은 1970년대부터 확대되기 시작하였으며, 1988년 서울올림픽을 위해 장애인 시설을 도심 외곽으로 이전시키면서 대규모 장애인 시설이 설치되었다. 2012년 「장애인복지법」을 시행하면서 신축 장애인 거주시설의 정원을 30인 이하로 제한하게 되었다. 「장애인복지법」 제58조에 따르면 장애인 거주시설이란 "거주공간을 활용하여 일반가정에서 생활하기 어려운 장애인에게 일정 기간 동안 거주 · 요양 · 지원 등의 서비스를 제공하는 동시에 지역사회생활을 지원하는 시설"을 의미한다. 2011년 3월 30일 「장애인복지법」이 개정되기 이전까지는 장애인 '생활시설'로 명칭이 불리었다가 법 개정과 함께 장애인 '거주시설'로 부르게 되었고, 거주시설 유형에 장애인 단기거주시설 및 장애인 공동생활가정도 포함하게 되었다. 유형별 정의는 〈표 9-2〉와 같이 여섯 가지 유형으로 분류할 수 있다.

1) 2025년 기준 계속 추가 설치 중임.

표 9-2 장애인 거주시설의 종류와 기능

구분	내용
장애 유형별 거주시설	• 정의: 장애 유형이 같거나 또는 유사한 장애를 가진 사람들에게 주거 · 일상생활 · 지역사회생활 등의 서비스를 제공하는 시설 • 종류: 지체 · 뇌병변장애인 거주시설, 청각 · 언어장애인 거주시설, 시각장애인 거주시설, 지적 · 자폐성장애인 거주시설
중증장애인 거주시설	• 장애의 정도가 심하여 항상 도움이 필요한 중증장애인에게 주거지원 · 요양서비스 · 일상생활지원 등의 서비스를 제공하는 시설
장애영유아 거주시설	• 6세 미만의 장애영유아를 보호하고 재활에 필요한 주거 · 일상생활 · 지역사회생활 · 요양 등의 서비스를 제공하는 시설
장애인 단기거주시설	• 장애인에게 일정 기간 주거 · 일상생활 · 지역사회생활 · 요양 등의 서비스를 제공하는 시설
장애인 공동생활가정 (그룹홈)	• 지역사회 내의 일반 주택을 이용하여 장애인들이 스스로 사회에 적응하도록 가정생활 · 사회생활 등의 자립생활을 지원하는 시설
독립형 주거서비스 제공기관	• 장애인에게 가정과 같은 주거여건을 제공하는 여러 개의 개별 주거 공간을 설치하고, 지역사회 자원을 활용하여 주거지원 · 일상생활지원 · 지역사회생활지원 등의 서비스를 제공하는 기관

(1) 장애인 거주시설의 유형별 현황

장애인 거주시설은 1990년도에는 전국 118개에 이르던 것이 2007년에는 314개로 무려 2.6배 이상 증가하였으며, 2011년에 장애인 단기보호시설과 공동생활가정이 거주시설로 편입되면서 2012년의 거주시설의 수가 1,348개로 증가하였다. 2020년 기준으로는 총 1,539개, 2025년 1,524개로 파악되고 있다(보건복지부, 2012, 2020, 2025).

2025년 장애인복지시설 일람표(보건복지부, 2025)에 따르면 장애 유형별 시설은 지체장애인 거주시설이 25개, 시각장애인 거주시설이 15개, 청각장애인 거주시설이 7개, 지적장애인 거주시설이 307개, 중증장애인 거주시설이 251개, 장애영유아 거주시설이 9개, 장애인단기거주시설이 168개, 장애인 공동생활가정이 742개가 설치되어 있는 것으로 집계되고 있다(〈표 9-3〉 참조; 2024년 12월 기준).

표 9-3 장애인 거주시설의 현황[2)]

구분	2015년	2020년	2025년
지체장애인 거주시설	39	28	25
시각장애인 거주시설	16	16	15
청각장애인 거주시설	7	7	7
지적장애인 거주시설	321	317	307
중증장앵인 거주시설	233	251	251
장애영유아 거주시설	10	9	9
장애인 단기거주시설	141	157	168
장애인 공동생활가정	717	754	742
계	1,484	1,539	1,524

출처: 보건복지부(2015, 2020, 2025). 장애인복지시설 일람표 재구성.

(2) 장애인 거주시설 전국 분포 현황

장애인 거주시설이 전국적으로 어떠한 분포를 보이는지 살펴보는 것도 중요하다. 2024년 12월 기준 경기 지역에 317개로 가장 많은 거주시설이 분포되어 있고, 그다음으로는 서울 248개, 경남 96개, 경북 91개의 순으로 나타나고 있다. 반면, 세종, 울산, 제주, 대구 지역에는 상대적으로 적은 수의 거주시설이 설치되어 있는 것으로 나타났다. 시설 유형별로는 장애인 공동생활가정이 전국 대부분 지역에서 가장 많은 수가 분포되어 있다. 공동생활가정을 제외하고는 대부분의 지역에서 중증장애인 시설이나 지적장애인 시설의 수가 많은데, 서울과 대전의 경우에는 단기거주시설이 더 많은 것으로 나타났다. 경기나 인천, 경남, 충북 지역에서는 공동생활가정이 가장 많고, 전북의 경우에는 지적장애인 거주시설의 수가 가장 많고, 경북의 경우에는 중증장애인 거주시설이 가장 많은 것으로 나타났다. 전국 시·도별 장애인 거주시설 분포를 보면 〈표 9-4〉와 같다.

2) 2023년 「장애인복지법 시행규칙」 개정 및 복지부 정책에 따라, '독립형 주거서비스 제공기관'이 장애인 거주시설의 한 유형으로 신설되었다. 전국적으로 정확한 개수는 공식 통계에 아직 별도 집계되지 않았으나, 서울, 경기 등의 대도시를 중심으로 시범사업 및 운영 사례가 빠르게 늘고 있다.

표 9-4 장애인 거주시설의 전국 현황(2024년 12월 기준)

(단위: 시설 수, 명)

시도	합계			지체장애			시각장애			청각장애			지적장애			중증장애			장애영유아			단기			공동		
	시설 수	정원	현원	시설 수	정원	현원	시설 수	정원	현원	시설 수	정원	현원	시설 수	정원	현원	시설 수	정원	현원	시설 수	정원	현원	시설 수	정원	현원	시설 수	정원	현원
합계	1,524	31,229	26,987	25	1,002	843	15	750	550	7	336	164	307	11,957	10,586	251	11,537	10,057	9	427	310	168	2,101	1,719	742	3,119	2,758
서울	248	3,485	2,920	2	80	69	3	142	98	1	35	23	14	652	546	23	1,385	1,130	2	95	61	40	430	390	163	666	603
부산	63	1,351	1,192	3	129	108	0	0	0	0	0	0	14	648	565	8	330	317	2	76	53	3	36	30	33	132	119
대구	52	1,681	1,313	0	0	0	0	0	0	0	0	0	9	729	593	10	732	541	1	50	39	2	26	23	30	144	117
인천	69	1,054	904	2	77	70	1	50	42	1	50	16	6	176	170	11	451	394	1	31	31	5	55	45	42	164	136
광주	80	1,002	927	3	60	56	1	30	27	0	0	0	15	459	428	5	181	156	0	0	0	5	72	65	51	200	195
대전	81	1,396	1,187	1	70	53	1	70	41	0	0	0	8	409	366	11	447	381	0	0	0	20	237	202	40	163	144
울산	28	725	638	0	0	0	0	0	0	1	55	15	1	50	48	9	473	449	0	0	0	7	107	89	10	40	37
세종	7	166	159	0	0	0	0	0	0	0	0	0	3	102	98	1	52	50	0	0	0	0	0	0	3	12	11
경기	317	6,223	5,367	5	97	74	4	118	78	2	86	52	76	2,537	2,223	52	2,293	2,064	1	100	64	29	332	239	148	660	573
강원	69	1,655	1,425	0	0	0	1	80	57	0	0	0	18	653	587	15	691	602	0	0	0	9	114	77	26	117	102
충북	88	1,878	1,666	1	68	57	2	110	77	1	85	43	19	664	605	13	678	643	0	0	0	6	85	76	46	188	165
충남	55	1,802	1,624	0	0	0	0	0	0	0	0	0	18	1,004	889	16	643	611	0	0	0	7	95	75	14	60	49
전북	68	1,792	1,548	3	108	96	1	50	41	0	0	0	30	1,027	917	12	463	366	1	35	32	2	25	25	19	84	71
전남	71	1,568	1,318	2	100	58	1	100	89	1	25	15	28	882	762	8	300	271	0	0	0	5	57	30	26	104	93
경북	91	2,810	2,449	1	97	87	0	0	0	0	0	0	26	1,030	926	35	1,438	1,222	0	0	0	10	167	143	19	78	71
경남	96	1,987	1,794	2	116	115	0	0	0	0	0	0	15	714	665	15	721	630	1	40	30	10	165	146	53	231	207
제주	41	654	556	0	0	0	0	0	0	0	0	0	7	221	197	7	259	230	0	0	0	8	98	64	19	75	65

출처: 보건복지부(2025). 장애인복지시설 일람표.

(3) 장애인 거주시설의 종류별 사업 및 설치 · 운영 기준

개정된 「장애인복지법 시행규칙」 [별표 5]에 따르면, 신규 시설의 규모를 30인 이하로 규정하고 있어서 신설되는 거주시설의 생활인 숫자를 소규모로 제한하고 있음을 알 수 있다.

장애인복지법 시행규칙 [별표 5] 〈개정 2021. 6. 30.〉

장애인복지시설의 종류별 사업 및 설치 · 운영기준(제41조 및 제42조 관련)

I. 공통기준(장애인 거주시설 중 장애인 공동생활가정의 경우에는 적용하지 아니하며, 장애인 거주시설 중 장애인 단기거주시설, 장애인 지역사회재활시설 중 장애인 주간보호시설, 장애인 체육시설, 장애인 수련시설, 장애인 생활이동지원센터, 한국수어통역센터, 점자도서관, 점자도서와 녹음서 출판시설, 장애인 재활치료시설, 장애인 직업재활시설 및 장애인 생산품 판매시설의 경우에는 제3호 나목만 적용한다.)

1. 시설의 입지조건

   시설은 그 분포의 적정성과 보건 · 위생 · 급수 · 안전 · 환경 및 교통편의 등을 충분히 고려하여 장애인이 쉽게 접근하고 편리하게 이용할 수 있는 쾌적한 환경을 갖춘 부지를 선정하여야 한다.

2. 시설의 규모

   상시 10명 이상 30명 이하가 생활할 수 있는 시설을 갖추어야 한다. 다만, 시설 종류별 개별기준에서 10명 미만의 소규모 시설을 따로 정하고 있는 경우와 장애인이 상시 생활하지 아니하는 시설은 예외로 한다.

3. 시설의 구조 및 설비

   가. 시설의 구조와 설비는 그 시설을 이용하는 장애인의 장애 유형별 · 성별 · 연령별 특성에 맞도록 하여야 한다. 다만, 6세 미만의 장애영유아를 위한 시설은 이 기준에 따른 구조 및 설비 외에 「아동복지법」에 따른 아동복지시설 중 영아시설에 준하는 설비를 따로 갖추어야 한다.

   나. 시설에는 장애인 · 노인 · 임산부 등의 편의증진 보장에 관한 법령에 따른 편의시설을 갖추어야 한다.

다. 장애인이 30명 이상 거주하는 시설에는 다음의 설비를 갖추어야 한다. 이 경우 지체장애인이나 뇌병변장애인의 거주시설은 1명당 21.78제곱미터 이상, 청각 · 언어 장애인 거주시설은 1명당 21.78제곱미터 이상, 시각장애인 거주시설은 1명당 19.8제곱미터 이상, 지적장애인 또는 자폐성장애인 거주시설은 1명당 21.12제곱미터 이상, 중증장애인 거주시설은 1명당 18.48제곱미터 이상 및 장애영유아 거주시설은 1명당 18.48제곱미터 이상으로 한다. (이하 생략)

(4) 장애인 거주시설 관리 및 운영요원 배치 기준

「장애인복지법 시행규칙」 [별표 5]에서는 장애인복지시설의 관리 및 운영요원 배치 기준에 대해 다음과 같이 규정하고 있다. 시설에는 다음 각 목의 관리 및 운영 요원을 두어야 한다. 다만, 장애인이 입소하여 생활하지 아니하는 시설의 경우에는 다 · 라 · 마 · 바 · 아 · 카 및 타에 해당하는 요원을 두지 아니할 수 있다.

장애인 거주시설 관리 및 운영요원 배치 기준

가. 시설의 장: 1명

나. 총무: 1명. 다만, 시설거주자가 30명 이상인 시설만 해당한다.

다. 의사 또는 계약의사(시간제 계약에 따른 의사를 포함한다): 1명 이상. 다만, 시설의 장이 의사인 경우에는 의사를 따로 두지 아니 할 수 있다.

라. 간호사 또는 간호조무사: 1명 이상. 다만, 중증장애인 거주시설과 장애인영유아 거주시설의 경우에는 시설거주자 50명당 1명 이상으로 하며, 2명 이상인 경우 1명은 간호사이어야 한다.

마. 생활지도원: 시설거주자가 18세 이상의 성인인 경우 10명당 1명 이상, 아동과 지적장애인 또는 자폐성장애인의 경우 시설거주자 5명당 1명 이상, 시각장애인의 경우 시설거주자 4명당 1명 이상, 중증장애인 거주시설 및 장애인영유아 거주시설의 경우 시설거주자 3명당 1명 이상

바. 영양사: 1명 이상. 다만, 시설거주자가 50명 이상인 시설만 해당한다.

사. 사무원: 1명 이상. 다만, 시설거주자가 100명 이상인 시설만 해당한다.

아. 사회재활교사: 1명 이상. 다만, 시설거주자가 30명 이상인 시설만 해당한다. 이 경우, 시각장애인을 위한 시설의 경우에는 점자 해독이 가능한 자, 청각장애인과 언어장애인을 위한 시설의 경우에는 한국수어 통역이 가능한 자이어야 하며, 여성장애인이 생활하는 시설에는 적어도 1명의 여성교사를 두어야 한다.

자. 직업훈련교사: 직업훈련 또는 작업과목에 따라 필요한 인원

차. 시설관리인: 1명 이상. 다만, 입소하여 생활하는 장애인이 200명 이상인 시설만 해당한다.

카. 조리원: 시설당 1명. 다만, 시설거주자가 50명 이상인 시설의 경우에는 50명을 초과할 때마다 1명을 추가한다.

타. 위생원: 시설당 1명 이상. 다만, 시설거주자가 30명 이상인 시설만 해당하며, 시설거주자가 100명 이상인 시설의 경우에는 100명을 초과할 때마다 1명을 추가한다.

(5) 장애인 거주시설별 설비 기준

「장애인복지법 시행규칙」 [별표 5]에서는 장애인복지시설 유형별 설비 기준에 대해 다음과 같이 규정하고 있다. 공통사항에서 정한 기준 외에 다음 각 목의 구분에 따른 설비를 갖추어야 한다. 다만, 다른 장애인복지시설을 병설하는 경우에는 주된 시설의 설비 일부로 병설하는 시설의 설비를 겸할 수 있다.

표 9-5 장애인 거주시설 설비 기준

시설별	설비 기준
장애 유형별 거주시설	(1) 지체장애인 · 뇌병변장애인을 위한 시설 시설에서 시행하려는 재활사업별로 물리치료실, 작업치료실, 직업훈련실 및 보장구 제작실 등 필요한 설비와 지체장애인의 재활 및 훈련에 필요한 기계류 · 기구류를 갖추어야 한다. (2) 시각장애인을 위한 시설 (가) 재활사업별로 그 사업의 목적을 달성하기 위하여 필요한 시설과 설비를 갖추어야 한다. (나) 2층 이상의 건물에는 1개소 이상의 피난설비를 설치하여야 한다. (3) 청각장애인 · 언어장애인을 위한 시설 (가) 직업훈련사업을 하는 경우 직업훈련실과 작업훈련용 기계류 · 기구류를 갖추어 두어야 한다. (나) 청능훈련(聽能訓練)실 · 언어치료실과 기계 · 기구를 갖춰 두어야 한다.

	(4) 지적장애인 및 자폐성장애인을 위한 시설 (가) 작업치료실을 설치하되 작업치료의 종류, 기계·기구의 종류 및 작업인원에 따라 필요한 면적을 확보하여야 한다. (나) 중증의 지적장애인을 수용하는 거실은 1층에 설치되어야 한다. (다) 필요에 따라 1인용 거실과 2인용 거실을 설치할 수 있다.
중증 장애인 거주시설	(1) 시설의 구조와 설비는 중증장애인들이 생활하기에 불편함이 없도록 하여야 한다. (2) 유행성 질환 감염에 대비하여 격리보호실을 1개 이상 설치하여야 한다. 격리보호실에는 산소호흡기 및 흡입기(가래제거용)를 사용할 수 있는 시설물이 설치되어 있어야 한다. (3) 거실을 중심으로 화장실·욕실이 설치되어 있어야 한다. (4) 남아 있는 기능의 유지 및 향상을 위하여 훈련·재활을 할 수 있는 물리치료실·작업치료실 및 언어치료실 등 필요한 설비와 기자재를 갖추어야 한다. (5) 중증장애인의 의료적 진단 및 재활에 필요한 각종 기구와 의무실, 간호실을 갖추어야 한다.
장애 영유아 거주시설	(1) 시설의 구조와 설비는 장애영유아들이 생활하기에 불편함이 없도록 하여야 한다. (2) 장애영유아들이 휠체어·유모차 등을 사용하는 데 불편함이 없도록 이동공간 및 주거공간 등 생활공간이 확보되어야 하고 각종 편의시설이 설치되어야 한다. (3) 허약아, 미숙아 및 전염 가능 아동을 격리·보호할 수 있는 격리보호실이 1개 이상 있어야 한다. (4) 신생아를 재활·보호할 수 있는 관계 장비와 설비를 갖추어야 한다. (5) 거실을 중심으로 화장실·욕실이 설치되어 있어야 한다. (6) 남아 있는 기능을 향상시키기 위하여 훈련·치료를 할 수 있고, 물리치료실, 작업치료실, 언어치료실 등의 필요한 설비와 기자재를 갖추어야 한다.
장애인 단기거주 시설	(1) 건축물 연면적: 최소 66제곱미터 이상 (2) 기본설비: (가), (다), (마)는 겸용할 수 있다. (가) 거실 (나) 조리실 (다) 의무실 (라) 사무실 (마) 집단활동실 (바) 화장실 (사) 비상재해 대비시설 (아) 그 밖에 장애인의 단기거주에 필요한 설비

장애인 공동생활 가정	(1) 기본설비 (가) 거실(1명당 최소 3.3제곱미터 이상) (나) 조리실 (다) 화장실 (라) 그 밖에 장애인의 공동생활에 필요한 장비
독립형 주거서비스 제공기관	(1) 독립형 주거서비스 제공기관의 개별 주거 공간은 다음의 설비를 갖춰야 하고 장애인 1명당 14제곱미터 이상의 공간을 확보해야 한다. (가) 침실(1인 1실, 1인실 6.7제곱미터 이상) (나) 거실 (다) 주방공간 (라) 목욕실 (마) 세탁공간 (바) 건조공간 (사) 화장실 (아) 급수 · 배수시설 (자) 비상재해 대비시설

2) 장애인 지역사회재활시설

「장애인복지법」 제58조에 따르면, 장애인 지역사회재활시설은 "장애인을 전문적으로 상담 · 치료 · 훈련하거나 장애인의 일상생활, 여가활동 및 사회참여활동 등을 지원하는 시설"을 의미한다. 장애인 지역사회재활시설은 〈표 9-6〉과 같이 열 가지 유형으로 분류할 수 있다.

표 9-6 장애인 지역사회재활시설의 유형별 정의

유형	정의
1. 장애인복지관	장애인에 대한 각종 상담 및 사회심리 · 교육 · 직업 · 의료재활 등 장애인의 지역사회생활에 필요한 종합적인 재활서비스를 제공하고, 장애에 대한 사회적 인식 개선 사업을 수행하는 시설
2. 장애인 주간보호시설	장애인을 주간에 일시 보호하여 장애인에게 필요한 재활서비스를 제공하는 시설
3. 장애인 체육시설	장애인의 체력 증진 또는 신체 기능 회복 활동을 지원하고, 이와 관련된 편의시설을 제공하는 시설

4. 장애인 수련시설	장애인의 문화 · 취미 · 오락 활동 등을 통한 심신수련을 조장 · 지원하고, 이와 관련된 편의를 제공하는 시설
5. 장애인 생활이동지원센터	이동에 상당한 제약이 있는 장애인에게 차량 운행을 통한 출퇴근 및 외출 보조나 그 밖의 이동서비스를 제공하는 시설
6. 수어통역센터	의사소통에 지장이 있는 청각 · 언어장애인에게 한국수어 통역 및 상담 서비스를 제공하는 시설
7. 점자도서관	시각장애인에게 점자간행물 및 녹음서를 열람하게 하는 시설
8. 점자도서 및 녹음서 출판시설	시각장애인을 위한 점자간행물 및 녹음서를 출판하는 시설
9. 장애인 재활치료시설	장애아동을 포함한 장애인에게 언어, 미술, 음악 등 재활치료에 필요한 치료, 상담, 훈련 등의 서비스를 제공하고, 서비스를 이용한 자로부터 비용을 수납하여 운영하는 시설
10. 장애인 자립생활지원시설[3]	장애인의 자립생활 역량을 강화하기 위하여 동료상담, 지역사회의 물리적 · 사회적 환경개선 사업, 장애인의 권익 옹호 · 증진, 장애인 적합 서비스 등을 제공하는 시설

(1) 장애인 지역사회재활시설의 유형별 현황

장애인 지역사회재활시설은 1990년도부터 우리나라에 본격적으로 나타난 시설로서 시설 중심이 아닌 지역사회 중심으로 장애인복지를 추진하겠다는 정부의 의지가 담겨 있는 시설이어서 주요 관심의 대상이다. 장애인 지역사회재활시설은 2007년 당시 전국적으로 1,286개가 설립 · 운영되고 있었다. 불과 5~6년 전인 2002년에 336개에 지나지 않았던 지역사회재활시설의 수가 2007년까지 거의 4배에 이르는 양적 성장을 이루었던 것이다. 그러나 2011년 「장애인복지법」 개정과 함께 장애인 공동생활가정과 단기보호시설(현 단기거주시설)이 거주시설로 편입되면서 2011년 지역사회재활시설은 1,078개로 집계되었고, 이후 지속적으로 증가하여 2017년 1,333개, 2020년 1,373개, 2023년 1,602개로 집계되고 있다(〈표 9-7〉 참조).

3) 2025년 7월 3일부터 시행되는 「장애인복지법」 제58조(장애인복지시설) 1항2의 2호에 장애인자립생활지원(IL센터)가 신설되어 새로운 지역사회재활시설 유형으로 포함됨.

표 9-7 장애인 지역사회재활시설의 현황

(단위: 개소)

구분	2017년	2020년	2023년
장애인복지관	237	258	266
장애인주간보호시설	690	797	849
장애인체육시설	33	28	30
장애인수련시설	1	1	0
장애인생활지원센터	157	164	165
수어통역센터	194	199	206
점자도서관	20	19	19
점자도서및녹음서출판시설	1	1	1
장애인재활치료시설[4]	–	52	66
계	1,333	1,373	1,602

출처: 보건복지부(2017, 2020, 2023). 장애인복지시설 일람표 재구성.

(2) 장애인 지역사회재활시설 전국 분포 현황

장애인 지역사회재활시설이 전국적으로 어떠한 분포를 보이는지 살펴보면 다음과 같다. 2023년 기준 전국에는 주간보호시설이 849개로 가장 많은데, 이는 주간보호시설에 대한 수요가 많음을 의미한다. 실제로 타 유형의 시설에 비해 개수가 매년 증가하고 있음을 알 수 있다. 주간보호시설 다음으로는 장애인복지관 266개, 수어통역센터 206개, 장애인생활지원센터 165개가 운영되고 있다. 이에 비해 장애인체육시설이나 점자도서관, 점자도서 및 녹음서 출판시설은 매우 적은 수가 운영되고 있는데, 체육시설은 전국에 30개에 불과하며 전혀 설치되어 있지 않은 시・도도 있다.

장애인 지역사회재활시설의 전국 시・도별 분포를 보면, 2023년 기준 서울에는 226개, 경기에는 288개가 설치・운영되고 있지만, 세종, 제주, 광주, 울산, 인천 지역은 타 시・도에 비해 장애인 지역사회재활시설 개소가 상대적으로 적은 것으로 나타났다(보건복지부, 2024; 〈표 9-8〉 참조).

4) 장애인재활치료시설은 보건복지부 장애인복지시설 일람표에서 2019년부터 통계를 제시함.

표 9-8 장애인 지역사회재활시설 및 의료재활시설 전국 현황(2023년 12월 기준) (단위: 시설 수)

시·도	소계	장애인 복지관	주간 이용	체육 시설	수련 시설	생활지원 센터	수어통역 센터	점자 도서관	도서 및 출판시설	재활 치료시설	의료 재활시설
합계	1,621	266	849	30	0	165	206	19	1	66	19
서울	226	51	135	7	0	1	26	0	0	0	6
부산	98	17	67	1	0	1	7	1	0	3	1
대구	71	6	53	2	0	2	6	1	0	0	1
인천	65	11	43	0	0	1	1	1	0	6	2
광주	51	7	39	1	0	1	0	1	0	2	0
대전	76	8	48	3	0	1	5	1	0	8	2
울산	56	5	42	2	0	1	3	1	0	2	0
세종	9	2	3	0	0	1	2	1	0	0	0
경기	288	39	158	4	0	31	32	5	0	18	1
강원	70	11	19	0	0	19	19	1	0	0	1
충북	64	12	26	1	0	11	12	1	0	0	1
충남	66	17	19	0	0	15	15	0	0	0	0
전북	98	14	35	5	0	15	15	1	0	13	0
전남	90	18	29	0	0	21	21	1	0	0	0
경북	119	20	51	2	0	21	21	1	0	0	1
경남	122	22	51	2	0	20	20	1	1	3	2
제주	52	6	31	0	0	1	1	1	0	11	1

출처: 보건복지부(2024). 2024년 장애인복지시설 일람표.

3) 장애인 직업재활시설

「장애인복지법」 제58조에 따르면, 장애인 직업재활시설은 "일반 작업환경에서는 일하기 어려운 장애인이 특별히 준비된 작업환경에서 직업훈련을 받거나 직업생활을 할 수 있도록 하는 시설"을 의미한다. 장애인 직업재활시설은 〈표 9-9〉와 같이 세 가지 유

표 9-9 장애인 직업재활시설의 유형별 정의

유형	정의
1. 장애인 보호작업장	직업능력이 낮은 장애인에게 직업적응 능력 및 직무기능향상훈련 등 직업재활훈련 프로그램을 제공하고, 보호가 가능한 조건에서 근로의 기회를 제공하며, 이에 상응하는 노동의 대가로 임금을 지급하며, 장애인 근로사업장이나 그 밖의 경쟁적인 고용시장으로 옮겨 갈 수 있도록 돕는 역할을 하는 시설

2. 장애인 근로사업장	직업능력은 있으나 이동 및 접근성이나 사회적 제약 등으로 취업이 어려운 장애인에게 근로의 기회를 제공하고, 최저임금 이상의 임금을 지급하며, 경쟁적인 고용시장으로 옮겨 갈 수 있도록 돕는 역할을 하는 시설
3. 장애인 직업적응 훈련시설	작업능력이 극히 낮은 장애인에게 작업활동, 일상생활훈련 등을 제공하여 기초작업 능력을 습득시키고, 작업평가 및 사회적응훈련 등을 실시하여 장애인 보호작업장 또는 장애인 근로사업장이나 그 밖의 경쟁적인 고용시장으로 옮겨 갈 수 있도록 돕는 역할을 하는 시설

형으로 분류할 수 있다.

(1) 장애인 직업재활시설의 유형별 현황

직업재활시설이라는 명칭은 1989년 「장애인복지법」 제정과 함께 사용되기 시작하였다. 근로작업시설과 보호작업장이라는 2개의 유형으로 구분되었다가, 1999년 「장애인복지법」이 전면 개정되면서 근로작업시설, 보호작업시설, 작업활동시설, 직업적응훈련시설, 생산품 판매시설의 5개 유형으로 분류되었다(이상진, 2012). 그러나 2008년에 유형개편이 다시 이루어져 2015년까지 근로사업장과 보호작업장으로 분류되었다가, 2016년부터 발달장애인을 위해 특화된 직업적응훈련시설이 추가되어 현재까지 3개의 유형으로 운영되고 있다(이병화, 이송희, 2017). 2023년 기준 근로사업장 69개에 2,910명의 장애인이, 보호작업장 704개에 17,437명의 장애인이, 38개의 직업적응훈련시설에 878명의 장애인이 일하고 있는 것으로 나타나고 있다(보건복지부, 2024; 〈표 9-10〉 참조).

(2) 장애인 직업재활시설의 전국 분포 현황

전국 분포를 보면 직업재활시설도 타 유형의 시설과 유사하게 서울과 경기 지역에 집중되는 것을 알 수 있다. 2023년 기준 전국에 총 811개가 설치되어 있고, 서울에는 139개, 경기에는 188개가 있으나 세종특별자치시에는 8개, 제주에는 11개, 울산에는 17개가 설치되어 있어 지역적 편차가 큰 것으로 나타났다. 특히 직업적응훈련시설은 8개 시·도에는 설치, 9개 시·도에는 미설치된 것으로 나타났다(〈표 9-10〉 참조).

표 9-10 장애인 직업재활시설의 시 · 도별 현황(2023년 12월 기준) (단위: 시설 수, 명)

시 · 도	시설 수	장애인 수	근로사업장		보호작업장		직업적응훈련시설		종사자	
			시설 수	장애인 수	시설 수	장애인 수	시설 수	장애인 수	정원	현원
합계	811	21,225	69	2,910	704	17,437	38	878	5,900	5,338
서울	139	4,115	11	597	119	3,311	9	207	999	921
부산	43	1,188	1	29	41	1,126	1	33	281	236
대구	41	1,190	5	212	36	978	–	–	272	212
인천	41	1,059	3	150	38	909	–	–	291	270
광주	30	891	5	202	25	689	–	–	246	242
대전	34	848	4	165	25	586	5	97	270	197
울산	17	325	1	28	15	271	1	26	104	83
세종	8	199	1	31	7	168	–	–	52	51
경기	188	4,682	16	663	157	3,671	15	348	1,448	1,401
강원	40	719	3	83	36	619	1	17	220	197
충북	28	935	1	65	24	774	3	96	249	236
충남	28	783	1	37	27	746	–	–	231	212
전북	29	677	2	62	24	561	3	54	191	163
전남	24	562	2	72	22	490	–	–	165	146
경북	48	1,291	2	96	46	1,195	–	–	336	294
경남	62	1,352	7	231	55	1,121	–	–	397	330
제주	11	409	4	187	7	222	–	–	148	147

*장애인 수는 훈련장애인 수 포함임.
출처: 보건복지부(2024). 2024년 장애인복지시설 일람표.

4) 장애인 의료재활시설

「장애인복지법」 제58조에 따르면, 장애인 의료재활시설은 “장애인을 입원 또는 통원하게 하여 상담, 진단 · 판정, 치료 등 의료재활서비스를 제공하는 시설”이다.

「장애인복지법」 제58조에서는 의료재활시설을 독립적 범주로 별도로 구분하고 있으나, 2011년 3월 개정 전에는 지역사회재활시설에 포함되어 있었다. 2023년 12월 말 기준 전국의 장애인 의료재활시설은 총 19개가 설치 · 운영되고 있으며, 서울에 6개, 인천 2개, 대전 2개, 경남 2개, 경기, 부산, 대구, 강원, 충북, 경북, 제주에 각 1개가 설치되어 있는 것으로 나타났다(보건복지부, 2024).

5) 장애인 생산품 판매시설

「장애인복지법 시행규칙」 [별표 4]에 따르면, 장애인 생산품 판매시설은 장애인 생산품의 판매 활동 및 유통을 대행하고, 장애인 생산품이나 서비스 · 용역에 관한 상담, 홍보, 판로 개척 및 정보 제공 등 마케팅을 지원하는 시설이다.

2007년 「장애인복지법」이 전면 개정되기 전 장애인 생산품 판매시설은 장애인 직업재활시설의 한 유형에 포함되었으나, 2018년부터는 장애인복지시설 중 하나의 유형으로 재분류되어 운영되고 있고, 2023년 기준 전국 17개 시 · 도에 각 1개씩 장애인 생산품 판매시설이 운영되고 있다.

3. 장애인 거주시설 서비스 최저기준 및 평가기준

1) 장애인 거주시설 서비스 최저기준

2011년 3월에 개정된 「장애인복지법」 제60조 제3항에서는 "보건복지부장관은 장애인 거주시설에서 제공하여야 하는 서비스의 최저기준을 마련하고, 장애인복지 실시기관은 서비스의 최저기준이 충족될 수 있도록 필요한 조치를 하도록 하며, 시설 운영자는 최저기준 이상의 서비스 수준을 유지하도록 한다."라는 조항을 신설하였다. 서비스 최저기준이라고 함은 거주시설의 서비스 제공방식과 이용자의 삶의 조건이 일상적인 거주방식을 지원하도록 조건을 제시한 것(김용득, 김미옥, 변경희, 소진희, 2009)으로서 〈표 9-11〉에서와 같이 9개 영역의 40개 기준을 의미한다.

이러한 조항의 신설에 앞서 장애인 거주시설 서비스 최저기준 마련을 위한 연구(김용득 외, 2009)와 최저기준 관련 매뉴얼이 다수 출간되었고(김미옥, 김용득, 2009; 김용득, 김고은, 2011), 최저기준 준수를 위한 통합 매뉴얼(백은령, 이은미, 양희택, 2012)도 개발되었다.

표 9-11 장애인 거주시설 서비스 최저기준 개요

1. 서비스 안내 및 상담 • 기준 1: 서비스 이용자 안내 • 기준 2: 이용 상담 • 기준 3: 욕구와 서비스의 적합성 검토 • 기준 4: 예비방문 • 기준 5: 서비스 결정, 서비스 제공 조건 및 퇴소 2. 개인의 욕구와 선택 • 기준 6: 구사정 • 기준 7: 개별 서비스 이용계획 3. 이용자의 참여와 권리 • 기준 8: 의사결정 • 기준 9: 참여 • 기준 10: 위험관리 • 기준 11: 비밀보장 • 기준 12: 학대 등으로부터의 보호 • 기준 13: 이의제기 4. 능력개발 • 기준 14: 개인적인 발전 • 기준 15: 교육과 직업 • 기준 16: 지역사회 연계와 네트워크 5. 일상생활 • 기준 17: 여가 • 기준 18: 관계 • 기준 19: 사생활 • 기준 20: 식사	6. 개별지원 • 기준 21: 개별지원 • 기준 22: 건강관리 • 기준 23: 약물관리 • 기준 24: 노화와 사망 7. 환경 • 기준 25: 시설과 설비 • 기준 26: 개인침실; 공간요구 • 기준 27: 개인침실; 가구와 시설물 • 기준 28: 화장실과 욕실 • 기준 29: 공용 공간 • 기준 30: 보조기구와 설비 • 기준 31: 위생과 감염예방 8. 직원관리 • 기준 32: 역할 • 기준 33: 자격과 자질 • 기준 34: 직원 구성 • 기준 35: 훈련과 개발 • 기준 36: 지도감독과 지지 9. 시설운영 • 기준 37: 질 관리 • 기준 38: 정책과 절차 • 기준 39: 기록 유지 • 기준 40: 안전의 실천

* 핵심 영역: 개인의 욕구와 선택, 이용자의 참여와 권리, 환경
* 기본 영역: 능력개발, 일상생활, 개별지원
* 일반 영역: 서비스 안내 및 상담, 직원관리, 시설운영

2) 장애인 거주시설 평가기준

장애인 거주시설은 3년마다 외부평가를 받게 되어 있고, 이때 사용하는 평가지표는 3년마다 부분 수정 및 보완되고 있다. 따라서 이러한 평가지표에 어떠한 내용이 담겨 있는가를 잘 살펴보고, 이러한 지표내용을 잘 담아내는 서비스를 제공하는 것이 현 장애인 거주시설의 과제이기도 하다. 평가지표에 대한 세부 설명은 생략하고, 2025년 평가지표의 5개 영역과 주요 지표를 소개하면 다음과 같다.[5)]

- A. 시설 및 환경
- B. 재정 및 조직 운영
- C. 프로그램 및 서비스
- D. 이용자의 권리
- E. 시설운영 전반

- A. **시설 및 환경**: 시설 이용의 안전성, 시설 이용의 편리성, 시설 이용의 쾌적성, 생활공간의 개별성 및 청결성, 기본시설의 충분성
- B. **재정 및 조직 운영**: 사업비, 후원금, 직원 충원율, 직원 근속률, 직원채용의 공정성, 시설장 및 최고중간관리자(사무국장)의 전문성, 직원 역량 강화를 위한 교육, 직원복지, 직원의 인권 및 안전보장, 외부자원개발, 사회적가치 실현 기여, 시설운영 계획 및 평가, 기관의 윤리성
- C. **프로그램 및 서비스**: 이용자의 시설 정보 습득, 개별서비스 지원계획의 체계 및 전문성, 가족 및 사회적 관계 유지와 개선, 이용자의 건강 지원, 이용자의 건강한 식사 지원, 이용자의 소유 금전에 대한 관리, 이용자의 자립 지원, 지역사회 통합을 위한 시설의 노력과 실적, 이용자 욕구 및 만족도 조사, 이용종료에 대한 지원, 특성화 사업

5) 가장 최근의 지표인 2025년 평가지표는 총 5개 영역 39개의 지표로 구성되어 있음. 자세한 지표는 『2025년 사회복지시설 평가 장애인거주시설 평가지표』(2023) 참조.

- D. **이용자의 권리**: 개인정보 및 민감정보 보호 및 유출방지, 학대예방 및 인권보장, 고충처리, 서비스 정보제공, 서비스과정 참여 및 자기결정권, 이용자의 사생활 보장과 다양성 존중
- E. **시설 운영 전반**: 시설운영의 전반적 수준, 서비스 질적 수준, 자체평가의 정확성, 시설의 정보화 수준

4. 장애인복지시설의 문제점 및 해결방안

1) 장애인 거주시설의 문제점 및 해결방안

장애인 거주시설은 장애인을 지역사회로부터 격리하고 분리하여 수용 · 보호하기 위한 목적으로 설립 · 확장되기 시작하였다. 그러나 장애인복지 패러다임의 변화와 장애인의 권익 증진, 사회적 인식의 변화와 같은 환경 변화에 따라 거주시설은 거주의 기능을 주 기능으로 하고, 훈련 및 교육, 여가 및 문화생활 등을 위해서는 지역사회에 기반한 제반 서비스를 이용할 수 있도록 거주시설의 개념이 바뀌어야 한다는 운동과 정책 변화가 시도되었고, 실제로 변화가 있어 왔다. 그러나 양적으로 확대 · 평창되어 온 속도에 비해 거주시설의 서비스 질과 궁극적으로 추구해야 할 장애인의 '자기결정과 선택권'이 보장되기에는 해결해야 할 과제가 많다.

(1) 정부의 장애인 거주시설 정책 철학과 장기적 비전 수립의 부재

'제1차 장애인복지발전 5개년 계획(1998~2002)'에서는 "장애인이 가족, 이웃, 지역사회와 더불어 함께하는 사회를 구현함으로써 장애인의 완전한 사회참여와 평등을 보장하는 데 있다."라고 그 기본 방향을 밝힌 바 있다. 이에 맞춰 장애인 거주시설에 대해 내놓은 세부 방안은 크게 세 가지였는데, 첫째, 시설입소제도의 합리적 개선, 둘째, 시설 개방화를 위한 여건 마련, 셋째, 공동생활가정의 법적 · 제도적 장치 마련이었다. 그러나 이 중 '공동생활가정의 법적 · 제도적 장치 마련' 계획만 달성되었고, 시설입소제도는 여전히 비합리적인 요소들이 많으며, 시설 개방화도 일부 시설에 국한되어 진행되었다. 가장 큰 문제는 제1차 장애인복지발전 5개년 계획 어디에도 장애인 거주정책에 대한 근본적 철학이 무엇인지, 지향점이 무엇인지 나타나 있지 않았기 때문에 이 세 가지 세부 방안

만으로는 장애인의 완전한 사회참여와 평등보장이라는 이념을 이룰 수 있을 것이라 기대하기 어려웠다.

'제2차 장애인복지발전 5개년 계획(2003~2007)'에서는 '장애인이 대등한 시민으로 참여하는 통합적 사회실현'을 기본 방향으로 하여 수요자 중심의 공급 시스템 구축, 장애인 역량 강화를 통한 자주적 독립생활 촉진, 지역사회를 기반으로 한 복지체계 구축을 목표로 하였다. 거주시설과 관련해서는, 첫째, 거주시설 서비스 공급 확충, 둘째, 시설생활장애인의 지역사회 복귀 및 재활지원 강화라는 세부 계획을 수립하였다. 이는 제1차 장애인복지발전 5개년 계획에서의 거주시설 관련 내용보다는 구체적이고 세부적이나, 주로 거주시설의 양적 확충이나 생활환경 개선에 치우쳐 있고, 시설생활장애인의 지역사회 복귀 계획은 구체적으로 제시되지 않은 한계를 가지고 있다.

'제3차 장애인정책종합계획(2008~2012)'에서는 지난 제2차 장애인복지발전 5개년 계획을 평가하면서 장애인 거주시설과 관련하여 '장애인 거주시설은 단순 보호 기능만 하고 있고, 시설 제공 표준서비스 내용과 기준 부재(시설 및 서비스 내용 등에 관한 이용자의 선택 배제)'라고 평가하였다. 이는 제2차 장애인복지발전 5개년 계획 추진 실적에 대해 나름대로 객관적인 평가를 한 것으로 파악된다. 세부 계획으로는, 첫째, 장애인 거주시설의 기능과 역할, 분류체계 정립, 둘째, 대규모 시설 개편 및 소규모 거주시설 확충, 셋째, 서비스 표준화 및 서비스 질 관리 시스템 구축이다. 제3차 장애인정책종합계획에서 나타난 장애인 거주시설의 기능이나 역할, 분류체계를 정립하겠다는 계획은 이제 장애인을 단순히 보호하거나 지역사회와 분리시켜서 시설 내에서 모든 통합서비스를 제공하고자 했던 이전 단계들보다는 주거의 기능을 중심으로 지역사회서비스를 확충하고, 지역사회 기반의 자립생활과 통합을 추구하겠다는 의지가 포함된 것으로 보인다. 기존의 제1차, 제2차 장애인복지발전 5개년 계획에 비해 진일보한 것으로 파악할 수 있다.

'제4차 장애인정책종합계획(2013~2017)'에서는 지난 제3차 장애인정책종합계획을 평가하면서 장애인 거주시설 개편과 관련하여 장애인복지 패러다임 변화를 상당 부분 반영하는 노력이 나타났으나, 거주시설 개편 당시 지역사회에서 장애인이 자기결정권을 가지고 삶을 영위할 수 있는지에 대해서는 불투명하다고 평가하였다. 따라서 양적으로 거주시설을 소규모화하는 것 외에 장애인의 자립생활을 가능하게 하는 정책일지에 대해 의문스럽다는 비판이 제기되었다(김성희 외, 2012). 한편, 제4차 장애인정책종합계획에서는 장애인 거주시설 개편과 관련하여 주택 및 주거 서비스에 있어 장애인 거주시설의 지역사회 통합 기능을 강화하고, 소규모 생활시설 확충 및 대규모 시설을 개편하며, 서비스 표준화 및 서비스 질 관리 시스템을 구축하겠다는 계획을 수립하였다. 또한 장애인 거주시설 인권보호시스템을 강화하고, 종사자에 대한 지원 수준을 체계적으로 향상하겠다는 추진방안을 마련하였다.

'제5차 장애인정책종합계획(2018~2022)'에서는 지난 4차 장애인정책종합계획을 평가하면서 장애인 거주서비스와 관련하여 여전히 거주시설 내에서의 장애인은 자기결정권 없이 거주를 강요당하거나 인권침해나 학대에 노출되어 있는 문제점이 개선되지 못했다고 적시하였다. 또한 소규모 시설(30인 이하)이 증가하고 대규모 시설(100인 이상)이 감소하는 성과가 있었으나 거주시설 이용 장애인의 수는 크게 변하지 않은 것으로 드러났다(2012년: 24,442명, 2016년: 26,461명, 2020년: 29,086명). 한편, 제5차 장애인정책종합계획에서는 시설거주장애인의 자립생활 전환 지원체계를 마련하고, 새로운 거주서비스 유형을 개발하며, 재가장애인에 대한 주택지원을 강화하겠다는 거주서비스 관련 계획을 수립하였다.

'제6차 장애인정책종합계획(2023~2027)'에서는 지난 5차 장애인정책종합계획을 평가하면서 탈시설 주거지원을 강화하겠다고 하였으나, 이행률이 저조하고 구체적 실행력이 부족했다고 평가했다. 또한 중앙 및 시 · 도에 탈시설지원센터를 설치하겠다는 계획은 어느 정도 이루어졌으나 실질적으로 장애인의 탈시설과 지역사회 정착을 체계적으로 연계하는 컨트롤타워로서의 기능이 미흡했다는 지적도 있었다. 더불어 거주시설 퇴소 장애인에게 공공임대주택을 우선 공급하고 자립정착금을 지원하겠다는 계획도 실제로 제공된 공공임대주택 수와 자립정착금 규모가 수요에 비해 크게 부족했다는 평가가 있었다. 한편, 제6차 장애인정책종합계획에서는 거주시설을 단계적으로 전환하되, 기존 장애인거주시설을 '최중증장애인 대상 의료집중형 전문기관'으로 단계적으로 전환하는 정책을 추진하고, 독립형 주거서비스 제공기관 도입을 위해 시범사업을 실시하고, 시설 거주 장애인의 주거 자가결정권을 강화하고, 자립을 지원하기 위한 중장기 로드맵을 보완하여 2025년부터 본사업을 추진한다는 계획을 수립하였다.

그동안 장애인 거주시설 정책이 많은 발전을 이루어 왔음에도 불구하고, 우리 정부가 장애인 거주시설과 그 이용자들에 대한 장기적이고 일관된 정책적 방향이나 철학을 가지고 정책을 추진해 왔는지는 의문이 든다. 이제 탈시설, 지역사회 자립거주 정책은 거스를 수 없는 흐름이 되었다. 제6차 장애인종합계획에서 마련된 관련 정책들이 내실 있게 민, 관의 협력을 통해 성과를 도출할 수 있기를 기대한다.

표 9-12 주거서비스 관련 장애인복지발전 5개년 계획(장애인정책종합계획)의 기본 방향

구분	기본 방향
제1차 (1998~2002)	• 시설입소제도의 합리적 개선 • 시설 개방화를 위한 여건 마련 • 공동생활가정의 법적·제도적 장치 마련
제2차 (2003~2007)	• 생활시설서비스 공급 확충 • 시설생활 장애인의 지역사회 복귀 및 재활지원 강화
제3차 (2008~2012)	• 장애인 거주시설의 기능과 역할, 분류체계 정립 • 대규모 시설 개편 및 소규모 거주시설 확충 • 서비스 표준화 및 서비스 질 관리 시스템 구축
제4차 (2013~2017)	• 주거지원서비스 등 자립지원생활의 종합적 대책 마련 • 장애인 거주시설의 지역사회 통합 기능 강화 • 서비스 종사자에 대한 지원체계 발전
제5차 (2018~2022)	• 시설거주장애인의 자립생활 전환 지원체계 마련 • 새로운 거주서비스 유형 개발 • 재가장애인에 대한 주택지원 강화
제6차 (2023~2027)	• 거주시설의 단계적 전환 • 독립형 주거서비스 제공기관 도입 • 자립 및 주거결정권 강화 • 탈시설 및 지역사회 정착지원

(2) 장애인 거주시설 이용자의 인권보호와 입·퇴소 선택권의 문제

장애인 거주시설 이용자들의 인권보호에 대한 인식 개선과 중앙 및 지방자치단체의 평가나 지도감독을 통해 많은 개선이 이루어져서 시설 이용자의 인권보호나 권익옹호에 대한 절차, 처리 등이 민주적이고 투명해지고 있는 것으로 나타나고 있다. 그러나 이러한 긍정적인 현상은 지역별로 차이가 있고, 특히 조건부 미인가 거주시설이나 개인 신고시설 등에서는 인가 또는 법인 운영 시설들에 비해 엄격한 지도감독이나 평가에서 제외되거나 실태가 파악되지 않는 측면이 있어 이러한 유형의 거주시설에서 생활하는 장애인들의 인권침해나 질 높은 서비스가 가능한지에 대한 의문이 제기될 수 있다. 그리고 여전히 시설 내 인권침해 사례가 보도되거나 발견되고 있는 것이 현실이다.

2005년 국가인권위원회에서 실시한 '양성화된 조건부 신고 복지시설 거주 장애인들의 인권 상황에 대한 실태조사'에서는 많은 문제점이 드러났다. 예를 들어, 강제성을 띤 시설 수용이나 노동, 폭행 등의 인권침해가 다수 발생하고 있고, 많은 장애인이 수급권을

담보로 시설 유지를 위한 일종의 볼모로 평생 시설에 수용되어 있는 상태라고 밝힌 바 있다. 이 연구에서는 우리나라에서 시행하고 있는 조건부 시설양성화 정책이나 시설 확충 위주의 장애인 시설정책은 근본적인 결함을 가지고 있고, 시대의 조류를 거꾸로 가고 있기 때문에 전문적인 치료와 요양의 목적을 가진 부득이한 경우를 제외하고는 장애인들이 비장애인들과 지역사회에서 함께 생활할 수 있도록 교육, 훈련, 지원을 해 주는 서비스 이용 시설로 전환되어야 한다고 주장하였다. 이 조사 이후 13년이 지난 2018년에도 유사한 조사가 실시되었는데, 그 결과는 크게 다르지 않음을 확인할 수 있었다.

2018년 국가인권위원회에서는 중증 · 정신장애인 생활시설의 실태조사를 실시했는데, 이 연구 결과에서도 다음과 같은 문제점들이 지적되었다. 시설 입소 및 퇴소와 관련한 거주인 본인의 의사 확인과 퇴소 권리 고지 등의 절차를 개선해야 한다는 것이다. 당사자의 의사와 관계없이 시설 입소를 용인하는 현행 「장애인복지법」이 개정되어야 하고, 기존 거주인 중 거주 의사를 확인하여 희망하는 자는 재계약을 하고, 퇴소 희망자는 조치를 취해 주어야 한다는 지적이다. 그동안 장애인 거주시설 입소가 본인의 의사와 상관없이 부모나 행정기관에 의해 진행되면서 거주의사를 재확인하는 과정이 없었던 실태의 문제점을 말해 주고 있는 것이다. 또한 시설에 장기간 거주하게 되면서 퇴소가 가능한지, 가능하다면 어떤 지역사회의 삶이 가능한지에 대해 전혀 알지 못하고, 정보도 얻을 수 없었던 현실에서 이제 퇴소 방법, 절차, 퇴소 후 이용이 가능한 서비스에 대한 정보를 제공하고, 퇴소 욕구나 의지를 갖도록 하는 프로그램을 운영할 필요가 있음도 지적되었다(조한진 외, 2018). 거주시설을 선택하는 것 자체가 이용자의 선택에 기초한 것이어야 할 뿐 아니라, 이용기관을 바꾸는 일도 어렵지 않게 선택하고 가능할 수 있도록 바뀌어야 한다는 지적도 현 제도의 변화의 필요성을 말해 주고 있다(김용득, 2012).

(3) 거주시설 서비스 질 개선과 장애인 이용자의 자기결정권 문제

우리나라에서도 장애인 거주시설 서비스 질 개선을 위한 서비스 최소기준이 마련되어 적용되고 있다. 영국에서는 1984년부터 최소표준기준을 적용하기 시작하여 2000년에 「서비스표준법」을 제정하고, 시설 선택, 개인의 욕구와 선택, 생활양식, 환경, 직원 등의 핵심 영역에 대해 43개의 국가최저기준을 제시하고 있다(김용득, 2008). 시설 내에 제공되어야 하는 서비스의 목록, 시설 내에서의 생활방식, 개별적 지원의 기준과 체계, 서비스에 대한 이의신청과 처리, 시설의 공간과 환경조건, 직원의 요건, 시설 관리 운영 등에 대한 구체적인 기준이 마련되어야 한다. 이러한 최소기준을 기초로 전문 감독기구를 마련하여 시설의 등록과 등록 취소를 관장하도록 하되, 부적합한 시설에 대한 등록 취소 등의 제재조치를 가할 수 있도록 해야 한다. 이는 서비스 질 개선에 대한 최소한의 조치다.

2018년 국가인권위원회 실태조사에서도 거주시설 서비스가 서비스 최소기준을 충족하는지 여부를 모니터링하고, 이에 부합하지 않는 시설을 처벌할 수 있는 정책 수립의 필요성에 대해 언급하고 있다. 이러한 후속조치가 있어야 서비스의 질을 높일 수 있다는 것이다. 거주시설의 인적 · 물적 자원이나 환경에 대한 문제도 자주 언급되고 있는데, 특히 중증장애인 시설의 경우 인력의 부족과 자원에 대한 지원이 부족하여 거주인들의 다양한 권리 보장에 한계가 있음이 지적되었다(조한진 외, 2018). 이로 인해 과중한 업무로 이직률이 높고, 신규 종사자를 고용하기 어려운 문제로 연결된다는 것이다. 서비스 최저기준의 적용으로 많은 개선이 이루어지기는 했으나 여전히 시설의 물리적 환경 또한 가정과 같은 환경과 거리가 멀다는 지적도 있다(김용득, 2012). 현행 「장애인복지법 시행규칙」에 따르면 1인당 거실 면적은 가구 점유 면적을 합산하여 3.3제곱미터 이상이면 되고, 한 방에 성인 8명까지 공동생활을 할 수 있는 것으로 되어 있는데, 이것은 정확히 '시설적인(instiutional)' 방식이라는 것이다(김용득, 2012). 이와 같이 아직도 우리나라 장애인 거주시설의 시설적 환경은 개선의 필요성이 높음을 알 수 있다.

장애인의 자기결정권 행사에 대한 문제는 빈번하게 그리고 중요하게 언급되어 왔다. 제4차 장애인정책종합계획에서 평가한 제3차 장애인정책종합계획 실행에서의 문제점은 장애인의 주거시설 개편 및 소규모화와 관련된 자기결정권 및 자립생활에 관한 것이다. 거주시설 개편 당시 지역사회에서 장애인이 자기결정권을 가지고 삶을 영위할 수 있게 한다는 목표가 제대로 이루어지고 있는지 불투명하기 때문이다. 거주시설을 소규모화하는 것 외에 장애인의 자립생활이나 자기결정권이 확대되었는지에 대해서는 여전히 부정적인 비판을 면하기 어려운 것이 현실이다. 사실 장애인 거주시설에서의 삶의 질은 시설의 규모나 운영방식보다는 장애인 당사자가 얼마나 자기의 의사와 욕구를 표현하고, 이것이 생활에서 어떻게 반영되는가와 더 밀접하게 연관되기 때문이다(김미옥, 2008; 박숙경, 2008).

더불어 탈시설, 지역사회 자립생활의 기조하에 자립을 지원하기 위한 지원이 더 강화되어야장애인들의 자기결정과 선택이 확대될 것이다. 거주공간의 확보와 공급, 주거유지서비스, 자립코디네이터의 활성화 등 장애인 개인의 욕구와 필요에 맞는 자립생활이 가능한 지원과 환경이 마련되어야 할 것이다.

2) 장애인 지역사회재활시설의 문제점 및 해결방안

2023년 기준 전국의 장애인 지역사회재활시설은 총 1,621개(의료재활시설 포함)나 되지만, 양적 · 질적 차원에서 몇 가지 문제점을 가지고 있다.

첫째, 장애인 지역사회재활시설은 공급의 절대량이 부족하고 지역 간 격차도 큰 문제를 안고 있다. 대표적인 지역사회재활시설인 장애인복지관의 경우 서울, 경기, 전남 지역을 제외하고는 광역자치단체당 3~5개소만이 운영되고 있고, 특히 언어치료나 놀이치료 등 기초 재활서비스 시설도 부족하여 1~2년 대기해야 하는 실정이다. 또한 주간보호시설도 서울, 부산, 경기 지역을 제외하고는 대부분의 시 · 도에서 운영되고 있는 수가 절대적으로 부족한 수준이며, 지리적으로 주거밀집 지역에 대다수가 분포되어 있어 농어촌 지역이나 산간 지역에 거주하는 장애인들에게는 접근성 문제가 나타나고 있다. 따라서 시설 설치에 있어 지역적 분포뿐 아니라 지리적 분포도 고려되어야 한다(백은령, 이은미, 김희선, 2011). 이와 같은 지역적 편차와 절대적 공급량의 부족은 장애인 체육관, 심부름센터 및 수어통역센터의 경우에도 마찬가지로 나타나고 있다. 종사자 배치 기준과 인건비도 지역별 차이가 큰 것으로 나타났는데, 예를 들면 주간보호센터의 경우 사회재활교사 연봉이 지역에 따라 최대 950만 원 이상 차이가 나고, 사회재활교사 배치도 일부 지역에서는 이용 장애인 수가 늘어나도 추가 지원이 없는 실정이다(복지타임즈, 2020).

둘째, 장애인 지역사회재활시설은 공급자 중심의 틀에 박힌 사업 수행과 프로그램의 다양성이 부족하다는 지적을 받고 있다. 기존의 재활 패러다임에 입각한 전문가주의나 전문가의 역할은 축소하되, 장애인의 강점이나 독립생활 능력을 강화하는 패러다임에 기반하여 장애인을 지원하고 옹호하는 이용 시설로의 역할로 변화해야 한다는 것이다(변용찬 외, 2005). 장애인 지역사회재활시설은 지역적 특성이나 장애인의 복지 욕구를 반영하여 사업을 수행하기보다는 설립 역사가 오래된 시설의 사업내용을 모델로 이를 따라 하듯이 운영함으로써 각 시설별 특성이나 차별화가 약하다는 평가를 받아 왔다. 특히 의료재활시설이나 장애인체육시설의 경우 절대적 수가 부족할 뿐 아니라 장애인보다 일반인을 위주로 사업을 수행하는 사례가 발생하여 시설 본래의 목적을 달성하는 것과 거리가 있다는 평가도 나타난 바 있다. 따라서 장애인 수요자의 연령이나 장애 유형, 장애 정도 등에 따라 다양한 시설 모형을 개발하고, '지역사회재활시설 설치 · 운영 지원(consulting) 센터' 등을 운영하여 신규 시설 설치 시 시설물 구조 · 기능에 대하여 각종 정보를 제공함으로써 초기 단계에서 발생할 수 있는 오류를 줄이는 등의 지원이 필요하다.

셋째, 최근 변화하고 있는 장애인복지 패러다임과 정책에 따라 지역사회재활시설인 장애인복지관의 정체성과 기능 재정립에 대한 요구가 커지고 있다. 통합돌봄, 탈시설 정책 등 장애인의 자립생활에 중점을 둔 복지환경 변화에 맞추어 지역사회재활시설인 장애인복지관도 그 정체성과 기능 전환의 필요성이 높아진 것이다. 서울시의 경우 인력 증원, 직급별 증원, 인건비 기준 상향 등의 현안을 해결하고, 지역사회 중심의 복지관 운영 모형을 마련한다는 계획을 가지고 있는데, 이를 통해 지역의 다양한 복지시설을 종합해서 중복되는 서비스를 제거하고 장애인복지관이 지역별 장애인복지의 컨트롤타워로서의 역할을 하도록 지원하겠다고 밝힌 바 있다. 이러한 변화의 추세에 맞추어 타 지방자치단체도 함께 변화를 모색할 필요가 높아지고 있는 현실이다(소셜포커스, 2019. 3. 22.). 또한 장애인복지관을 포함 지역사회재활시설들이 이사회나 운영위원회 내 장애인대표 비율을 적극적으로 상향시킬 필요가 있다. 장애인을 대표하는 장애인당사자의 의사결정 집단 참여율이 높아질수록 서비스 수요자인 장애인들의 의견과 욕구를 더 충분하게 반영해야 하기 때문이다.

3) 장애인 직업재활시설의 문제점 및 해결방안

장애인 직업재활시설은 유형 개편 이후, 중앙 및 지방자치단체의 지원이 제대로 이루어지지 않고 과도하게 생산성을 강조하는 정책과 중증장애인 고용을 회피하는 문제가 지속적으로 제기되었다. 물론 일부에서는 근로장애인 급여 수준이 향상되고 기능보강사업이 진행되는 등의 긍정적 사례도 있지만 대체적으로는 유형 개편 시 제시되었던 인력과 예산 지원이 뒷받침되고 있지 않다는 비판을 받고 있다(이상진, 2012). 2023년 통계에 따르면 전국에는 811개의 직업재활시설이 운영되고 있는데, 이는 2014년의 539개에 비하면 50% 넘게 증가한 수준이다. 그러나 이러한 수적 증가에 비해 시설 운영 및 서비스의 내용 면에서는 여전히 많은 한계와 어려움이 있는 것으로 지적받고 있다.

첫째, 현재 장애인 직업재활시설의 생산 형태는 많이 개선되기는 했으나 여전히 단순 조립이나 포장 등이 대부분으로 경쟁력이 매우 낮은 사업 형태를 띠고 있다. 그러나 이러한 현실은 기술과 장비 부족, 인프라에 대한 투자 여력이 없기 때문에 나타나는 현상이다. 시설 자체에서 경쟁력 있는 산업을 개발하고 발굴해 내기 어렵다는 현실적 한계를 인식하여 정부 차원에서 중소기업을 집중 지원, 투자하는 것과 같은 방식으로 장애인 직업재활시설에 대한 정부의 투자와 지원, 세제혜택 등을 아끼지 말아야 할 것이다.

둘째, 직업재활시설의 전담인력을 양적·질적으로 강화할 필요가 있다. 직업재활시설 종사자들은 사회복지현장 근무 경력이 같더라도 장애인직업재활시설이라는 이유로 급수지원 체계가 달리 적용되어 불합리한 임금체계를 적용받고 있다(서울시사회복지단체연대회의, 2020). 또한 법적 종사자 배치 기준이 잘 지켜지지 않고 있어 인력이 부족하여 종사자들의 업무과중이 누적되고 있는 문제점도 지속적으로 지적되고 있다. 결과적으로 종사자들의 이직률이 높고, 초과근무가 일상적이며, 사회복지사로서의 역할 혼란이 일어나고 있다. 직업훈련, 생산관리, 취업의뢰, 홍보 및 마케팅에 이르기까지 복지서비스 제공과 동시에 일감 확보, 수익창출이라는 이중적 역할 속에서 과다한 업무와 혼란을 경험하기 때문이다(서울시사회복지단체연대회의, 2020). 한 조사에서는 효과적인 직업훈련 운영을 위해 필요한 것 중 '직업훈련 전문인력 지원'이 가장 필요하다는 응답이 51.7%로 나타났다(변민수, 2018). 직업재활시설 종사자들이 대부분 사회복지사나 재활상담사이기 때문에 경영에 대한 전문성이 부족하다. 이로 인해 경영 효율성과 수익 창출 역량은 한계가 있을 수 밖에 없다. 따라서 이러한 한계를 인정하고 전문경영 역량을 함양시킬 수 있는 전문교육과 훈련, 경영컨설팅이 더 확대·강화되어야만 직업재활시설의 안정적 성장을 이루어낼 수 있을 것이다.

셋째, 직업재활시설 이용 근로장애인들의 안정적인 수입창출을 위해 시설의 경영 안정화가 이루어져야 한다. 한 조사에 따르면 보호작업장의 경우 최저임금 이상을 받는 근로장애인의 비율은 매우 낮은 것으로 나타났는데, 근로사업장의 근로장애인은 평균임금은 95.7만 원이지만, 보호작업장의 평균임금은 36~42만 원에 불과하다. 근로사업장은 100만 원 이상의 임금을 받는 근로장애인의 비율이 42.5%지만, 보호작업장에서 100만 원 이상의 임금을 받는 근로장애인은 5.7~7.9% 수준에 불과하다. 특히 설비가 없이 단순임가공을 주로 하는 보호작업장에서 50만 원 미만의 임금을 받는 근로장애인 비율은 84.6%이다. 단순한 직업훈련을 넘어 기초생활이 가능한 수준의 생계비 수입이 안정적으로 보장되어야 하지만 특히 보호작업장은 이런 욕구를 충족시켜 주지 못하는 실태다. 직업재활시설에 필요한 지원욕구 중 '이용장애인 임금지원' '시설 운영비 지원'이 높게 나타난 조사 결과도 이러한 문제와 맥락을 같이한다(변민수, 2018). 이와 같이 현재 직업재활시설은 경영 안정을 위해 재정적 지원을 강화하고, 전문적 직업훈련과 직무 기능 향상을 통해 경쟁력 있는 사업수익이 창출될 수 있는 방안도 함께 마련되어야 한다.

학습과제

- 최근 장애인의 주거권이 장애인복지계의 핵심 이슈 중 하나인데, 장애인의 주거권을 확보하고 장애인의 주거의 질을 향상시키기 위한 방안에는 어떠한 것이 있는지 논의해 보자.
- 지역사회에 가장 필요한 장애인 지역사회재활시설에는 어떠한 것이 있을지 의견을 나누어 보자.
- 장애인 직업재활시설들의 역할 강화를 위한 정부의 지원방안에 대해 토론해 보자.

참고문헌

강정배, 김현지, 김태용(2018). **서울시 장애인 탈시설 종단연구**. 한국장애인개발원, 서울특별시, 서울시복지재단.

경향신문(2024. 11. 3.). 본사업 불발에 예산 삭감… 장애인 탈시설 지원 사업 '무산 위기'. 반기웅 기자.

김미옥(2008). 거주지원서비스에서의 이용자 참여의 쟁점과 현실. **장애인 거주지원서비스의 최근 쟁점과 정책 및 실천과제 세미나 자료집**.

김미옥, 김용득(2009). **장애인 거주시설 이용자 참여 매뉴얼 개발연구**. 전북대학교 · 한국장애인복지시설협회.

김성희, 이송희, 김완호, 민홍기, 박경수, 박은혜, 변경희, 서인환, 양숙미, 윤상용, 이승기, 이영자, 전영태, 한민규(2012). **제4차 장애인정책종합계획 수립방안 연구(2013~2017)**. 보건복지부 · 한국보건사회연구원.

김용득(2008). 장애인 거주서비스 체계 개편의 쟁점과 과제. **장애인 거주지원서비스의 최근 쟁점과 정책 및 실천과제 세미나 자료집**.

김용득(2012). 탈시설과 장애인 거주시설 정책의 동향과 과제. **제1차 장애인정책포럼 자료집**. 한국보건사회연구원.

김용득, 김고은(2011). **장애인 거주시설 서비스 최저기준 적용 매뉴얼 1-신체적 제지 대처방안**. 성공회대학교 사회복지연구소 · 한국장애인시설협회.

김용득, 김미옥, 변경희, 소진희(2009). **장애인 거주시설 서비스 최저기준 마련을 위한 연구**. 보건복지가족부, 성공회대학교 사회복지연구소.

박숙경(2008). 거주지원서비스 유형별 성인 지적장애인의 자기결정 경험 연구. 장애인 거주서비스의 동향과 쟁점. **2007 성공회대학교 사회복지연구소 연구성과 발표회 자료집**.

변민수(2018). 직업재활시설 운영 실태조사. 한국장애인고용공단 고용개발원, 수시과제보고서.

변용찬, 김성희, 윤상용, 임성은(2005). 장애인 이용 시설 복지서비스 실태 및 개선방안 연구. 한국보건사회연구원.

백은령, 이은미, 김희선(2011). 전국 장애인복지시설 실태조사 분석연구. 한국장애인복지시설협회.

백은령, 이은미, 양희택(2012). 장애인 거주시설 서비스 최저기준 및 시설 평가척도 준수를 위한 매뉴얼 개발연구. 한국장애인복지시설협회.

보건복지부(2012). 2012년 장애인복지시설 일람표.

보건복지부(2015). 2015년 장애인복지시설 일람표.

보건복지부(2019). 2019년 장애인복지시설 일람표.

보건복지부(2020). 2020년 장애인복지시설 일람표.

보건복지부(2021). 2021년 장애인복지시설 일람표.

보건복지부(2024). 2024년 장애인복지시설 일람표.

복지타임즈(2020. 7. 22.). "지역 간 서비스 불균형 반드시 해결해야" 장기성, 한국장애인주간보호시설협회 사무처장.

서울시사회복지단체연대회의(2020). 장애인직업재활시설, 2021년도 서울시 사회복지시설 처우개선요구안 마련을 위한 워크숍.

서해정, 이선화(2018). 장애인거주시설 소규모화 실태 및 정책방안 연구. 한국장애인개발원.

소셜포커스(2019. 3. 22.). "장애인복지관을 지역사회 복지전달 체계 중심으로" 기능 개편.

이병화, 이송희(2017). 장애인직업재활시설 유형 개편을 위한 쟁점 및 향후 정책 방향 연구. 장애와 고용, 27(2), 133-159.

이상진(2012). 직업재활시설의 유형개편에 따른 현황과 과제. 2012년 장애인 직업재활시설 발전방안을 위한 대토론회. 한국장애인직업재활시설협회.

임성만(2009). 장애인 거주시설의 변화와 시설운영의 현대적 접근. 미발간 자료.

조한진, 강민희, 박옥순, 염형국, 임소연, 정희경, 허숙민(2012). 시설거주인 거주 현황 및 자립생활 욕구 실태조사. 국가인권위원회.

조한진, 김기룡, 김예원, 김정하, 김은애, 송효정, 이승홍, 이용표, 조경미, 장애와인권발바닥행동, 전국장애인부모연대, 인도주의실천의사협의회(2018). 중증 · 정신장애인 시설생활인에 대한 실태조사. 국가인권위원회.

중앙사회서비스원(2023). 2025년 사회복지시설 평가 장애인거주시설 평가지표.

〈추천 도서〉

• 『월평빌라 이야기』

– 『월평빌라 이야기』는 중증장애인요양시설 월평빌라를 준비하면서부터 지금까지 핵심 가치인 '당사자의 자주성과 지역사회의 공생성'을 공부하고 궁리하고 적용한 내용이다. 그 가치가 입주자들의 삶과 지역사회 곳곳에, 그리고 직원들의 수고와 글에 잘 녹아 있다. 시설의 사람다움과 장애인 당사자의 삶의 일상성을 소중하게 여기고 이를 실현하려고 하는 월평빌라 사람들의 이야기다.

지은이: 박시현

출판사: 푸른복지

발행일: 2011년 4월 11일

• 『우리도 아파트에 삽니다』

– 『우리도 아파트에 삽니다』는 장애인 거주시설에 대한 편견을 깨는 내용을 담고 있다. 지금까지 대부분의 장애인 거주시설은 최대한 도심과는 멀리 떨어진 곳에, 교통이 불편한 곳에 있었다. 그런데 지역사회 한 가운데에 있는 아파트에 장애인들이 산다. 보통의 삶을 살고 싶은 장애인이 있고, 그런 장애인이 불편한 주민들이 있다. 이 책은 '아파트'라는 곳에서 마주한 우리 사회의 차가운 민낯부터 사람 사는 세상의 따뜻함까지 두루 겪은 경험담을 담은 책이다.

지은이: 김도요, 이광식

출판사: 동행

발행일: 2021년 11월 11일

제 3 부

장애인복지의 핵심 이슈와 과제

제10장

장애인복지 핵심 이슈에 대한 이해 1

학습개요

이 장에서는 장애인복지 핵심 이슈 세 가지에 대해서 살펴볼 것이다. 첫째, 장애인의 고령화 문제, 고령 노인의 장애문제를 살펴보고, 이 분야에 대한 연구 및 실천적 관심이 부족한 실태를 파악한다. 둘째, 장애와 가족의 문제를 장애아동, 장애부모 및 비장애형제, 장애가족지원정책 및 실천 실태로 나누어 알아본다. 셋째, 여성장애인의 성, 결혼, 임신출산육아, 고용과 교육과 관련한 다양한 문제와 해결방안에 대해 학습한다.

학습목표

- 장애인과 고령화 문제, 장애노인의 문제에 대해 살펴본다.
- 장애아동과 그 가족을 지원하기 위한 방안, 장애부모 가족에 대해 알아본다.
- 여성장애인의 성, 결혼, 임신 · 출산 · 육아, 고용과 교육 등에 관해 살펴본다.

1. 장애와 고령화

1) 장애노인의 실태

(1) 인구학적 특성

2023년 말 기준 우리나라 65세 이상 등록장애인의 수는 약 142만 명으로 추정되며, 전체 등록장애인 264만 명 중 53.9%를 차지하는 것으로 나타났다(보건복지부, 2023). 장애인구 중 절반 이상이 65세 이상 고령의 인구집단인 것이다. 65세 이상 연령층에서는 지체장애 출현율이 가장 높아서 지체장애가 46.8%, 청각장애가 24.9%, 뇌병변장애, 시각장애가 각각 9.8%를 차지하는 것으로 나타났다(보건복지부, 2023). 인구 고령화 비율의 증가와 함께 장애인구도 고령화 현상을 보이는 것을 알 수 있다. 노인인구의 증가는 장애인구의 증가를 의미하는데, 대부분 노화되면서 각종 질병이 발생하고, 장애로 이어질 가능성이 높기 때문이다.

뿐만 아니라 장애인 중 일부는 정상적인 경우보다 노화과정이 일찍 시작되는데, 특히 발달장애인의 경우 비장애인에 비해 신체적 노화가 평균 10~15년 더 빨리 시작된다(에이블뉴스, 2023. 12. 5.; 주간경향, 2024. 4. 8.). 발달장애인의 경우 조기 노화가 시작되는 평균연령은 43.8세로, 전체 발달장애인의 16.5%가 조기 노화를 경험한다고 한다(MBC뉴스, 2024. 4. 19.). 또한 치매 등의 대표적 노화 질환 유병률도 장애인에게서 더 일찍, 더 높게 나타난다. 다운증후군 장애인은 보통 사람들에 비해 알츠하이머에 걸릴 가능성이 높으며, 발달장애인의 경우 조기 노화의 과정과 그에 동반된 변화인 노인성 난청이나 컨디션 저하, 힘이나 균형 감각의 상실, 골다공증 등의 영향을 더 크게 받는다(WHO, 2011: 전지혜 외, 2012: 131). 자연스러운 노화와 함께 장애를 가지게 되는 것과 장애인들이 노화되는 것, 또는 장애인들이 조기 노화 증상을 겪는 것까지 모두 장애와 고령화 문제에서 다루어져야 한다.

한 장애인단체에서는 고령화된 장애인과, 노화에 따른 장애인을 다음과 같이 구분하고, 이들에 대한 지원정책 강화를 촉구한 바 있다(에이블뉴스, 2023. 12. 5.). 장애인과 노인을 이분법적으로 구분하는 제도 때문에, 고령장애인은 장애인 정책과 노인 정책 모두에서 충분한 지원을 받지 못하는 사각지대에 놓여 있다는 것이다. 특히 활동지원서비스와 장기요양서비스 간의 연계 미흡, 연령 기준의 불명확, 서비스 중복 · 누락 문제 등이

표 10-1 고령화된 장애인과 노화에 따른 장애인의 개념 구분

구분	고령화된 장애인	노화에 따른 장애인
장애발생 시기	발달기, 청장년기	노화기
장애발생 원인	선천성, 사고로 인한 중도장애	노인성 질환, 노화
장애 기간	20년 이상	20년 미만
장애정체성	강함	약함
주요 관심사	소득, 차별, 이동권, 사회참여 등	돌봄, 의료, 시설입소 등
우선순위 욕구	소득보장, 주거보장	의료보장
주요 장애 유형	발달장애, 정신장애 등	신장장애, 시각장애 등

출처: 에이블뉴스(2023. 12. 5.). "장애인 노화 15년 이상 빠르게 시작, 고령장애인 정책은 걸음마 단계".

지적되고 있다.

이와 같이 고령화된 장애인과 노화에 따른 장애인은 장애와 노화를 동시에 경험한다는 점에서는 공통점이 있지만, 장애의 원인이나 장애발생 시기, 장애 기간, 장애정체성, 우선순위 욕구, 주요 장애 유형에 있어 차이를 가지기 때문에 각각에 맞는 차별화된 서비스가 필요하다.

〈표 10-2〉에서 보는 바와 같이 지적장애, 자폐성장애, 정신장애, 간장애, 뇌전증장애를 제외한 나머지 10개의 장애유형에서 70세 이상 노인장애인이 차지하는 비율이 가장 높게 나타나고 있다. 이와 같이 장애는 노령화와 깊은 상관관계가 있어서 인간의 신체가 노화될수록 만성질환 유병률이 높고, 그로 인해 영구적으로 장애를 진단받게 되는 경우가 많다. 또는 장애로 인해 조기노화가 진행됨으로 인해 노화 관련 증상을 더 빨리 겪게 되고, 이로 인해 장애가 심화되는 경향을 보인다(Zarb & Oliver, 1993). 고령화 속도가 빨라지면서 점차 장애노인의 수가 증가할 것으로 예측할 수 있는데, 장애노인에 대해 노인복지 차원에서의 접근과 장애인복지 차원에서의 접근, 즉 이중적 접근이 필요하다고 할 수 있다. 왜냐하면 다른 연령대의 장애인보다 장애노인의 경우 신체 · 심리 · 경제 · 사회적으로 더 취약한 상태에 있기 때문이다.

표 10-2 연령 분포

(단위: %, 명)

구분	지체 장애	뇌병변 장애	시각 장애	청각 장애	언어 장애	지적 장애	자폐성 장애	정신 장애	신장 장애	심장 장애	호흡기 장애	간 장애	안면 장애	장루 요루 장애	뇌전증 장애	전체
10세 미만	–	2.6	0.1	0.3	18.1	5.1	26.5	–	0.2	0.5	–	0.4	–	–	0.6	1.3
10~20세 미만	0.2	1.9	0.2	1.1	5.9	16.6	33.1	–	0.1	6.8	–	0.9	1.6	2.3	5.3	2.3
20~30세 미만	0.6	3.6	1.1	0.9	2.6	25.4	27.3	2.2	1.0	9.5	0.5	0.5	5.1	–	5.1	3.4
30~40세 미만	1.4	4.8	3.8	1.3	3.1	19.3	12.1	9.9	3.7	4.9	1.7	–	7.2	1.2	10.5	4.0
40~50세 미만	7.2	7.1	10.2	2.9	6.1	13.8	1.0	21.3	11.6	6.4	4.5	11.7	10.7	3.1	20.4	8.0
50~60세 미만	17.4	13.0	16.5	5.1	16.0	10.7	–	37.3	23.1	13.1	12.6	30.4	24.1	7.3	28.4	15.1
60~70세 미만	30.3	24.0	23.9	13.9	23.1	7.3	–	22.5	31.1	25.8	31.8	41.9	23.2	19.0	27.9	23.9
70세 이상	42.8	42.9	44.2	74.4	24.9	1.8	–	6.9	29.2	32.9	48.9	14.2	28.2	67.0	1.9	42.0
계	100.0	100.0	100.0	100.0	100.0	100.0	100.0	100.0	100.0	100.0	100.0	100.0	100.0	100.0	100.0	100.0
전국 추정 수	1,162,531	256,042	252,490	424,652	23,254	202,112	38,070	103,819	107,516	4,944	11,400	15,239	2,629	18,439	7,235	2,630,374

출처: 이민경 외(2023). 2023년 장애인 실태조사.

(2) 경제 및 복지욕구 실태

우리나라 65세 이상 장애인구의 경제활동참가율이나 취업률, 실업률은 타 연령대에 비해 매우 열악하다. 2023년 65세 이상 장애인구의 경제활동참가율이 26.05%(2020년 18.0%에 비해 8.05%p 상승)로 2020년에 비해 다소 상승하였으나 여전히 낮은 비율로 장애노인인구의 근로를 통한 소득을 기대하기가 매우 어렵다. 인구 대비 취업자 비율도 25.26%에 지나지 않음을 알 수 있다(김성희 외, 2020: 이민경 외, 2023).

표 10-3 연령별 취업 인구 및 취업률

구분	15세 이상 인구	경제활동인구			비경제활동 인구	경제활동 참가율	취업률	실업률	인구 대비 취업자 비율
		계	취업	실업					
15~19세	31,375	2,933	2,933	0	28,442	9.35	100.00	0.00	9.35
20~29세	90,267	47,932	43,320	4,612	42,335	53.10	90.38	9.62	47.99
30~39세	104,368	59,883	56,721	3,162	44,485	57.38	94.72	5.28	54.35
40~49세	209,646	132,714	127,913	4,801	76,932	63.30	96.38	3.62	61.01
50~64세	704,196	381,608	363,939	17,669	322,588	54.19	95.37	4.63	51.68
65세 이상	1,427,691	371,857	360,636	11,221	1,055,834	26.05	96.98	3.02	25.26
계	2,567,543	996,927	955,462	41,465	1,570,616	38.83	95.84	4.16	37.21
전국	45,452,000	29,390,000	28,764,000	627,000	16,062,000	64.7	97.9	2.1	63.3

출처: 이민경 외(2023). 2023년 장애인 실태조사.

'2024년 장애인 경제활동 실태조사'에서도 유사한 결과가 나타났는데, 2024년 하반기 기준 65세 이상 장애인구의 경우 23.8%만이 경제활동에 참여하고 있는데, 이 중 취업자는 328,259명으로 고용률은 22.8%, 실업자는 14,061명으로 실업률은 4.1%로 나타났다. 장애인구가 아닌 전체 인구와 비교했을 때도 65세 이상 전체 인구의 경제활동참가율은 40.6%, 고용률은 40.1%로 각각 16.8%p, 17.3%p 낮은 것을 알 수 있다. 2022년 상반기나, 2023년 상반기보다 2024년 하반기 장애인 경제활동참가율은 더 낮은데, 전체 인구의 경우 소폭이나마 2022년부터 2024년까지 상승하고 있는 현상과 비교해 볼 때, 우리나라 65세 이상 장애인구의 경제활동참가율이나 취업률, 실업률 상황이 개선되지 못하고 있음을 알 수 있다(한국장애인고용공단 고용개발원, 2024).

표 10-4 장애인 경제활동상태 추정(65세 이상 인구, 전체 인구 비교)

구분		65세 이상 인구	경제활동인구			비경제 활동인구	경활률	실업률	고용률
			계	취업자	실업자				
장애인구	2022년(상)	1,347,311	330,699	318,846	11,852	1,016,612	24.5	3.6	23.7
	2022년(하)	1,360,890	303,615	291,803	11,812	1,057,275	22.3	3.9	21.4
	2023년(상)	1,398,175	351,147	342,518	8,628	1,047,028	25.1	2.5	24.5
	2023년(하)	1,398,101	315,811	303,688	12,123	1,082,289	22.6	3.8	21.7
	2024년(상)	1,427,617	337,581	316,354	21,227	1,090,036	23.6	6.3	22.2
	2024년(하)	1,440,999	342,320	328,259	14,061	1,098,036	23.8	4.1	22.8
	증감(하반기)	42,898	26,509	24,571	1,938	16,389	1.2	0.3	1.1
전체인구	2022년(상)	8,975,000	3,454,000	3,395,000	59,000	5,521,000	38.5	1.7	37.8
	2022년(하)	9,152,000	3,543,000	3,505,000	37,000	5,610,000	38.7	1.1	38.3
	2023년(상)	9,384,000	3,736,000	3,670,000	66,000	5,647,000	39.8	1.8	39.1
	2023년(하)	9,588,000	3,795,000	3,754,000	42,000	5,793,000	39.6	1.1	39.2
	2024년(상)	9,881,000	4,038,000	3,966,000	72,000	5,843,000	40.9	1.8	40.1
	2024년(하)	10,110,000	4,100,000	4,054,000	46,000	6,010,000	40.6	1.1	40.1
	증감(하반기)	522,000	305,000	300,000	4,000	217,000	1.0	0.0	0.9.

주: 1) 경활률(경제활동참가율)=(경제활동인구/65세 이상 인구)×100
2) 실업률=(실업자 수/경제활동인구)×100
3) 증감은 2023년 하반기 대비 증감 비율을 말함.

자료: 전체 인구는 통계청 경제활동인구조사(상반기는 각 연도 5월, 하반기는 각 연도 10월) 참조.

출처: 한국장애인고용공단 고용개발원(2024). 2024년 하반기 장애인경제활동 실태조사.

같은 연구(한국장애인고용공단 고용개발원, 2024)에서 나타난 2024년 하반기 기준 60세 이상 장애인 임금근로자의 최근 3개월간 월평균 임금은 148.4만 원으로, 취업한 전체 장애인 월평균 임금인 209.1만 원의 70.9%에 불과하다. 이는 같은 시기 전체 인구 임금근로자 월평균 임금 312.8만 원과 비교해 볼 때에도 전체 장애인 평균 임금은 66.8% 수준, 60세 이상 장애인구 임금은 전체 임금근로자 월평균 임금의 47.4%에 불과하다.

2023년 장애인 실태조사(김성희 외, 2023)에서도 유사한 결과가 나타났는데, 2023년 기준 장애인 취업자의 월평균 임금은 214만 원이지만, 65세 이상 장애인 취업자는 121.1만 원으로 나타나 장애인 전체 인구 월평균 임금의 56.6%로 절반을 약간 상회하는 수준으로 나타났다. 이를 통해 장애인 취업자뿐 아니라 65세 이상 장애인 취업자의 임금 수준이 매우 열악한 상태임을 알 수 있다.

표 10-5 장애인 취업자의 주 평균 근무시간, 월평균 임금, 평균 근속기간 (단위: 일, 시간, 만 원, 개월)

구분	성별		연령별				장애 정도		전체
	남자	여자	17세 이하	18~44세 이하	45~64세 이하	65세 이상	심한 장애	심하지 않은 장애	
주 평균근무시간									
주 평균근무일수	4.9	4.6	2.0	5.0	5.1	4.5	4.9	4.8	4.8
일 평균근무일수	7.5	5.7	4.0	6.9	7.8	6.0	6.7	7.1	7.0
월평균 임금									
월평균 임금	250.6	127.9	30.0	211.1	292.6	121.1	179.8	225.8	214.6
평균근속기간									
전체	167.6	103.1	4.0	59.7	148.1	187.5	123.7	156.7	148.7
임금근로자	119.8	56.8	4.0	58.3	126.7	86.2	88.1	103.4	99.4
비임금근로자	280.4	304.2	–	73.0	209.0	379.8	255.6	292.5	285.3

출처: 이민경 외(2023). 2023년 장애인 실태조사.

장애인 취업자의 직장에서의 지위도 65세 이상 고령장애인의 경우에는 임시근로자 비율이 32.8%로 가장 높게 나타났고, 고용원이 없는 자영업자 비율이 27.7%, 일용근로자가 25.0%로 나타나 전반적으로 직장(일)에서의 지위도 열악한 것으로 나타났다(〈표 10-6〉 참조).

표 10-6 장애인의 직장(일)에서의 지위 (단위: %, 명)

구분	성별		연령별				장애 정도		전체
	남자	여자	17세 이하	18~44세 이하	45~64세 이하	65세 이상	심한 장애	심하지 않은 장애	
상용근로자	29.6	16.8	0.0	42.5	34.9	7.7	26.5	25.7	
임시근로자	25.3	40.1	0.0	37.7	24.3	32.8	37.6	27.1	29.6
일용근로자	15.3	24.5	100.0	10.6	14.7	25.0	14.7	19.1	18.0
고용주	5.9	2.1	0.0	1.2	7.3	3.2	2.5	5.5	4.8
고용원이 없는 자영업자	23.3	10.5	0.0	7.6	17.0	27.7	16.2	20.6	19.5
무급가족종사자	0.6	6.2	0.0	0.4	1.8	3.6	2.6	2.2	2.3
계	100.0	100.0	100.0	100.0	100.0	100.0	100.0	100.0	100.0
전국 추정 수	675,437	280,026	485	153,632	440,708	360,638	232,651	722,811	955,462

출처: 이민경 외(2023). 2023년 장애인 실태조사.

(3) 신체, 심리적 특성 및 실태

자브와 올리버(Zarb & Oliver, 1993)는 장애인의 경우 장애발생 이후 비장애인에 비해 노화가 약 20년 정도 일찍 시작된다고 주장하였다. 장애 유형에 따라 차이는 있지만, 대개 45~55세에 노화가 시작되고 신체 기능의 변화가 시작된다는 것이다. 또한 비장애인에 비해 20~25년 빠르게 의학적인 문제가 발생할 가능성이 높다고 하였다(양희택, 김민수, 박잎샘, 2013). 예를 들면, 후기 소아마비 장애인의 경우에는 순환계 질환율이 4배, 당뇨가 5~6배 더 많이 나타나고, 고령화된 뇌병변 장애인의 골절 위험은 5배 이상 더 높으며, 우울감도 2~3배 높다고 하였다.

2023년 노인 실태조사에 따르면, 65세 이상 노인은 스스로의 건강상태를 긍정적으로 평가하는 비율이 43.2%로 나타나 이전 조사인 2020년 조사에서의 49.3%보다 6.1%p 낮게 나타났다. 반면, 자신의 건강을 나쁘다고 인식하고 있는 비율은 2020년의 19.9%보다 2.2%p 높은 22.1%로 나타났다. 다행히도 노인이 자신의 건강상태를 긍정적으로 평가하는 비율이 그 반대의 경우에 비해 2배 가량 높은 것은 긍정적인 현상이다. 그러나 장애노인들의 경우는 매우 다르다. 2023년 장애인 실태조사에서 65세 이상 장애노인들은 평소 자신의 건강상태에 대해 나쁘다고 인식하는 경우가 37.8%로 나타났으며, 매우 나쁘다고 응답한 경우도 8.4%로 나타났다. 물론 이 수치는 2020년에 비해 개선된 것이지만(2020년 각각 46.2%, 14.3%) 많은 수의 장애노인이 평소 자신의 건강상태를 좋지 않다고 인식하고 있음을 알 수 있다(〈표 10-7〉 참조). 또한 현재 치료나 재활을 위해 정기적, 지속적으로 진료를 받는 장애노인 인구는 95.7%로, 거의 대다수의 장애노인이 정기적으로 진료를 받고 있는 것으로 나타났다(〈표 10-8〉 참조).

65세 이상 장애노인의 정신건강과 관련해서도 문제가 있다. 2023년 장애인 실태조사에 따르면 전체 장애인의 우울감 경험률은 12.4%, 자살 생각률은 8.9%로 나타났다. 2020년 조사에서는 65세 이상의 우울감 경험률과 자살 생각률이 65세 미만 장애인보다 약간 높은 것으로 조사되었지만, 2023년 조사에서는 이러한 연령대 구분 없이 조사되었기 때문에 정확하게 65세 이상의 장애인에 대한 통계를 파악하기는 어렵다. 그러나 대체로 노인 인구의 우울감 경험률이나 자살 생각률은 노인이 아닌 인구보다 높게 나타나기 때문에 장애노인의 정신건강 관련 인식 개선과 지원이 확대될 필요가 매우 높다.

표 10-7 평소 본인의 건강상태 (단위: %, 명)

구분	성별		연령별				장애정도		전체
	남자	여자	17세 이하	18~44세 이하	45~64세 이하	65세 이상	심한 장애	심하지 않은 장애	
매우 좋음	1.3	0.5	8.2	1.9	0.8	0.4	1.4	0.7	1.0
좋음	23.1	14.1	51.5	41.5	22.6	10.9	22.2	17.7	19.3
보통	36.8	29.2	25.9	37.6	39.2	30.0	31.0	35.0	33.6
나쁨	32.0	45.7	9.1	15.9	30.9	47.9	33.8	39.9	37.8
매우 나쁨	6.9	10.4	5.2	3.0	6.4	10.8	11.6	6.7	8.4
계	100.0	100.0	100.0	100.0	100.0	100.0	100.0	100.0	100.0
전국 추정 수	1,521,342	1,109,032	81,217	294,862	826,604	1,427,690	917,736	1,712,639	2,630,374

출처: 이민경 외(2023). 2023년 장애인 실태조사.

표 10-8 현재 치료나 재활, 건강관리 목적으로 정기적 · 지속적으로 진료받고 있는지 여부 (단위: %, 명)

구분	성별		연령별				장애정도		전체
	남자	여자	17세 이하	18~44세 이하	45~64세 이하	65세 이상	심한 장애	심하지 않은 장애	
예	85.9	92.1	81.9	65.2	85.1	95.7	84.5	90.6	88.5
아니오	14.1	7.9	18.1	34.8	14.9	4.3	15.5	9.4	11.5
계	100.0	100.0	100.0	100.0	100.0	100.0	100.0	100.0	100.0
전국 추정 수	1,521,342	1,109,032	81,217	294,862	826,604	1,427,690	917,736	1,712,639	2,630,374

출처: 이민경 외(2023). 2023년 장애인 실태조사.

2) 장애노인의 이중고 문제

장애노인이 경험하는 문제는 빈곤의 문제에서 의료 문제, 심리정서적 문제와 사회적 고립의 문제에 이르기까지 매우 다양하다. 장애노인은 일반노인이 경험하는 빈곤과 의료적 문제에 비해 훨씬 더 강도 높은 어려움을 경험한다. 노령화로 인한 신체적 · 정서적 취약함에 더해 건강한 노인들에 비해 경제적 · 심리적 · 신체적으로 더 많은 지원이 필요하기 때문이다. 이러한 현상은 전 세계적이다(Parida et al., 2024).

이뿐 아니라 장애노인 부양문제도 장애노인의 어려움을 가중시키고 있다. 장애노인을 부양하던 가족의 기능이 약화된 반면, 이를 뒷받침해 줄 수 있는 사회복지 서비스나 정책이 아직까지 많이 부족하기 때문이다. 2008년 7월 1일부터 노인장기요양보험제도가 시행됨에 따라 중증장애노인에 대한 간병이 제도화되기 시작했지만, 이 제도의 혜택을 받지 못하는 노인 중 장애가 있는 노인은 65세 이전의 장애인에게만 해당되는 활동보조인제도의 혜택도 받을 수 없기 때문에 더 취약한 보호 상태에 놓이는 문제점이 있었다. 다행히도 2021년 7월부터 「장애인활동지원에 관한 법률」 개정 및 관련 제도 개선에 따라, 65세가 되어 장기요양보험 신청 자격이 생긴 장애인도 본인이 원할 경우 기존의 장애인활동지원서비스를 계속 이용할 수 있게 되었다. 다시 말하면, 65세 도래 시 장기요양보험 서비스를 신청할 수 있지만, 본인이 원하면 기존의 장애인활동지원서비스를 그대로 유지할 수 있게 된 것이다.

장애노인을 지원함에 있어 가장 큰 걸림돌이 되는 문제 중 하나는 장애노인에 대한 실증적 연구조사가 매우 부족하다는 점이다(이준우, 2005). 노인 실태조사나 장애인 실태조사에 포함되어 65세 이상 장애노인에 대한 조사가 이루어지기는 하지만, 장애노인만의 문제나 특성, 복지욕구 등에 대한 체계적인 조사 결과가 부재하기 때문에 이 집단을 대상으로 하는 구체적인 정책이나 제도의 필요성이 부각되지 못하고 있다. 장애노인의 건강 악화의 주 위험요인이 경제적 · 사회적 네트워크의 배제라는 한 연구 결과를 고려할 때 사회적 · 경제적으로 어떤 배제가 일어나고 있는지에 대한 체계적인 장애노인 실태조사가 반드시 필요하다(Kim, Park, & Park, 2024).

3) 장애노인을 위한 사회복지 정책 및 서비스 실천 방안

(1) 장애노인의 생계보장을 위한 경제적 지원 강화

현재 장애인이나 노인 또는 장애노인은 국가기초생활보장제도 수급자이거나 기초연금 또는 장애연금 수혜자로서 소득을 얻고 있다. 그러나 이러한 제도의 수혜를 받고 있다고 해도 생활비와 의료비를 감당하기에는 턱없이 부족한 경우가 많고, 소득기준에 따른 자격 제한으로 인해 이러한 제도의 혜택을 받지 못하는 사각지대의 장애노인들의 경우 심각한 빈곤상태에 놓이거나 가족 또는 친척 등의 비공식적 자원에 의지해야 하는 실정이다. 장애노인은 비장애노인과 달리 상대적으로 의료비나 교통비가 많이 소모될 뿐 아니라 영양 등에 있어서도 충분한 공급이 있어야 하며, 정기적이고 질 높은 부양보호가 이루어져야 함에도 불구하고 공공의 제도로는 이를 충족시키지 못하고 있다. 따라서 정부는 장애노인에 대한 수급 기준을 완화하여 생계비를 보조해야 하고, 수급자로 선정되지 못하는 경우에는 특별의료지원비나 부양자 수당 등을 신설하여 이들의 생활을 보장해야 한다.

(2) 장애노인을 부양하는 부양자에 대한 혜택과 지원 강화

장애노인은 남아 있는 기능을 잘 유지하고, 더 이상 발병되거나 악화되지 않도록 세심한 보호가 필요하다. 그러나 현재 우리나라에서 장애노인은 대부분 배우자나 며느리의 보호를 받고 있는데, 배우자도 유사 연령의 노인이고, 며느리의 경우 예전처럼 부양의 의무를 강하게 느끼지 못하는 사회적 분위기 때문에 막연히 가정의 부양체계에만 장애노인의 보호를 맡길 수 없다. 따라서 장애노인을 부양하는 부양자에 대한 사회적 지원이 필요하다. 부양수당의 지급이나 세제 혜택, 휴식보호서비스(respite care)를 위한 주 · 단기 보호시설의 확충이 필요하고, 가정방문간호서비스나 외출 및 병원동행 도우미 등의 지원체계를 강화해야 한다.

(3) 장애 유형별로 특화된 서비스 제공

장애 유형별로 장애노인은 그 욕구와 문제가 다르다. 예를 들어, 뇌병변장애 노인의 경우 무직의 비율이 90%로 타 유형의 장애노인보다 월등히 높아 빈곤의 문제가 심각하기 때문에 이들에 대한 소득지원이 다른 장애 유형의 노인에 비해 더 절실하다. 또한 시각장애 노인의 경우 외출이나 장보기 등에서 타인의 도움이 필수적이며, 지체장애 노인의 경우에도 식사 준비나 가사에 다른 사람의 도움이 매우 필요하다. 청각장애 노인의 경우에는 젊은 청각장애인들에 비해 수어통역서비스에 대한 인지도나 영상통화 사용방법 등에 대한 정보가 적어 서비스 접근도가 매우 낮은 편이다(이준우, 2005). 따라서 이들에 대한 개별화되고 특화된 서비스 제공이 필수적이다. 다행히도 2020년부터 경기도에서는 '고령장애인 지원 조례'를 제정해서 고령장애인 건강 유지 및 증진 사업, 돌봄 사업, 고령장애인 특화 프로그램 개발 및 제공 등의 사업을 추진하고 있고, 서울시에서는 고령발달장애인 특화서비스를 통해 40세 이상 발달장애인 대상 노년기 전환서비스를 실시하고 있다. 이러한 조례 제정이나 서비스가 전국 지방자치단체로 더 확대되어야 한다.

(4) 장애노인을 위한 프로그램의 접근성과 교통편의 강화

2023년 장애인 실태조사에서는 아플 때 병의원에 가지 못하거나 건강검진을 받지 못하는 가장 큰 이유가 이동수단의 제한이나 교통의 불편함이 36.5%로 나타나 가장 큰 원인이 되는 것으로 조사되었다. 신체적 특성상 장애노인에게 있어 이동은 타 연령대의 장애인보다 더 중요할 수 있다. 장애에 더하여 고연령으로 인한 신체 기능의 제한으로 필요한 서비스를 위해 자유롭게 이동하기가 매우 어렵기 때문이다. 경기도 내 장애인복지 사업 총 117개 중 장애노인에게 해당되는 사업은 매우 적고, 교통수단의 제한으로 프로그램 참여가 어렵다고 조사된 바 있다(양희택 외, 2013). 따라서 장애노인을 대상으로 할 때는 반드시 개별화된 선택권을 제공할 수 있어야 하고, 사회적 연계를 강화할 수 있어야 하며, 지역사회에 참여하고 활동할 수 있는 프로그램을 기획 및 제공해야 한다고 강조하였다. 장애인 및 노인 프로그램이나 정책, 제도에 편입됨으로 인해 장애노인들만이 고유하게 필요로 하는 서비스나 프로그램이 도외시되는 정책이나 제도는 개선되어야 한다.

2. 장애와 가족

1) 장애아동과 가족

(1) 장애아동 가족지원의 필요성

2023년 기준 우리나라에서 가족의 보호와 지원을 필요로 하는 장애아동 및 청소년(0~17세)의 인구 비율은 전체 등록장애인 264만 명 중 3.26%를 차지하는 86,211명으로 나타났다(곽나연 외, 2024). 이는 전체 아동인구 7,077,206명의 1.22%에 해당하는 수치다. 장애 유형별로 보았을 때 지적장애 아동이 44.5%(38,359명)의 비율로 가장 높았고, 자폐성장애 아동 28.5%(24,573명), 뇌병변장애 아동 10.6%(9,113명) 순이었다. 지적장애와 자폐성장애 아동의 수는 증가하는 추세다(곽나연 외, 2024).

그런데 이 장애아동에 대한 정책이나 제도의 관심은 특수교육을 중심으로 이루어져 있어서 장애아동 가족 차원의 서비스나 프로그램이 매우 미흡한 실정이다. 장애아동은 가족 내에서 일차적 보호와 지원을 받게 되기 때문에 장애아동 개인을 대상으로 하는 서비스도 필요하지만, 장애아동의 가족을 대상으로 하는 통합적 차원의 접근이 더욱 요구된다. 장애아동의 가족은 일반적으로 많은 경제적 부담을 겪을 뿐 아니라 장애아동 양육의 과업에서 발생하는 다양한 심리사회적 갈등과 긴장, 사회적 차별과 고립 등을 경험하기 때문이다(문정희, 1985; 오혜경, 백은령, 2007).

장애아동에게 있어 가족은 비장애아동에게 있어서보다 더 중요한 기능과 의미가 있다. 조윤경(1992)은 [그림 10-1]과 같이 네 가지 의미를 제시하였다.

그동안 우리나라 장애아동에 대한 정책은 의료적 모델에 기초한 치료 및 재활에 초점이 맞추어져 왔기 때문에 대부분 장애아동 당사자의 역할과 기능을 강화시키는 측면과 사회적 · 물리적 환경 개선의 측면에 집중되어 왔다. 이로 인해 가족보다는 장애에 초점을 맞춘 시책들이 주를 이루고 있고, 일차적 부양자인 가족에 대한 포괄적이고 통합적인 지원이 제공되지 못하였다. 따라서 장애아동 가족 차원의 지원이 필요한데, 장애아동 가족지원의 개념을 먼저 이해할 필요가 있다.

장애아동 가족지원이란 "아동과 그 가족의 욕구를 파악하고, 이러한 욕구를 충족시킬 수 있는 다양한 자원과 서비스를 확인하여 가족의 기능을 강화하는 방향으로 자원을 얻도록 함으로써 가족의 자녀에 대한 참여 능력을 갖추게 해서 자녀의 발달을 촉진하고,

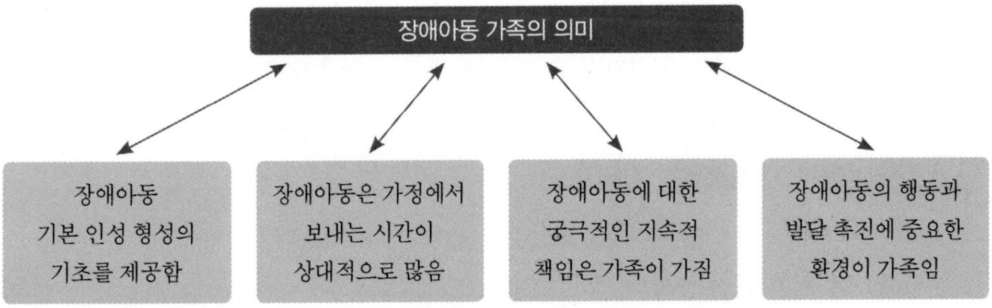

[그림 10-1] 장애아동에게 가족이 더 중요한 이유

출처: 조윤경(1992). 장애아동교육 입문. 서울장애인복지관.

가족 구성원의 복지를 향상시키는 것"을 의미한다(오혜경, 백은령, 2007, p. 36).

가족지원은 '가족에 의한 지원' '가족에 대한 지원' '가족과 함께하는 지원' 이렇게 세 가지로 나눌 수 있다. '가족에 의한 지원'은 가족의 욕구를 가족 구성원 스스로 해결해 나가는 방식으로 가족 자원을 활용하는 것이 주를 이룬다. '가족에 대한 지원'은 장애아동과 함께 살아가는 가족이 원하고 바라는 것에 대한 직접적인 지원을 말한다. '가족과 함께하는 지원'은 지역사회를 근간으로 지역사회 자원으로 장애아동 가족의 생활을 지원하는 것을 의미한다.

이와 같은 장애아동 가족지원은 몇 가지 장점을 가지는데, 첫째, 부모가 지역사회의 구성원이라는 일치감을 느끼게 하고, 둘째, 이로써 사회적 고립감이나 외로움을 감소시킬 수 있으며, 셋째, 부모나 가족이 장애아동의 복지에 대해 효과적인 결정을 내릴 수 있는 지식이나 기술, 기회, 권한을 부여받을 수 있으며, 넷째, 의사나 교사, 심리학자들로부터 경험을 얻어 아동에 대한 정보를 얻을 수 있게 된다.

던스트 등(Dunst et al., 1990)은 가족지원의 여섯 가지 원리에 대해 다음과 같이 설명하였다.

- 공동체 의식 강화
- 자원과 지원의 확장
- 책임과 협력
- 가족 기능의 보호
- 가족 기능의 강화
- 적극적인 휴먼서비스 실천

이 여섯 가지의 원리는 가족지원 정책이나 실천, 관련 서비스가 가족의 기능을 강화하는 방법으로 실행되고 있는지 평가할 수 있는 체계로 사용할 수 있다.

(2) 장애아동과 가족을 위한 지원제도

① 장애가족 지원 법령 현황

장애(인)가족을 위한 지원의 법적 근거는 2011년 제정된 「장애아동 복지지원법」 제23조와 제24조에 마련되어 있다.

제23조(가족지원) ① 국가와 지방자치단체는 장애아동의 가족이 장애아동에게 적합한 양육방법을 습득하고 가족의 역량을 키울 수 있도록 가족상담 · 교육 등의 가족지원을 제공할 수 있다.

② 지방자치단체는 제1항에 따른 가족지원 업무를 비영리법인에 위탁할 수 있으며, 필요한 경우 예산의 범위에서 그 비용을 지원할 수 있다.

제24조(돌봄 및 일시적 휴식지원 서비스지원) ① 국가와 지방자치단체는 장애아동 가족의 일상적인 양육부담을 경감하고 보호자의 정상적인 사회활동을 돕기 위하여 돌봄 및 일시적 휴식지원 서비스를 제공할 수 있다.

② 제1항에 따른 복지지원을 제공할 때는 장애아동의 장애 유형 · 장애 정도와 그 가족의 경제적 능력 등을 고려하여 지원할 대상 및 내용을 결정할 수 있다.

③ 제1항 및 제2항에 따른 복지지원의 대상 · 지원 기준 및 방법 등에 필요한 사항은 보건복지부령으로 정한다.

「장애아동 복지지원법」은 최근 몇 차례의 개정을 거쳤는데, 개정의 주요 내용은 다음과 같다.

시행일	주요 개정 내용
2025. 1. 3.	장애 미등록 아동의 발달재활서비스 지원 연령을 6세 미만에서 9세 미만으로 확대
2024. 3. 29.	돌보미 자격 · 결격사유 · 자격정지 · 자격취소 규정 신설, 중앙지원센터 역할 강화 등
2024. 6. 14.	영유아 정밀검사 및 비용지원 근거 신설, 서비스 제공기관 시설기준 등 현행화

이뿐 아니라 2015년 제정된 「발달장애인 권리보장 및 지원에 관한 법률」에서도 발달장애인 가족 및 보호자 지원에 대해 다음과 같이 정하고 있다.

제4장 발달장애인 가족 및 보호자 지원

제30조(보호자에 대한 정보제공과 교육) ① 국가와 지방자치단체는 발달장애인의 보호자가 발달장애인을 적절하게 보호 및 양육하는 데 필요한 정보를 제공하거나 관련 교육을 할 수 있다.

② 제1항에 따라 제공하는 정보와 교육의 내용과 방법 등에 필요한 사항은 보건복지부령으로 정한다.

③ 국가와 지방자치단체는 예산의 범위에서 제1항에 따른 정보제공과 교육실시에 필요한 경비의 전부 또는 일부를 지원할 수 있다.

제31조(보호자에 대한 상담지원) ① 국가와 지방자치단체는 발달장애인과 동거하는 보호자에게 전문적인 심리상담 서비스를 제공할 수 있다.

② 제1항에 따라 제공하는 심리상담 서비스의 내용과 방법 등에 필요한 사항은 보건복지부령으로 정한다.

③ 국가와 지방자치단체는 예산의 범위에서 제1항에 따른 심리상담 서비스에 필요한 경비의 전부 또는 일부를 지원할 수 있다.

제32조(휴식지원 등) ① 국가와 지방자치단체는 발달장애인 가족의 일상적인 양육부담을 경감하고 보호자의 정상적인 사회활동을 돕기 위하여 돌봄 및 일시적 휴식지원 서비스를 제공할 수 있다.

② 국가와 지방자치단체는 발달장애인의 형제자매로서 발달장애인이 아닌 아동 및 청소년이 건전하게 성장할 수 있도록 이들의 정서발달과 심리적 부담 해소 등을 위한 프로그램 운영을 지원할 수 있다.

③ 제1항 및 제2항에 따른 지원을 제공할 때는 발달장애인 가족의 경제적 능력 등을 고려하여 지원할 대상 및 내용을 결정할 수 있다.

④ 제1항 및 제2항에 따른 지원의 대상 · 기준 및 방법 등에 필요한 사항은 보건복지부령으로 정한다.

「발달장애인 권리보장 및 지원에 관한 법률」은 2026년 4월 2일부터 시행되는 주요 개정 내용이 있다. 즉, 국가가 발달장애인 또는 보호자와 계약을 통해 소유재산을 이전받아 관리 · 운용 · 지출을 지원하는 '재산관리지원서비스' 도입, 재산관리지원서비스 제공 업무를 국민연금공단에 위탁할 수 있도록 하는 근거 마련, 시 · 도지사뿐 아니라 시장 · 군수 · 구청장도 지역발달장애인지원센터 설치 가능, 접근성 제고 등 제도 미비점 보완 등이 최근의 개정 내용이다.

「장애인 등에 대한 특수교육법」 제28조에는 "교육감은 특수교육대상자와 그 가족에 대하여 가족상담 등 가족지원을 제공해야 한다."라는 규정을 두고 있고, 국내 법적 효력을 가지게 된 '장애인의 권리에 관한 협약' 제23조에는 장애아동(자녀)의 가족뿐만 아니라 장애인의 자녀와 관련된 가족지원을 명시하고 있다(최복천 외, 2013). 이 외에도 일반법인 「건강가정기본법」 제21조, 제22조, 제23조에서도 가정이나 자녀양육, 가족부양의 지원에 대해 명시하고 있고, 「영유아보육법」 「한부모가족지원법」 등에서도 구체적이지는 않지만 장애가족 지원에 대한 조항을 포함하고 있다.

「장애인 등에 대한 특수교육법」도 최근 몇 차례의 개정을 거쳤는데 주요 개정 내용은 다음과 같다.

시행일	주요 개정 내용
2025. 6. 21.	• 특정 분야 인재 양성을 위한 특성화 특수학교 지정·고시 근거 마련 • 특수학교의 장에게 특수교육대상자 선발권 부여 • 맞춤형 교육과정 운영 및 적성 개발 지원 강화
2025. 2. 28.	• 통합학급 교육활동 지원 위한 특수교육교원 배치 근거 신설(일반학교 일반학급 특수교육대상자 8명당 1명) • 교육감이 의료기관과 협의해 학교 내 의료적 지원 제공 근거 신설(흡인, 경관영양, 도뇨 등) • 중도중복장애 선정 기준 명확화 • '심신장애' 등 용어 정비
2023. 4. 19.	• 대학 내 장애학생 지원 특별위원회 위원 자격 명확화 • 장애학생 개인별 수요 조사 및 지원계획 의무화 • 국가 차원의 장애인고등교육지원센터 설치 근거 마련

② 장애가족 지원 정책 및 프로그램

현재 우리나라 중앙정부 및 지방자치단체에서는 장애가족 지원사업으로 장애아가족 양육지원사업, 장애인 활동지원제도, 장애아동 보육지원사업을 제공하고 있다.

첫째, 장애아가족 양육지원사업은 돌봄도우미를 가정에 파견하여 장애아동을 보호하고 장애아가족에 휴식을 지원하는 사업이다. 이 사업은 18세 미만의 「장애인복지법」상 등록장애 정도가 심한 장애아와 생계·주거를 같이하는 기준 중위소득 120% 이하 가정을 대상으로 하되, 6세 미만 중증 장애아동 우선 지원을 원칙으로 한다. 2018년에는 112억 원 규모의 예산으로 증가되어 약 3,500여 명, 2020년에는 208억 원으로 증액되어 3,900여 명의 장애아동(가족)이 지원을 받은 것으로 나타났다(김현지 외, 2021). 2023년에는 475억 원 규모로 예산이 많이 증대되어 6,500여 명의 장애아동(가족)이 지원을 받았다

(곽나연 외, 2024). 그러나 이 사업의 돌보미의 시간당 수당이 2025년 기준 10,590원으로 처우가 매우 열악한 수준이다. 향후 이용자 가족 소득 기준을 더 완화하여 더 많은 중증 장애아동청소년 가족이 이 서비스 지원을 받을 수 있도록 개선하고, 제공하는 노동에 비해 처우가 매우 열악한 돌보미 수당을 현실화해야 한다.

둘째, 발달재활서비스는 장애아동의 인지, 의사소통, 적응행동, 감각, 운동 등의 기능 향상과 행동발달을 위한 재활서비스를 지원하고 관련 정보를 제공하는 것을 목적으로 기준 중위소득의 180% 이하인 18세 미만 등록 장애아동을 지원하는 사업이다. 2023년 기준 97,469명이 지원받았으며, 예산은 1270억 원이다(곽나연 외, 2024).

셋째, 언어발달지원사업은 감각적 장애 부모의 자녀에게 필요한 언어발달지원서비스를 제공하여 아동의 건강한 성장을 지원하고 장애가족의 자체 역량을 강화하는 것을 목적으로 하는 사업이다. 자격기준은 한쪽부모 및 조손가정의 한쪽 조부모가 시각 · 청각 · 언어 · 지적 · 자폐성 · 뇌병변 등록장애인인 12세 미만 비장애아동으로 양쪽 부모(조부모)가 시각 · 청각 · 언어 · 지적 · 자폐성 · 뇌병변 등록장애인인 경우 우선적으로 지원받을 수 있다. 역시 기준 중위소득의 120% 이하인 가구를 선정한다. 2023년 기준 전국에 400명의 이용자가 있으며 예산은 6억5천1백만 원이다(곽나연 외, 2024).

넷째, 발달장애인 주간활동서비스사업이다. 이는 발달장애인에게 낮시간에 자신의 욕구를 반영한 지역사회 기반 활동에 참여함으로써 '의미 있는 하루, 바람직한 하루'를 보낼 수 있도록 하여, 장애인의 자립생활을 지원하고 사회참여를 증진시켜 삶의 질을 향상시키고자 하는 사업이다. 18세 이상 65세 미만의 「장애인복지법」상 등록된 지적 및 자폐성 장애인이 대상으로, 이용자는 수급자격(제공시간)을 받아 원하는 지역 내 주간활동 제공기관에 등록하여 소그룹을 구성하고, 제공기관 및 외부 협력기관을 통해 서비스를 이용할 수 있다. 2023년 기준 이 사업의 총 예산은 1735억 원이며, 12,676명이 지원받았다(곽나연 외, 2024).

다섯째, 발달장애인 부모심리상담지원사업이다. 이 사업은 발달장애인의 가족 기능을 강화하고 양육 부담을 줄이기 위한 사업으로 「장애인복지법」상 지적 · 자폐성 장애인으로 등록된 자녀의 부모 및 보호자를 대상으로 한다. 이 사업은 소득이나 재산 기준이 없다. 2024년 보건복지부 사업 안내 및 사회서비스전자바우처 통계에 따르면 2023년에는 약 6,000명대, 2024년에는 7,000명 내외가 이 사업의 지원을 받은 것으로 나타났다.

이 외에도 장애아동수당, 장애인 자녀교육비 지원, 장애인 의료비 지원, 발달장애인 가족휴식지원사업, 청소년 발달장애학생 방과후 활동서비스 등이 진행되고 있다. 그러나 이러한 사업들이 대부분 기초수급가구 또는 차상위 가구에 국한되어 있거나 지원자격 기준이 높아 실제로 지원이 필요한 사각지대에 있는 장애아동 · 청소년 가족이 혜택을 받지 못하는 경우가 많은 것으로 나타나고 있다. 중앙정부나 지방자치단체 외에도 각종 민간단체에서도 장애아동 · 청소년 가족을 위한 다양한 사업을 진행하고 있다. 정부의 보조에 의해 사업을 진행하는 경우가 대부분이지만, 장애인복지관이나 장애인가족지원센터, 한국장애인부모회, 전국장애인부모연대 등에서도 장애가족을 위한 휴식지원 프로그램, 가족캠프, 가족대상 문화 · 여가 프로그램을 진행하고 있고, 아버지나 비장애 형제자매를 위한 프로그램도 지원하고 있다.

2) 장애부모 및 비장애형제와 가족

(1) 장애부모의 양육 부담

부모가 장애를 가지고 있으나 자녀는 장애를 가지고 있지 않은 경우 장애부모(부모 중 1인 또는 양쪽 모두가 장애인인 경우)는 신체적 · 심리적 · 경제적으로 다양한 어려움을 경험할 수 있다. 2023년 장애인 실태조사에 따르면, 결혼 당시 배우자에게 장애가 있었는지에 대해 전체의 2.6%가 '있었다'고 응답했으며, 특히 지적장애의 비율이 20.2%로 높게 나타났다. 결혼 시 배우자의 장애 여부를 성별로 보면 여성장애인의 경우에는 3.4%, 남성장애인의 경우에는 2.0%로 나타나 남성장애인에 비해 여성장애인의 경우 장애가 있는 배우자를 얻는 비율이 더 높은 것으로 나타났다. 결혼 당시 배우자의 장애 유형으로는 '지체장애'가 41.4%로 가장 높았고, '청각장애' 22.2%, '시각장애' 11.7%, '지적장애' 11.2% 등의 순으로 높게 나타났다. 특히 지체장애, 시각장애, 청각장애, 지적장애, 정신장애 등 대부분의 장애 유형에서 본인과 동일한 유형의 장애를 가진 배우자와 결혼하는 비율이 높게 나타났다(이민경 외, 2023).

① 신체적 측면

장애부모는 신체적 또는 정신적 장애로 인해 가사노동이나 양육활동을 수행함에 있어 비장애부모보다 몇 배의 신체적 어려움을 경험한다. 임신에서부터 출산, 육아에 이르기까지 신체적 특성상 쉽게 지치거나 고통을 경험할 수 있고, 여러 가지 후유증을 겪을 수 있다. 또한 출산 후 육아에 있어 모유 수유나 목욕시키기, 아이와 놀아 주기 등에서 신체적 민첩성이 떨어지거나 시각 또는 청각 장애 등으로 인해 아이와 의사소통이 어려운 경우도 많이 발생한다. 자녀가 성장하면서 학교에서 급식도우미나 녹색 어머니 활동을 수행해야 할 경우에도 어려움을 경험한다.

이러한 유형의 어려움은 육아도우미나 가사도우미, 학교생활지원도우미 등의 제도를 신설 또는 확대하여 지원해 주면 해결할 수 있는 문제들이지만, 현실적으로 운영되고 있는 제도의 혜택을 받기에는 자격 기준이 지나치게 엄격하거나 복잡하고, 원하는 시간이나 요일이 맞지 않는 문제 등 원활한 지원과 혜택이 이루어지지 않고 있다. 또한 파견되는 도우미들이 장애 유형에 대한 이해나 장애 인식에 대한 사전 교육이 부족하여 실질적인 도움이 제한되는 경우가 많은 것으로 나타나고 있다.

② 심리적 측면

장애부모는 임신 시 심리적으로 많은 어려움에 부딪힌다. 아이를 임신하였다는 사실은 온 가족이나 친척, 친구들로부터 축하받아야 할 일이지만, 여성장애인이 임신하게 되었을 때, 또는 양쪽 배우자 모두가 장애인인 부부가 아이를 가지게 되었을 때 이를 축하하고 적극 지원해 주는 경우는 흔하지 않다. "그 몸으로 어떻게 애를 낳겠니?" "자기 둘이나 잘 살지, 어떻게 애를 키우겠다고……." "장애아이를 낳으면 어떻게 하려고……." 하는 등의 직접적·간접적 표현이 장애부모들을 심리적으로 힘들게 만든다.

장애부모에게 영유아기의 아이가 있을 경우 신체적 어려움이 크겠지만, 아이가 자라면서 타인의 평가나 시선을 의식하게 되고, 인지능력이 발달하게 되면서 장애부모로서 자녀에게 어떻게 인식될지에 대해 심리적 두려움을 가지게 된다. '우리 아이가 장애를 가진 부모인 나를 부끄럽게 생각하지 않을까?' 하는 두려움에서부터 자녀의 학습을 충분히 뒷받침해 주지 못한다는 생각에서 오는 죄책감 등의 심리적 문제는 계속된다(오혜경, 백은령, 이은미, 2008).

최근에는 이러한 문제에 대해 동료상담이나 기혼 여성장애인 지지집단 활동 등을 통해 도움을 받고 있는 장애인이 늘어나고 있지만, 아직까지 접근성이나 다양성이 확보되지 못하고 있다. 또한 시각이나 청각 등의 장애를 가진 부모들은 정보 접근성이 더 취약하므로 온라인상에서의 동료상담이나 지지모임 참석도 쉽지 않은 것으로 나타났다(오혜경 외, 2008).

③ 경제적 측면

2023년 기준 우리나라 장애인 가구의 월평균 소득은 305.8만 원으로, 전국 월평균 가구 소득(2022년 4/4분기 기준 483.4만 원)의 63.3% 수준이다. 이 수치는 2020년의 48.4%에 비해 14.9%p나 상승한 수치로서 장애가구의 소득이 조금이나마 상승되고 있다는 점은 긍정적으로 해석할 만하다(이민경 외, 2023). 그럼에도 불구하고 절대적 수치로는 장애가구의 소득이 낮은 것은 분명하다. 이렇게 장애가구의 소득이 낮은 것은 장애로 인한 경쟁고용시장에의 진입의 어려움, 적은 교육 기회로 인한 인적 자본으로서의 낮은 경쟁력, 장애인 고용을 회피하는 고용주나 기업문화 등의 원인에서 찾아볼 수 있다. 따라서 소득이 높고, 고용이 안정적이며, 전문직종의 직업을 얻기가 어려운 것이 현실이다. 이는 결국 장애인 가족의 빈곤문제로 연결되며, 장애부모가 가정을 꾸려 나가고 자녀를 양육함에 있어 많은 경제적 어려움에 부딪히는 원인이다. 현재 국민기초생활 보장제도의 수급자인 경우나 차상위의 저소득층 가정에만 제공되는 생계비나 장애수당 등의 소득보장제도가 일부 장애인에게만 해택이 주어지는 체제로 운영되고 있고, 여러 가지 사정으로 이 제도의 혜택을 받지 못하는 장애부모는 자녀 양육비, 교육비 등에 가장 큰 압박을 받고 있다. 실제로 초·중·고등학생 자녀교육 시 애로사항으로 가장 높은 비율을 차지한 것은 '자녀양육 및 교육비용이 많이 들어서'(27.4%)인 것으로 나타났다(이민경 외, 2023).

일반가구의 63.3%에 지나지 않는 소득으로 생활하고 있는 장애부모들에게 가장 필요한 것은 경제적 지원일 것이다. 향후 반드시 생계보조의 수급 형태가 아니더라도 장애부모의 자녀 양육수당제도나 교육비 지원 등을 신설·확대하여(소득 기준 완화 등) 장애부모가 가족을 꾸려 나가는 데 경제적인 어려움을 경감시켜야 한다.

(2) 장애아동의 비장애형제

장애아동의 비장애형제도 많은 부정적 감정을 경험하기 때문에 그들의 욕구와 문제를 파악하여 적절히 지원해 주어야 한다. 토머스와 페기(Thomas & Peggy, 2000)는 장애아동의 비장애형제가 겪을 수 있는 감정에 대해 다음과 같이 설명했다.

- **두려움**(fear): 비장애형제는 장애를 가지게 될까 두려워한다. 장애형제가 치료를 받을 때 잘못될까 두려워한다. 비장애형제는 자기 친구들, 미래 또는 현재의 배우자가 장애형제에 대해 알게 되었을 때 어떤 반응을 보일지에 대해 두려워한다. 비장애형제는 자기 아이를 갖게 되었을 때 장애아이가 태어나지 않을까 걱정한다.
- **외로움**(loneliness): 또래나 동료로부터 소외감을 느끼고, 때로 거부당하기도 한다고 느낄 수 있다. 다른 가족 구성원으로부터 고립되었다고 느낄 수 있다. 비장애형제

스스로가 다른 아이들과 다르다고 느끼며 자기 가족이 겪는 일들이 다른 가족들과 다르다고 느낄 수 있다.

- **분노**(anger): 장애형제를 두지 않은 아이들보다 좀더 심한 분노를 경험한다. 장애형제, 부모, 사회, 신에게 분노의 감정을 느낀다. 무시받거나 인정받지 못한다고 느낄 때 정도가 심한 분노의 감정을 느낀다. 장애형제에게 함부로 대하는 친구들을 보면 직접적으로 분노를 표현한다.
- **적개심**(resentment): 비장애형제는 부모가 장애형제에게 시간을 과도하게 소비할 때 분개한다. 비장애형제는 장애형제가 장애를 가지고 있기 때문에 겪게 되는 사회적 제약에 대해서 분개한다. 비장애형제는 가족 상황 안에서 일이 공정하게 처리되지 않을 때 분개하며, 부모가 장애형제와 비장애형제에게 가지고 있는 상이한 기대에 대해서 분개한다.
- **당혹스러움**(embarrassment): 대부분의 비장애형제는 때로 장애형제에 대해 당혹스러움을 느낀다. 비장애형제는 장애형제가 공공장소에서 부적절하게 행동할 때 당혹스러워한다. 비장애형제는 자신의 동료나 이성친구에게 장애형제를 소개할 때 당혹스러움을 느낀다.
- **혼란스러움**(confusion): 비장애형제는 자신의 역할과 부모의 대리인으로서의 역할에 대해 혼란스러워한다. 비장애형제는 장애형제에게 필요한 치료의 우선순위와 자기 자신의 욕구 사이에서 혼란을 경험한다. 비장애형제는 장애형제의 양육에 대해서 부모 간 의견이 일치하지 않을 때 혼란을 경험한다.
- **질투심**(jealousy): 비장애형제는 장애형제가 받는 관심에 대해서 질투를 느끼기도 한다. 질투는 부모의 관심이 공정하지 않거나 불평등할 때 가장 많이 발생한다.
- **압박감**(pressure): 어떤 부모는 자신이 갖는 절망감을 보상받기 위해 비장애자녀에게 비정상적인 압박감을 준다. 비장애형제는 장애형제를 보호해야 한다는 압박감을 가진다. 이로 인해 비장애형제는 기대 이상의 책임감을 갖는다. 흔히 손위 누나들은 장애동생의 양육을 더 많이 도와야 한다는 부담감을 갖게 한다. 대가족 안의 형제가 소가족 안의 형제보다 압박감을 덜 느낀다. 경제적으로 어려운 가정의 비장애형제는 장애형제의 양육의 부담을 더 많이 경험할 가능성이 있는데, 이는 가족 외부의 자원을 활용하기가 더 어렵기 때문이다.
- **죄의식**(guilt): 비장애형제는 자신의 분노, 질투, 적대감 등에 대해서 죄책감을 갖는다. 부정적인 생각이나 감정이 억제될 때 죄의식 또한 억압될 수 있다. 지나친 죄의

식은 장애형제를 지나치게 도와주고자 하는 행동으로 표출될 수 있다.

- **좌절감**(frustration): 중증의 장애를 지닌 형제와 정상적인 형제관계를 만들려는 시도가 오히려 더 좌절감을 깊게 할 수 있다.

이와 같이 장애형제를 둔 비장애형제가 경험하는 부정적 감정들은 비장애형제들에게 스트레스를 가져다주기 때문에 퇴행장애나 모방, 싸움, 신경질, 거짓말, 도벽 등의 문제행동을 나타낼 수 있으며, 이와 반대로 모범생증후군으로 표출될 수도 있다. 따라서 비장애형제의 부정적 감정을 잘 이해하고 수용하며 적절하게 다룰 수 있도록 돕는 지원체계가 필요하다.

3) 장애가족 지원 정책 및 과제

(1) 국내외 장애가족 지원 정책 및 실천 현황

① 한국의 현황

국내의 장애가족 지원 정책 및 서비스는 크게 경제적 지원, 사회적 지원으로 나눌 수 있다. 그러나 이미 전술한 바와 같이 장애가족을 대상으로 하는 지원보다는 장애인 당사자 개인을 위한 지원에 치우쳐 있다.

첫째, 경제적 지원은 저소득 장애인에 대한 의료비, 자녀교육비, 장애아동수당, 보장구, 생업·생계비 지원 등을 통해 이루어지고 있다. 소득과 상관없이 지원되는 경제적 지원은 전화요금 감면, 국공립 박물관과 고궁이나 능원의 무료입장, 철도 등 교통요금 할인과 지하철 무임승차제 등의 혜택이 있다. 그러나 우리나라의 장애인을 위한 경제적 지원제도의 대부분은 수급권자와 차상위계층 등 저소득 계층에 한정되어 있어 이 범주 안에 포함되지는 못하나 실제 소득지원이 필요한 장애인이나 그 가족에게는 도움이 전무한 실정이다.

둘째, 사회적 지원은 장애인복지관을 비롯한 지역재활시설 등에서 실시하는 프로그램을 통해 이루어지고 있다. 장애인복지관이나 장애인부모 단체에서 운영하고 있는 주·단기보호센터, 작업활동시설 등을 통해 장애인과 그 가족의 사회적 활동과 적응을 지원하고 있다. 이러한 기관들을 통해 장애아동의 재활치료를 위한 프로그램들이 제공되기도 하고, 부모의 양육 스트레스를 경감시키기 위한 지지집단이나 교육, 휴식서비스 등이 제공되기도 하지만, 양적 · 질적으로 많은 개선이 필요한 실정이다.

② 외국의 현황

선진 외국의 장애가족 지원 프로그램은 다양하고 체계적인 편이다. 미국의 경우 2000년도에 「장애아동가정을 위한 지원 법률」이 제정되었으며, 이 법률이 의회에서 통과될 때 이미 미국의 49개 주에서 가족지원 프로그램이 시행되고 있었다. 영국의 경우에도 1995년에 「부양보호자법」을 통해 부양보호자의 권리와 지원을 공식적으로 확대하고, 2000년에는 「부양보호자 및 장애아동법(Carers and Disabled Children Act)」을 통해 장애가족에 대한 전면적인 지원을 법률화하였다.

이러한 외국의 제도에서 알 수 있는 것은 장애아동을 둔 가족, 특히 주 부양의무자인 어머니에 대한 현물 · 현금 지원을 공식화하고 있으며, 지방정부로 하여금 장애자녀를 돌보고 있는 부모의 복지 향상을 위한 서비스를 개발하여 제공해야 할 의무를 부과하고 있다는 점이다. 장애아동의 부모에게 가장 큰 스트레스가 되고 도움이 필요한 부분은 양육 부담이다. 양육 부담으로 인한 신체적 · 정신적 스트레스를 경감시켜 줄 공식적 지원이 필요한데, 그 역할을 할 수 있는 것이 주 · 단기보호서비스다. 그런데 우리나라에서는 주 · 단기보호시설이 아직까지 수요에 공급이 미치지 못하는 편으로 대기자와 미이용자수가 많고, 특히 중증발달장애인 돌봄 공백이 크다는 문제점이 제기되어 왔다. 다행인 것은 2024년 6월부터 전국 17개 시 · 도에서 순차적으로 최중증발달장애인 총 2,340명에 대한 통합돌봄서비스가 시작되었다. 2025년 7월부터는 2개 지역에서 긴급돌봄서비스 시범사업도 시작되었다.

(2) 장애가족 지원 정책 및 과제

① 「장애인가족지원법」 제정 필요

한국에서는 「장애인복지법」 「건강가정기본법」 「장애인 등에 대한 특수교육법」 「영유아보육법」 「아동복지법」 「한부모가족지원법」 「장애아동복지지원법」 등에서 장애아동에 대한 지원을 명시하고 있지만, 대부분 1~2개의 조항을 통해 장애아동에 대한 지원을 언급하고 있을 뿐, 그 내용이 충분하지도 않고, 장애자녀를 둔 가족의 보호 부담을 덜어줄 수 있는 법적 근거를 갖추었다고 보기 어렵다는 한계를 가지고 있다. 최근 신설된 「장애아동복지지원법」도 가족 지원을 규정하기에는 한계가 있다. 따라서 장애인가족을 지원할 수 있는 「장애인가족지원법」을 제정하거나 「장애인복지법」을 개정하여 장애인가족의 부양 부담을 인정하고, 이를 공식적으로 지원할 수 있는 현금 및 현물 급여의 수준을 향상시키고, 각종 부양 부담을 경감시킬 수 있는 서비스를 제공해야 할 법적 의무체계를 명시해야 한다는 목소리가 높다(에이블뉴스, 2015. 10. 26.). 또한 장애부모를 둔 자녀에 대한 지원책도 이 법에 포함되어야 할 것이다. 장애부모의 비장애자녀가 경험하는 다양한 생애주기별 욕구에 대해 공식적 자원의 투입이 필요하다.

② 생애주기별 양육 및 돌봄서비스 통합체계 구축

장애자녀는 평생 양육과 돌봄을 요구한다. 이에 대한 일차적 양육자와 돌봄자로서의 가족은 경제적 · 심리적 · 신체적 · 사회적으로 큰 부담과 한계를 경험한다. 또한 장애자녀가 발달하면서 겪게 되는 생애주기별 양육과제와 발달과업은 개별 가족이 해결하기에는 역부족이다.

장애발생 원인에 대한 이해와 수용에서부터 장애 특성에 따른 양육과 교육, 재활 등에 대한 체계적인 정보와 상담이 반드시 제공되어야 하며, 청소년기의 장애자녀를 둔 가족의 성교육이나 직업교육 및 준비에 대한 전문적 도움이 필요하다.

또한 장애아동 돌봄지원제도인 활동지원사업과 양육지원사업이 대상자 확대에 따라 두 사업 간에 서비스 중복이라는 문제가 발생하게 되었다. 이 두 서비스를 통해 제공받는 서비스 내용도 통학이나 이동지원 등 큰 차이가 없는 것으로 나타나고 있다. 이 두 사업 간의 효율적인 통합 운영방안이 모색되어야 한다(최복천 외, 2015).

③ 장애자녀 가족의 휴식지원서비스 강화

장애자녀를 둔 가족, 특히 주 양육자에게 휴식지원서비스는 필수적이다. 지속적인 양육 스트레스와 이로 인한 가족의 부담 및 갈등으로 정신건강까지 위협받는 것이 현실이다. 현재 휴식지원서비스가 제공되고는 있으나 서비스 제공 기간이 매우 제한적이고, 대기자가 많으며, 서비스 자체가 매우 산발적으로 분산되어 있는 문제점을 안고 있기 때문에 시급한 개선이 요구된다. 또한 일시적으로 가족에게 긴급한 상황이 생겼을 때 장애자녀를 보호할 수 있는 일시보호시설도 확대되어야 한다.

3. 장애와 여성

1) 여성장애인과 성

(1) 이중차별

여성장애인은 '여성'과 '장애'라는 두 가지 특성 때문에 이중차별을 받는 것으로 알려져 왔다. 능력주의와 정상적인 신체주의 사회에서 살아가는 장애인은 의존적이고 능력이 없으며 정상에서 벗어나 문제가 있는 사람으로 간주된다. 남성 중심의 가부장제 사회에 사는 여성은 남성보다 열등하고 의존적이며 남성에게 순종해야 하는 존재로 인식된다. 여성장애인은 이러한 사회적 구조와 규범 속에서 비가시적이고 의존적인 존재로 가치절하되며 사회적 억압과 차별에 노출되어 왔다(Fine & Asch, 1988; Lonsdale, 1990; Morris, 1991).

여성장애인은 교육이나 직업, 결혼이나 여가 등에서 배제되거나 차별을 받는 경우가 많고, 이러한 차별이 사회적 · 경제적 · 문화적 불이익으로 연결되어 약자의 위치에 서게 되는 것은 국제적으로 보편적인 현상이라고 할 수 있다(Morris, 1991). 교육이나 직업 등에서의 제도적 차별이나 배제가 여성장애인의 사회경제적 지위를 열악하게 만들고, 결국 빈곤이나 최약자의 집단으로 하락시켜 여성장애인으로 하여금 자신의 삶을 통제하고 독립할 수 있게 하는 데 어려움을 가져왔다. 또한 남성우월적이고 비장애인 중심적인 사회관념은 여성장애인을 한 사회의 구성원으로 인정하기보다는 의존적이며 무력한 집단으로 대상화시켜 왔다.

이러한 이중차별은 그 뿌리가 매우 깊어 가부장제와 정상적인 신체주의가 사라지지 않는 한 해결되기 어려운 문제다. 다만, 그동안의 장애운동과 여성운동의 맥락에서 소외되어 왔던 여성장애인들이 1990년대 중반 이후 여성장애인 자조모임을 시작으로 자신들의 목소리를 내기 시작했다는 것은 매우 긍정적인 현상으로 평가할 수 있다.

(2) 장애여성과 무성(無性), 여성 정체성

여성장애인은 성적 대상으로서 거부당하는 경험을 하게 되는데, 그런 경우 대부분 타의든 자의든 자신을 무성(asexual)으로 인식할 위험이 크다. 자신을 스스로 무성이라고 인식하게 되면 인성에 부정적 영향을 미칠 수 있고, 삶의 목적 상실이나 정체성 혼란을 가져올 수 있다. 장애를 하나의 차이로 보기보다는 정상이나 평균에서 벗어난 비정상으로 보는 강력한 사회적 가치에 비장애인, 장애인 모두가 영향을 받는다.

장애인에 대한 비장애인들과 사회의 반응은 장애인의 섹슈얼리티를 가장 깊은 억압의 출처로 만들었고, 결국 이러한 억압에 기초해 성을 표현하고 성적 관계를 가짐으로써 구축되는 자기 이미지와 자기 가치는 추락할 수밖에 없다. 대부분의 여성이 자신의 장애로 인해 성적인 면이 사라졌다고 생각하는 주변의 인식 때문에 매우 큰 상처를 받는다. 그로 인해 성적인 욕구나 관계를 위한 노력을 철회하고, 결국 고립되는 결과를 맞게 된다. 외국에서 150명의 장애청소년을 대상으로 한 조사에 따르면 여성 장애청소년들이 남성 장애청소년들보다 데이트 경험이나 성적 접촉이 적고, 결국 결혼할 수 있을지에 대해 매우 불확실한 생각을 가지고 있었다(Anderson & Clarke, 1982). 또 텍사스의 여성장애인 연구센터와 다른 연구자들이 비장애여성과 장애여성을 대상으로 한 연구에서 밝힌 결과는 다음과 같다(CROWD, 1999; Dace, & Zane, 2022).

- 비장애여성에 비해 장애여성은 데이트하는 빈도에 불만족하고, 데이트 상대에게 매력적으로 보이는 데 한계가 많다고 느낀다.
- 성생활에 '부분적으로 만족'한다고 답한 비율은 장애여성 73.5%, 비장애여성 41.2%로, 장애여성이 더 높았다.
- '성생활이 불규칙하다'고 답한 비율은 장애여성 47.1%, 비장애여성 32.4%로, 장애여성이 더 높았다.
- 적극적이고 사회기술이 좋은 장애여성일지라도 비장애여성보다 우정에서 로맨틱한 관계로 발전할 가능성이 낮다.
- 장애여성의 42%는 아무도 데이트 신청을 하는 사람이 없어서 그동안 연애해 보지 못했다고 답변한 반면, 비장애여성의 27%만이 그렇다고 대답하였다.
- 비장애여성만큼 장애여성도 성적 욕구가 있으나 비장애여성만큼의 기회를 갖지 못한다.
- 앞으로 성생활이 더 좋아질 것이라고 생각하는 비율은 비장애여성 67.6%, 장애여성 20.6%로, 비장애여성이 더 높았다.

이러한 고립에는 여성장애인의 부모도 한몫을 하는데, 많은 여성장애인의 부모는 장애자녀의 데이트를 바라지 않는다고 한다(Lonsdale, 1990; Morris, 1991). 이 부모들 역시 (어쩌면 더 심각하게) 사회나 비장애인들이 가진 편견과 가정에 사로잡혀 있거나 자신들의 비정상적인 자녀가 데이트나 성관계 등으로 상처를 입거나 버림을 받을 수 있다는 두려움이 앞서기 때문이다.

여성장애인은 성적 표현이나 욕구를 금해야 한다는 편견, 아예 무성일 것이라는 편견, 하나의 완성된 인간이 아닌, 즉 한 여성으로서가 아닌 미완성 또는 결함을 가진 부족하고 비정상적인 존재가 데이트를 하는 것은 가능하지 않다는 편견, 결혼을 해도 적절한 모성 역할을 해낼 수 없을 것이라는 편견 등 수많은 편견과 그러한 편견으로 인해 제도적으로 자원에의 접근이 차단되는 것을 수없이 경험한다.

2) 여성장애인의 결혼

여성장애인은 결혼하기도 쉽지 않고, 결혼 상태를 유지하는 일도 쉽지 않다. 여성장애인을 무성으로 간주하는 사회문화적 관념 때문에 배우자를 만나고 결혼할 수 있는 기회가 매우 제한적이며, 결혼을 하더라도 가사 및 양육 부담 등으로 인해 실질적으로 많은 어려움을 겪는다. 이뿐 아니라 여성장애인의 경우에는 배우자가 장애인인 비율이 남성장애인에 비해 현저히 높아, 여성은 자신의 장애 이외에도 배우자의 장애까지 부담으로 느낄 가능성이 높고, 장애인 배우자의 수발과 보호를 맡아야 할 책임까지 감당해야 하는 경우가 많다.

이와 같이 여성장애인은 결혼하기도 쉽지 않고, 결혼 상태를 유지하는 일도 쉽지 않다. 여성장애인의 결혼 실태 및 결혼을 둘러싼 이슈들을 살펴보면 다음과 같다.

(1) 여성장애인의 결혼 실태

2023년 장애인 실태조사에 따르면 여성장애인의 결혼 상태는 사별(41.2%), 유배우(39.0%), 미혼(11.1%), 이혼(8.1%) 순으로 나타났다. 유배우 비율은 남성장애인(61.2%)에 비해 매우 낮은 반면, 사별은 남성장애인(5.6%)에 비해 눈에 띄게 높은 점이 특징적이다(이민경 외, 2023).

여성장애인의 결혼 시 평균 연령은 23.9세, 남성장애인은 28.5세로 나타났다. 2023년 기준 비장애인의 초혼 연령이 남자 34.0세, 여자 31.5세임을 감안할 때 장애인의 경우 남녀가 6~8세 정도 이르게 결혼하는 것으로 나타났다(이민경 외, 2023; 통계청, 2024).

여성장애인은 남성장애인에 비해 결혼에 있어 여러 가지 불리한 점이 많다. 여성의 외모를 중시하는 사회문화적 관념과 여성의 가사 및 임신, 출산, 육아에 대한 기본적 전제가 장애여성의 결혼을 불리하게 만들기 때문이다. 2020년 장애인 실태조사에서는 결혼하지 않은 이유에 대해 여성장애인은 43.0%가 '건강문제와 장애문제'라고 응답했는데, 2023년 장애인 실태조사에서는 45.0%로 다소 높아졌다. 한편, 남녀 장애인 모두 '결혼생각이 없어서'라는 응답이 16.2%로 나타나 비혼율이 높아지는 전체적인 사회분위기도 반영된 것으로 보인다. '이성을 만날 기회가 없어서'의 경우는 남자가 14.1%, 여자가 9.6%로 나타났는데, 이러한 결과는 남성이나 여성 모두 장애나 건강의 이유 또는 이성을 만날 기회가 적은 이유로 인해 결혼하지 않는 실태가 여전하다는 것을 보여 준다. 장애인 실태조사에서도 장애인이 결혼하지 않는 이유에 대해서 다양한 항목을 구성하여 조사해야 하는 문제가 여러 번 지적되었지만 여전히 성별 차이를 반영한 혼인 관련 내용이 조사문항에 포함되지 않는 문제는 향후 개선되어야 할 것이다.

(2) 미혼의 여성장애인

우리 사회에서는 여성장애인의 결혼에 대해 부정적인 인식과 태도가 자주 목격된다. 여성장애인은 '결혼 적령기'가 되어도 주위에서 결혼하지 않느냐는 질문을 받지 않는다. 여성장애인을 '여성'으로 보지 않는 사회적 편견이 여전히 작용하고 있기 때문이다. 여성장애인의 부모와 남성장애인의 부모 또한 자녀의 결혼에 대해 갖는 태도가 매우 대조적이다. 장애자녀가 남자인 경우 부모는 아들을 장애가 없는 여성이나 자신의 자녀보다 더 장애가 경한 여성과 결혼시키고자 적극적으로 노력한다. 심지어 중국에까지 가서 조선족 여성을 구해 오는 경우도 있다(김경화, 1999).

비장애여성에게는 결혼이 삶의 자연스러운 과정으로 인식되고 있지만, 장애여성에게 결혼은 당연한 것이 아니다. 장애여성에게는 결혼 적령기를 놓치지 않아야 한다는 강박관념이 크게 작용하지 않는다. 장애나 교육 정도와 무관하게 장애여성들은 대부분의 여성이 꿈꾸는 행복한 결혼생활이 자신에게 어울리지 않는다고 생각한다. 사회가 부여하는 정상적인 신체에 대한 관념 등으로 인해 장애여성들은 자신의 외모가 '비정상적이고 매력적이지 않다'고 생각하고, 이는 자의 또는 타의로 인해 결혼제도에서의 소외와 주변화를 초래한다.

장애여성의 외적 장애는 배우자 선택 조건의 결정적인 결핍을 의미하므로 장애여성은 결혼시장에서 '자격미달'인 존재가 된다. 장애여성이 경험하는 결혼시장에서의 차별은 외모뿐 아니라 어머니로서, 아내로서, 주부로서의 역할 수행에 대한 부정적인 시각에서 출발한다.

파인과 애쉬(Fine & Asch, 1988)는 이러한 태도는 여성장애인이 엄마로서 또는 성 파트

너로서 적합하지 않다는 가정에 기초한다고 말했다. 이런 종류의 편견은 여성장애인들로 하여금 전통적 개념의 여성다움과 관련한 자기 이미지와 정체성을 조화시키기 어렵게 만든다.

미혼 여성장애인이 결혼하지 않겠다고 하는 이유에는 몇 가지가 있다(장애우권익문제연구소, 1999). 첫째, 건강한 아기를 낳을 수 있을지에 대한 걱정이 앞서기 때문이다. 물론 장애로 인해 임신과 출산이 가능하지 않은 경우도 있고 또 임신하더라도 많은 위험에 부딪히기도 하며 장애가 유전될 가능성도 존재한다. 그러나 비장애인이나 장애인이 생각하는 것보다 훨씬 더 높은 비율로 하반신마비 장애, 척추만곡증 장애, 소아마비, 뇌성마비, 시각 및 청각 장애 여성들은 안전한 임신 및 출산이 가능하다. 둘째, 결혼을 하면 반드시 자녀를 낳도록 압박을 받는 비장애여성과는 달리 장애여성은 사회적 · 정서적으로 자녀를 낳지 말 것을 종용받기가 일쑤다(Lonsdale, 1990). 이는 가족을 포함한 친구, 친척, 의사 등으로부터 부정적 반응을 얻게 되는 것을 말한다. 특히 의사와 보건전문가들은 장애인의 임신과 출산에 대해 정확한 이해를 하고 있지 않은 상태에서 아이를 낳지 말거나 불임시술을 하라는 등의 지나친 주의나 경고를 하는 경향이 있다(김경화, 1999; Lonsdale, 1990). 장애여성에 대한 이러한 통제는 여성의 성 · 재생산 권리를 박탈한다는 점에서 성차별이며, 정상적인 사람과 비정상적인 사람을 구별한다는 점에서 장애인 차별이다.

3) 여성장애인의 임신, 출산, 육아

"아이를 가지면 안 됩니다." 제가 결혼하고 몇 개월 후에 처음으로 방문한 산부인과에서 들었던 말입니다. 전 너무 혼란스러웠어요. 저는 왜 아이를 가질 수 없는 거죠? 제가 신체적으로 장애가 있긴 하지만 그렇다고 해서 아이를 가질 수 없다는 어떤 의학적 근거도 없어요. 저는 엄마로서 제가 자격이 있는지에 대해 의문스러워하던 의사들과 간호사들의 비뚤어진 태도 때문에 많은 어려움을 겪었습니다. 이뿐만 아니라 입구나 화장실, 진찰대 등 그게 무엇이든지 간에 쉽게 이용할 수 없는 의료 설비 때문에도 어려움을 겪어야 했죠. 지금 전 다섯 살짜리 아들의 엄마가 되었고, 제 아들은 제 인생 최고의 보물이에요. 하지만 당연한 권리라고 할 수 있는 게 어떻게 해서 이렇게 호사스러운 것이 되었는지에 대해 계속 생각하게 돼요. 왜 좀 더 좋은 의료 시스템을 이용할 수 있을 만큼 돈이 있어야만 아이를 가질 수 있었던 걸까요?

—Rania의 사례—

출처: WHO (2012). WHO 세계장애보고서[*World report on disability*]. (전지혜, 박지영, 양원태 공역). 한국장애인재단.

(1) 여성장애인의 임신, 출산, 육아 실태

2023년 장애인 실태조사에 따르면, 임신기간 중 가장 힘들었던 점은 '어려움 없음'이 28.7%로 가장 높게 나타났고, 다음으로는 '자녀가 장애를 가질까 봐 두려워서'가 15.1%, '자녀양육을 잘할 수 있을지 두려워서'가 14.6%로 나타났다. 이 외에도 '출산 과정에 대한 두려움'(7.4%), '집안일 하기가 힘들어서'(6.4%) 등의 어려움이 나타났다(이민경 외, 2023). 이와 같이 자신의 장애로 인한 자녀에 대한 걱정, 물리적 어려움에 대한 걱정 등이 많은 것을 알 수 있다.

출산 後 산후조리 도우미 관련 질문에서는 산후조리를 도와준 사람으로 2020년 조사에서는 친정식구 55.2%, 산후조리원 22.0%, 남편 9.4%, 시댁식구 7.1%로 나타났는데, 2023년 조사에서는 친정식구가 38.7%로 낮아지고, 산후조리원은 28.1%로 높아졌으며, '돌봐주는 사람 없이 혼자 했음'이 9.2%나 되는 것으로 나타났다. 출산 후 산후조리의 충분 정도에 관해서는 2020년 조사에서는 '충분하다(매우 충분 포함)'가 67.4%로 나타났고, '부족하다(매우 부족 포함)'는 응답은 32.5%로 나타난 반면, 2023년 조사에서는 '충분하다(매우 충분 포함)'가 58.7%밖에 되지 않고, '부족하다(매우 부족 포함)'는 응답은 41.3%로 나타나 출산 후 산후조리의 불충분성을 보여 주고 있다. 여성장애인의 임신 · 출산 지원 정책이 양적 · 질적으로 많은 개선이 있었으나, 이러한 실태조사 결과를 볼 때 아직 충분성이 담보되지 못한 것을 알 수 있다(이민경 외, 2023).

여성장애인이 가장 필요로 하는 서비스 순위로는 2020년 기준 '자녀 양육지원서비스'(13.3%), '활동지원사'(11.3%), '출산비용 지원'(10.2%) 순으로 나타났지만, 2023년에는 '장애인활동지원사, 가사도우미 등 일상생활지원 서비스'가 38.0%로 가장 높게 나타나 일상생활에서의 실질적인 도움이 가장 많이 요청되고 있음을 알 수 있다(이민경 외, 2023).

(2) 여성장애인 임신, 출산, 육아 지원방안

여성장애인의 임신 및 출산을 지원하기 위한 방안을 크게 세 가지로 나누어 보면 다음과 같다.

첫째, 여성장애인 전문 의료기관 지정 확대와 효과적 운영을 위한 지원이 필요하다. 대부분의 장애여성은 산부인과를 이용하는 데 있어 많은 어려움을 경험한다. 접근성, 의료진의 인식 부족, 편의시설, 통역, 의료기기 등 다양한 장애물이 있다. 이를 개선하기 위해 근로복지공단 창원병원 산부인과와 전주의 예수병원에서 여성장애인 친화적 진료를 시작했으나, 2020년 기준 전국의 15개의 장애친화 산부인과가 있었던 것이 그마저도

2024년에는 전국에 10개소만이 장애친화 산부인과로 운영되고 있다(보건복지부 국립재활원 장애인 건강 및 재활 정보포털, 2024년 12월 기준). 이와 같이 전국적으로 10개소에 불과해 여성장애인 인구에 비해 턱없이 부족할 뿐 아니라 지정병원 중 상당수는 휠체어 접근이나 전동침대, 장애 유형별 맞춤 장비가 미흡하다는 지적도 있었다. 특히 장애친화 산부인과가 수도권이나 광역시 등에만 집중되어 있어 비수도권, 농어촌 여성장애인은 거의 이용이 불가능하다(소셜포커스, 2023. 3. 8.). 특히 지방자치단체의 지원에만 의존하고 중앙정부의 국비지원이 전혀 없는 실태는 가장 큰 문제점으로 지적되고 있다. 단순하게 장애여성 친화적 산부인과 지정에만 급급하기보다 내실 있는 서비스를 위해 의료전문가들도 장애에 대한 인식을 개선하고, 장애 관련한 전문지식을 더 갖추고 물리적 환경을 마련하여 장애여성이 심리적 · 물리적으로 질 높은 서비스를 받을 수 있도록 지원해야 한다.

둘째, 장애 유형에 맞는 정확한 정보 제공과 전문 심리상담이 필요하다. 많은 여성장애인이 임신 중 자신의 장애로 인해 태아 또는 자신의 건강에 문제가 생기지 않을까 하는 불안과 두려움을 가지고 있는 것으로 조사되었다. 물론 이러한 인식은 점점 개선이 되는 경향이 있기는 하지만, 여성장애인 임산부의 심리와 인식에 크게 영향을 미치는 대부분의 정보가 사실이 아니거나 과장된 경우가 많으므로 정확한 정보를 가진 전문 심리상담자나 정신과 전문의 등과의 무료상담이 제공되어야 한다.

셋째, 장애여성의 임신과 출산에 대한 인식 개선이 필요하다. 연구 결과에 따르면, 장애여성의 임신의 대해 가족이나 친척 등의 부정적인 반응이 많다(오혜경 외, 2008; Lonsdale, 1990). 이는 대부분 장애여성의 출산에 대한 오해에서 비롯되는데, 이것은 장애여성의 모성권에 대한 침해가 된다. 장애여성이 출산할 경우 장애자녀를 낳을 것이라는 편견, 자기 몸도 힘든데 어떻게 자녀를 낳고 키우겠냐는 편견 등이 작용하기 때문이다. 이러한 오해와 편견을 바로잡고, 장애여성의 출산권을 확보하기 위해서는 가족 및 친척 등에 대한 인식 개선이 수행되어야 한다.

다음으로 여성장애인의 육아활동을 지원하기 위한 방안은 다음과 같다.

첫째, 양육지원서비스 제도를 확충해야 한다. 현재 육아도우미나 가사도우미, 활동보조인 등의 제도를 시행하고 있으나 지역적 편차가 크고, 기회의 형평성이나 정보 접근성의 문제 등으로 인해 여성장애인에게 보편적으로 제공될 수 있는 서비스로 인식 또는 활용되지 못하고 있다. 현재의 양육지원서비스를 양적 · 질적으로 확충할 필요가 있고, 장애 유형에 맞는 도우미서비스 제공을 위한 훈련 프로그램 실시, 서비스 시간 확대 등의 방안을 마련해야 한다.

둘째, 자녀양육에 있어 응급지원서비스가 필요하다. 자녀가 갑자기 다치거나 아플 때 여성장애인은 비장애여성처럼 신속하게 대응하기가 어렵다. 응급지원센터 등을 개설하여 응급상황 시 실제적인 도움을 받을 수 있도록 지원하고, 평상시 자녀 부상 및 사고, 질병이나 실종 시 이용할 수 있는 응급처치 방법 등에 대한 정보를 제공할 수 있어야 한다.

셋째, 장애 유형에 맞는 육아 보조기기나 도구를 보급해야 한다. 자녀가 영유아일 때 장애부모는 신체적, 물리적으로 더 많은 어려움을 경험한다. 자신의 장애 유형에 맞는 육아 보조기기나 도구를 보급받거나 대여할 수 있는 여건이 갖추어지지 않은 우리나라 상황에서 맞춤 육아 보조기기 개발 및 보급, 대여나 육아 및 아동 학습 관련 책이나 비디오를 출간하여 장애인 엄마들의 육아활동을 실제적으로 지원할 수 있어야 한다.

넷째, 또래 엄마들과의 교류를 위한 정보와 장을 만들어 주어야 한다. 또래 아이 엄마들과의 교류, 또래 아이와의 친구 맺어 주기 등을 위해 자조모임 또는 지역 또래 아이 관련 정보가 제공되어야 한다.

4) 여성장애인과 성폭력

한국 사회에서 여성장애인은 성폭력 피해에 취약한 상황에 놓여 있다. 장애여성을 성적으로 이용하려는 가해자에게 쉽게 유인되거나 폭력에 취약한 상황에 놓이기도 하며, 성폭력을 피해로 인식하지 못하고 친밀한 관계의 연장으로 믿기도 한다. 여성장애인을 무성적 존재로 인식하는 사회적 편견이 작동하는 한국 사회에서 여성장애인이 성폭력 피해를 입었다는 것은 신고단계에서부터 그 사실 자체가 부인되기도 한다. 또한 성폭력 피해에 대한 진술의 구체성이나 명확성, 논리성과 일관성을 문제 삼아 피해신고 자체가 불가능하거나 증거 부족으로 기소되지 못하는 경우가 많으며, 무죄 선고가 비일비재하게 일어난다. 성폭력 피해 여성장애인은 2차, 3차 피해자가 되는 것이다(여성가족부, 2018).

(1) 여성장애인 성폭력 실태

2023년 장애인 실태조사에서는 여성장애인 중 1.3%에 해당하는 사람이 성희롱 · 성추행 · 성폭력 경험이 있는 것으로 나타났다. 이는 남성장애인 0.4%보다 약 3배 높은 수치다. 전체적인 성희롱 · 성추행 · 성폭력 경험 비율은 매우 낮으나 성희롱이나 성폭력과 관련된 사항은 노출을 꺼리는 특성 때문에 이 통계치를 기준으로 적게는 수 배, 많게는 수십 배에 달하는 수를 실제 수로 추정해 볼 수 있다. 피해 실태에 있어서는 장애 유형별로는 다소 차이가 존재한다. 장애 유형 중 지적장애(6.0%), 자폐성장애(2.5%), 정신장애(1.6%), 뇌전증장애(1.6%)가, 특히 성희롱 · 성추행 · 성폭력 경험 비율이 다른 장애 유형에 비해 상대적으로 높은 것으로 나타났다(이민경 외, 2023).

여성가족부의 '여성폭력시설 운영실적'에 따르면, 2023년 기준 전체 성폭력피해상담소는 전국에 179개가 운영되고 있으며, 상담건수는 337,171건으로 매해 상담건수가 늘어나고 있는 것으로 파악되고 있다. 피해자 지원내용에 있어서는 심리 · 정서적 지원이 가장 많고(51%), 기타를 제외하고는 수사나 법적 지원이 많으며(17%), 의료지원(9%), 시설입소연계(5%) 순으로 나타났다(e-나라지표, 여성폭력관련시설 운영실적, 2024. 10. 29. 갱신).

2023년 장애인 실태조사에 따르면 장애인 성폭력, 성희롱, 성추행 피해자와 가해자와의 관계에 있어, '이웃, 지인'이 28.5%, '모르는 사람'이 24.5%, '친구(이성, 동성)'이

표 10-9 성폭력 관련 시설 운영실적

구분			2020년	2021년	2022년	2023년
성폭력 피해 상담소 현황	개소수	개소수	169	163	168	179
	상담건수	건	258,410	283,916	292,945	337,171
성폭력 피해자 지원 내용	심리적 · 정서적 지원	건	75,797	87,157	86,326	95,606
		비중	50	50	49	51
	수사 · 법적 지원	건	30,387	30,556	31,707	32,281
		비중	20	17	18	17
	의료 지원	건	9,904	14,111	13,698	15,846
		비중	7	8	8	9
	시설입소연계	건	6,874	8,809	8,222	8,783
		비중	5	5	5	5
	기타	건	30,259	35,115	35,698	33,269
		비중	20	20	20	18
	합계	건	153,221	175,748	175,651	185,785
		비중	100	100	100	100

20.9%, '직장 상사 및 동료'가 11% 순으로 나타났다. 이는 결국 평소 알고 지내던 사람이 가해자인 경우가 절반이 훨씬 넘는 60.4%를 차지하고 있다는 것으로 성폭력 실태의 심각성을 말해 주는 결과다(이민경 외, 2023). 한편, 채팅 상대자에 의해 성폭력을 경험하는 피해자가 매년 증가하는 추세에 있다. 특히 장애인 성폭력 사건의 70% 이상이 지적장애여성 피해자인데, 특히 경도나 경계선급의 지적장애여성은 채팅을 통해 관계 맺기를 시도하고, 채팅을 통해 만난 가해자가 자신을 이용하려는 의도를 잘 파악하지 못하여 성폭력에 노출되는 일이 빈번한 것으로 분석되고 있다(전국성폭력상담소협의회 장애상담소권역, 2016).

여성장애인들이 성희롱, 성추행, 성폭력을 당했을 경우 대처방법으로는 '무시하거나 참았다'가 30.5%로 가장 많았고, '자리를 피하거나 도망쳤다'가 19.0%, '가족이나 친구에게 도움을 요청했다'가 15.4%, '공공기관, 경찰서에 도움을 요청했다'가 14.5%로 나타났다. 무시하거나 참거나, 자리를 피하거나 도망치는 비율이 49.5%나 되는 것을 보면 수동적으로 대처하는 비율이 높음을 알 수 있다. 이것은 피해를 당하는 경우 대처방법을 전혀 모르거나 두려움에서 기인하는 것으로 보이는데, 피해신고나 구제방법에 대한 더 적극적인 홍보와 지원기관의 노력이 필요하다는 점을 시사하고 있다. 성희롱이나 성폭력 피해를 입었음에도 어디에도 상담하지 못한 경우 그 이유로는 '효과가 없을 것 같아서'라는 응답이 50.7%로 가장 높았고, '타인에게 알리기 싫어서'가 15.8%, '의사소통에 어려움이 있어서'가 13.7%로 나타났다(이민경 외, 2023).

(2) 여성장애인 성폭력 문제 해결을 위한 과제

여성장애인의 성폭력 문제를 해결하기 위해서는 다음과 같은 개선 과제가 있다.

첫째, 여성장애인의 성폭력 피해 상담 및 보호시설의 수요를 늘려야 한다. 현재는 수요에 비해 기관의 수가 크게 부족한 실태로 인해 장애를 가진 여성 피해자들이 장애인 피해자 전문기관이 아닌 폭력피해여성 지원 상담소나 보호시설에 상담하거나 입소하여 보호를 받는 경우가 많다. 그런데 이들 기관은 장애의 특성이나 유형에 부합하는 전문성과 인력이 부족하기 때문에 적절한 지원을 받기 어려운 경우가 많은 실정이다(장애여성성폭력상담소, 2017).

둘째, 경찰과 법원의 낮은 인식을 개선해야 한다. 여성장애인 성폭력 문제는 일반 여성 성폭력 문제와 다르게 특수한 상황이나 고려되어야 할 요인들이 있다. 장애에 대한 명확한 인식 없이는 제2차 피해만을 낳을 뿐이다. 경찰과 법원은 여성장애인의 특성에 대한 이해가 매우 낮은 수준이다. 따라서 초동수사 시 여성장애인의 특성에 대한 지식이 거의 없는 상태에서 수사를 진행하다 보니 근거나 증거가 될 만한 내용들을 놓치기도 하고, 피해자로 하여금 반복해서 진술하게 함으로써 심리적으로 더 큰 피해를 입게 하기도 한다. 심지어는 가해자와 맞대면을 하게 만들어서 피해자의 공포심을 증가시키는 등의 사태가 벌어지기도 한다.

또한 항거불능조항을 지적장애를 포함한 모든 장애 여성에게 적용하여 가해자의 형벌을 경감시킨 문제가 있었는데, 다행히도 2012년 「성폭력범죄의 처벌 등에 관한 특례법」 개정을 통해 제6조(장애인에 대한 강간 · 강제추행 등) 제4항에서 장애인 준강간죄의 구성요건표지로 '항거불능' 이외에 '항거곤란' 상태를 추가하여 성폭력 범죄로부터 보호가 필요한 장애인에 대하여 별도의 법적 보호장치를 마련한 것은 매우 다행스러운 일이다(최은하, 2015).

법 개정으로 어느 정도 장애인 준강간죄에서 항거곤란의 흠결로 인한 가벌성의 문제를 적극적으로 보완했다고 볼 수도 있지만, 여전히 법리적 문제가 존재한다는 비판이 있다(최은하, 2015). 왜냐하면 항거곤란이라는 개념 자체가 항거불능에 준하는 '현저한 항거곤란'이 아니라 피해자의 의사 형성에 있어서 어느 정도의 폭행, 협박의 상황을 전제로 한다고 보아야 하기 때문에 성적 자기결정을 전혀 할 수 없는 심신상실, 항거불능과는 그 요건과 성질이 양적이나 질적으로 상당히 다르다고 보아야 하기 때문이다. 여성장애인단체에서는 '항거불능' 조항을 삭제할 것을 지속적으로 요청하였으나 여전히 삭제되지 않은 채 '항거곤란'을 추가한 것, 따라서 구체적으로 어느 정도를 '항거불능상태'로 인정할 것이며, 장애 그 자체를 '항거불능'으로 볼 수 있는가 등에 대한 해석은 전혀 제공하고 있지 않은 것이 문제가 된다. 또한 지적장애 · 정신장애 여성을 실질적으로 보호하려면 '항거불능상태'를 더욱 완화하여 해석해야 한다는 비판이 제기된다.

셋째, 2013년부터 아동과 장애인 성폭력 피해자에게 국선변호사를 제공하고 있다. 그러나 국선변호사 중 상당수가 아동 · 장애인 피해자에 대한 이해와 성인지 감수성이 부족해, 피해자와의 소통에 어려움을 겪거나 2차 피해를 유발하는 사례가 반복되고 있다(한겨레신문, 2022. 1. 6.). 또한 법원에서 통지가 제대로 되지 않아 공판에 참석하지 못하거나 통지를 받고도 참석하지 않는 국선변호사도 있는 것으로 드러났다. 실질적 효력이 없는 이러한 제도의 개선이 시급하다. 또한 진술조력인제도를 통해 의사소통에 어려움이 있는 장애인 피해자를 보조하는 제도가 있는데, 이 제도 역시 장애 유형이나 특성에 대한 이해나 인식이 부족해 도움을 받기에는 한계가 있는 제도로 평가되고 있다(서해정 외, 2019).

넷째, 적극적인 홍보와 교육으로 성폭력 예방에 주의를 기울여야 한다. 성폭력 사건은 사후 대처보다 예방이 중요한 만큼 장애인 당사자에 대한 철저한 교육과 함께 사건이 발생했을 때 대처하는 방법, 특히 친족에 의한 성폭력이나 시설 내 성폭력 등 은폐되기 쉬운 사건이 발생한 경우에 대처하는 방법 등에 대한 교육이나 홍보가 이루어져야 한다. 사건이 발생한 후 올바르게 대처하는 방법을 잘 알지 못하고, 어디에 상담을 해야 하는지에 대한 기초 정보도 갖고 있지 않아 증거가 인멸되거나 개인적 비극으로 덮어 버리는 경우가 많다.

다섯째, 장애인 피해자는 장애전문기관이 아닌 일반 피해자 상담소나 보호시설을 이용하는 경우가 많이 있는데, 이런 경우에 장애전문가나 전문기관으로 연계할 네트워크가 매우 빈약하다는 연구 결과가 있다(서해정 외, 2019). 피해자가 어렵게 신고를 하고 도움을 요청하더라도 장애 유형이나 특성, 의사소통 방법을 잘 아는 기관이나 전문가들의 법적 · 의료적 · 심리정서적 상담이나 보호를 위한 연결이 현장에서 원활하게 이루어지지 않고 있는 것이다. 이에 대한 대책이 시급하게 마련되어야 한다. 또한 일반 피해자 보호시설에서는 지적장애인으로 등록할 수 없는 경계선 지능을 가진 피해자나 정신장애가 있거나 중증의 신체장애가 있는 피해자는 지원이 어렵다고 난색을 표명하는 경우가 많다. 전문인력이 부재하기 때문에 결국 피해자를 선택하여 보호할 수밖에 없다는 것이다. 이와 같이 성폭력 피해에 더불어 장애 유형이나 특성으로 인해 더 취약한 집단으로 분류되는 이런 여성들은 보호와 지원의 사각지대에 놓이게 된다(장애여성성폭력상담소, 2017). 장애인 피해자 지원을 위한 매뉴얼 마련과 통합적인 정보 제공, 인력 보충, 네트워크 확충이 필요하다.

5) 여성장애인의 고용과 교육

(1) 여성장애인의 고용 실태

2023년 장애인 실태조사에서 '여성장애인으로서 특히 어려웠던 점'에 대한 응답에 '취업 등 경제적 자립의 어려움'이 가장 높은 비율로 나타났다(이민경 외, 2023). 우리 사회에서 여성장애인은 근로나 취업 등으로 경제적 자립을 하는 데 있어 매우 어렵고 장벽이 높다는 실태를 확인할 수 있는 조사 결과다.

2024년 장애통계연보에 따르면, 우리나라에는 15세 이상 장애인구가 258만 9,000여

표 10-10 경제활동상태(전체 인구, 장애인구 비교)

(단위: 명, %)

구분		15세 이상 인구					비경제활동 인구	경활률	실업률	고용률
		인구수	비율	계	취업자	실업자				
장애인구	전체	2,589,047	100.0	916,582	880,929	35,653	1,672,465	35.4	3.9	34.0
	남성	1,491,392	57.6	665,422	639,125	26,298	825,970	44.6	4.0	42.9
	여성	1,097,655	42.4	251,159	241,804	9,355	846,496	22.9	3.7	22.0
전체인구	전체	45,452,000	100.0	29,390	28,764	627	16,062	64.7	2.1	63.3
	남성	22,386,000	49.3	16,472	16,096	376	5,914	73.6	2.3	71.9
	여성	23,066,000	50.7	12,918	12,668	250	10.148	56.0	1,9	54,9

출처: 곽나연, 신은경, 이주화, 김태용, 현지원, 박진(2024). 2024 장애통계연보. 한국장애인개발원

명이며, 이 중 장애여성은 109만 7,000여 명으로 장애남성 149만 4,000여 명보다 39만 3,000여 명이 적은 것으로 추계되고 있다. 2023년 기준 여성장애인의 경제활동참가율은 22.9%로 남성장애인의 44.6%의 절반을 조금 넘는 수준이다(곽나연 외, 2024). 고용률도 여성장애인은 22.0%, 남성장애인은 42.9%로 역시 절반 조금 넘는 수준이며, 실업률은 남성장애인은 4.0%, 여성장애인은 3.7% 수준이다. 전체 인구집단과 비교하면 여성장애인의 고용실태의 열악함이 더 드러난다. 2023년 기준 전체 남성 경제활동참가율 64.7%에 비하면 여성장애인은 1/3수준임을 알 수 있고, 전체 여성 경제활동률 56%와 비교하면 40% 수준에 머물고 있다(〈표 10-10〉 참조).

〈표 10-11〉을 보면, 여성장애인의 경제활동참가율은 2020년부터 2023년까지 소폭이긴 하지만 지속적으로 감소하고 있음을 알 수 있다.

2023년 장애인 실태조사에 따르면, 여성장애인이 현재 일하지 않고 있는 주된 이유에 대해서 '장애로 인해 업무를 제대로 수행할 수 없을 것 같아서'가 35.1%로 가장 높았고, '나이가 너무 어리거나 많아서'(26.8%), '일하고 싶지 않아서, 일할 필요가 없어서'(14.6%)

표 10-11 장애인 경제활동상태(연도별 비교)

(단위:명, %, %p)

구분	경제활동참가율					실업률					고용률				
	2020	2021	2022	2023	증감	2020	2021	2022	2023	증감	2020	2021	2022	2023	증감
전체	37.0	37.3	36.0	35.4	−0.6	5.9	7.1	4.5	3.9	−0.6	34.9	34.6	34.3	34.0	−0.3
남성	46.5	47,0	45.2	44.6	−0.6	5.8	6.9	4.3	4.0	−0.3	43.8	43.8	43.3	42,9	−0.4
여성	24.1	24.1	23.4	22.9	−0.5	6.1	7.6	5.2	3.7	−1.5	22.7	22.2	22.2	22.2	−0.2

출처: 곽나연, 신은경, 이주화, 김태용, 현지원, 박진(2024). 2024 장애통계연보. 한국장애인개발원

순으로 나타났다. 이러한 결과는 여성장애인의 취업의 문턱이 매우 높은 현실을 보여 줄 뿐 아니라, 장애를 가진 여성들이 건강이나 질병, 나이 등으로 인해 비자발적 실업에 놓이는 실태를 보여 주는 것이라고 할 수 있다.

여성장애인은 직종별 취업률에 있어 단순노무 종사자(49.1%) 비율이 가장 높게 나타났고, 다음으로 서비스 종사자(18.7%), 사무종사자(8.7%), 농림 · 어업 숙련 종사자(7.6%) 순으로 나타났다. 반면, 전문가 및 관련 종사자 4.9%, 관리자 1.0% 나타나 여성장애인의 취약한 고용 현실을 보여 주고 있다. 이러한 통계는 남성장애인과 비교할 때 차이가 나는 것을 알 수 있는데, 남성장애인은 단순노무 종사자 비율이 여성장애인보다 낮은 반면, 사무종사자나 전문가 및 관련종사자, 관리자, 기능원, 장치 · 기계 조작 및 조립 종사자의 비율이 높아 여성장애인보다 고용의 질이 더 나은 것을 알 수 있다(〈표 10-12〉 참조).

표 10-12 장애인이 종사하는 직종 (단위: %, 명)

구분	성별		연령별				장애정도		전체
	남자	여자	17세 이하	18~44세 이하	45~64세 이하	65세 이상	심한 장애	심하지 않은 장애	
관리자	5.5	1.0	–	0.7	6.0	3.5	4.0	4.3	4.2
전문가 및 관련 종사자	7.1	4.9	–	9.3	8.4	2.8	7.5	6.1	6.4
사무 종사자	9.6	8.7	–	22.7	11.4	1.2	12.5	8.3	9.3
서비스 종사자	7.5	18.7	100.0	12.5	11.9	8.5	10.6	10.9	10.8
판매 종사자	5.2	7.3	–	3.9	8.0	4.1	5.3	6.0	5.8
농림 · 어업숙련 종사자	10.2	7.6	–	0.1	5.3	18.5	7.9	9.9	9.5
기능원 및 관련 기능 종사자	12.8	1.6	–	8.0	12.8	6.2	6.6	10.5	9.5
장치/기계 조작 및 조립 종사자	10.5	1.1	–	4.7	10.3	5.8	4.1	8.9	7.7
단순 노무 종사자	31.6	49.1	–	38.1	25.8	49.6	41.4	35.2	36.7
군인	–	–	–	–	–	–	–	–	–
계	100.0	100.0	100.0	100.0	100.0	100.0	100.0	100.0	100.0
전국 추정 수	675,437	280,026	485	153,632	440,708	360,638	232,651	722,811	955,462

출처: 이민경 외(2023). 2023년 장애인 실태조사.

임금근로자의 비정규직 비율에 있어서도 여성장애인은 78.2%나 되었지만, 남성 장애인은 59.3%였다. 그런데 이 수치는 전체 인구 임금근로자의 비정규직 비율이 남성, 여성 각각 30.4%, 47.3%인 것을 감안하면 역시 장애인의 고용실태가 열악함을 나타내고 있다(한국장애인고용공단 고용개발원, 2025; 〈표 10-13〉 참조).

표 10-13 임금근로자의 비정규직 비율

(단위: %)

변수	구분	장애인 임금근로자 비정규직 비율	전체 인구 임금근로자 비정규직 비율
성별	남성	59.3	30.4
	여성	78.2	47.3

출처: 한국장애인고용공단 고용개발원(2025). 2024년 하반기 장애인 경제활동 실태조사.

〈표 10-14〉와 같이, 여성장애인은 평균 취업시간이나 평균 근속기간, 최근 3개월 월평균 임금도 매우 낮은 수준이다(한국장애인고용공단 고용개발원, 2025). 근속기간이나 월평균 임금은 남성장애인의 거의 절반 수준이다. 이와 같이 여성장애인 임금근로자들은 취업시간, 근속기간, 월평균 임금이 남성장애인에 비해 열악한 상황임을 알 수 있다.

표 10-14 장애인 임금근로자의 평균 취업시간, 근속기간, 월평균 임금(성별) (단위: 시간, 명, 년/개월, 만 원)

구분	전체	성별	
		남성	여성
지난주 평균 취업시간(시간)	32.0	34.7	25.9
추정 수	660,205	456,555	203,650
현재 직장(일자리) 평균 근속기간(년/개월)	6년 9개월	7년 11개월	4년 3개월
추정 수	650,007	448,945	201,062
최근 3개월 월평균 임금(만 원)	209.1	245.8	127.8
추정 수	641,089	441,779	199,310

2023년 장애인 실태조사에서는 직장생활에 있어 여성장애인이 느끼는 애로사항 중 가장 큰 문제는 '어려움 없음'을 제외하고는 '낮은 수입의 문제'(28.8%)가 가장 큰 어려움으로 나타났고, 그다음이 '업무 과다'(8.4%)의 문제였다(이민경 외, 2023). 고용개발원의 2018년 연구에서도 포커스그룹 인터뷰와 설문조사를 통해 여성장애인들이 직장생활에

있어 '저임금' '조직 내에서의 건강관리의 어려움' '장애여성에게 친화적이지 않은 고용서비스' 등을 가장 큰 어려움으로 지적하였다(안태희, 김영애, 이금진, 2018).

(2) 여성장애인의 교육 실태

장애인 실태조사를 통해 파악되는 여성장애인의 교육 정도는 전체 남성, 여성, 장애인 남성에 비해 매우 낮은 것으로 파악되어 왔다(김성희 외, 2017; 김성희 외, 2020; 이민경 외, 2023). 그럼에도 불구하고 여성장애인의 교육(학력)수준이 향상되는 경향을 보이고 있는데, 2020년 장애인 실태조사에서는 초등학교 졸업(37.6%), 고등학교 졸업(21.5%), 무학(16.9%), 중학교 졸업(15.7%), 대학교 이상(8.2%) 순으로 나타난 반면, 2023년 장애인 실태조사에서는 초등학교 졸업(36.3%), 고등학교 졸업(22.6%), 무학(15.3%), 중학교 졸업(13.9%), 대학 이상(11.2%) 순으로 나타나, 여성장애인의 교육 수준이 확연히 높아진 것을 알 수 있다. 그러나 이 또한 남성장애인과 비교하면 무학이나 초등학교 졸업은 여성장애인이 훨씬 비율이 높고, 고등학교나 대학 이상은 남성장애인이 비율이 높다. 장애인 교육수준에서도 성별 차이가 발생하고 있음을 알 수 있다.

학교를 다니지 않았거나 중도에 그만둔 이유에 대한 질문에 가장 높은 비율을 차지하고 있는 것은 '경제적으로 어려워서'(71.9%)였고, 그다음으로는 '집에서 다니지 못하게 해서'(17.4%)였다. 그런데 '집에서 다니지 못하게 해서'의 비율이 남성장애인의 경우 겨우 2.7%에 지나지 않는 것을 볼 때, 여성장애인의 경우에 교육 기회에 있어 심각한 성차별을 경험하고 있음을 유추해 볼 수 있다.

장애를 갖게 된 후 직업훈련을 받았는지에 대한 질문에서 '그렇다'고 응답한 비율이 여성장애인은 2.9%, 남성장애인은 4.9%로 나타났고, 직업훈련을 받지 않는 주된 이유에 대해서 여성장애인은 남성장애인에 비해 상대적으로 '직업훈련이 있는지 몰라서'의 비율이 높게 나타났다(남성 12.9%, 여성 16.7%). 이는 남성장애인보다 여성장애인의 사회참여율이 낮고, 정보접근성이 낮은 이유에서 기인한 것으로 유추해 볼 수 있다(이민경 외, 2023).

학습과제

- 장애노인을 위해 가장 우선순위를 두어 해결해야 할 정책적 과제는 무엇일지 토론해 보자.
- 「발달장애인 권리보장 및 지원에 관한 법률」 내용 중 가족지원과 관련한 내용을 찾아보자.
- 장애아동의 비장애형제가 경험하는 다양한 어려움을 해결하기 위해 공공과 민간 영역에서 실시되고 있는 프로그램이나 서비스에 대해 찾아보자.
- 장애여성에 대한 이중차별이 삶의 여러 영역에서 어떻게 나타나는지 관련 기사나 자료를 찾아 토론해 보자.

참고문헌

MBC 뉴스(2024. 4. 19.). "당뇨에 관절 경직까지‥발달장애인의 또 다른 고충 '조기 노화'".

SBS 그것이 알고 싶다(2006. 3. 4.). 나도 엄마이고 싶다-여성장애인 출산, 육아기.

곽나연, 신은경, 이주화, 김태용, 현지원, 박진(2024). **2024 장애통계연보**

국가인권위원회(2014). **장애인 건강권 증진방안에 관한 연구**. 장애우권익문제연구소, 국가인권위원회.

국민일보(2016. 4. 6.). "성폭행 당한 지적장애인 도와주겠다며 접근해 성폭행한 40대 남성에 징역 8년 선고".

김경화(1999). 장애여성의 육체와 정체성의 형성. **한국여성학, 15**(2), 185-217.

김성희(2018). "여성장애인의 실태와 정책과제", 보건복지포럼, 한국보건사회연구원.

김성희, 이민경, 오욱찬, 황주희, 오미애, 김지민, 이연희, 강동욱, 권선진, 백은령, 윤상용, 이선우(2020). **2020년 장애인 실태조사**. 보건복지부, 한국보건사회연구원.

김성희, 이연희, 오욱찬, 황주희, 오미애, 이민경, 이난희, 오다은, 강동욱, 권선진, 오혜경, 윤상용, 이선우(2017). **2017년 장애인 실태조사**. 보건복지부, 한국보건사회연구원.

김성희, 이연희, 황주희, 오미애, 이민경, 이난희, 강동욱, 권선진, 오혜경, 윤상용, 이선우(2014). **2014년 장애인 실태조사**. 보건복지부, 한국보건사회연구원.

김현지, 김용진, 오윤지, 김태용, 이혜수(2021). **2021년 장애통계연보**. 한국장애인개발원.

김호진, 박혜원, 임예직, 조경민, 전영환, 김언아(2019). **2019년 장애인 경제활동 실태조사**. 한국장애인고용공단 고용개발원.

문정희(1985). 정신박약자 가정의 시설보호욕구에 관한 조사연구. 서울대학교 대학원 석사학위 논문.

보건복지부(2021). 2020년 장애인 실태조사 결과 발표 보도자료.
복지타임즈(2020. 4. 14.) "장애인활동지원 만 65세 연령제한 폐지해야".
서울시정개발연구원(2002). 재가여성장애인욕구조사 및 프로그램 개발.
서해정, 신상숙, 서욱영(2019). 여성장애인 폭력 피해자 지원을 위한 정책방안. 한국장애인개발원.
소셜포커스(2023. 3. 8.). "장애인 접근성 망치는 '장애친화 산부인과'"
안태희, 김영애, 이금진(2018). 장애여성 고용활성화 방안. 한국장애인고용공단 고용개발원.
양희택, 김민수, 박잎샘(2013). 경기도 장애노인복지 프로그램 연구. 경기복지재단.
에이블뉴스(2015. 10. 26.). "장애가족 지원 강화, 법률 제 · 개정으로".
에이블뉴스(2023. 12. 5.). "장애인 노화 15년 이상 빠르게 시작 "고령장애인 정책은 걸음마 단계".
여성가족부 권익지원과(2018. 5.). 2017년 성폭력 피해자 지원사업 운영실적 보고. 여성가족부 권익증진국 권익지원과.
여성가족부(2018). 성폭력피해상담 분석 및 피해자 지원방안 연구.
여성가족부(2021). 여성폭력관련시설 운영실적. e나라지표.
연명모, 문유경, 김영애(2015). 여성장애인 고용확대 방안연구. 한국장애인고용공단 고용개발원.
오혜경, 백은령(2007). 지적장애인 가족지원 방안에 관한 연구보고서. 한국지적장애인복지협회.
오혜경, 백은령, 이은미(2008). 장애인의 임신 · 출산 · 육아 온라인 정보 지원방안. 인구보건복지협회.
이민경, 김성희, 오욱찬, 오미애, 김진희, 황주희, 조휘래, 이한나, 강동욱, 권선진, 백은령, 윤상용, 이선우(2023). 2023년 장애인 실태조사. 보건복지부, 한국보건사회연구원.
이준우(2005). 고령화 사회에서의 장애노인 복지전략. 재활복지, 9(2), 1-28.
장애여성공감(2013). 2012년 강동구 장애인 건강권 실태조사. 장애여성공감 부설 장애여성독립생활센터 [숨].
장애여성성폭력상담소(2017). 폭력 피해 여성 지원 기관의 장애여성 지원 실태 및 지원 방안. 장애여성성폭력상담소.
장애우권익문제연구소(1999). 여성장애우 평등생활과 삶의 질 향상을 위한 정책과제. 장애우권익문제연구소.
전국성폭력상담소협의회 장애인상담소권역(2016. 4. 5.). 2015년 장애인성폭력상담소 상담통계 보고 보도자료.
정경희, 오영희, 강은나, 김경래, 이윤경, 오미애, 황남희, 김세진, 이선희, 이석구, 홍송이(2014). 2017년도 노인실태조사. 한국보건사회연구원, 보건복지부.
조선일보(2005. 1. 26.). "자살이유 고독 · 질병 · 돈".
조윤경(1992). 장애아동교육 입문. 서울장애인복지관.
조윤화, 김용진, 오윤지, 왕영민, 김태용(2019). 2019 장애통계연보. 한국장애인개발원.
주간경향(2024. 4. 8.). "10~15년 이른 노화…장애와 고령 사이 돌봄 '공백' 어쩌나", 주영재기자.

최복천, 김유리, 김진우, 김치훈, 심석순, 양희택, 오다은(2015). **장애아동에 대한 양육지원 및 활동 지원사업의 통합적 운영방안 연구**. 한국보건사회연구원, 보건복지부.

최복천, 유영준, 임수경, 조윤경(2013). **장애아동 및 가족 실태조사**. 한국장애인개발원, 중앙장애아동발달장애인지원센터.

최은하(2015). 장애인 준강간죄(「성폭력 범죄의 처벌 등에 관한 특례법」 제6조 제4항)의 '항거곤란' 해석론의 전환-성적 강요죄(독일「형법」제177조)의 관점에서. **형사정책연구, 26**(3), 5-31.

통계청(2012). **2012년 사회조사**.

통계청(2020). **2019년 경제활동인구조사**.

통계청(2020). **2019년 혼인 · 이혼통계**.

통계청(2021). **2020년 혼인 · 이혼통계**.

통계청(2024), **2023년 혼인 · 이혼 통계 보도자료**.

한겨레신문(2022. 1. 6.). 국선변호인은 성폭력 피해자의 방패? 뜬구름 잡는 헌재, 무책임한 법무부, 최윤아 기자.

한국장애인개발원(2012). 가족지원 정책분과-장애자녀를 둔 가족의 돌봄 및 심리 · 정서적 지원 강화 방안. **2012년 장애인정책기획단 연구 자료집**.

한국장애인개발원(2019). **2019년 장애통계연보**.

한국장애인고용공단 고용개발원(2019). **2019년 장애인경제활동 실태조사**.

한국장애인고용공단 고용개발원(2020). **2020년 장애인경제활동 실태조사**.

한국장애인고용공단 고용개발원(2025). **2024년 하반기 장애인 경제활동 실태조사**.

함께걸음(2009. 4. 10.). 여성장애인 성폭력, 이제는 No!.

Anderson, M., & Clarke, L. (1982). *Disability in adolescence*. Methuen.

Center for Research on Women with Disabilitie (CROWD) (1999). http: //www. bcm.tmc.edu/crowd(2004. 3. 검색)

Dace, I., & Zane, L. (2022). Non-disabled and disabled women sexual health comparison. International Journal of Reproduction, *Contraception, Obstetrics and Gynecology, 11*(1), 15-19.

Dunst, C. J., Trivette, C. M., Hamby, D., & Pollock, B. (1990). Family systems correlates of the behavior of young children with handicaps. *Journal of Early Intervention, 14*, 204-218.

Fine, M., & Asch, A. (Eds.) (1988). *Women with disabilities: Essays in psychology, culture and politics*. Temple University Press.

Lonsdale, S. (1990). *Women and disability*. Macmillan.

Morris, J. (1991). *Pride against prejudice*. The Women's Press.

Kim, J. H., Park, E. Y., & Park, J. I. (2024). "A longitudinal study on self-rated health changes in disabled older people". Frontiers in Public Health,vol 12, Frontiers Media S. A. Lausanne. Article Number: 1372463

Parida, S., Mohanty, S., Hossain, B., Kumar, P., Behera, B., & Pati, S.(2024). "Understanding the association of disability with multimorbidity, and healthcare utilization in India's older adult population: insights from cross-sectional evidence of SAGE-2", Frontiers in Public Health, vol 12, Frontiers Media S.A. Lausanne. Article Number: 1435315

Thomas, P. H., & Peggy, O. A. (2000). **형제자매 장애인 가족의 특별한 관계**[*Brothers & sisters: A special part of exceptional families*]. (김승돈, 이지수, 안상희 공역). 성서와 함께.

Turnbull, A. P., & Turnbull, H. R. (1990). *Families, professionals and exceptionality:A special partnership.* Merrill Publishing Company.

WHO (2012). WHO **세계장애보고서**[*World Report on disability*]. (전지혜, 박지영, 양원태 공역). 한국장애인재단.

Zarb, G., & Oliver, M. (1993). *Ageing with a disability: What do they expect after all these years?* University of Greenwich.

보건복지부 국립재활원 장애인 건강 및 재활 정보포털, www.nrc.go.kr

〈관련 사이트〉

- e-나라지표, 여성폭력관련시설 운영실적, 2024-10-29 갱신. 지표서비스 | e-나라지표

- 가족지원 관련

  -서울장애인가족지원센터

  http://seoul.dfsc.or.kr/main/index.php

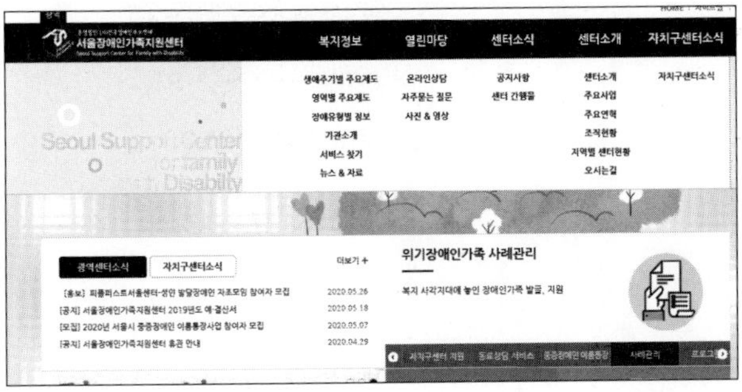

〈추천 동영상〉

• 여성장애인 관련

https: //www.youtube.com/watch?v=VXdeZ7KVUpA

"여성 장애인은 생리도 안 할 것 같아" [able] 여성 장애인이 엄마가 된다

제**11**장

장애인복지 핵심 이슈에 대한 이해 2

학습개요

이 장에서는 장애인 접근권을 이동권, 정보 접근권, 시설물 접근권 등으로 나누어 살펴보고, 장애와 보조기술에 대해서도 알아본다. 모두를 위한 디자인으로 알려진 유니버설디자인의 개념과 사례, 장애인의 생활에의 적용과 그 의미를 살펴본다.

학습목표

- 장애인의 접근권을 이동권, 정보 접근권, 시설물 접근권으로 나누어 살펴본다.
- 장애와 보조기술의 개념과 유형, 사용 실태에 대해 알아본다.
- 장애인의 삶의 다양한 영역에 있어 영향을 미치는 유니버설디자인에 대해 알아본다.

1. 장애인 접근권

「장애인 권리에 관한 협약」 제9조는 접근권(accessibility)에 관한 조항이다. 이 조항에서 "접근권이란 장애인을 포함하여 사람들이 쉽게 접근할 수 있고, 신체적 · 시각적 · 청각적 · 인식적 수준에서 사용할 수 있는 사물과 서비스의 수단 혹은 상황이다. 여기에는 물리적 혹은 이미 만들어진 환경 혹은 대중교통에 대한 접근성과 정보, 의사소통에 대한 접근성이 포함된다."라고 정의하고 있다. 이러한 접근성이 보장되는 권리를 장애인 접근권이라고 할 수 있다. 「장애인 · 노인 · 임산부 등의 편의증진 보장에 관한 법률」 제4조에서는 "장애인 등은 인간으로서의 존엄과 가치 및 행복을 추구할 권리를 보장받기 위하여 장애인 등이 아닌 사람들이 이용하는 시설과 설비를 동등하게 이용하고 정보에 자유롭게 접근할 수 있는 권리를 가진다."라고 규정하고 있다(전문개정, 2015. 1. 28.). 장애인의 접근권은 크게 이동권, 정보 접근권, 시설물 접근권으로 분류할 수 있다.

1) 이동권

(1) 개념

이동권은 일반적으로 알려진 접근권(right to access)과 함께 쓰이기도 하고, 접근권의 하위 개념으로 사용되기도 한다. 이동권은 물리적 장벽, 특히 교통시설 이용 등에서의 제약을 받지 않을 권리라고 정의할 수 있다. 국민 또는 시민이라면 누구나 이용하도록 되어 있는 대중교통시설은 장애인들에게 무용지물인 경우가 많다. 이동이 가능해야 친구를 만날 수 있고, 일을 할 수 있으며, 교육을 받을 수 있고, 문화생활을 할 수 있다. 이동이 가능하지 않으면 정치적 권리도 행사할 수 없다. 선거를 하기 위해 집에서 투표장까지 이동해야 하지만, 그렇게 할 수 없다면 소중한 참정권을 행사할 수 없게 되는 것이다. 이와 같이 자유롭게 이동할 수 있는 권리는 누구에게나 가장 기본적이면서도 소중한 권리다.

장애인의 이동권은 그동안 노약자나 임산부 등과 함께 「교통약자의 이동편의 증진법」(이하 「교통약자법」)에서 법적 근거를 확보하고 있었으나, 2008년부터 시행된 「장애인차별금지 및 권리구제 등에 관한 법률」(이하 「장애인차별법」) 등에 의해 구체적으로 법적 근거를 확보하게 되었다.

(2) 이동권 실태[1)]

① 교통약자 이동편의시설 설치 현황

• 교통약자 이동편의시설 기준적합 설치 현황

2023년(8개 특별 · 광역시) 교통약자 이동편의시설의 기준적합 설치율은 84.9%이며, 교통수단은 88.3%, 여객시설은 81.6%, 보행환경은 84.7%로 나타났다. 〈표 11-1〉에 나타난 바와 같이 여객시설 기준적합 설치율과 미설치율이 교통수단의 기준적합 설치율에 비해 낮으며, 미설치율도 교통수단 평균보다 높다. 교통수단 중에서는 철도차량이 이동

표 11-1 교통약자 이동편의시설 기준적합 설치 현황 (단위: %)

구분		기준적합	기준미적합	미설치
전체 평균		84.9	4.7	10.4
교통수단	버스차량	95.9	3.4	0.7
	도시철도 및 광역철도차량(전수)	97.3	1.2	1.5
	철도차량(전수)	99.4	0.6	0.0
	항공기(전수)	73.9	0.5	25.6
	여객선(전수)	74.9	12.3	12.8
	교통수단 평균	88.3	3.6	8.1
여객시설	여객자동차터미널	69.9	11.2	18.9
	도시철도 및 광역철도역사(전수)	90.9	3.1	6.0
	철도역사(전수)	83.8	4.5	11.7
	공항여객터미널	93.7	2.2	4.1
	여객선터미널	89.5	1.3	9.2
	버스정류장	61.7	14.5	23.8
	여객시설 평균	81.6	6.1	12.3
보행환경		84.7	4.4	10.9

1) 국토교통부(2024). 2023년 교통약자 이동편의 실태조사 연구.

편의시설 기준적합 설치율이 가장 높고, 항공기가 가장 낮으며, 여객시설에서는 공항여객터미널이 기준적합 설치율이 가장 높고, 버스정류장이 가장 낮은 것으로 나타났다.

• 보행환경 지역별 이동편의시설 기준적합 설치 현황

보행환경의 지역별 이동편의시설 기준적합 설치율은 서울이 87.8%로 가장 높고 울산이 72.3%로 가장 낮은 것으로 조사되었다. 서울, 대구, 인천, 부산 순으로 높다. 기준적합 설치율이 가장 높은 서울(87.8%)의 항목별 기준적합 설치율을 살펴보면, 턱 낮추기(99.2%) 항목이 가장 높은 것으로 나타났으며, 음향신호기 및 잔여시간표시기(48.6%)가 가장 낮은 것으로 나타났다. 울산(72.3%)의 경우는 보도 항목이 가장 높으며(87.8%), 차량진출입부(50.0%), 지하도 및 육교(50.0%) 항목의 기준적합 설치율이 낮은 것으로 나타났다.

표 11-2 보행환경 지역별 이동편의시설 기준적합 설치 현황 (단위: 구간, %)

구분	서울	부산	대구	인천	광주	대전	울산	세종
기준 사례 수	595	118	47	54	25	32	18	17
평균	87.8	81.6	86.5	82.7	75.8	78.2	72.3	73.7
보도	98.9	98.1	98.8	98.3	81.8	95.5	87.8	79.7
차량진출입부	98.3	72.8	51.4	100.0	86.7	94.4	50.0	62.5
턱 낮추기	99.2	87.7	100.0	100.0	94.1	100.0	75.0	92.3
점자블록	91.0	68.2	80.3	84.5	54.1	85.7	62.5	61.5
지하도 및 육교	65.9	15.8	70.0	30.8	22.2	42,9	50.0	55.6
장애인전용주차구역(노상주차장)	93.3	50.0	–	–	100.0	–	–	–
음향신호기 및 잔여시간표시기	48.6	–	100.0	60.0	–	0.0	–	–
자동차진입제어말뚝(볼라드)	49.4	–	93.8	30.0	–	0.0	–	–

• 항공기의 기준적합 설치 현황

국적 여객항공기(338대)를 대상으로 항공기의 이동편의시설 설치 현황을 조사한 결과, 항공기의 이동편의시설 기준적합 설치율은 73.9%로 나타났으며, 안내시설(80.4%) 중 영상안내(60.8%) 항목의 기준적합 설치율이 낮은 것으로 나타났다. 내부시설(91.4%) 중 휠

표 11-3 **항공기 기준적합 설치 현황**

(단위: %)

구분			기준적합	기준미적합	미설치
항공기 평균			73.9	0.5	25.6
안내시설	안내시설 평균		80.4	0.0	19.6
	음성안내	평균	100.0	0.0	0.0
		음성시설	100.0	0.0	0.0
		음성언어	100.0	0.0	0.0
	영상안내	평균	60.8	0.0	39.3
		영상설비	60.8	0.0	39.2
		영상언어	60.7	0.0	39.3
내부시설	내부시설 평균		91.4	1.3	7.3
	휠체어 비치		100.0	0.0	0.0
	휠체어사용자전용좌석		80.2	0.0	19.8
	휠체어보관함		94.1	3.8	2.1
기타시설	기타시설 평균		50.0	0.0	50.0
	그림표지		0.0	0.0	100.0
	항공기통로		100.0	0.0	0.0

체어사용자 전용좌석(80.2%) 항목이, 기타시설(50.0%) 중 그림표지(0.0%) 항목의 기준적합 설치율이 낮은 것으로 나타났다. 항공기 평균 미설치 비율도 25.6%나 되는 것으로 나타났다.

• 여객선의 기준적합 설치 현황

여객선의 이동편의시설 설치 현황은 지방해양수산청이 관할하는 연안여객선을 대상으로 전수조사(151척)한 결과, 여객선의 이동편의시설 기준적합 설치율은 74.9%로 조사되었으며, 이 중 장애인 접근가능표시 항목의 기준적합 설치율이 가장 높고(92.1%), 목적지표시 항목의 기준적합 설치율이 가장 낮은 것(65.2%)으로 나타났다. 여객선 평균 미설치 비율은 12.8%로 나타났다.

표 11-4 여객선 기준적합 설치 현황 (단위: %)

구분	기준적합	기준미적합	미설치
여객선 평균	74.9	12.3	12.8
자동안내시설	69.9	30.1	0.0
전자문자안내판	79.2	10.2	10.6
목적지표시	65.2	26.2	8.6
휠체어승강설비	70.6	3.8	25.6
휠체어보관함 및 교육약자용좌석	75.3	6.7	18.0
장애인 전용화장실	68.3	14.3	17.4
장애인 접근가능표시	92.1	1.3	6.6
출입구통로	78.3	6.3	15.4

• 철도역사의 기준적합 설치 현황

전국 철도역사는 매개(외부)시설, 내부시설, 위생시설, 안내시설, 기타시설로 나눌 수 있다. 철도역사 전체 이동편의시설 기준적합 설치율은 83.8%로 조사되었으며, 미설치율은 11.7%로 여객선이나 항공기보다 기준적합 설치율이 높게 나타났다. 이 중 보행접

표 11-5 철도역사 기준적합 설치 현황 (단위: %)

구분		기준적합	기준미적합	미설치
철도역사 평균		83.8	4.4	11.7
매개(외부)시설	보행접근로	96.9	1.7	1.4
	장애인전용주차구역	82.1	11.1	6.7
	평균	89.5	6.4	4.1
내부시설	출입구(문)	80.2	2.3	17.5
	통로	83.1	1.0	15.9
	경사로	73.2	9.1	17.7
	엘리베이터	94.5	1.5	4.0
	에스컬레이터	81.5	10.4	8.1
	계단	90.8	6.9	2.4
	평균	83.9	5.2	10.9

위생시설	화장실일반사항	79.4	13.4	7.2
	대변기	89.8	7.4	2.8
	소변기	76.4	0.0	23.6
	세면대	77.6	1.3	21.1
	평균	80.8	5.5	13.7
안내시설	점자블록	93.2	5.8	1,0
	안내 및 유도시설	69.0	0.5	30.5
	경보피난시설	78.1	0.0	21.9
	평균	80.1	2.1	17.8
기타시설	매표소	87.7	4.3	8.0
	자동발매기 및 음료대	89.4	2.4	8.2
	개찰구	93.2	0.2	6,7
	승강장	72.5	1.1	26.4
	임산부휴게시설	81.8	6.9	11.3
	평균	84.9	3.0	12.1

근로나 장애인전용주차구역인 매개(외부)시설의 기준적합 설치율이 가장 높고(89.5%), 다음으로는 기타시설(84.9%), 내부시설(83.9%), 위생시설(80.8%), 안내시설(80.1%) 순으로 나타났다.

• 버스정류장의 기준적합 설치 현황

8개 특별 · 광역시 버스정류장의 기준적합 설치율은 61.7%, 미설치율은 23.8%로 다소 낮은 편이다. 그만큼 버스정류장의 이동편의가 확보되지 않았다는 의미인데, 이 중 턱 낮추기 및 안내판부착위치(90.5%)의 기준적합 설치율이 가장 높고, 안내판 점자 및 음성안내(25.5%), 버스정보조회버튼(18.0%)의 기준적합 설치율이 가장 낮은 것으로 나타났다.

표 11-6 버스정류장 기준적합 설치 현황 (단위: %)

구분	기준적합	기준미적합	미설치
버스정류장 평균	61.7	14.5	23.8
턱 낮추기	90.5	9.5	0.0

활동공간	79.1	20.9	0.0
동선분리	78.9	0.0	21.1
점형블록	63.1	3.8	33.1
선형블록	48.1	8.1	43.7
안내판부착위치	90.5	8.5	1.0
안내판 점자 및 음성안내	25.5	59.6	14.9
버스정보조회버튼	18.0	5.3	76.7

• 보행환경 기준적합 설치율

우리나라는 보도와 차도 사이의 턱이 높거나, 보도 경사가 급해 휠체어나 유모차, 보행보조기 사용자가 이동하기 어렵다. 서울시 조사에 따르면, 보도 1km당 평균 44건의 불편 요소가 발견됐으며, 이 중 보도 턱 낮춤과 점자블록 미비가 전체의 40% 이상을 차지하고 있다(경향신문, 2021. 4. 8.). 2023년 기준 8개 특별 · 광역시 보행환경의 기준적합 설치율은 84.7%로 조사되었으며, 이 중 노상주차장(100.0%)의 기준적합 설치율이 가장 높고, 지하도나 육교(54.9%), 자동차진입제어말뚝(볼라드)(50.0%)이 낮게 나타났다.

표 11-7 보행환경 기준적합 설치 현황 (단위: %)

구분	기준적합	기준미적합	미설치
보행환경 평균	84.7	4.4	10.9
보도	97.6	1.4	1.0
차량진출입부	80.6	3.1	16.4
턱 낮추기	99.2	0.7	0.1
점자블록	81.9	1.0	17.1
지하도 및 육교	54.9	1.0	44.0
장애인전용주차구역(노상주차장)	100.0	0.0	0.0
음향신호기 및 잔여시간표시기	64.3	14.3	21.4
자동차진입제어말뚝(볼라드)	50.0	26.8	23.2

종합적으로 보자면, 교통약자 이동편의시설 기준적합 설치율은 2023년도 기준 8개 특별 · 광역시 경우 86.1%로, 2021년(81.5%) 대비 4.6%p 증가한 것으로 나타났지만, 여전

히 교통수단, 여객시설, 보행환경 모두 개선이 많이 필요한 것을 알 수 있다.

② 저상버스 · 특별교통수단 도입 및 운영 현황

저상버스는 바닥이 낮고 출입구에 계단이 없는 버스로, 장애인, 고령자, 임산부 등 교통약자를 포함해 누구나 쉽게 승하차할 수 있도록 설계된 대중교통수단이다. 일반적으로 차량 바닥이 지면과 가까워 휠체어나 유모차, 보행보조기 이용자도 편리하게 이용할 수 있다. 한편, 특별교통수단은 저상버스 등 일반 대중교통 이용이 어려운 교통약자의 이동을 지원하기 위해 마련된 맞춤형 교통수단으로 장애인 콜택시, 휠체어 리프트 차량 등이 있다.

• 저상버스 도입률

제4차 교통약자 이동편의 증진계획(2022~2026)에서는 노선버스에 대하여 자동차 연한 만료 등으로 대폐차하는 경우 저상버스로 의무적으로 도입하고, 2026년까지 저상버스 도입률을 시내버스 62%(서울 90%, 광역시 61%, 도지역 41%), 농어촌버스는 42%, 마을버스는 49%까지 보급하는 것을 목표로 하고 있다. 2023년 기준 시내버스의 저상버스 대수는 13,600대, 도입률은 38.9%이다. 〈표 11-8〉에서 보는 바와 같이 시내버스의 저상버스 도입률은 38.9%이지만 농어촌버스나 마을버스의 저상버스 도입률은 매우 낮은 편이다. 전국 17개 시 · 도 중 서울특별시 도입률이 가장 높고(66.7%), 인천광역시 도입률이 가장 낮다(18.8%).

표 11-8 **저상버스 도입 현황(2023년)** (단위: 대, %)

구분	시내버스			농어촌버스			마을버스		
	총 대수	저상버스	도입률	총 대수	저상버스	도입률	총 대수	저상버스	도입률
전국 합계	34,990	13,600	38.9	2,073	66	3.2	5,556	899	16.2
서울특별시	7,385	4,926	66.7	–	–	–	1,565	161	10.3
부산광역시	2,517	917	36.4	–	–	–	571	7	1.1
대구광역시	1,566	728	46.5	–	–	–	12	0	0.0
인천광역시	2,193	412	18.8	–	–	–	18	0	0.0
광주광역시	1,044	394	37.7	–	–	–	87	0	0.0
대전광역시	1,039	412	39.7	–	–	–	18	0	0.0

울산광역시	871	127	14.6	–	–	–	46	0	0.0
세종특별자치시	265	123	46.4	–	–	–	33	0	0.0
경기도	10,724	3,442	32.1	140	10	7.1	2,728	727	26.6
강원도	487	204	41.9	203	15	7.4	150	0	0.0
충청북도	651	217	33.3	211	4	1.9	9	0	0.0
충청남도	903	196	21.7	263	2	0.8	37	0	0.0
전라북도	849	259	30.5	150	4	2.7	63	0	0.0
전라남도	675	137	20.3	602	13	2.2	24	0	0.0
경상북도	1,221	277	22.7	274	1	0.4	50	0	0.0
경상남도	1,771	672	37.9	230	17	7.4	106	3	2.8
제주특별자치도	829	157	18.9	–	–	–	39	2	5.1

• 저상버스 배차시간

전체 노선(저상버스 도입 및 미도입 노선 전체)의 배차간격은 전국 평균 35.7분으로 나타났으며, 서울특별시가 10.9분으로 가장 짧고, 경상북도가 103.3분으로 평균 배차간격이 가장 긴 것으로 나타났다. 저상버스를 도입한 시내버스의 전체 배차간격은 평균 18.3분, 그중 저상버스는 평균 26.4분으로 분석되었으며, 저상버스 도입 농어촌버스의 배차간격은 평균 170.7분, 저상버스는 평균 202.8분으로 나타났다. 저상버스 도입률과 도입노선 수가 같이 증가할 때 배차간격이 짧아지는 경향을 보이고, 도입률에 비해 도입노선 수가 증가한 경우 배차간격이 길어지는 것으로 나타났다. 이와 같이 저상버스는 배차간격이 지나치게 길고, 특정 노선이나 시간대에 배차가 편중되어 있으며, 지역별 · 노선별 불균형이 나타난다는 문제점이 있다.

• 특별교통수단 도입 현황

특별교통수단의 법정운행대수는 「교통약자의 이동편의 증진법 시행규칙」 제5조에 의하여 '보행상의 장애인으로서 장애의 정도가 심한 장애인(중증보행장애인)' 150명당 1대로 정하고 있다. 2023년 기준으로 전국의 특별교통수단 운행대수는 4,600대로 법정대수 4,535대 대비 101.4%의 보급률로 나타나고 있다. 특별교통수단 보급률은 2022년 93.0%에서 2023년 101.4%로 개선되었다.

전국 17개 특별 · 광역시 · 도 중 서울특별시(125.3%), 경기도(116.8%), 강원도(115.3%),

경상남도(114.3%), 세종특별자치시(112.5%), 전라북도(101.7%), 제주특별자치도(101.5%), 광주광역시 및 울산광역시(100.0%) 총 9개 특별 · 광역시 · 도 에서 특별교통수단 보급률이 100% 이상인 것으로 나타나고 있다. 특별교통수단 외 임차(바우처)택시 등 대체수단은 96개 지자체(특별 · 광역시: 8개 도시, 기초지자체: 88개 시 · 군)에서 총 19,951대를 운영하고 있다.

장애인 및 교통약자를 위해 특별교통수단이 꼭 필요하고 유용하지만 여전히 지역에 따라 차량이 많이 부족한 문제, 대기시간이 길고 배차가 불규칙한 문제, 지역 간 이동에 제한이 있고 지자체마다 운영방식이나 이용기준, 요금 체계가 달라 행정이 비효율적인 문제 등이 제기되고 있다.

• 특별교통수단 운행 현황

특별교통수단에 대한 이용요금 기준(관내, 관외, 심야) 및 운행시간, 통행료 지불 주체 등은 기초지방자치단체별로 조례에 따라 상이하게 운영되고 있다. 특별교통수단 관내 이용요금은 대부분 거리에 따라 요금이 증가하는 거리비례 요금제를 적용하고 있고, 관외 이동 요금은 관내 요금과 동일한 지방자치단체도 있으나, 부산, 광주 등과 같이 할증요금을 부과하는 지방자치단체도 있으며, 대구 등은 관외 요금에 대해 요금 상한제를 두고 있다.

주말에는 주중보다 이용가능시간이 짧거나 아예 운행하지 않는 지방자치단체도 있으며, 일부 지방자치단체는 사전 예약할 경우에만 연장 운행 및 주말 운행을 하는 것으로 나타나 이용자들의 불편을 야기하고 있다. 유료도로에 대한 통행료에 대해서는 대부분 지방자치단체에서 이용자가 부담하는 것으로 되어 있으나, 대구광역시, 울산광역시, 경상남도 등은 해당 지방자치단체에서 통행료를 지원하고 있는 것으로 나타났다. 특별교통수단의 운행범위는 대부분의 지방자치단체에서 인접지역에 한해 운행하고 있으며, 병원 방문 등 치료 목적에 한하여 제한적으로 관외 지역 운행이 가능한 것으로 나타나고 있다. 이용자들은 관외 이동에 제약이 많은 점에 불편을 느끼지만 지방자치단체별로 상이한 규정이나 지침 등으로 인해 개선되지 않고 있다.

• 이동지원센터 운영 현황

특별교통수단 이동지원센터는 장애인 등 교통약자가 특별교통수단(예: 장애인 콜택시, 휠체어 탑승 특장차 등)을 보다 편리하게 이용할 수 있도록 지원하는 기관 또는 시스템이다. 각 지방자치단체별로 설치 · 운영되며, 기본적으로 콜센터 예약방식으로 운영하고 있다. 인터넷 예약, 모바일 예약, 홈페이지 예약 등을 복수로 운영하는 지방자치단체도 있다. 광역이동지원센터는 9개 도 중 충청북도를 제외한 8개 도에서 운영하고 있으며, 위탁운영방식을 채택하고 있는데, 위탁 운영은 크게 지방공기업(공단, 공사), 교통사업자(택시, 시내버스 등), 단체(장애인협회, 이동지원센터 등)로 구분된다. 2025년 기준 전국에 약 230여 개의 이동지원센터가 운영되고 있다.

(3) 이동권 개선방안

"나는 목발을 사용하기 때문에 계단을 오르내리는 일은 그야말로 쥐약이다. 지하철을 한 번 타려면 온몸에 기운이 모두 빠져나간다. 그렇다고 버스를 탈 수 있을까? 제자리에 서지도 않는 버스는 끼깅거리며 달려가는 날 기다려 주지도 않을뿐더러 어찌어찌 올라탔다고 해도 자리를 잡기도 전에 출발하는 버스 안에서 나는 거의 굴러다니는 짐짝 수준이다. 어쩌다 출퇴근 시간이 되면 이리저리 사람들에게 밀려 몇 대를 놓치고 결국 눈물을 흘리며 택시를 타야 하는 일들이 많다. 내 몸이 절대로 따라 주지 못하는 현실에서 난 언제쯤 마음 놓고 외출을 할 수가 있을까?"

—장애인이동권 쟁취를 위한 연대회의 홈페이지에서 발췌—

앞의 사례는 우리나라 장애인 이동편의 실태 및 현실을 잘 보여 주고 있다. 우리나라에서 장애인 이동권 문제가 장애운동의 전면적 이슈로 부각되기 시작한 것은 2001년 1월 오이도역에서 장애인 수직형 리프트 추락사고 발생 이후 그해 4월 '장애인 이동권 쟁취를 위한 연대회의(약칭 장애인이동권연대)'가 출범하면서부터다. 장애인이동권연대의 출범 이후 '장애인도 버스를 탑시다' 운동이나 리프트 추락사고 사과 및 대책 요구 운동, 장애인 이동권 확보를 위한 100만 인 서명 운동, 시청역 철로 점거 투쟁 등 수년 동안 많은 활동을 통해 저상버스 도입, 장애인콜택시 도입, 지하철역사 엘리베이터 설치 등의 성과를 얻어 냈다. 지난 20여 년간 우리나라의 장애인 이동편의 실태는 객관적 수치상으로 많은 개선이 이루어졌지만 아직까지 개선해야 할 과제들을 안고 있다. 몇 가지로 요약해 보면 다음과 같다.

첫째, 우리나라에서는 2007년부터 현재까지 여러 차례에 걸쳐 교통약자 이동편의 증진계획에 의거해 교통약자 이동편의를 위한 정책을 수립·시행해 오고 있다. 그러나 여전히 법정 기준이나 계획 대비 달성률에 미치지 못하는 계획이 많고, 특히 저상버스 도입률은 매우 낮거나 지역별 편차가 크다는 문제를 안고 있다.

둘째, 이동편의 수단 및 시설의 지역적 격차가 해소되어야 한다. 2023년 기준 17개 시 · 도의 이동편의 수준에 많은 지역적 격차가 있다. 예를 들어, 저상버스의 경우 17개 시 · 도 중 광역시에서는 저상버스의 보급률이 전국에서 가장 낮은 인천광역시(18.8%)에서 가장 높은 서울특별시(66.7%)까지 매우 큰 지역별 격차를 나타내고 있다. 특별교통수단 보급률도 지역적 격차가 크다. 17개 시 · 도의 특별교통수단 보급률은 서울특별시(125.3%), 경기도(116.8%), 강원도(115.3%)는 높게 나타나지만, 부산(64.4%), 대전(77.1%), 경북(78.0%)의 경우에는 가장 낮은 수준으로 나타나 지역 간 격차가 크다는 것을 알 수 있다.

셋째, 무(無)장애환경(barrier-free)을 조성해야 한다. 현재 우리나라 도로에는 자동차 진입억제용 말뚝이 무분별하게 설치되어 있고, 재질도 화강암으로 된 것이 많아 장애인 등의 교통약자뿐 아니라 일반인도 부상 위험이 높다. 또한 보도에 설치된 대부분의 덮개는 목발이나 뾰족한 신발의 굽이 빠질 정도로 틈새의 간격이 넓어 일반인도 피해 다니는 실정이다. 횡단보도 턱 낮추기도 잘 이루어지지 않아 휠체어 또는 유모차 이용자가 횡단보도에서 보도로 접근이 불가한 경우도 많으며, 도로안전시설 지침의 '장애인 안전시설 지침'과 「교통약자의 이동편의 증진법」(이하 「교통약자법」)의 '이동편의시설 구조 · 재질 등에 관한 세부기준'에서 같은 대상 시설을 규정하면서도 설치 기준이 일부 다르기 때문에 「교통약자법」에서 정한 세부 기준이 제대로 적용되지 못하는 경우가 많다.

또한 임시통행로가 확보되지 않아 교통약자가 공사구간을 통과하지 못하고 먼 길을 우회하는 사례가 많으며, 전철이나 철도 승강장에도 장애인 접근표시가 제대로 되지 않아 장애인이 휠체어 사용자 전용공간이 설치된 차량을 타지 못하고 일반차량을 타야 하는 불편이 있다. 이와 같은 모든 문제는 장애물 없는 생활환경과 거리가 멀다. 전 세계적으로 장애인 등의 이동편의를 위해 무장애환경을 지향하는 현 상황에서 우리나라도 교통수단 및 보행환경 전반에 걸쳐 접근 불가한 환경이 아닌 어디라도 편리하게 접근할 수 있는 환경을 조성해야 한다.

넷째, 영국에서는 2000년 12월 31일 이후 22석 이상의 대중교통 수단은 저상버스(저상 구조)로 운행하도록 규정한 「Public Service Vehicles Accessibility Regulations 2000 (PSVAR)」이 시행되고 있다. 2022년 기준 실제로 영국 내 대형 버스의 1/3 이상이 저상버스이며, 주요 도시에서는 80% 이상, 런던 버스는 90% 이상이 저상버스로 운영되고 있다(www.gov.uk, 2022). 독일에서도 2012년 '장거리 버스 지침'을 만들어 2016년부터 신규로 허가되는 장거리 버스 노선에는 유럽연합 지침에 부합하는 장애인 접근성을 확보하되, 최소한 2개 이상의 휠체어 사용 좌석을 설치하게 하고 있다. 이와 같이 우리나라도 현재보다 조금 더 보편적이고 전면적인 법이나 규정 개정을 통해 장애인들의 교통수단 이용에 무장애환경을 조성해야 한다(YTN 라디오, 2016. 9. 10.).

2) 정보 접근권

(1) 개념

「유엔 장애인의 권리에 관한 협약」 제9조 '정보, 의사소통 등 접근성 보장', 제21조 '정보 접근 및 의사소통 권리 보장'에서 명시하고 있는 접근권 하위 영역 중 '정보 접근권'은 정보기술의 빠른 발전이 이루어지고 있는 현대 사회에서 매우 필수적인 부분으로 그 중요성이 높아지고 있다. 이 협약에서는 장애인이 인터넷을 비롯한 새로운 정보 습득 및 공유 수단, 새로운 의사소통 수단을 이용 및 활용할 수 있도록 정보 및 정보기술에 대한 접근성을 보장하는 구체적인 방안을 마련하도록 하기 위해 장애인의 정보 접근권 보장을 강조하고 있다. 장애인 정보화의 증진은 사회통합의 한 방편으로서 장애인이 스스로 정보통신을 활용하여 사회환경에 적응하게 하고, 정보통신 기술과 서비스 역시 장애인을 이용자로서 배려하도록 도울 것이다. 따라서 궁극적으로 정보통신기기와 서비스가 장애인도 접근 및 이용할 수 있도록 설계되어야 하며, 장애인에게 정보통신기기와 특수한 하드웨어, 소프트웨어를 개발 · 보급 · 교육하며, 비용을 보조해 주는 노력이 진행되어야 한다.

행정서비스를 제공하는 공공기관은 시각장애인에게 점자안내서나 음성서비스, 청각장애인에게 수어통역이나 자막방송을 제공해야 하므로 정부기관이나 공공성이 있는 행정서비스에 대해서는 장애인용 사용 지침이 마련되어야 한다. 또한 편의시설이 갖추어지기 전까지 대인적인 서비스를 통해 편의를 보장하는 체계가 마련되어야 한다. 유네스코의 주요 사업 중 하나는 정보기술을 가진 자와 못 가진 자 사이의 디지털 격차를 해소하는 방안으로, 인터넷에서 다중 언어 사용, 공적 정보 접근권 보장, 교육과 연구 분야의 정보 저작권 면제, 용이한 네트워크 접근권 증진을 내용으로 하는 사이버스페이스에 관한 권고안 채택에 주력하고 있다.

우리나라의 주요 법령 중 장애인의 정보 접근권과 관련 있는 법 조항에는 「장애인차별금지법」 제20조 '장애인 정보 접근 차별 금지', 제21조 '정보통신, 의사소통 등에서의 정당한 편의제공 의무'가 있고, 「장애인복지법」 제22조 '정보에의 접근 보장', 제23조 '의사소통 지원 등'이 있으며, 「국가정보화 기본법」 제32조 '장애인, 고령자 등의 정보 접근 및 이용편의 증진', 제46조 '정보취약계층의 지능정보서비스 접근 및 이용보장'이 있으며 「방송통신발전기본법」 제3조 '장애인 등 정보취약계층의 방송통신 접근 및 이용 보장', 「한국수어법」 전반에서는 청각장애인의 의사소통 및 정보 접근권을 보장하는 내용이 들어 있다.

(2) 정보 접근 실태

① 디지털 정보 격차 실태

'2024년 디지털 정보 격차 실태조사'에 따르면, 장애인의 디지털 정보 격차 실태의 주요한 사항은 다음과 같다(과학기술정보통신부, 2025).

첫째, 이용할 수 있는 데스크톱 컴퓨터나 노트북을 보유하고 있는 장애인 가구는 63.0%로, 일반 국민의 보유율 66.0%보다 3.0%p 낮은 수준이다. 장애남성의 보유율이 장애여성보다 높고, 장애 유형별로는 지체장애인이 64.2%로 가장 높고, 청각/언어장애인이 58.8%로 가장 낮게 나타났다. 모바일 스마트기기 보유율은 일반 국민은 97.8%인 반면, 장애인은 94.5%로 큰 차이는 나타나지 않았다.

둘째, 장애인의 디지털정보화 수준은 83.5%로 전년(82.8%) 대비 0.7%p 상승하였다. 부문별로는 디지털정보화 접근수준이 98.1%, 디지털정보화 역량수준이 76.1%, 디지털정보화 활용수준이 83.7%로 모두 전년 대비 상승하였다. 장애 유형별로는 지체장애인의 종합 수준이 가장 높고, 그다음은 시각, 청각/언어, 뇌병변장애인 순으로 조사되었다.

셋째, PC 이용 능력을 조사한 결과 장애인들은 '인터넷 연결 및 사용' 능력이 41.4%로 가장 높고, '악성코드 검사 및 치료' 능력이 32.7%로 가장 낮은 것으로 나타났다. PC 이용 능력은 남성이 여성보다 높은 것으로 나타났고, 연령별로는 30대의 이용 능력이 높고, 60대 이상의 이용 능력이 가장 낮은 것으로 나타났으며, 장애 유형별로는 대부분의 항목에서 지체장애인, 시각장애인의 이용 능력이 상대적으로 높게 나타났다.

넷째, 우리나라 장애인의 인터넷 이용률은 86.7%로, 일반 국민 인터넷 이용률인 94.5%보다 7.8%p 낮은 수준으로, 2023년 장애인의 인터넷 이용률 86.0% 대비 0.7%p 상승하였다. 남성과 여성이 비슷한 수준으로 나타났고, 연령별로는 30대(94.9%)에서 가장 높은 반면, 60대 이상(82.1%)에서 가장 낮게 나타났다. 장애 유형별로는 지체장애인의 이용률이 88.5%로 가장 높고, 청각·언어장애인의 인터넷 이용률이 80.0%로 가장 낮았다.

다섯째, 컴퓨터를 이용하여 타인과 교류 및 협력, 다양한 활동 참여, 인터넷 위험요인

방어, 타인 이해, 인정 수용 등의 항목을 스스로 얼마나 할 수 있는지 조사한 결과, '타인과 교류, 협력' 능력이 43.5%로 가장 높고, '인터넷 위험요인 방어' 능력이 28.9%로 가장 낮게 나타났다. 모든 항목에서 남성이 여성보다 이용 능력이 높고, 연령별로는 20대와 30대에서 높고, 60대 이상에서 가장 낮은 수준을 보였다.

여섯째, 인터넷 이용자를 기준으로 보면, 장애인의 '검색 및 이메일, 콘텐츠 서비스 이용률'은 90.4%로 일반 국민의 93.6%보다 3.2%p 높게 나타났다. 일반 국민의 '검색 및 이메일, 콘텐츠 서비스 이용률'을 100%로 가정할 때, 일반 국민 대비 장애인의 '검색 및 이메일, 콘텐츠 서비스 이용률' 수준은 일반 국민의 96.5% 수준인 셈이다. '정보 및 뉴스 검색'(82.8%), '미디어콘텐츠'(60.1%), '이메일'(34.4%), '교육콘텐츠'(22.2%) 순으로 이용률이 높게 나타났으며, 이 항목 역시 남성이 여성보다 이용률이 높고, 연령별로는 정보 및 뉴스 검색은 40대에서, 이메일과 미디어콘텐츠는 30대에서, 교육콘텐츠는 20대 이하에서 가장 높게 나타났다.

일곱째, 인터넷 이용자를 기준으로 보면, 장애인의 '생활서비스 이용률'은 89.0%로 일반 국민 93.5%보다 4.5%p 낮게 나타났다. 일반 국민의 '생활서비스 이용률'을 100%로 가정할 때, 일반 국민 대비 장애인의 생활서비스 이용률'은 일반 국민의 95.1% 수준인 것이다. 생활서비스 이용률은 '생활정보 서비스'(80.6%), '금융거래 서비스'(66.8%),'전자상거래 서비스'(55.5%), '공공 서비스'(37.5%), '디지털헬스케어 서비스'(35.5%) 순으로 나타났고, 5개 항목 모두 남성이 여성보다 이용률이 높으며, 연령별로는 모든 항목에서 30대가 타 연령대보다 이용률이 높게 나타났다.

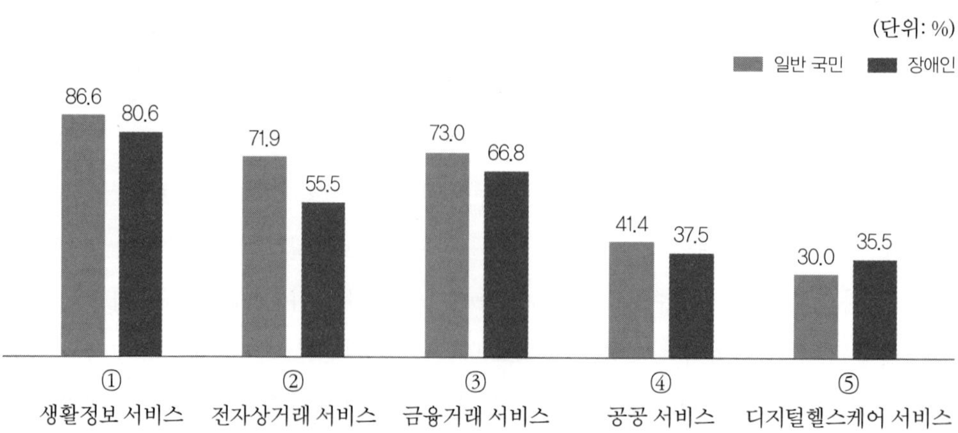

[그림 11-1] 생활서비스 이용률

출처: 과학기술정보통신부(2025). 2024년 디지털 정보 격차 실태조사.

여덟째, 인공지능 서비스 경험 여부에 대해 물어본 결과, 장애인의 경험률은 41.0%로 일반 국민의 51.0%보다 10.0%p 낮게 나타났다.

② 방송 및 문화예술 접근권 실태

2011년 7월 방송통신위원회(이하 방통위)는 소외계층의 방송 접근권 제고를 위해 「방송법」을 일부 개정해 방송사에 장애인 방송을 의무화하였다. 「방송법」 제69조 제8항에 따르면 방송사업자는 방송통신위원회가 정하는 일정 비율 이상의 장애인 방송(자막, 화면해설, 수어 등)을 의무적으로 편성 및 제공해야 한다고 정하고 있다. '장애인 방송 편성 및 제공 등 장애인 방송접근권 보장에 관한 고시'에 따라 장애인 방송 편성의무, 장애인 방송 성실제공의무, 장애인 방송 유형표시의무를 지는데, 일정 비율 이상 장애인 방송 편성을 필수로 하고 있다. 따라서 지상파, 종편, 보도채널은 자막방송 100%, 화면해설 10%, 수어 7% 등 의무 비율을 명시하고 있다.

이와 같이 낮은 의무 비율이기는 하지만 법적으로 장애인의 방송 접근권이 보장되어 있다. 다행히도 이러한 의무 이행이 양호한 것으로 평가되고 있는데, 방송통신위원회가 2023년 이행실적을 평가한 결과, 화면해설방송과 한국수어방송 편성의무는 모든 사업자가 100%를 준수하였고, 2023년부터 한국수어방송 의무 비율이 5%에서 7%로 상향됐지만 이 역시 해당 사업자 모두 기준을 충족한 것으로 나타났다(방송통신위원회, 2024).

그러나 수어나 화면해설 방송에 문제점이 있다. 수어통역 화면이 너무 작거나 화면 구석에 배치되어 시청자가 내용을 명확히 보기 어렵거나, 수어통역사마다 스타일이나 표현 방식이 달라 일관성이 떨어지는 문제, 시청률이 낮은 심야나 비인기 시간대에 수어방송이 집중 편성되는 문제 등이 지적되고 있다(에이블뉴스, 2025. 3. 4.; 소셜포커스, 2021. 2. 5.). 화면해설 방송의 경우에도 해설 내용이 너무 간단하거나 중요한 장면 설명이 누락되는 경우, 설명이 충분하지 않아 맥락을 이해하기 어려운 경우가 많고, 주로 뉴스나 다큐멘터리 등 일부 장르에 집중되어 있으며, 재방송 실적이 전체 편성 실적에 포함되어 있어 실제로 신규 콘텐츠에 대한 해설 제공이 부족하는 비판을 받고 있다(소셜포커스, 2020. 6. 24.). 오숙희와 권호종(2020)의 연구에서도 우리나라의 화면해설 방송은 양적인 성장은 이루었지만 질적인 성장에 문제가 있다고 언급하면서, 의무편성 비율에 재방송을 포함하는 점, 프로그램 선택의 폭이 제한되어 있다는 점, 고르지 못한 품질의 문제 등을 지적하였다.

장애인의 방송 접근권 확대를 요구하는 목소리가 높아지고 있는 만큼 지상파 방송사도 공적 책무를 실현하기 위한 노력이 뒤따라야 한다. 그러나 실제 방송사가 처한 제작 환경은 녹록지 않다. '생방송 드라마 제작 시스템'이라는 말이 나올 정도인 상황에서 시각장애인을 위한 화면해설방송을 만드는 데 한계가 있을 수밖에 없다. 다행히도 방송통신위원회는 2024년 소외계층 방송접근권 보장을 위해 예산안 178.3억 원을 편성하였는데, 시각 · 청각장애인 방송시청 편의 지원 예산 89.6억원, 장애인 방송 제작 및 서비스 지원 예산 68.3억 원, 발달장애인 미디어 콘텐츠 제작 지원 예산 5.6억 원이다(DWB 장애인복지뉴스, 2023. 9. 13.). 정부는 이 예산을 방송사업자와 매칭펀드 형태로 지원하며, 장애인 방송 의무편성 미달 사업자에 대해서는 지원금을 차등 지급하는 정책도 병행하고 있다. 이 지원금은 자막, 수어, 화면해설 등 장애인 방송 제작비로 직접 투입되어, 방송사가 법정 의무 비율을 안정적으로 달성할 수 있도록 뒷받침하는 역할을 하고 있다.

(3) 정보 접근 개선방안

#. "음성 안내가 너무 길고 반복돼서, 실제로는 급하게 돈을 찾거나 송금할 때 오히려 더 어렵습니다. 안내가 중간에 끊기면 다시 처음부터 들어야 해서 불편하고, 주변에 사람이 많으면 개인정보 노출도 걱정됩니다." – 시각장애인 박○○ 씨/ 동아일보, "시각장애인 'ATM 음성안내' 불편 여전" (2024. 2. 19.)

#. "은행에 비치된 장애인용 ATM이 있다고 해서 갔는데, 기기 앞에 턱이 높아 휠체어로는 접근 자체가 안 됐어요. 겨우 가까이 가도 화면이 너무 높아 손이 닿지 않더라고요. 결국 직원 도움을 받아야 했습니다." – 휠체어 이용 장애인 김○○ 씨/ 에이블뉴스, "장애인 ATM, 아직도 '그림의 떡'" (2023. 11. 7.)

앞의 사례에서와 같이 장애인은 일상생활에 있어 정보 접근에 많은 제약을 받는다. 문자나 음성 등의 기본적 정보 외에도 의사소통 수단에 있어 장애 유형에 맞는 정보 제공 및 송출이 이루어지지 않기 때문에 일상생활에서부터 직업 및 사회 생활에까지 제약을 받고 있다. 장애인의 정보 접근권을 개선하기 위해서는 다음과 같은 과제들을 점검할 필요가 있다.

첫째, 장애인의 정보 격차 해소를 위한 법률에 법적 강제조항이 포함되어야 한다. 「정보격차해소에 관한 법률」에 따르면, "정보 격차라 함은 경제적 · 지역적 · 신체적 또는 사회적 여건으로 인하여 정보통신망을 통한 정보통신서비스에 접근하거나 이용할 수 있는 기회에 있어서의 차이를 말한다”. 「국가정보화기본법」에서는 장애인 등의 정보 격차 해소를 위해 노력해야 할 것과 정보 접근권 향상을 위한 방안을 강구해야 할 것 등을 명시하고 있지만, 이들 조항이 법적 강제력을 가진다고 보기는 어렵다. 따라서 정보통신기기 및 서비스 사업자가 지침을 준수하지 않더라도 이를 법적으로 규제할 근거조항이 없다. 이를 위해서는 방송사의 제작 시스템 변화와 함께 정부가 장애인 방송 정책을 견인하고, 정책의 실효성을 위해 면밀하게 제도를 검토해야 한다는 주장이 나오고 있다.

둘째, 정보통신기기 개발과 보급이 확대되어야 한다. 독서확대기, 스크린리더, 터치모니터, 영상전화기, 음성출력기, 입력보조기, FM복합보청기 등 장애인의 정보 접근을 보조할 수 있는 다양한 보조기기가 개발 · 보급되고 있다. 손의 사용이 불편한 지체장애인들은 키보드나 마우스를 조작하지 못하기 때문에 특수입력장치를 필요로 하며, 이에 대체키보드, 스틱, 스위치, 헤드포인터 등이 개발되어 있다. 손, 발, 입 등의 신체를 사용하기 어려운 경우에는 눈으로 입력하는 장치를 사용할 수 있으며, 뇌파를 이용하는 장치, 숨을 들이마시거나 내뿜는 동작으로 컴퓨터를 조작하는 장치들이 개발되어 활용되고 있다. 그러나 이러한 기기를 실제적으로 활용하기에는 경제적 여건이 가장 큰 장애물로 작용하고 있다. 민간과 공공 영역에서 이러한 보조기기 보급을 지원하고 있지만, 지방자치단체별로 그 내용이나 범위가 매우 상이하고, 예산 확보에 따라 지속 여부가 달려 있으며, 홍보가 제대로 이루어지지 않아 다수의 장애인이 혜택을 받지 못하고 있다. 보조기기 지원에 대한 국가와 지자체의 책무가 ‘노력의무’에 그쳐, 예산이나 품목 확대 등 실질적 개선이 더디다는 비판도 있다(에이블뉴스, 2021. 11. 10.).

셋째, 장애인 정보화교육이 실효성을 가질 수 있도록 개선되어야 한다. 장애로 인한 이동편의 문제, 장애 유형에 맞는 교육수단 개발 및 편의 증진, 정보화교육의 효과에 대한 홍보 및 인식 개선 등이 선행되어야 향후 장애인 정보화교육 참여율 및 효과를 증대시킬 수 있다. 이를 통해 장애인의 정보 접근성을 높이고, 정보화교육을 통해 정보습득능력 및 의사소통 활성화가 이루어지면 취업이나 사회활동, 생활서비스나 여가 및 문화 활동에서도 긍정적인 효과를 얻을 수 있을 것이다.

넷째, 장애인의 정보 접근 촉진을 위해 전국에 약 147개의 장애인정보화교육센터(정보화교육장)가 운영되고 있다. 장애인 대상의 컴퓨터, 스마트폰, 인터넷 활용 등 디지털 역량강화 교육이 이루어지고 있지만, 도시 중심의 한정된 교육장에서 이루어지는 경우가 많아 지방이나 농어촌, 이동이 어려운 장애인들의 참여가 어렵다. 또한 교육내용 자체가 단순하고 다양성이 부족하고, 교육장 내 장애인편의시설이 부족하거나 특수 보조공학기기, 소프트웨어가 갖춰지지 않은 경우가 많다(에이블뉴스, 2025. 1. 17.). 더 쉽게 접근 가능하고 실제적인, 시대적 필요를 따라가는 정보화교육이 이루어져야 한다.

장애인의 정보 접근은 장애인의 인권 실현과 직결된다. 특히 정보의 강력한 수단이 되는 방송 접근권이 다양한 정책을 통해 적극적으로 지원될 때 비로소 장애인의 사회참여와 평등권이 실현될 수 있다. 장애인이 정보 격차나 정보 소외로 사회참여에서 배제되지 않도록 관련 법과 제도를 개선하고, 그 실효성에 대한 지속적인 모니터링이 필요하다(전영, 2012).

3) 시설물 접근권

(1) 개념

「장애인의 권리에 관한 협약」 제9조에서는 "대중에게 개방되거나 제공되는 시설과 서비스를 제공하는 민간 주체들이 장애인의 접근성을 위하여 모든 측면을 고려하도록 보장하고, 대중에게 개방되는 건물과 기타 시설에 점자 및 읽고 이해하기 쉬운 형태의 표지판을 설치하며, 대중에게 개방되는 건물과 기타 시설에 대한 접근성을 용이하게 하기 위하여 안내인, 낭독인, 전문 수어통역사를 포함한 현장지원과 매개체를 제공"하도록 명시하고 있다. 이는 시설물 접근에 대한 사항을 명시한 것으로, 장애인이 어떠한 건물(시설물)의 내외부 시설에 진입할 때 접근이 불가하거나 불편하지 않게 할 것을 의미한다.

(2) 시설물 접근권 실태 및 개선방안

시설물 접근과 관련하여 장애인 편의시설의 종류는 크게 대상물 외부시설(보행로, 도로, 교통도로 등의 통행로, 각종 설치물, 교통시설, 기타 설비), 매개시설(주차장 등), 대상물 내부시설(계단, 출입구, 통로, 경사로, 승강기, 화장실, 기타 설비 등), 공통시설(정보통신시설, 안내표시 등)로 분류된다.

2023년 장애인 편의시설 설치 현황조사 결과, 장애인 편의시설 설치율은 89.2%로 나타났고, 적정설치율은 79.2%로 나타났다. 설치율[2]과 적정설치율[3]의 차이는 10.0%로

2) **설치율**: 적정 여부(법적 기준 충족 여부)와 관계없이, 장애인 편의시설이 설치되어 있는 단순 비율을 의미함. 즉, 해당 시설에 장애인 편의시설이 설치만 되어 있으면 모두 포함해 산출하는 수치

3) **적정설치율**: 설치된 장애인 편의시설 중에서, 법적 기준(구조, 크기, 위치, 접근성 등)에 맞게 '적정하게' 설

나타났다(보건복지부, 2023). 5년 전인 2018년의 설치율 80.2%, 적정설치율 74.8%보다는 많이 향상된 수치이지만, 여전히 개선이 많이 필요하다고 할 수 있다(보건복지부, 2023). 세부 결과를 자세히 살펴보면 다음과 같다.

첫째, 공공시설 및 민간시설에 대한 결과 공공시설의 설치율, 적정설치율이 각각 85.3%, 73.5%, 민간시설은 각각 89.6%, 79.8%로, 두 항목 모두에서 민간시설이 높게 나타났다. 편의시설 종류별로 설치율을 살펴보면, 매개시설은 공공 80.8%, 민간 84.4%, 내부시설은 공공 79.9%, 민간 79.5%, 위생시설은 공공 67.7%, 민간 74.7%, 안내시설은 공공 55.4%, 민간 57.7%, 기타시설은 공공 74.3%, 민간 75.9%로 나타났다. 매개시설의 경우 공공시설은 장애인주차구역, 주출입구 접근로, 높이차이제거 순으로 설치율이 높게 나타났고, 민간시설은 주출입구시 접근로, 장애인주차구역, 높이차이제거 순으로 높게 나타났다. 내부시설은 공공과 민간 모두 승강기, 복도, 주출입문 순으로 높았고, 위생시설은 공공은 세면대, 소변기, 대변기 순, 민간은 세면대, 욕실, 대변기 순으로 설치율이 높게 나타났다. 안내시설에서는 공공과 민간 모두 유도 및 안내설비, 경보 및 피난설비, 주출입구 접근로 점자블록 순으로 높았다.

둘째, 지역별 설치 현황을 살펴보면, 대부분의 지역에서 설치율과 적정설치율이 2018년 조사에서보다 증가하였다. 세종특별자치시가 93.7%, 86.7%로 가장 높게 나타났으며, 그다음으로 서울시가 각각 92.1%, 84.0%, 경기도가 각각 91.2%, 82.7%를 나타냈다. 반면, 전남, 강원, 경북은 장애인 편의시설 설치율 및 적정 설치율이 최하위 3개 도시로 조사되었다.

셋째, 많은 개선에도 불구하고 시각장애인 편의시설 설치율 및 적정설치율이 여전히 저조한 것은 문제로 지적된다. 특히 점자블록 설치율이 51.0%, 적정설치율이 45.7%이고, 주출입구 경사로 손잡이 점자표지판도 각각 30.8%, 25.8%인 점 등은 시각장애인 관련 편의시설 설치율이 전체 평균에 절반에도 미치지 못하는 문제점을 보여 준다. 또한 공원의 장애인 편의시설 설치율이 78.7%로, 다른 시설에 비해 낮은 수준인 점도 개선이 필요하다.

넷째, 전체 설치율(89.2%)과 적정설치율(79.2)의 격차가 10%p인 점도 문제점으로 지적된다. 단순 설치는 늘었지만(설치율), 법적 기준을 충족하는 질적 향상(적정 설치율)은 아직 한계로 남아 있다.

치된 비율을 의미함. 즉, 설치된 편의시설이 법에서 정한 기준을 충족하는 경우만 포함해 산출

2. 장애와 보조기술

1) 개념 및 법적 근거

WHO에서는 보조공학(또는 보조기술)에 대해 "보조공학(기술)은 보조 제품 및 서비스 제공과 관련된 시스템 및 서비스를 포괄하는 포괄적인 용어이다. 이 기술을 통한 제품 및 서비스는 개인의 기능과 독립성을 유지하거나 향상시켜 개인의 복지를 증진시킨다."라고 정의하고 있다(WHO, 2021). 보조공학에 의한 특수한 기계나 장치를 통해 장애인들이 일상생활이나 작업 등을 최대한 자립적으로 할 수 있도록 돕는 기술인 것이다. 보청기, 휠체어, 의사소통 보조기, 안경, 보철물, 알약 정리대 및 기억 보조기 등이 모두 보조기술 제품이라고 볼 수 있다. 전 세계적으로 10억 명 이상의 사람들이 하나 이상의 보조기술 제품이 필요하다는 조사가 있고, 노령화와 질병의 증가로 인해 전 세계적으로 2030년까지 적어도 20억 명 이상의 사람들이 최소 1개의 보조기술 제품이 필요하고, 노인들은 2개 이상을 필요로 하게 될 것이라고 추산하고 있다(WHO, 2021).

「장애인복지법」 제65조 제1항에서는 "장애인 보조기기란 장애인이 장애의 예방·보완과 기능 향상을 위하여 사용하는 의지(義肢)·보조기 및 그 밖에 보건복지부장관이 정하는 보장구와 일상생활의 편의증진을 위하여 사용하는 생활용품"으로 규정하고 있다. 2015년에 개정된 사항으로는 제65조 제2항에 "보건복지부장관은 장애인의 일상생활의 편의증진 등을 위하여 다른 법률이 정하는 바에 따라 제1항에 따른 장애인보조기구의 지원 및 활용촉진 등에 관한 사업을 실시할 수 있다."라고 하고 있다. 이 외에도 「장애인 고용촉진 및 직업재활법」 제21조 제1항 2호에서 명시하는 "장애인의 직업생활에 필요한 작업 보조공학기기 또는 장비 등"도 보조기기로 포함하고 있으며, 장애인을 위한 정보통신기기도 해당된다.

「장애인복지법」 제18조(의료와 재활치료)에서는 "국가와 지방자치단체는 장애인이 생활기능을 익히거나 되찾을 수 있도록 필요한 기능치료와 심리치료 등 재활의료를 제공하고 장애인의 장애를 보완할 수 있는 장애인 보조기기를 제공하는 등 필요한 정책을 강구하여야 한다."라고 하였고, 동법 제53조(자립생활지원)에서도 "국가와 지방자치단체는 장애인의 자기결정에 의한 자립생활을 위하여 활동지원사의 파견 등 활동보조서비스 또는 장애인 보조기기의 제공, 그 밖의 각종 편의 및 정보 제공 등 필요한 시책을 강구하여야 한다."

라고 하면서 보조기기의 제공을 강조하고 있다. 또한 「장애인 · 노인 등을 위한 보조기기 지원 및 활용 촉진에 관한 법률」에서 자세한 규정을 제시하였다(2016. 12. 30. 시행).

장애인을 위한 보조기기는 보조공학기술의 발전과 함께 발전을 거듭해 왔고, 이제 다양한 종류의 보조기기를 통해 장애인의 특정한 기능 상실에 대한 대체와 자립을 돕는 도구로서 자리 잡고 있다.

2) 보조기기(기술)의 유형과 사용 실태

영화 〈슈퍼맨〉에서 주인공을 맡았던 미국 영화배우 크리스토퍼 리브는 1995년 승마사고로 목뼈가 부러져 전신마비 장애인이 되었다. 더 이상 사회생활을 할 수 없을 것이라는 예상과 달리 사고 이듬해인 1996년 온몸과 머리를 휠체어에 묶은 채 모니터와 마이크를 통해 연기를 지시하는 방식으로 영화 〈황혼 속에서〉를 감독하였다.

한국의 스티븐 호킹 박사로 불리는 서울대학교 이상묵 교수도 2006년 교통사고로 목 부분의 척추를 다쳐 얼굴을 제외하고는 목 아래를 전혀 움직일 수 없는 전신마비 상태가 되었다. 그러나 6개월 만에 교수로 다시 복귀하였는데, 이는 전동휠체어에 앉아 입으로 작동하는 마우스와 컴퓨터 등의 보조공학기기를 이용할 수 있게 되었기 때문이다. 이러한 보조기기를 통해 현재도 교육과 연구를 활발히 수행하고 있다. 이와 같이 보조공학기술과 그 기술의 산물인 보조기기(도구)들은 장애인들에게 독립적으로 지속 가능한 일상생활과 직업생활을 가능하게 해 주었다.

보조기기의 유형은 지팡이, 휠체어 등에서부터 영상전화기, 눈이나 입으로 사용할 수 있는 마우스, 음성출력기, 스크린 리더 등의 소프트웨어와 하드웨어 모두를 의미하고, 단순한 것에서 고도의 기술이 요구되는 복잡한 것까지 매우 다양하다. 또한 국내에는 아직 도입 · 보급되지 않았지만 외국에서 매우 활용도가 높은 기기들도 많고, 최근의 디지털 기술, 로봇 기술, AI 기술의 발전 등으로 인해 보조기기의 발전이 급속도로 이루어지고 있다.

보조기기의 활용실태에 대한 전반적인 조사 결과를 살펴보면 다음과 같다.

(1) 장애 유형별 사용 보조기기

'2023년 장애인 실태조사'에서 등록장애인이 현재 소지하고 있는 장애인 보조기기의 사용 여부를 살펴보면 다음과 같다. 먼저, 지체장애 및 뇌병변장애인은 장애인 보조기기로 지팡이(25.1%)를 가장 많이 사용하고 있는 것으로 나타났으며, 다음으로는 보행차(9.8%), 수동휠체어(7.6%), 척추보조기(5.0%), 목발(3.4%) 순으로 나타났다. 시각장애인용 장애인 보조기기 중 가장 높은 사용률을 보이고 있는 기기는 안경/콘택트렌즈가 56.4%가 가장 많았으며, 확대경/독서확대기와 의안이 각각 10.7%로 높았다. 청각장애인의 경우에는 보청기가 16.8%로 가장 높았고, 인공와우를 한 경우가 2.9%, 자막수신기를 사용하는 경우는 2.3%였다. 지적 및 자폐성 장애인은 터치모니터의 사용률이 상대적으로 높았으며, 신장장애인은 5.7%가 복막투석기구를 사용하고 있는 것으로 나타났다. 호흡기장애인은 산소발생기를 사용하는 경우가 43.0%, 장루 · 요루장애인은 장루주머니, 피부보호판이 각각 86.8%, 84.2%로 나타났다.

(2) 보조기기를 구입하지 않는 이유

'2023년 장애인 실태조사'에서 필요한 장애인 보조기기가 있다고 응답한 장애인 중 장애인 보조기기를 구입하지 않은 이유로는 '구입비용 때문에'가 44.2%로서 가장 높았으며, 그 밖의 이유로는 '적합한 장애인 보조기기가 무엇인지 몰라서' 28.7%, '구입처를 몰라서' 10.5% 순이었다. 2020년 조사 결과와 다른 점이 있다면, '구입비용 때문에'가 1순위 이유인 점은 같으나, 2순위인 '적합한 장애인 보조기기가 무엇인지 몰라서'의 비율이 크게 높아졌다는 점(12.0%에서 28.7%로)이다. 비용부담의 문제와 정보부족의 문제가 함께 나타나고 있다는 뜻으로 해석할 수 있다.

(3) 소지하고 있는 보조기기 미사용 현황

소지하고 있는 장애인 보조기기를 사용하지 않는 이유를 파악한 결과, '자신에게 보조기기가 적합하지 않아서'가 전체의 41.5%로 가장 높았으며, 이어서 '소지 이후 신체적 변화로 인해' 38.6%가 주된 이유였다. 결국 보조기기가 자신의 장애에 적합하지 않거나 신체적 변화로 인한 부적합이 주된 이유인 것을 보면 특정 장애 유형에 맞는 맞춤형 보조기기 구입이나 보급이 매우 필요함을 알 수 있다. 다른 장애 유형에 비해 청각장애인의 경우 '고장이 나서 수리를 못 하고 있어서'의 응답 비중이 높게 나타났고, 자폐성장애인에게서는 '조작 및 사용방법을 몰라서'의 응답 비중이 높게 나타났다. 이는 이들 장애인이 주로 사용하는 보조기기가 다른 보조기기에 비해 관리 및 사용이 까다롭다는 것을 보여주는 결과이며, 더불어 앞서의 필요한 장애인 보조기기를 구입하지 않는 이유에서와 마찬가지로 장애인 보조기기 보급 및 수리 지원 전달체계가 아직까지 제 역할을 다하지 못하고 있음을 의미하는 것으로 볼 수 있다.

(4) 보조기기 구입(확보)에 대한 지원 현황

'2023년 장애인 실태조사'에서 장애인 보조기구 구입 시 외부 지원 경험이 있는가하는 질문에 대해 외부로부터 각종의 지원을 받은 경험이 있다고 응답한 장애인은 전체의 53%로 2020년 조사 결과와 비교하여 9.83%p 증가하였다. 이는 2018년 건강보험 및 의료급여 보장구 급여 확대 및 보건복지부 장애인 보조기기 교부사업 등의 효과로 보인다. 장애 유형별로는 청각장애(89.9%), 호흡기장애(70.3%), 장루・요루장애(62.2%)의 외부 지원 경험이 높았다.

장애인 보조기기 구입 시 가장 많은 지원을 받은 사업(기관)이 무엇인가에 대한 조사에서는 '건강보험 및 의료급여 보장구 급여 사업'(79.8%)이 가장 높은 비율로 나타났으며, '노인장기요양보험 복지용구지원사업'(6.9%), '보건복지부 및 지방자치단체에서 시행하고 있는 보조기구 교부사업'(6.3%), '산재보험급여 재활보조기구 지급 사업'(1.3%) 등 다양한 공적급여의 지원을 통해 보조기기 구입에 도움을 받은 것으로 나타났다. 2020년 조사와 비교해 볼 때 보조기기 구입에 있어 공적급여나 공공기관의 지원이 확연히 증가한 것을 확인할 수 있다.

장애인 보조기구 구입 시 외부 지원 형태를 살펴보면, 구입비용의 일부를 지원받았다고 응답한 장애인이 전체의 75.7%로 나타났으며, 전액을 지원받았다고 응답한 장애인은 19.4%로 나타났다. 2020년에 비하면 일부 지원은 늘고, 전액 지원은 줄어든 비율이다. 보조기기 무상임대와 유상임대의 형태로 지원을 받은 비율은 2.1%와 2.7%로, 2020년에 비하면 무상임대비율이 낮아지고, 유상임대비율은 높아진 수치다(〈표 11-9〉 참조). 이러한 결과는 우리나라의 장애인 보조기기 구입에 있어 공공 및 민간 지원은 구입비용 지원에 초점이 맞추어져 있고 임대를 통한 지원은 매우 미미한 상황임을 알 수 있다. 선진국의 경우 임대 형태의 지원 비중이 높은 편임을 감안할 때, 우리나라도 보조기기의 임대 형태를 다양화하여 필요시 충분히 활용하고, 자신의 장애와 조건에 맞는 것으로 자유롭게 변경 선택할 수 있도록 제도의 변화가 필요함을 알 수 있다.

(5) 보조기기 사용 관련 만족도 및 개선사항

'2023년 장애인 실태조사'에서 장애인 보조기기 사용 만족도와 관련해서 대체로 만족스럽다고 응답한 비율이 전체의 88.5%로 나타나 2020년보다 10.1%p 증가한 것으로 나타났다. 장애인 보조기기 이용 시 불만족한 이유로서 장애인들이 가장 많이 꼽은 것은 '내구성이 약해서'로 46.4%에 달하였으며, '크기, 무게, 색상 등 디자인이 별로라서'

표 11-9 장애인 보조기기 구입 시 지원 형태

(단위: %, 명)

구분	지체 장애	뇌병변 장애	시각 장애	청각 장애	언어 장애	지적 장애	자폐성 장애	정신 장애	신장 장애	심장 장애	호흡기 장애	간장애	안면 장애	장루 요루 장애	뇌전증 장애	전체
비용 전액 지원	28.4	28.3	34.2	8.2	32.5	55.1	64.8	38.1	18.6	34.1	11.8	–	100.0	16.2	56.3	19.4
비용 일부 지원	67.8	56.4	61.6	91.2	64.9	38.5	21.0	51.1	64.0	33.6	48.5	100.0	–	73.1	33.7	75.7
무상임대	1.8	5.7	3.2	0.2	–	6.3	14.1	–	11.0	-	13.2	–	–	–	10.0	2.1
유상임대	1.9	9.3	1.0	0.5	2.6	–	–	10.9	6.4	32.3	26.5	–	–	10.7	–	2.7
기타	–	0.3	–	–	–	–	–	–	–	–	–	–	–	–	–	–
계	100.0	100.0	100.0	100.0	100.0	100.0	100.0	100.0	100.0	100.0	100.0	100.0	100.0	100.0	100.0	100.0
전국 추정 수	200,552	114,343	52,202	358,409	4,038	10,788	932	2,930	17,322	379	5,831	292	112	11,106	358	779,593

출처: 이민경 외(2023). 2023년 장애인 실태조사.

17.8%, '조작이 어려워서' 12.8% 순으로 나타났다. 전체적인 만족도가 향상된 점은 긍정적으로 볼 수 있으나, 여전히 내구성이 약하고 디자인의 불만족, 조작의 어려움 등은 향후 장애인 보조기기의 품질 개선과 함께 공적급여의 지원 수준 인상, 관리지원 체계 확대와 같은 정책 및 제도가 필요함을 보여 주는 결과라고 할 수 있다.

장애인 보조기기 지원 제도와 관련하여 주요 개선 사항으로 꼽힌 것은 '개인별 특성에 맞는 맞춤 개조, 보완, 제작'(31.1%), '개인별 특성에 맞는 상담 또는 안내 서비스'(24.7%), '지원 품목의 확대'(11.5%)에 대한 요구가 높게 나타났다, 보조기기가 개인의 특성에 따라 매우 주의 깊은 선택이 필요하고, 구입 이후에도 개조나 보완이 필요한 경우가 많은데 현재는 이러한 욕구가 잘 반영되기 어려운 것이 현실이고 이로 인한 불만족이 큰 것으로 보인다. 또한 지원품목이 제한되어 있고, 다양한 형태의 선택이 어렵다는 점도 향후 개선되어야 할 문제로 볼 수 있다.

3) 장애인 보조기기 지원 관련 정책 및 실천 과제

(1) 장애인 개인의 특성에 맞는 보조기기 개발 및 지원

장애인이 사용하는 보조기기는 개인별 장애 특성에 맞게 고안 · 개발되어야 할 뿐 아니라 유지 및 보수 비용에 대한 지원이 이루어져야 한다. 예를 들어, 의수나 의족을 사용한다고 해도 개인의 신체 상태의 세부사항, 편안함이나 적절함 정도는 모두 다를 수 있다. 따라서 단순히 보조기기를 하나의 상품으로 판매하는 데 그치는 것이 아니라, 계속적으로 불편한 사항이나 맞춤형 도구가 되기 위해 어떤 점을 더 개선해야 하는지에 대해 정부나 민간단체가 파악하여 이를 개선할 수 있어야 한다. 장애인을 위해 어떤 도구를 개발하기 전에 반드시 장애인의 욕구에 현실적으로 부합하는지 등의 사전연구가 철저하게 이루어져야 한다.

(2) 보조기기 구입 및 유지를 위한 경제적 지원 확대

현재는 건강보험을 통해 90%의 구입비용 지원이 이루어지고 있고, 민간단체를 통한 보조기기 보급이 이루어지고 있지만, 실제적으로 필요한 도구들의 경우 자기부담금이 높고, 고비용이라서 개인적으로 구입하기가 어려운 경우가 많다. 구입비용에 부담을 갖는 장애인이 비교적 저렴한 비맞춤형 보조기기를 장기적으로 사용하면 관절이나 근골격계 질환이 발생되어 2차 장애가 발생할 위험도 존재한다. 보조기기의 공적 급여제도에 해당하는 급여 품목이 매우 제한적이고 급여 수준이 낮은 문제 등 실질적으로 보조기기를 필요로 하는 사람들이 혜택을 받는 데 있어 많은 제약이 따른다. 따라서 보조기기 구입 시 지원 비율을 늘리고, 지원 품목도 확대함으로써 장애인들의 기능과 능력 발휘를 적극 지원해야 할 것이다.

(3) 보조기기에 대한 통합적 정보 제공과 전달체계의 일원화

우리나라 보조기기 지원 정책은 보건복지부, 국민건강보험공단, 지방자치단체 등 여러 부처와 기관에서 각각 운영되어 전달체계가 분산되어 있다는 문제점을 가지고 있다.

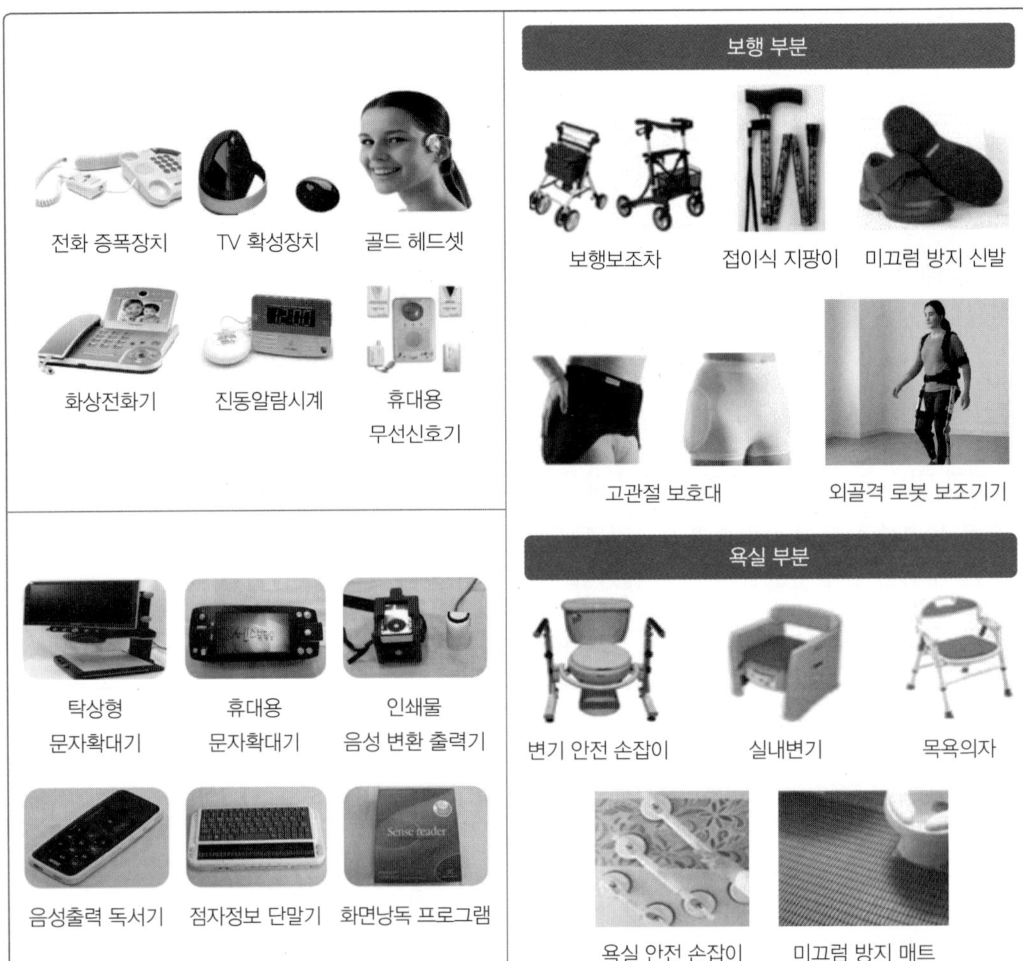

[그림 11-2] 다양한 보조기기의 예

이로 인해 장애인 당사자가 자신에게 적합한 지원제도나 품목, 신청방법을 알기가 어렵고, 정보접근성이 떨어지다 보니 보조기기 구입 및 대여에 있어 어려움이 발생한다. 이 외에도 민간단체를 통하여 일정 품목에 대해 교부하거나 일부 또는 전액을 지원하고 있지만, 이러한 정보를 한눈에 알아볼 수 있는 정보처가 없어 보조기기의 장단점이나 사용 후기 등에 대한 정보를 얻기가 어려웠다. 다행히 2025년 현재 국립재활원의 중앙보조기기센터, 한국장애인고용공단의 보조공학기기지원포털, 복지뱅크 등에서 장애인에게 필요한 보조기기 관련 정보, 신청 안내 등을 관리하고 있어 보조기기 지원제도 접근성이 향상되고 있다. 신체의 어떤 한 부분의 기능을 대체할 보조기기를 구입하거나 지원받기 위한 정확한 정보나 상담체계가 없다는 것은 후회하는 선택을 할 가능성이 높음을 의미한다. 정부나 민간단체는 보조기기를 단순히 지원하는 것에 그칠 것이 아니라 자세한 정보를 사전에 제공하고, 구입이나 지원 시 상담을 제공하며, 사후 관리까지 이어질 수 있는 서비스 체계를 구축해야 한다.

3. 장애인과 유니버설디자인

1) 유니버설디자인의 개념과 의미

유니버설디자인(universal design)은 '나이, 신체 크기, 장애, 능력 등과 무관하게 모든 사람이 이용할 수 있는 환경 · 정보 · 서비스를 실현하는 방법론과 철학'이다(서울특별시, 2017). 유니버설디자인에서는 성별, 연령, 국적, 신체 크기, 왼손잡이, 질병 등에 의한 차이뿐만 아니라, 개인의 다양성에 의한 각기 다른 체력, 이동 및 인지 능력, 일시적 불편사항 등의 다름에 의한 다양한 이용자를 고려하는 것을 원칙으로 한다(서울특별시, 2017). 이는 어떤 제품이나 환경, 서비스를 디자인할 때 이를 다양한 특성을 가진 사람들이 모두 수용하고 접근 가능할 수 있도록 디자인하는 것을 의미하는 것으로서, 장애인, 노인, 어린이, 임산부, 외국인 등 사회 구성원 모두를 배려하여 디자인하는 사고방식이다(문화체육관광부, 2012). 유니버설디자인은 사용자들의 경험을 바탕으로 하는 실용적인 디자인으로, 가능한 한 많은 사람이 생애주기에 걸쳐 발생하는 일시적 · 영구적 장애로 인해 변화되는 다양한 신체 조건에 구애받지 않고 편리하게 사용할 수 있는 환경과 제품을 디자인하는 것이다.

유니버설디자인이라는 말은 미국의 건축가이자 유니버설디자인센터(Center for Universal Design)의 소장이었던 로날드 메이스(Ronald L. Mace)에 의해 처음으로 제창되었다. 그는 자신이 휠체어를 타는 장애인으로서 장애인을 위한 제품이나 환경이 오히려 장애인들을 사회로부터 소외시키고 격리시키는 것을 경험하고는 장애인을 위한 특별한 디자인보다는 장애인을 포함하여 모든 사람이 사용할 수 있는 디자인을 만들어야겠다고 생각하여 유니버설디자인을 고안하게 되었다(문화체육관광부, 2012).

유니버설디자인은 장애인을 위한 디자인 해결책으로 언급되는 무장애디자인(barrier free design)과는 차이가 있는데, 무장애디자인은 장애인들이 생활에서 부딪히는 장애물들을 없애기 위해 특별히 고안한 디자인이라고 한다면, 유니버설디자인은 장애인뿐 아니라 사회의 모든 구성원이 사용할 수 있는 보편적인 디자인으로 특정 구성원을 특별한 존재로 부각시켜 사회의 주류에서 소외시키거나 부정적 편견을 유발하는 것을 차단할 수 있다. 즉, 장애인과 비장애인의 구분 없이 모두가 사용할 수 있는 것이 유니버설디자인으로, 무장애디자인을 포괄하는 개념이라고 할 수 있다. 무장애디자인은 본래 주택용어로서 장애가 있는 사람이 사회생활에 참여하는 데 있어 장애가 되는 단차와 같은 물리적 장벽을 제거하는 것의 의미가 강했으나 최근에는 사회적 · 제도적 · 심리적 장애를 제거하려는 의미에서도 사용되고 있다. 그런데 이제는 무장애디자인(베리어프리디자인)이라는 말보다는 조금 더 포괄적인 의미를 가진 유니버설디자인이 베리어프리디자인을 포괄하는 개념으로 사용되고 있다.

2) 유니버설디자인의 원칙과 예시

(1) 유니버설디자인의 일곱 가지 원칙

- **공평한 이용**: 누구라도 차별감이나 불안감, 열등감을 느끼지 않고 공평하게 사용이 가능한가?
- **이용에 있어서의 유연성**: 서두르거나, 다양한 생활환경 조건에서도 정확하고 자유롭게 사용이 가능한가?
- **간단하고 직관적인 이용**: 직감적으로 사용방법을 알 수 있을 만큼 간결하고, 사용 시 피드백이 있는가?
- **인지 가능한 정보**: 정보 구조가 간단하고, 복수의 전달 수단을 통해 정보 입수가 가능한가?

- **오류에 대한 포용력**: 사고를 방지하고, 잘못된 명령에도 원래 상태로 쉽게 복귀가 가능한가?
- **적은 물리적 노력**: 무의미한 반복 동작이나 무리한 힘을 들이지 않고 자연스러운 자세로 사용이 가능한가?
- **접근과 이용을 위한 크기와 공간**: 이동이나 수납이 용이하고, 다양한 신체 조건의 사용자와 도우미가 함께 사용이 가능한가?

(2) 유니버설디자인의 예시

① 우천 시의 불편함을 생각한 지붕과 함께 계단, 슬로프를 동시에 설치하여 이동자의 처지에 따라 선택이 가능한 육교

② 사용 상황과 자세에 따른 적절한 형태의 손잡이 부착과 비데, 다양한 편의 장비가 설치되어 휠체어의 사용자는 물론 오스트메이트(인공항문) 세척이 가능한 화장실

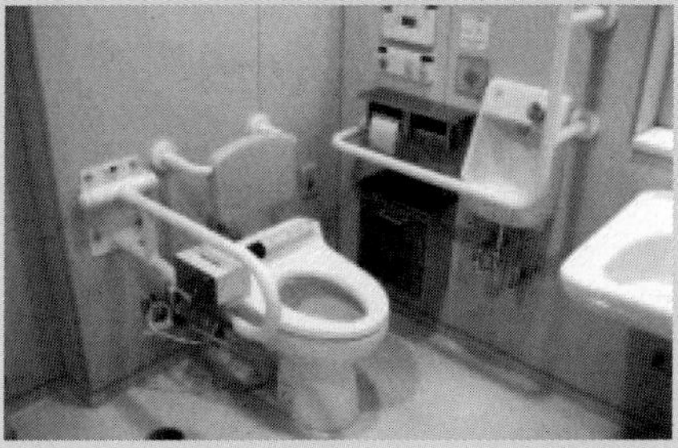

③ 인지하기 쉽도록 기능을 구분하여 적용된 색채와 누르기 편리한 형태로 된 버튼, 보기 편리한 커다란 액정화면으로 된 소형 전자계산기

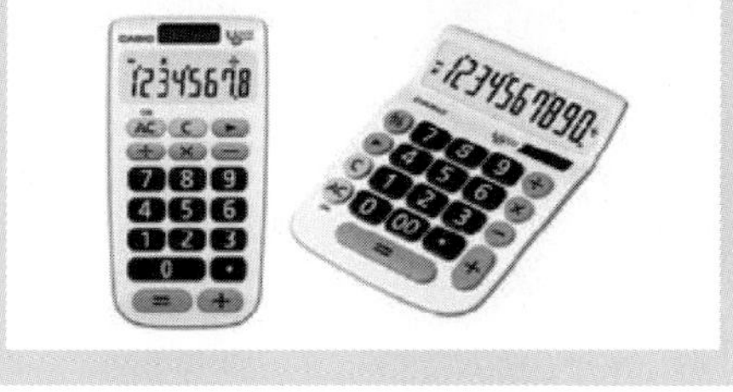

④ 키 높이에 관계없이 편안한 동작으로 이용이 가능하며, 상품 배출과 잔돈 반환 방법에 대한 편의성과 선반 등의 편의 기능이 갖춰진 음료용 자동판매기

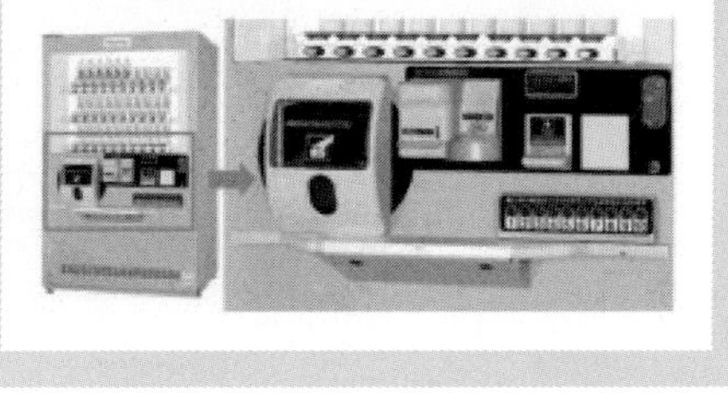

⑤ 휠체어에 탄 채로도 쉽게 여닫을 수 있으며, 좁은 공간에서 활용도가 높은 접이식 도어

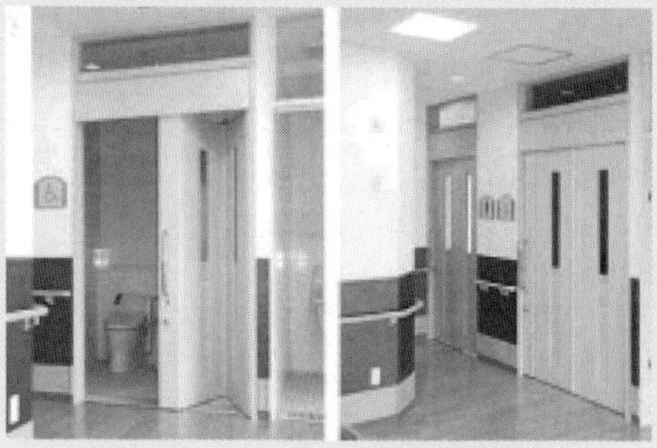

⑥ 사용 동작을 분석한 효율적인 기능 공간 배치와 휠체어 사용자의 접근성을 배려한 부엌 설비

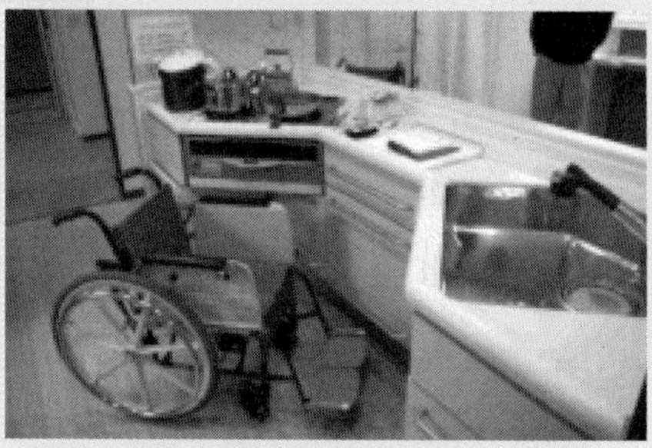

⑦ 손쉬운 승하차를 보조하는 회전식 리프트 시트와 뒷자리 승객의 편리한 승하차를 고려하며, 공간 확대를 도모하기 위해 중간 기둥(8piller)이 제거된 승용차 구조

⑧ 유니버설디자인 어르신 가구로, 침대에서 일어나는 노인의 모습

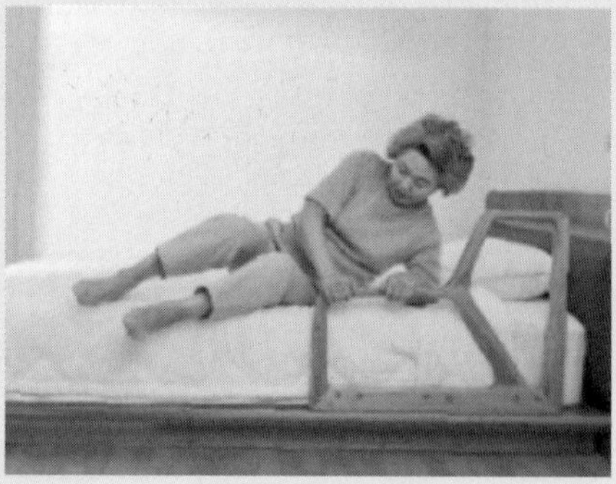

⑨ 단차가 없는 놀이터

[그림 11-3] 유니버설디자인의 다양한 예시

[그림 11-4] 해외에서 시판되는 다양한 비치 휠체어의 예

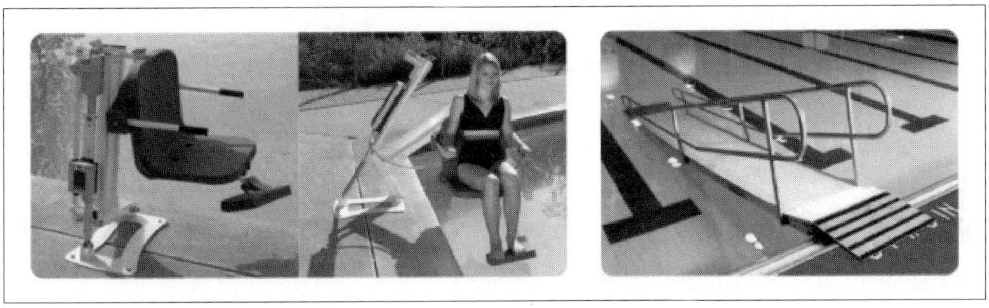

[그림 11-5] 호이스트 리프트와 액세스 램프를 이용한 입수 레저 시설

3) 국내 및 국외의 유니버설디자인 사례

(1) 화성시

화성시는 2008년 국내 최초로 유니버설디자인 조례를 제정하였다. 2008년 기준 화성시 전체 인구 중 노약자가 약 40%를 차지하고 있지만 모든 생활환경이 건강한 성인 위주로 되어 있어 노약자들의 생활이 불편할 뿐 아니라 사회적 소외를 초래하고 있어 이를 해결하기 위해 공공시설물에 대한 유니버설디자인 적용을 추진하게 된 것이다. 이 조례가 시행된 후 '여성청소년수련원'(2008년 완공) '자원봉사센터'(2009년 완공) '복합복지타운 나래울'(2012년 완공) 등이 유니버설디자인을 적용하여 완공하였고, 2009년부터 전국 최초로 모든 공공건축물에 유니버설디자인을 의무 적용하고 있다. 신축 · 증개축되는 공공건물, 공영주차장, 도로, 공원, 교통시설 등은 설계 단계부터 유니버설디자인 원칙을 반영하여 시에서 건립 공사 중인 공공시설물 모두에 대해 유니버설디자인 적용을 추진하고 있는 것이다. 유니버설디자인을 적용한 대표적인 공공시설물 중 하나인 복합복지 타운

나래울은 종합사회복지관, 노인복지관, 장애인복지관이 한데 어우러진 지하 2층, 지상 4층 규모의 복합시설물로서 경기도 최초로 장애물 없는 생활환경(barrier free) 1급 인증을 받았다. 이후에도 2010년 유앤아이센터, 2011년 화성종합경기타운, 2023년 북부노인복지관 등이 모두 유니버설디자인을 적용한 화성시의 공공건축물이다.

(2) 서울시

서울시는 2007년 서울시 디자인총괄본부에서 개발한 '2007년 디자인 서울 공공 디자인 가이드라인' 중 공간 부문의 세부 항목들에 유니버설디자인 관련 내용을 포함하면서 유니버설디자인을 적용하기 시작하였다. 2016년 유니버설디자인 도시 조성 기본조례 제정을 시작으로 2017년 '서울시 유니버설디자인 통합 가이드라인'을 제작하였고, 2020년 8월 '서울 유니버설디자인 종합계획(2020~2024)'을 수립하였다. 기반조성 단계인 2020~2021년까지는 UD(유니버설디자인)센터 설치·운영, 공공건출물 대상 UD 컨설팅, 공공부문 UD 적용 의무화를 위한 조례 개정, 지역단위 UD 테스트베드 조성, UD 시민참여단 운영을 목표로 하고 있으며, 2022~2023년까지는 공공건축물 등 UD 인증 체계 구축 및 시범운영, 민간부문 UD 적용 지원 및 법적 근거 마련, 유형별 UD 테스트베드 확대, UD 전문인력 양성을 추진하여 유니버설디자인의 보편적 확산을 추진하였다. 2021년에는 서울시 예산이 지원되는 공공건축물, 시설물, 기반시설에 유니버설디자인 적용을 의무화했고, 2022년에는 '서울시 유니버설디자인 인증제'를 시범운영하게 되었다. 2023년에는 '제2차 서울 유니버설디자인 기본계획(2024~2028)'을 수립하여 더 많은 사용성, 더 깊이 있는 사용자, 더 넓은 사용범위라는 개념의 유니버설디자인 2.0단계를 추진하고 있다(서울특별시, 2023).

(3) 유럽 네트워크

유럽 지역에서 모두가 접근 가능한 관광을 할 수 있도록 네트워크가 만들어졌는데, 이를 ENAT(European Network for Accessible Tourism)라고 한다. 유럽 무장애관광 네트워크-ENAT는 유럽을 중심으로 전 세계 관광의 접근성과 포용성을 높이기 위해 다양한 프로젝트와 협력사업을 활발히 진행하고 있다. 세계관광기구(UNWTO), 스페인 ONCE 재단과 함께 '관광의 전 과정에서의 접근성 기준'을 개발하고, 우수사례 발굴, 국제표준(ISO) 제정에 참여하여 글로벌한 무장애관광 확산에 앞장서고 있다. 또한 ENAT는 유럽연합 장애인권리전략(2021~2030)의 일환으로 'AccessibleEU 리소스센터' 구축에 참여하고 있는데, 이 센터는 건축환경, 교통, 정보통신 등 다양한 분야의 접근성 역량을 높이고, EU 내 접근성 관련 법제도의 이행을 지원하며, 전문가 양성, 정보 공유, 정책 실행기관 네트워킹 등 '무장애 관광'의 허브 역할을 수행하고 있다.

(4) 벨기에

벨기에는 '투어리즘 플랜더스(tourism flanders)'라는 정부 관광기관의 주도로 접근하기 쉬운 관광정책(모든 사람을 위한 관광, tourism for all)을 펼치고 있다. 투어리즘 플랜더스의 주 임무는 플랜더스 지역을 국내외로 홍보하고, 관광상품을 개발하는 것이다. 장애인들은 향후 플랜더스 지역관광산업의 주요 타깃 그룹으로 간주되고 있다. 유럽 지역에서 5,000만 명 이상(전체 인구의 14%)이 어떤 형태이든 장애를 가지고 있으며, 고령화 추세로 장애인의 수는 계속 증가할 것으로 예측된다. 이들 중의 대부분은 여행을 할 수 있고, 이들은 관광정책에서 무시될 수 없는 타깃층이다. 플랜더스 관광청은 "모두를 위한 관광(Everyone Deserves a Holiday)" 정책을 확대하고 있는데, 특히 저소득층, 장애인 등 관광 취약계층도 여행을 즐길 수 있도록 예산을 늘리고, 접근성 높은 숙박 · 관광 인프라 확충에 힘쓰고 있다. '모두를 위한, 지속가능한, 미래지향적 관광'을 핵심 목표로 다양한 혁신적 정책과 실천을 한 결과 2024년 기준, 플랜더스 지역의 관광객 수는 약 1,500만 명으로

투어리즘 플랜더스가 2024년 5월에 발간한
접근 가능한 휴가지 숙박시설 정보지 표지

역대 최고치를 기록했다고 한다.

4) 장애인을 위한 유니버설디자인의 과제

소형아파트 주거환경의 유니버설디자인 적용성에 대한 연구를 진행한 오찬옥(2013)은 유니버설디자인 관점에서 볼 때, 소형아파트는 아동이나 노인, 장애인 등이 거주하기에 미흡하다는 연구 결과를 발표하였다. 최근 소형주택 수요가 증가하고 있고, 노인이나 장애인 등의 소형주택 거주 비율이 높은데, 아파트 단지 내 보행도로의 바닥마감이나 놀이터, 경로당, 운동시설 등과 아파트 입구 경사로, 핸드레일, 엘리베이터 홀의 형태, 색 등 디자인에 대한 부정적 평가가 많은 것으로 나타났다. 특히 욕실문과 부엌 발코니 출입문의 폭이 좁고 휠체어 사용자는 바닥 높이 차이로 인해 욕실 이용이 거의 불가능하다는 것이다. 기존 아파트 내부 공간은 휠체어를 이용하는 장애인이 거주하기에 부적합하다는 평가인 것이다.

유니버설디자인 관점에서 장애인 거주시설도 많은 문제를 가지고 있다. 김미경(2014)의 연구에 따르면, 장애인 거주시설에서는 미끄러짐이나 넘어짐, 동일평면에서의 사고, 핸드레일 미설치, 계단에서의 추락, 수납 선반의 요철 등에 대한 위험도가 매우 크고, 각종 전기나 가스 설비기구 사용에 대한 위험성도 높은 것으로 나타났다. 장애인거주시설에서는 장애 유형별 유니버설디자인의 적용이 필요한데, 지체장애인의 경우에는 안전한 보행을 위한 손잡이나 클러치를 설치하고, 단차를 제거해야 하며, 휠체어 회전 및 통행 공간을 확보해야 한다. 또한 휠체어에 앉은 상태로 손이 닿을 수 있는 수납가구 설치가 필요하다. 시각장애인의 경우에는 촉각이나 청각, 잔존시력을 사용할 수 있는 고려가 필요한데, 문자나 도형을 크게 하고, 색채의 대비를 강하게 주어 약시 시각장애인들의 편리함과 안전을 고려해야 한다. 청각장애인의 경우에도 경고 메시지를 듣지 못하기 때문에 LED 전광판이나 긴급문자메시지, 진동 등으로 정보를 제공할 수 있어야 한다.

현재 UD 정책은 지자체별로 조례 제정, 가이드라인 수립, 적용 사업 등이 산발적으로 추진되고 있다. 국가 차원의 상위법이나 중앙 컨트롤타워가 없어, 부처별 · 지자체별로 중복 사업, 정책 방향성 혼선, 행정력 분산 등 비효율이 발생하고 있다. 전문가들이 지적하는 대로 부처 간 긴밀한 협력과 조정이 가능한 중앙 컨트롤체계가 필요하다.

학습과제

- 장애인의 접근권 향상이 장애인의 생활 전반에 미칠 영향에 대해 구체적으로 토론해 보자.
- 장애인 보조기기 중 아직까지 개발되지 않은 기기가 있다면 어떤 것이 유용할지에 대해 의견을 나누어 보자.
- 국내외 유니버설디자인의 사례를 찾아보고, 국내에 도입이 필요한 예를 찾아보자.

참고문헌

DWB 장애인복지뉴스(2023. 9. 13.). "2024년도 방송통신위원회 예산 '소외계층 방송접근권 보장' 높인다".

Pd JOURNAL(2014. 4. 15.). "시각장애인이 못 보는 프라임 타임".

Pd JOURNAL(2014. 4. 22.). "앱 다시보기 장애인 접근권 낙제 수준".

YTN 라디오(2016. 9. 10.). [열린라디오 YTN] "장애인 이동권 관련 이슈와 개선방안".

경향신문(2021. 4. 8.). "1km당 보행 불편 44건…장애인 앞에 '장애물' 많다".

과학기술정보통신부(2025). **2024년 디지털 정보 격차 실태조사**.

국토교통부(2024). **2023년 교통약자 이동편의 실태조사 연구**.

김미경(2014). 장애 유형에 따른 장애인 거주시설의 문제점과 유니버설디자인 가이드라인. **한국생활과학회 학술대회논문집**, 188-189.

남세현(2015). **장애인 · 노인 보조기기 지원 등을 위한 제도 개선방안 연구보고서**. 한신대학교 산학협력단.

류상오, 김보희, 박지영(2018). **장애인 등의 이용이 가능한 화장실 개선 방향 연구**. 한국장애인개발원.

문화체육관광부(2012). **유니버설디자인 실태분석 및 문화적 적용방안 연구**.

방송통신위원회(2024). '23년도 장애인 방송 제공의무 이행실적 결과 공개' 보도자료. 2024. 3. 20.

보건복지부, 장애인개발원(2017). **2017년 장애인차별금지법 이행 모니터링**.

백은령(2009. 12. 8.). 여성장애인 문화차별 실태와 과제. 여성장애인 문화권 확보 위한 정책토론회. 한국여성장애인 연합. 복지뉴스.

보건복지부(2013). **2013년 장애인편의시설 실태 전수조사**. 보건복지부, 한국장애인개발원, 한국지체장애인협회.

보건복지부(2018). **2018년 장애인편의시설 실태 전수조사**. 보건복지부, 한국장애인개발원.

보건복지부(2023). **2023년 장애인편의시설 설치 현황조사**. 보건복지부, 한국장애인개발원.

서울특별시(2017). 서울시 유니버설디자인 통합 가이드라인.

서울특별시(2023). 서울시 유니버설디자인 기본계획 2024-2028.

소셜포커스(2020. 6. 24.). "화면해설 품질 높여달라"… 방통위, "소관 아니다" 90일 만에 답변

소셜포커스(2021. 2. 5.). "작은 수어통역 화면에 눈이 아파요" 농인 방청권 보장 호소 … 방통위, "소관 아니다" 90일 만에 답변.

이민경, 김성희, 오욱찬, 오미애, 김진희, 황주희, 조휘래, 이한나, 강동욱, 권선진, 백은령, 윤상용, 이선우(2023). **2023년 장애인 실태조사**. 보건복지부, 한국보건사회연구원.

에이블뉴스(2005. 9. 29.). "정보화 보조기기사업, 실적 올리기 열중".

에이블뉴스(2016. 4. 7.). "장애인 인권침해 인권위 진정 '고공행진'".

에이블뉴스(2021.11. 10.). "장애등급폐지 2년, 보조기기지원 문제 여전."

에이블뉴스(2025. 1. 17.). "급변하는 디지털 시대의 생존, 장애청소년 때부터 맞춤형 교육 절실".

에이블뉴스(2025. 3. 4.). "방통위 · 시청자미디어재단은 장애인 방송 공공성 시늉을 멈춰라".

웰페어뉴스(2012. 10. 18). "남녀 구분 없는 장애인화장실 공익소송으로 대응".

오병일(2009). 장애인 접근권과 저작권. http://blog.jinbo.net/antiropy/?pid=385.

오숙희, 권호종(2020). 화면해설방송 의무편성의 실효성에 관한 연구. **인문사회 21**, 11(2), 1991-2000.

오찬옥(2013). 소형 아파트 주거환경의 유니버설디자인 적용성 평가연구. **한국실내디자인학회 논문집**, 4, 20-30.

장애인차별금지법제정추진위원회(2006. 4. 19.). 차별상담을 통해 본 장애인 차별 실태에 관한 기자회견.

전영(2012). 장애인의 방송접근권에 관한 연구: 프랑스 사례를 중심으로. **법학논고**, 39, 397-420.

한국정보화진흥원(2019). **2019년 디지털 정보 격차 실태조사**.

Beresford, P., & Holden, C. (2000). We have choices: Globalisation and welfare user movements. *Disability & Society, 15*(7), 973-989.

Gist, N. P., & Feva, S. F. (1964). *Urban society* (5th ed.). Thomas Y. Crowell Company, Inc.

Kraus, R. (1978). *Therapeutic recreation service: Principles and practices*. W. B. Saunders Co.

Townsend, E. (1997). Inclusioness: A community dimension of spirituality. *Canadian Journal of Occupational Therapy, 64*.

WHO (https://www.who.int/news-room/fact-sheets/detail/assistive-technology 검색일: 2021. 1. 7.).

장애인이동권 쟁취를 위한 연대회의 http://access.jinbo.net

영국 교통국 Bus and coach accessibility and the Public Service Vehicles Accessibility Regulations 2000-GOV.UK Updated 18 August 2022

벨기에 플랜더스 관광청 https://sustainability-leaders.com/flanders-sustainable-tourism-spotlight/

〈추천 사이트〉

• 경기도재활공학서비스연구지원센터 www.atrac.or.kr

• 서울특별시 홈페이지 공중화장실 유니버설디자인 적용지침 점검표<문화<서울특별시 https://seouldesign.or.kr

제 12 장

세계의 장애인복지

학습개요

이 장에서는 세계 주요국의 장애인 관련 현황을 살펴보고, 주요 국가별 장애인 고용 및 교육 실태에 대해 살펴본다.

학습목표

- 세계 장애 관련 통계 및 주요 국가별 장애인 관련 실태와 통계에 대해 학습한다.
- 주요 국가별 장애인 관련 고용 실태에 대해 이해한다.
- 주요 국가별 장애인 관련 교육 실태에 대해 이해한다.

1. 장애에 대한 국제적 비교

1) WHO의 세계 장애 관련 통계

장애를 가지고 태어난 사람이 아니어도, 중도에 사고나 질병으로 장애를 입은 사람이 아니어도, 남자는 평균 8.8년, 여자는 평균 10.5년을 장애나 질병을 안고 살아가게 된다는 연구 결과가 있다(헬스온, 2019. 4. 17.). 그만큼 장애는 우리의 삶에 큰 영향을 미치고 기대수명이 증가할수록 장애인이 증가하게 됨을 알 수 있다.

WHO의 국제장애분류인 ICF에서는 장애란 "손상이나 활동의 제한, 참여의 제한을 의미하는 포괄적 용어(umbrella term)로서 특정한 건강상의 조건을 가진 개인(예: 뇌성마비, 다운증후군, 우울증)과 개인적 · 환경적 요인 간(예: 부정적 태도, 접근 불가능한 교통이나 시설물, 제한된 사회적 지원)의 상호작용을 통해 발생하는 것"으로 정의하고 있다(WHO, 2015). WHO에서는 전 세계 인구의 16%에 해당하는 약 13억 명이 넘는 사람이 장애를 가지고 있다고 추정하고 있는데, 이 중 절반이 되는 6.5억 명의 장애인은 의료비를 감당할 형편이 되지 않으며, 따라서 의료비용으로 인해 빚을 지게 되어 결국 빈곤가구로 내몰릴 위험이 훨씬 높다는 보고가 있다. WHO의 장애 관련 통계의 주요 내용은 다음과 같다(WHO, 2022).

- 지난 10년간 장애인 수가 2억 7천만 명 이상 증가했으며, 인구 고령화와 만성질환 증가 등으로 앞으로도 계속 늘어날 전망이다.
- 장애인의 약 80%가 저소득 및 중간소득 국가에 거주하지만, 장애 유병률은 고소득 국가(21.2%)가 저소득 국가(12.8%)보다 높다. 이는 진단 및 보고의 차이, 건강상태 차이 등의 원인으로 파악된다.
- 0~14세 아동 · 청소년의 장애 유병률은 5.8%이나, 60세 이상 고령층에서는 34.4%로 급증한다. 적어도 고령층 3명 중 1명이 장애인이다.
- 여성의 장애 유병률(18%)이 남성(14.2%)보다 높다.
- 장애인은 비장애인보다 더 일찍 사망하고, 건강 상태가 더 나쁘며, 일상 기능 제한이 더 많다. 예를 들어, 다운증후군 환자는 평균적으로 일반인보다 20년 일찍 사망한다.

- 코로나19 팬데믹 기간에 지적장애인은 비장애인에 비해 코로나19로 인한 사망 위험이 8배 높았고, 감염 위험도 4~5배 높았다.
- 장애인은 예방, 치료, 재활, 보조기기 등 필수 건강서비스 접근에서 여러 장벽(물리적, 정보 접근성, 경제적, 차별 등)을 경험한다.
- 장애 포용적 건강정책[1)]에 투자할 경우, 1달러당 약 9~10달러의 경제적 · 사회적 수익이 발생한다. 이는 예방, 치료, 백신접종 등 다양한 분야에서 확인되었다.
- 장애인 건강 형평성 증진은 노인, 만성질환자, 저소득층 등 다양한 취약계층의 건강 증진에도 긍정적 효과를 미친다.

2) 장애출현율 및 주요 국가의 장애 관련 현황

'WHO 세계장애보고서'에 따르면, 낮은 장애출현율을 보고하는 개발도상국과 같은 국가들은 좁은 범위의 손상에만 초점을 두고 장애를 측정하거나 별도의 장애에 대한 실태조사 없이 인구센서스를 통해 장애 관련 통계를 수집한다(WHO, 2012). 반면에 높은 장애출현율을 나타내는 국가들은 장애인 실태조사를 통해 데이터를 수집하고 손상뿐 아니라 활동 제한이나 참여 제약을 기록하는 측정방법을 적용한다. 또한 많은 개발도상국에는 장애에 대한 정확한 데이터가 마련되어 있지 않은 것이 현실이다. 결국 국가마다 장애에 대한 정의와 사용된 조사방법이 너무 다양하기 때문에 국제적으로 장애 데이터를 비교하는 데에는 여전히 어려움이 따른다(WHO, 2012).

2018년과 2021년 세계보건기구(WHO)의 장애 리포트, 2022년의 세계은행의 보고서에서 다음과 같은 주요한 사항들이 제시되고 있다.

- **장애인 인구**: 전 세계적으로 13억 명 이상(약 16%)이 장애를 경험하며, 개발도상국에서 그 비율이 더 높다.

1) 장애 포용적 건강정책(Disability-Inclusive Health Policy)이란 장애인의 건강권을 보장하고, 장애 유무와 관계없이 누구나 동등하게 건강서비스를 이용할 수 있도록 건강 시스템과 정책을 설계 · 운영하는 접근을 말한다. 장애인이 접근 가능하고, 경제적으로 부담이 없으며, 질 높은 건강서비스를 동등하게 누릴 수 있도록 건강 시스템을 강화하는 것이 목표이다. 예를 들면, 장애인 건강주치의 제도, 장애친화 건강검진기관, 보조기기 지원, 접근 가능한 건강정보 제공, 장애인용 진료시설 · 장비 확충 등이 있다.

- **경제적 불리**: 장애인은 비장애인에 비해 더 낮은 교육 수준, 더 낮은 고용률, 더 높은 빈곤율을 보인다.
- **빈곤과 장애의 악순환**: 빈곤은 영양 부족, 교육 · 보건 접근성 부족, 불안전한 노동환경, 오염 등으로 장애 위험을 높이고, 장애는 다시 교육 · 고용 기회 제한, 저임금, 생활비 증가로 빈곤 위험을 높인다.
- **교육 배제**: 장애아동의 초등교육 미진학률은 비장애아동의 4배, 장애아동의 학교 중도탈락, 결석, 차별 경험도 훨씬 높다.
- **여성 · 농촌 · 소수민족**: 장애와 성별, 지역, 인종이 겹칠수록 교육 · 경제적 기회 격차가 더욱 커진다.
- **가구 수준**: 장애인이 있는 가구는 식량 불안정과 빈곤에 더 취약하다. 위기상황(분

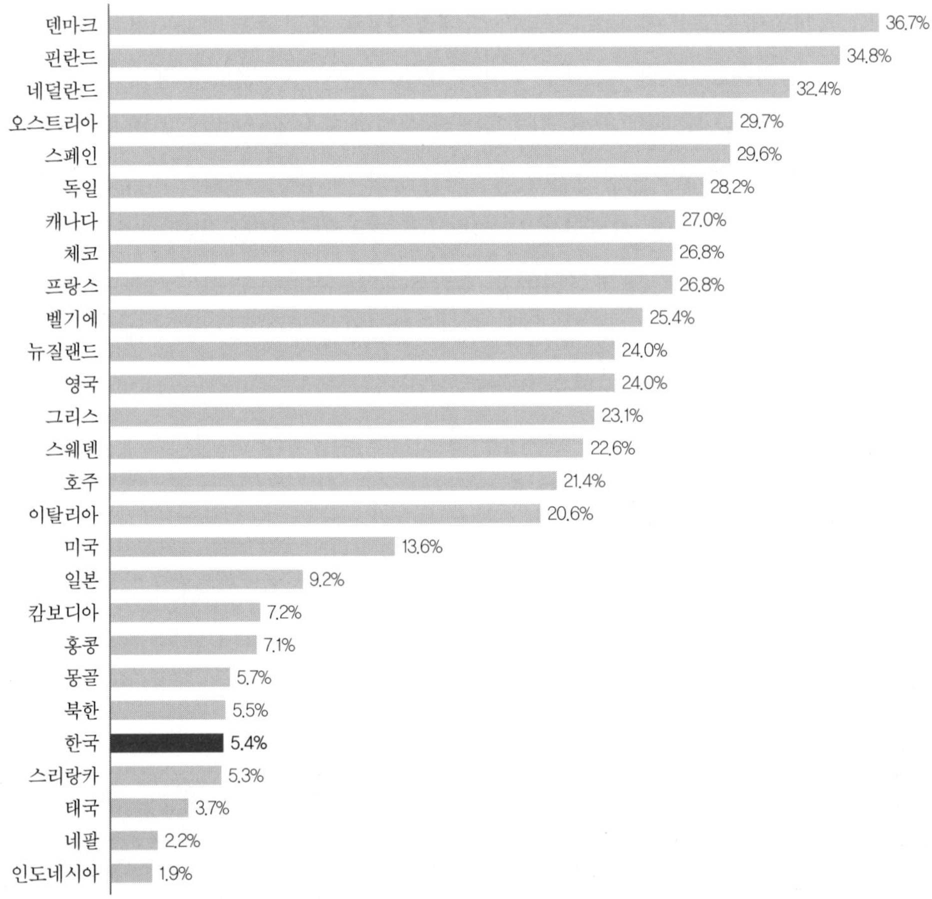

[그림 12-1] 해외 주요국 장애출현율

출처: 한국장애인고용공단 고용개발원(2024). EDI 2024 장애인 통계.

쟁, 재난 등)에서 장애인은 2~4배 더 높은 사망률을 보인다.

- 전 세계 장애인구의 80%가 개발도상국(developing country)에 살고 있다.
- 개발도상국의 장애아동 90%가 학교에 다니지 못하고 있다.

주요 국가별 장애출현율과 장애인 고용률은 [그림 12-1]과 [그림 12-2]와 같다. [그림 12-1]에서 보이는 바와 같이 덴마크, 핀란드, 네덜란드에서는 30% 이상의 출현율을 보이고 있고, 오스트리아부터 이탈리아까지의 13개 국가에서는 20%의 출현율을 보여 주고 있다. 미국은 10%대, 나머지 우리나라를 포함한 일본, 캄보디아 등 대다수의 아시아 국가들은 1~9%대의 장애출현율을 나타내고 있다.

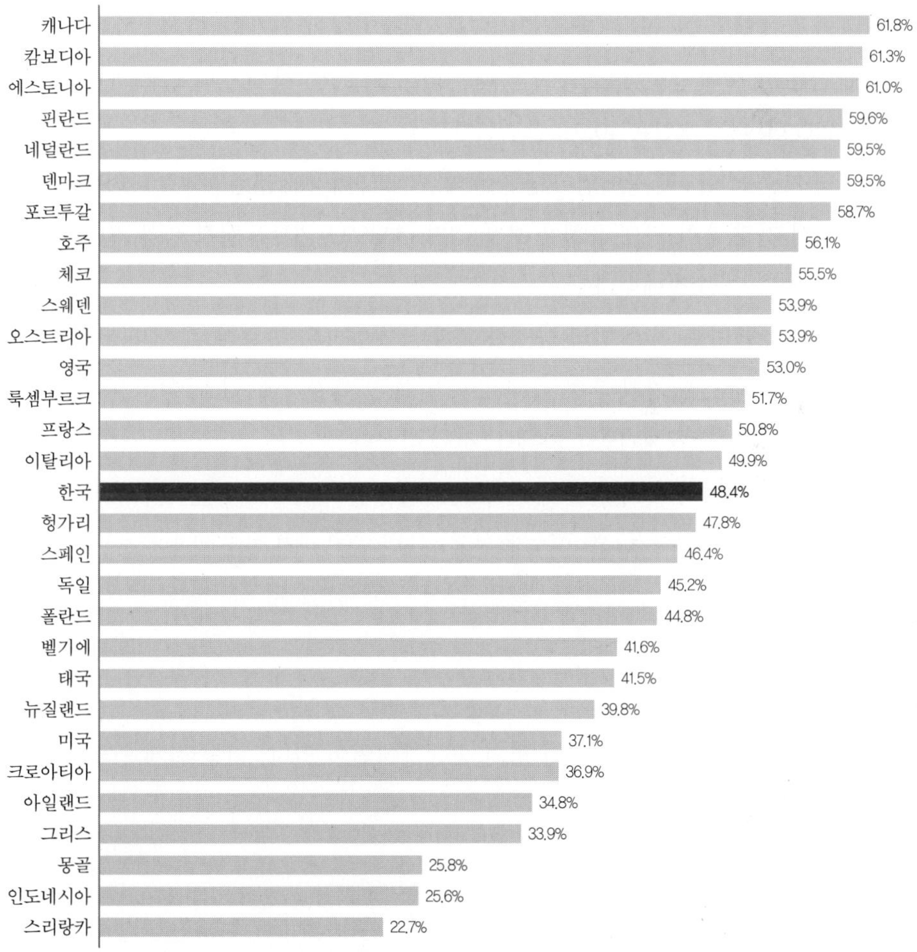

[그림 12-2] 해외 주요국 장애인 고용률

출처: 한국장애인고용공단 고용개발원(2024). EDI 2024 장애인통계.

한편, 장애인 고용률은 [그림 12-2]와 같다.

[그림 12-2]에서 보이는 바와 같이 각국의 장애인 고용률은 20%대에서부터 60%대에 이르기까지 매우 다양한 것을 알 수 있다. 우리나라는 이 비교 국가들의 중간쯤에 해당하는 48%대를 보이고 있는데, 각 국가별 통계산정의 방식과 노동시장의 환경이 다른 데에서 오는 차이가 큰 것으로 보인다.

다음은 주요 몇 개 국가의 장애 관련 통계이다.

(1) 미국[2)]

- 미국의 장애인구는 전체 인구의 약 13%에 해당하는 약 4,250만 명으로 추정된다.
- 미국의 장애인구 빈곤율은 18~30% 수준으로, 연령이나 기준에 따라 차이가 있다.
- 장애인은 비장애인보다 소득이 낮다. 2021년 기준 장애인의 중위 연간 소득은 28,438달러, 비장애인은 40,948달러였다.
- 2023년 기준 16~64세 장애인 고용률은 약 37.1%, 비장애인은 74%로 나타나고 있다.
- 미국에서 가장 흔한 장애 유형은 보행(걷기, 계단 오르기), 독립적 생활, 인지(기억, 집중, 의사결정) 관련 장애이다.
- 2021~2022학년도 기준 미국 공립학교에서 특수교육 또는 관련 서비스를 받는 학생은 730만 명으로, 가장 흔한 장애 유형은 특정 학습장애(32%), 언어장애(19%), 만성 또는 급성 건강 문제(15%), 자폐(12%) 등이었다.
- 장애인은 고졸 이하 학력 비율이 61%로, 비장애인의 40%보다 높다.
- 장애인은 저소득 가구 비율이 높다(연 소득 3만 달러 이하 가구 비율은 장애인 46%, 비장애인 26%).

(2) 독일[3) 4) 5)]

- 2021년 기준 독일에는 약 780만 명의 중증장애인이 있다. 이는 전체 인구의 9.45%

2) Pew Research Center (2023). *8 facts about Americans with disabilities*.
3) 한국장애인고용공단 고용개발원(2024). EDI 2024 장애인 통계.
4) www.kinder-jugendhilfe.info (2023). "kinder-und Jugendhilfe in Deutschland".
5) 에이블뉴스(2021. 6. 11.). "독일에서 장애인을 고용하는 10가지 이유".

에 해당하는 숫자이다. 성별로는 남성 50.6%, 여성 49.4%로 비슷한 비율이다.

- 독일도 장애인구의 고령화 현상이 나타나고 있으며, 2023년 기준 65세 이상 중증장애인이 전체 중증장애인의 58.8%를 차지하고 있고, 15세 미만의 중증장애인은 2.1%를 차지하고 있다.
- 2023년 기준 독일의 중증장애인 실업률은 6.4%이고 고용의무 현황은 공공은 6.2%, 민간은 4.4%이다. 독일에서는 20인 이상 기업은 근로자의 5% 이상을 중증장애인으로 고용해야 한다. 약 32만 명의 장애인이 3,000여 개 장애인 작업장에 고용되어 있다.
- 2023년 독일 중증장애인의 장애 유형은 내부기관 장애(23.6%), 하반신마비, 뇌병변장애, 지적-정서장애, 중독장애(23.6%), 기타 장애(18.7%) 순으로 나타나고 있다.
- 2020~2021년 기준, 독일에서 특수교육적 지원이 필요한 학생(공식 판정 SEN, Special Educational Needs)은 약 59만 명이고, 이 중 특수학교에 재학하고 있는 학생 수는 33만 2천 명, 통합교육을 받고 있는 학생 수는 25만 4천 명이다. 전체 학생 중 특수교육적 지원이 필요한 비율은 약 7%이다. 2023/24학년도 기준 특수학교는 총 2,798개이다.

(3) 영국[6) 7)]

- 2022~2023년 기준 영국에는 약 1,610만 명의 장애인이 있는데, 이는 전체 인구의 24%에 해당한다. 이 중 아동이 11%, 16~64세가 23~25%, 65세 이상이 45%를 차지하고 있다.
- 가장 비율이 높은 장애는 이동장애로 전체의 48%에 해당하며, 정신건강 장애도 급증하여 장애인구 전체의 34%에 해당하는 540만 명으로 추정되고 있다.
- 2024년 7~9월 기준 장애인 고용률은 54.4%이며, 동 시기 비장애인의 고용률은 81.9%이다. 경제활동 비참여율은 장애인 41.7%, 비장애인 14.7%이다.
- 장애인 빈곤율은 31%, 비장애인보다 12%p 높다. 장애인 가구의 상대적 저소득 비율은 43%이다.

6) House of Commons Library (2024). *UK disability statistics: Prevalence and life experiences.*
7) www.gov.uk/government/statistics/the-employment of disabled people 2024

(4) 캐나다[8) 9) 10)]

- 2022년 기준, 전체 인구의 27%에 해당하는 약 800만 명이 장애인구로 추정된다. 이 중 0~14세 아동인구는 16.3%, 65세 이상 장애인구는 40%를 차지한다.
- 2022년 기준 가장 흔한 장애 유형은 통증 관련, 유연성, 이동, 정신건강 장애이다. 특히 전체 장애인의 39%가 정신건강 관련 장애를 경험하는데, 이 중에서도 청년층에서의 증가폭이 가장 크다.
- 2022~2023년 사이, 캐나다 장애인의 고용률은 47.1%이며, 경증 장애인의 고용률은 76%, 중증장애인의 고용률은 31%이다. 장애인과 비장애인 간 고용률 격차는 19.8%p로, 장애인 고용률이 47.1%, 비장애인 고용률이 66.9%이다. 이 격차는 남성(21.9%p)이 여성(17.2%p)보다 더 컸으며, 이는 장애가 남성의 고용률에 더 큰 영향을 미친다는 것을 의미한다.
- 2022년 장애인의 개인 세후 중위소득은 32,870달러로, 비장애인(39,490달러)보다 낮다. 중증장애인의 중위소득은 28,110달러, 경증 장애인은 36,900달러로, 장애 정도가 심할수록 소득이 더 낮다.
- 장애인은 전체 인구에 비해 빈곤 상태에 있을 확률이 2배 높다. 장애인 16.8%가 빈곤선 이하 생활을 하고 있는데 이는 비장애인의 2배에 해당하는 수치이다.

(5) 일본[11) 12)]

- 2023년 기준 일본 국민의 약 7.6%가 장애를 가진 것으로 집계되어, 장애인구는 총 950만 명으로 추정되고 있다. 일본에서는 장애를 세 가지, 즉 신체장애, 지적장애, 정신장애로 분류하고 있다. 최근에는 정신장애인이 증가하는 추세다.

8) https://www150.statcan.gc.ca/n1/pub/89-654-x/89-654-x2024001-eng.htm, Reports on Disability and Accessibility in Canada, A demographic, employment and income profile of persons with disabilities aged 15 years and over in Canada, 2022
9) Disability Advisory Committee (DAC) (2024). *2024 Fifth annual report of the disability advisory committee*.
10) Labour Statistics at a Glance, Labour market characteristics of persons with and without disabilities, 2023, by Daniel Vergara and Vincent Hardy, Release date: June 13, 2024
11) 한국장애인고용공단 고용개발원(2024). EDI 2024 장애인 통계.
12) 한국장애인개발원(2024). 2024 장애통계연보.

- 2023년 기준 약 110만 명의 장애인이 고용되어 있으며, 이 중 장애인 고용의무 대상 기관 및 기업에 재직하고 있는 장애인 수는 728,235.5명이다. 2024년 기준 장애인 법정 고용률은 2.5%이다.
- 전체 학생 1400만 명 중 특별지원학교에 재학하는 학생은 148,635명으로 전체 학생의 1.04%, 특별지원학급에서 교육받는 학생은 353,438명으로 전체의 2.47%에 해당한다.

2. 세계 각국의 장애인복지

1) 주요국의 중증장애인 고용서비스

(1) 독일[13) 14)]

독일의 중증장애인 고용서비스 제도는 크게 고용의무제도, 고용부담금제도, 부담금 활용 및 지원서비스, 해고 및 차별금지 조치 등으로 나눌 수 있다.

첫째, 중증장애인 고용의무제도는 상시근로자 20명 이상을 고용한 민간 및 공공 부문(중앙 행정기관, 지방자치단체 포함)의 고용주는 전체 근로자의 5% 이상을 중증장애인(장애등급 50 이상)으로 고용해야 한다. 일부 일부 연방기관에는 6%의 고용의무가 적용되기도 하며, 장애정도가 30~50 미만인 경우,[15)] 고용상 불이익이 있으면 연방노동공단에 신청해 준중증장애인으로 인정받을 수 있다. 중증장애인 인정 가중제가 있는데 장애가 매우 심하거나 복합장애를 가진 중증장애인 1인을 고용할 경우, 2~3인을 고용한 것으로 산정해주는 가중제도가 있다.

둘째, 고용부담금 제도가 있는데 고용의무를 이행하지 않은 고용주는 미고용 중증장애인 1인당 매월 부담금을 납부해야 한다. 2024년부터는 부담금이 2배로 인상되었는데,

13) 한국장애인고용공단 고용개발원(2024). EDI 2024 장애인 통계.

14) Colle, M., & Conradi, U. (2024). Employers in Germany: Notification of severe disability until March 31. Ogletree Deakins.

15) 독일에서는 장애 정도(Gradder Behinderung)를 10에서 100까지 10단위로 산정하며, 숫자가 높을수록 장애로 인한 기능 제한이 크다는 의미다. Gdb 50 이상이면 중증장애인으로 분류한다.

예를 들어 60인 이상 사업장이 중증장애인을 한 명도 고용하지 않을 경우 1인당 720유로(기존 360유로)를 내야 한다.

셋째, 고용의무를 이행하지 않는 고용주들이 낸 부담금은 중증장애인 고용 확대를 위한 지원 사업(직업재활, 직업훈련, 고용유지, 보조기기 지원 등)에 사용된다. 독일의 통합청(Integrationsamt)는 한국의 장애인고용공단과 유사한 기관으로, 부담금 징수, 해고 보호, 고용주 및 장애인 근로자 지원 업무를 담당한다.

넷째, 사업주가 중증장애인을 해고하고자 할 때에는 통합청의 사전 승인을 받아야 하며, 장애인은 부당 해고로부터 강력히 보호를 받고 있다. 사회통합적 노동시장 발전법(2024년 개정)에 따라 더 많은 장애인의 노동시장 진출, 고용유지, 맞춤형 지원서비스 제공을 목표로 법률이 개정되었다.

(2) 영국[16) 17) 18)]

영국의 중증장애인 고용서비스 제도는 크게 평등법, 합리적 편의제공 의무, 중증장애인 맞춤고용지원, 고용장려 및 기업 지원 제도 등으로 나눌 수 있다.

첫째, 영국에서는 「평등법(Equality Act 2010)」에 따라 장애를 이유로 한 고용상 차별이 엄격히 금지된다. 이는 채용, 근로조건, 임금, 승진, 교육, 해고 등 고용 전 과정에 적용된다. 고용주는 장애인이 업무를 수행하는 데 불리함이 없도록 '합리적 편의(Reasonable Adjustments)'를 제공해야 하며, 이를 이행하지 않을 경우 고용법원에 제소될 수 있다. '합리적 편의'의 예로는 장애인의 근무시간 조정, 업무장비・환경 개선, 정보 접근성 보장, 교육・멘토링 제공, 채용과정에서 추가 시간 제공 등이 있다.

둘째, 'Access to Work' 제도를 통해 신체적・정신적 장애 또는 건강상 문제로 인해 일을 시작하거나 유지하는 데 어려움이 있는 16세 이상 영국 거주자에게 보조금 제공, 특수장비나 보조공학기기 제공, 수어통역사, 직업고치 등의 인력 비용 지원, 출퇴근 택시비나 차량 개조비용 지원 등 고용주가 법적으로 제공해야 하는 '합리적 편의'와는 별도의 추가 지원을 제공하는 것이다.

셋째, 영국에서는 중증장애인 맞춤형 고용지원을 위해 'Work Choice' 프로그램을 실

16) https://www.gov.uk/rights-disabled-person/employment
17) Employing disabled people and people with health conditions-GOV.UK
18) Government bolsters employment support to unlock work for sick and disabled people-GOV.UK

시하고 있다. 이는 중증장애인을 위해 직업훈련, 일자리 알선, 직장 내 적응 지원 등을 제공하는 것으로 연간 약 2만 3,000명의 중증장애인이 지원을 받는다. 전국 고용센터(Jobcentre Plus)에서 Work Coach(고용상담사)가 중증장애인에게 이력서 작성, 면접 준비, 직업훈련, 맞춤형 취업지원 등 집중적이고 개인화된 서비스를 제공한다. 2025년부터 1,000명의 Work Coach가 추가 배치되어 약 6만 5,000명의 장애인에게 집중 지원을 제공하고 있다.

넷째, 'Disability Confident' 캠페인이 있다. 정부가 주도하는 인증제도로, 장애인 고용에 적극적인 기업에 'Disability Confident' 인증을 부여하여 장애인 채용을 장려한다. 단계별(1~3단계)로 운영되며, 상위 단계로 이동하지 않으면 인증이 박탈될 수 있다.

다섯째, 장애를 이유로 해고, 강제 퇴직, 부당한 감원 등에서 법적으로 보호받으며, 해고 등 불이익 시 법적 구제 절차가 마련되어 있다.

(3) 스웨덴[19) 20)]

스웨덴의 중증장애인 고용서비스 제도는 유엔 장애인권리협약(UN CRPD) 등 국제 인권 기준에 근거하고 있으며, 각 부처와 공공기관이 장애인 고용정책을 포함한 장애인 정책의 실행 책임을 분담하는 섹터별 책임 원칙(sectoral responsibility principle)을 채택하고 있다.

첫째, 고용상 장애인 차별은 법적으로 금지되어 있고, 채용, 고용, 승진, 근로조건, 해고 등 모든 고용과정에서 장애를 이유로 한 차별이 금지된다. 고용주는 '합리적 편의 제공(reasonable accommodation)' 의무가 있으며, 고용주는 장애인이 직장 내에서 동등하게 일할 수 있도록 환경 · 장비 · 근무조건을 조정해야 한다.

둘째, 스웨덴 공공고용서비스(Public Employment Services: PES, Arbetsformedlingen)가 장애인 고용정책의 핵심 역할을 담당한다. PES 내에서는 장애인 구직자에게 다양한 직업재활 프로그램과 고용 지원이 제공된다. 청년 장애인 구직자는 학교에서 노동시장으로의 전환 시, 진로상담, 전문가 지원, 직장 맞춤화(근무환경 · 업무조정 등) 서비스를 받을 수 있고, 창업을 희망하는 장애인은 사업 초기 단계에서 특별 지원을 신청할 수 있다.

19) DOTCOM-The Academic Network of European Disability experts (ANED)
20) Samhall (2024). *2023 annual report.*

PES는 장애인에게 임금보조금이 지급되는 다양한 고용 형태를 제공하는데, 이 고용 형태에서는 추가적인 감독(슈퍼비전)과 작업보조기구 사용 기회가 함께 제공된다. 스웨덴에는 삼할(Samhall)이라는 보호고용이 있는데, 많은 감독이 필요한 장애인 구직자에게는 삼할이라는 보호고용기업에서 일할 수 있는 기회가 제공된다. 삼할은 스웨덴 전역에 800여 지역, 12,000개 이상의 작업장이 분포해 있다. 이러한 보호고용 근로자도 정규직과 동일한 노동법상 권리와 임금(단체협약 기준)을 보장받는다.

셋째, 개별화된 지원이 필요한 경우 PES는 SIUS 컨설턴트(직장적응 전문가) 형태로 취업 및 고용유지에 필요한 맞춤형 지원을 제공한다. 근로자가 직장 내에서 추가 지원이 필요할 경우, PES는 개인보조인 고용에 따른 비용을 고용주에게 보상할 수 있다.

(4) 미국[21) 22)]

미국의 중증장애인 고용서비스 제도는 「미국장애인법(Americans with Disabilities Act: ADA)」 Title I의 '모든 고용주는 장애를 이유로 한 채용, 승진, 임금, 해고 등 고용상 차별이 금지된다'에 기반하고 있다. 정신장애, 신체장애 등 중증장애를 포함하여, 장애가 '주요 생활활동'을 실질적으로 제한하면 보호의 대상이 된다.

첫째, 다른 국가와 마찬가지로 고용주는 장애인이 직무를 수행할 수 있도록 '합리적 편의(reasonable accommodation)'를 제공해야 하며, 이는 근무시간 조정, 직무 재배치, 원격근무, 업무환경 변경, 보조기기 제공 등 다양한 형태를 포함한다. 다만, 고용주에게 '과도한 부담(undue hardship)'이 되지 않는 범위 내에서 의무가 적용된다. 연방 EEOC(고용평등기회위원회)가 ADA 위반에 대한 신고 및 조사를 담당하며, 필요시 소송을 제기하거나 피해자에게 '소송권(right to sue)'을 부여한다.

둘째, 연방정부는 미국 최대 고용주로서, 중증장애인 고용을 적극적으로 확대하고 있다. 오바마 대통령의 행정명령(Executive Order 13548, 2010)과 바이든 대통령의 행정명령(Executive Order 14035, 2021)에 따라, 장애인 채용목표(5년간 10만 명), 장애인 채용 · 유지 · 승진에 대한 전략 수립, 연방기관별 장애인 채용계획 수립, 장애인 접근 가능한 근무환경 및 정보통신기술(IT) 보장, 합리적 편의 제공 절차 개선, 장애인 대학생 · 졸업생

21) Work Accommodation for Disability in Federal Government-FEDweek
22) ADA-Title 1-Employment | Bazelon Center for Mental Health Law

채용 확대, 직무복귀(재활) 지원 등이 의무화되어 있다.

셋째, Schedule A 특별채용제도가 시행되고 있는데, 이는 장애인이 공개경쟁 없이 연방정부에 채용될 수 있으며, 2년간 근무 후 정규직 전환이 가능한 제도다.

넷째, 1973년 「재활법(Rehabilitation Act)」에 따라 각 주는 연방정부 지원을 받아 중증장애인을 위한 직업재활(VR) 서비스를 제공한다. 직업상담, 직업훈련, 취업알선, 보조기기 지원, 직장적응 훈련, 고등교육 · 기술교육 지원, 창업지원, 개인별 맞춤 서비스 등 다양한 지원이 제공된다. 사회보장 장애급여(SSI, SSDI) 수급자는 자동으로 직업재활서비스의 대상이 된다.

다섯째, Ticket to Work 프로그램은 사회보장국(SSA)이 운영하는 장애인 취업 및 자립 지원 제도이다. 이 제도는 18~64세의 사회보장 장애연금(SSDI) 또는 소득보장(SSI) 수급자 중 일하고자 하는 사람을 대상으로 하며, 무료이자 자발적으로 참여할 수 있다.

2) 주요국의 장애인 교육

(1) 미국[23)]

미국의 특수교육은 특수학교 교육보다는 통합교육을 중심으로 일반학교에서의 특수학급 교육이 활성화되어 있다. 미국의 「장애인교육향상법(IDEIA)」(2004)[24)]에서는 3~21세의 특수교육 대상자에 대해 개별화교육계획(Individualized Education Plan: IEP)을 수립 및 운영할 것을 명시하고 있고, 동법에서 0~2세의 특수교육 대상자에 대해 개별화가족지원계획(Individualized Family Service Plan: IFSP)을 수립 및 운영할 것도 명시하고 있다.

2022~2023학년도 기준, 3~21세 학생 약 750만 명이 「장애인교육향상법(IDEIA)」에 따라 특수교육 및 관련 서비스를 받고 있다. 이는 전체 공립학교 학생의 15%에 해당하며, 역대 최고치다. 가장 흔한 장애는 특정 학습장애(32%), 언어장애, 기타 건강장애, 자폐(13%), 정서장애, 청각 · 시각장애, 지적장애 등 다양한 유형을 포함하고 있다. 미국은 포용교육을 원칙으로 하며, 2022~2023년 기준 특수교육 대상 학생의 95%가 일반학교에 재학하고 있다. 특수교육 학생의 약 74~76%가 일반 고등학교 졸업장을 취득하고

23) Special Education Enrollment Hits All-Time High-Disability Scoop

24) IDEIA는 2004년 개정판의 공식 명칭(Individuals with Disabilities Education Improvement Act)을 가리키는 용어이나, 미국 교육부, 연방정부, 실무에서는 줄여서 'IDEA'라고 부른다.

있다.

미국에서는 특수교육 대상자에게 13개 영역에서의 서비스를 제공하도록 IDEIA(2004)에서 규정하고 있는데, 그것은 보조공학, 청력서비스, 상담서비스, 농학생을 위한 통역서비스, 간호·의료서비스, 작업치료, 보행, 부모상담 및 교육, 물리치료, 심리서비스, 말·언어치료, 치료특수체육, 이동교통수단이다. 특수교육 서비스와 관련한 전문가로는 말·언어병리학자가 가장 많으며, 그다음으로 심리학자, 사회복지사, 작업치료사 순이다. 유치원이나 초·중등학교에서 일하는 특수교사의 수는 41만여 명으로 집계되고 있다(박해룡 외, 2014).

장애인 평생교육과 관련해서는 연방정부, 주정부, 시·도 및 카운티 단위로 운영되고 있다. 연방정부에서는 고등학교 졸업 장애학생들이 접근 가능한 교육 프로그램에 대한 정보를 얻을 수 있도록 하고, 직업교육이나 고용정보 등에 접근할 수 있도록 돕는다.

(2) 독일[25) 26)]

독일은 나치 시대의 반인권적 과오 이후, 장애인 교육과 복지 확대에 국가적 책임을 강조하며, 국제적으로 인정받는 특수교육·복지체계를 발전시켜 왔다. UN 장애인권리협약(UN CRPD) 비준 후 장애학생의 일반학교 포용교육(Inklusive Bildung)을 법적으로 의무화하고, 이를 교육정책의 핵심으로 추진하고 있다. 2022~2023년 기준 약 59만 명의 특수교육대상자가 있는데, 이 중 학습장애(40~45%), 지적장애(18~20%), 정서·행동장애(7~9%), 언어장애(6~8%), 지체장애/자폐성장애(각 5~7%), 청각·시각장애(각 1~3%)의 비율을 나타내고 있다.

독일의 특수교육은 특수학교(분리교육)와 일반학교 내 통합·포용교육이 병행되고 있다. 특수학교는 최근 '지원학교(Forderschule)' 또는 '특수교육지원센터'로 명칭·기능이 전환되고 있다. 특수학교의 수는 2023~2024년 기준 2,798개교로 지속적으로 감소하는 추세이다. 각 연방주가 자율적으로 특수교육과정을 결정하며, 일부 주는 일반학교와 특수학교 모두 적용 가능한 '통합형 교육과정'을 운영하고 있다.

25) 한국장애인개발원(2024). **특수교육통계**.
26) Germany and the EU's policies on inclusive education: is it inclusion or segregation?

(3) 일본[27) 28)]

일본은 2007년 기존의 '특수학교 제도'에서 벗어나, 장애학생뿐 아니라 학습장애(LD), 정서 · 행동장애, 건강장애 등 다양한 특수한 교육적 요구가 있는 아동까지 포괄하는 '특별지원교육' 체제로 전환한 바 있다. 「교육기본법」에서는 장애아동의 교육 기회 균등 및 적절한 지원 의무를 명시하고 있다. 일본의 특수교육 학교 유형에는 특별지원학교, 특수학급, 통급지도교실(자원실)이 있다. 특별지원학교는 시각 · 청각 · 지적 · 지체 · 병약 · 발달장애 등 장애 유형별로 설치하여, 초 · 중 · 고등부를 운영하고, 중복장애에 대응하는 등의 기능을 하고 있고, 특수학급은 초 · 중학교 내 설치하여 경한 장애 학생을 중심으로 교육을 제공하고 있다. 통급지도교실은 일반학교 내에서 주 1~2회 지원하되, 학습 · 정서 · 행동장애 등 다양한 요구에 대응하고 있다. 또한 특별지원교육코디네이터를 각 학교에 배치하여 개별화 계획을 수립하고 운영하도록 하고 있다.

일본에서는 2020년 기준 전체 학생의 3.0%를 특수교육대상자로 보고 있는데, 전체 학생 1,400만 명 중 특별지원학교에 재학하는 학생은 148,635명으로 전체 학생의 1.04%, 특별지원학급에서 교육을 받는 학생은 353,438명으로 전체의 2.47%에 달한다.

(4) 핀란드[29)]

핀란드는 세계적으로 가장 포괄적이고 선진적인 특수교육 및 통합교육 체계를 갖춘 나라 중 하나로 평가받고 있다. 「기본교육법(Basic Education Act)」(628/1998, 개정 2010~2011)에 "모든 학생의 학습권 보장을 최우선 가치로 삼으며, 장애 여부와 관계없이 동등한 교육 기회를 보장한다."라고 정하고 있다. 2010~2011년 개정으로 3단계 지원 모델(Three-tiered Support Model)이 도입되어, 모든 학생이 필요에 따라 적합한 지원을 받을 수 있도록 하고 있다. 조기개입 시스템을 도입하여 학습장애, 정서장애 등 학습 부진이 발견되면 신속히 개입하여 지원하는 것을 강조하고 있고, 전체 교육 예산의 약 10%를 특수교육 예산에 사용하고 있다(한국의 경우 4.37%). 핀란드 특수교육지원의 3단계 지원

27) 한국장애인개발원(2024). 2024 장애통계연보.
28) 에이블뉴스(2023. 3. 15.). "실제생활과 연계, 일본의 특별지원학교 학습지도".
29) Pulkkinen, J. & Jahnukainen, M. (2016). Finnish reform of the funding and provision of special education: The views of principals and municipal education administrators. *Educational Review, 68*(2), 171-188.

모델은 1단계 일반 지원에서 모든 학생에게 제공되는 기본 지원, 교사의 수업 내 개별화, 유연한 조 구성, 보조교사 활용 등 다양한 방식으로 진행되고, 2단계 집중 지원에서는 경미한 학습 · 행동 장애 등 추가 지원이 필요한 학생에게 단기간 개별화 교육계획과 특수교실 지원이 제공된다. 전체 학생의 약 8~9%가 이에 해당된다. 3단계 특수 지원에서는 장기적 · 고도화된 맞춤형 지원이 필요한 학생(전체의 약 7%)에게 개별화 교육계획(IEP)과 함께 통합교실, 특수교실, 또는 특수학교에서 지원한다. 장애 진단이 공식적으로 필요하지 않으며, 교사의 교육학적 판단에 따라 지원 단계 상향이 가능하다. 또한 학생의 필요에 따라 유연하게 지원단계를 이동할 수 있다. 핀란드의 장애학생 특수교육은 개별화 교육계획(IEP) 의무화, 교사의 진단 · 평가 · 지원결정에서의 높은 자율성, 장애진단 없이도 지원이 가능하게 하는 낙인 최소화가 그 특징이다.

학습과제

- 전 세계의 장애인 관련 기본 통계에 대해 더 찾아보고 지역에 따라 달라지는 장애인의 삶에 대해 토론해 보자.
- 전 세계 주요 국가의 장애인 고용 실태에 대한 실제 사례를 찾아보자.
- 전 세계 주요 국가의 장애인 교육 실태에 대한 실제 사례를 찾아보자.

참고문헌

과학기술정보통신부(2020). **2020 디지털 정보격차 실태조사**. 과학기술정보통신부, 한국지능정보사회진흥원.

국토교통부(2021). **2020년 교통약자 이동편의 실태조사 연구**. 국토교통부

김성희, 윤상용, 김대철, 서동명, 박수지, 이현민(2011). **장애인 복지지표를 통해 살펴본 OECD 국가의 장애인정책 비교 연구**. 한국보건사회연구원.

김성희, 이민경, 오욱찬, 오다은, 황주희, 오미애, 김지민, 이연희, 강동욱, 권선진, 백은령, 윤상용, 이선우(2020). **2020년 장애인 실태조사**. 보건복지부, 한국보건사회연구원.

김승완, 곽선화, 박혜전, 이창희, 서원선, 이수용, 김혜미(2015). **장애인고용 사회적 기업 사례 연구**. 한국장애인개발원.

박해룡, 김영표, 이명희, 이미숙, 홍사훈(2014). 특수교육 실태 국제동향 보고서.

서울특별시(2017). 서울시 유니버설디자인 통합 가이드라인.

세계장애동향 편집진(2012). 주요 OECD 국가들의 장애인고용정책(pp. 14-19). 한국장애인고용공단 고용개발원.

소셜포커스(2020. 10. 22.). [국감현장에서는] 장애친화 산부인과 접근성 "빨간불".

오숙희, 권호종(2020). 화면해설방송 의무편성의 실효성에 관한 연구. 인문사회21, 11(2), 1991-2000.

에이블뉴스(2021. 6. 11.). "독일에서 장애인을 고용하는 10가지 이유".

에이블뉴스(2023. 3. 15.). "실제생활과 연계, 일본의 특별지원학교 학습지도".

장석인, 신종호, 성연옥, 최호규(2015). 장애인복지시설의 패러다임의 변화와 선진 외국(미국과 독일) 사례연구. 경영컨설팅리뷰, 6(2), 210-227.

최성이(2012). 인포그래픽(infographic)으로 보는 미국 장애인 통계. 연구자료, 2012(2), 22-23. 한국장애인고용공단 고용개발원.

통계청(2021). 2020년 혼인 · 이혼 통계.

한국장애인고용공단 고용개발원(2020). 2020년 장애인 경제활동 실태조사. 한국장애인고용공단 고용개발원.

한국장애인고용공단 고용개발원(2024). EDI 2024 장애인 통계.

한국장애인개발원(2024). 2024 장애통계연보.

한국장애인개발원(2024). 특수교육통계.

헬스온(2019. 4. 17.). "한국인, 병으로 10년 골골, 기대수명, 건강수명 차이는".

Colle, M., & Conradi, U. (2024). Employers in Germany: Notification of severe disability until March 31. Ogletree Deakins.

Department of Education (2020). *Special Education fiscal year 2020 budget request.*

Disability Advisory Committee (DAC) (2024). *2024 Fifth annual report of the disability advisory committee.*

Disability statistics (2016). *Online resource for U.S. disability statistics.* Cornell University.

Disability Unit, UK Disability Survey research report, Updated 20 September 2021, https://www.gov.uk/government/publications/uk-disability-survey-research-report-june-2021

House of Commons Library (2024). *UK disability statistics: Prevalence and life experiences.*

Office for Disability Issues (2014). *Official statistics disability facts and figures published 16 January 2014.* https://www.gov.uk/government/publications/disability-facts-and-figures/disability-facts-and-figures

OSERS (Office of Special Education and Rehabilitative Services) (2021). *43rd Annual Report to Congress on the Implementation of the Individuals with Disabilities Education Act, 2021.*

Pew Research Center (2023). *8 facts about Americans with disabilities.*

Pulkkinen, J. & Jahnukainen, M. (2016). Finnish Reform of the Funding and Provision of Special Education: The Views of Principals and Municipal Education Administrators, *Educational Review, 68*(2), 171-188.

Samhall (2024). *2023 annual report.*

U.S. Department of Health & Human Services (2015). U.S disability statistics report-CDC.

WHO (2012). WHO 세계장애보고서[*World report on disability*]. (전지혜, 박지영, 양원태 공역). 한국장애인재단.

WHO (2015). *Disability and health. Reviewed December 2015.*

WHO (2018). *Disability and development report: Realizing the sustainable development goals by, for and with persons with disabilities.* https://www.who.int/disabilities/infographic/en

WHO (2018). *Disability and development report: Realizing the sustainable development goals by, for and with persons with disabilities.* https://www.un.org/development/desa/disabilities/publication-disability-sdgs.html

WHO (2021). "Disability and Health". https://www.who.int/news-room/fact-sheets/detail/disability-and-health

WHO (2022). *Global report on health equity for persons with disabilities.*

World Bank (2022). *Disability Inclusion and Accountability Framework.*

http://www.destatis.de/EN/Themes/Society-Environment/Health/Disabled-People/_node.html

https://medalerthelp.org/blog/disability-statistics

https://www.dol.gov/agencies/odep/research-evaluation/statistics

https://www.ldac-acta.ca

https://www.ldac-acta.ca/canadian-survey-on-disability-reports-ademographic-employment-and-income-profile-of-canadians-with-disabilities-aged-15-years-and-over-2017

https://www.mencap.org.uk/learning-disability-explained/research-andstatistics/employment-research-and-statistics

https://www.scope.org.uk/media/disability-facts-figures9

https://www.statista.com/statistics/1197997/employment-rate-peopledisabilities-france-age-

group-status
https://www.who.int/news-room/fact-sheets/detail/assistive-technology
https://www150.statcan.gc.ca/n1/pub/11-627-m/11-627-m2018035-eng.html

〈추천 도서〉

- WHO 세계장애보고서
  - 전 지구적 장애 실태를 상세히 소개하고, 장애의 개념, 장애 발생의 원인과 환경, 건강, 보조와 지원, 장벽, 재활, 교육, 고용 등에 대한 포괄적이고 구체적인 전 세계 최신 정보를 제공하는 서적

  엮은이: 세계보건기구

  옮긴이: 전지혜, 박지영, 양원태

  발행일: 2012년 4월 5일

〈추천 사이트〉

World Health Organization http://www.who/int

United Nations Statistics Division http://unstats.un.org

제 13 장

장애인복지의 정책 및 실천 과제

학습개요

이 장에서는 세계적으로 변화해 가고 있는 장애에 대한 사회적 인식의 변화가 우리나라에서 장애인을 위한 사회복지 정책 및 실천 현장에 어떤 과제들을 요구하고 있는가를 제시하고자 한다. 이러한 변화에 따라 장애인에 대한 핵심 이슈들이 어떤 방향으로 변화하고 있는지를 살펴본다. 이러한 논의를 바탕으로 지역사회 중심의 장애인 정책 대안을 제시하고 지역사회에서 협치가 가능한 방안들을 모색한다.

학습목표

- 지역사회 중심의 장애인 정책을 이해한다.
- 장애인의 삶의 질 향상을 위한 제반 제도들을 이해한다.

1. 장애인복지정책 과제

1) 장애인 차별금지에 대한 사회적 인식 강화

장애인정책에서 사회적 인식은 주요한 요소로서, 장애 관련 소득보장과 고용 프로그램 지원은 사회적 범주의 인지된 가치에 상당 부분 의지하기 때문이다. 이는 우리나라가 장애에 관한 사회적 인식 강화라는 중요한 과제를 해결해야 하는 시점이 되었음을 의미한다. 이를 위해 장애인 차별 피해자를 위한 구제에 대한 절차, 소송지원 및 소송대리 등을 지원하여 접근성을 높여야 하며, 권리 구제를 겪어야 하는 시간과 비용적 어려움에 대한 국가의 재정지원이 필요하다(주영하, 2022). 장애에 관한 차별금지에 대한 인식이 새로운 장애인정책에서 중요함을 알 수 있듯이 사회적 인식의 변화를 위한 개인과 가족의 노력, 사회적 책무성 부여, 법적 · 제도적 보완이 필요하다.

2) 장애인 소득보장정책 강화

장애인 소득보장정책 강화가 필요하며, 세금 감면, 장애연금 상향 및 사회통합을 위한 새로운 장애급여 도입 등의 방안을 강구해야 한다. 이를 위해서는 우선적으로 우리나라는 장애인복지지출 예산의 증가가 필요하다. 개별 국가에서 운영하는 장애급여의 수준을 가늠해 볼 수 있는 지표인 'GDP 대비 장애급여의 공공지출 비중'에서 GDP 대비 한국의 장애인복지 예산은 OECD 회원 국가 중 최하위권이기에, 장애인복지 예산의 획기적인 증가가 필요하다.

3) 장애인의 일자리 유연성 강화와 고용주를 위한 지원

먼저, 장애인의 일자리는 유연하고 개방적 일자리로 전환이 필요한데, 장애인이 원하는 직무에서 일을 할 수 있도록 유연하고 개방적인 시스템 지원이 필요하다. 이를 위해 장애인이 일자리에 대해 공평하게 참여하기 위한 신체 및 정보 접근권, 직업훈련 기술 및 방식, 고용 기회, 개인별 직무의 배치, 직업 유지 및 전환에 있어 합리적인 편의가 제공되어야 한다. 다음으로, 지역사회 사업체에서 장애인 고용을 적극적으로 확대할 수 있는 고용주를 위한 지원방안으로 고용주가 직장 내 장애 관련 고용 문제를 관리하고 해결하기 위한 재정지원이 필요하다. 고용주가 국가 지원을 통해 장애인 고용과 교육 기회를 강화하도록 직업훈련을 위한 보조금, 장애인 근로자 직무지원을 위한 보조금, 고용유지 장려를 위한 보조금, 새로운 장애인 근로자 채용에 대한 세금 공제, 사업체 내 장애 관련 편의제공시설 보조금 강화 등의 지원을 통해 고용주에 대한 책임을 강화하는 방안이 필요하다. 또한 접근성이 높은 지역사회 내 잡센터에서 장애인과 고용주, 일자리 지원 담당자 등이 서로 정보를 교류할 수 있어야 하며, 상호작용을 통해 장애인이 더 많이 일할 수 있도록, 직무를 원활히 전환할 수 있도록 지원해야 한다.

4) 차별법제, 소득보장정책 및 고용정책을 결합시킨 장애인정책 추진 방안 수립

우리나라는 장애에 대한 차별을 금지하는 사회적 인식이 점차 강화되고 있다. 이러한 흐름 속에서 장애인 고용 연계에 대한 인센티브 제공 등 소득보장정책과 고용정책이 통합적으로 운영되는 통합적 구조가 만들어져야 한다. 장애인의 완전한 시민적 권리를 보장하는 사회적인 인식 속에서 일하는 장애인과 고용주가 함께 참여할 수 있도록 인센티브 지원 제도를 강화할 필요가 있다. 특히 장애인이 수급비나 장애연금 등 사회적 지원 자격을 잃지 않으면서 임금에 대한 세금 공제도 받을 수 있도록 하는 지원을 제공하여 적절한 노동 공급 및 장애급여를 유지할 수 있어야 한다. 이러한 장애인 지원을 보장할 수 있는 장기적인 지속 가능성을 위한 획기적인 변화가 필요하다.

2. 장애인복지 주요 실천 과제

1) 고령장애인 지원방안 마련[1)]

(1) 고령장애인 연령기준 정립

유례없이 빠른 고령화로 2025년 초고령 사회 진입을 앞둔 대한민국은 2045년에는 세

1) 한국장애인단체총연합회(2023). 장애인정책 리포트(vol. 436).

계 1위 고령국가가 될 것이라는 전망이 나오고 있다. 장애와 노화의 이중고를 겪는 고령장애인을 위한 정책 마련이 시급하나, 아직 연령기준조차 정립되지 않은 상황이다. 장애인의 조기노화를 고려하지 않고 장애인과 비장애인의 구별 없이 국민연금 수령시기를 61세로 똑같이 적용하는 것은 불공평하다는 여론이 제시되고 있다. 하지만 각종 실태조사에서는 고령의 연령기준이 최소 70세 이상으로 나타나고 있으며, 이 경우 장애인은 각종 복지제도에서 더욱 소외될 가능성이 커지기에, 법적 · 제도적으로 통용할 수 있는 고령장애인 연령기준을 조속히 마련해야 한다. 고령 연령기준은 제도나 서비스의 목적과 특성에 따라 규정할 필요가 있으며, 장기적으로는 사람을 중심으로 장애인복지제도와 노인복지제도 간의 분절성을 해소하고 통합적으로 운영하는 방안을 모색해야 한다.

(2) 소득기준 완화

고령장애인을 지원하기 위해서는 고령장애인 의료비 지원의 사각지대 해소를 위해 소득기준부터 완화해야 한다. 고령장애인은 의료서비스에 대한 욕구가 가장 높게 나타나고 있으며, 장애로 인한 지출에 있어서도 의료비 지출 비중이 높게 나타나고 있어서, 현행 「의료급여법」에 의한 의료비 지원을 하고는 있지만, 이는 2종 수급자인 등록장애인을 대상으로 하고 있기 때문에 대부분의 장애인은 급여의 사각지대에 있다. 따라서 고령장애인을 우선하거나 소득기준 확대를 검토해야 한다.

(3) 방문재활서비스 확대

방문재가서비스에 대한 높은 욕구가 반영하여 장애인주치의 제도와 연계하여 고령장애인의 신체건강에 대한 치료 · 유지 · 관리를 위한 방문재활서비스를 확대해야 한다. 특히 고령장애인의 활동지원서비스는 외부와의 단절을 예방하고, 외출이나 병원 이용, 신체적 건강을 유지하는데 핵심 요소다. 따라서 장애인이 65세 이상이 되더라도 활동에 제한이 없도록 장애인 당사자가 활동지원서비스와 장기요양서비스를 자유롭게 받을 수 있는 제도적 정비가 필요하며, 더불어 방문보건서비스를 확대하고, 주야간보호를 대대적으로 확충하여 시설에 들어가면 시설에서 죽음을 맞는 지금의 방식이 아닌, 지역사회 거주를 유지하면서 필요할 때만 입원 또는 입소하는 순환적 돌봄체계 구성에 대한 대대적인 논의가 필요하다. 또한 기존에 정신건강복지센터와 보건소, 정신재활시설이 있긴 하지만 대부분 정신장애인을 대상으로 서비스를 제공하고 있어 다른 유형의 장애인은 서비스 사각지대에 있다. 장애인 건강 관련 서비스 제공기관에서의 장애인 정신건강 프로그램 마련이나 장애인 정신보건복지센터나 기타 관련기관에서 정신장애인 이외 다른 유형의 장애인이 이용할 수 있도록 제도적 기반을 마련해야 한다.

(4) 신기술을 활용한 주거환경 보장

장애인과 고령자를 위한 주거지원정책은 임대주택 등의 입주 시 특례, 가점, 우선 공급 등 지원대상이 저소득층으로 제한되어 있다. 대부분의 고령장애인은 고령과 장애로 인해 경제활동을 영위하기 어렵고, 많은 경우 질병이나 노환 등으로 거동의 어려움을 경험하기 때문에 고령장애인에게 안락하고 편안한 거주환경 보장이 매우 중요하다. 고령장애인을 대상으로 하는 주거지원정책은 전체 소득계층을 포괄하는 방식으로 진행하여 고령장애인의 주거 안정화를 강화하고 이를 토대로 서비스와 결합되는 형태의 커뮤니티 케어를 실행하는 것이 요구된다. 최근 들어 주목을 받고 있는 재활로봇 및 보조기기 지원 등에 대해 적극적으로 검토하여 실질적인 지원책을 제시해야 한다.

2) 장애인 건강 주치의 제도

(1) 장애인 건강 주치의 제도의 시행으로 무엇이 달라졌는가

2017월 12월 시행된 장애인 건강 주치의 제도는 급성·만성질환, 장애로 인한 합병증 및 주장애 등을 적절히 관리하기 위해 지금처럼 여러 병원을 돌아다니는 것이 아니라 원하는 의사에게 등록해서 주치의가 문지기 역할을 수행할 수 있도록 설계된 제도이다. 이 제도는 장애인의 특성을 고려한 돌봄과 건강관리의 통합서비스(integrated care service)로 설계되었으며, 제공되는 의료서비스는 비장애인과 동일한 수준이되, 여기에는 장애에 대한 특별한 관심과 방향이 설정되어 있다. 장애인 건강 주치의에 의한 건강관리서비스는 전반적(포괄적)·지속적 건강관리가 이루어지도록 되어 있다.

장애인 건강 주치의는 장애인을 대하고 진료하면서 필요한 경우 적절히 단과 전문의와 의논하거나 의뢰하여 문제를 해결해야 한다. 장애인 건강 주치의는 장애인과의 첫 접촉 및 상담에서 해당 장애의 전문의가 누구인지 알아 두어야 하고, 주치의는 그 의사와 미리 장애인의 상태를 충분히 인지하고 있어야 하며, 연락 가능한 방법을 알고 있어야 한다. 장애와 관련 없는 질환이라면 주치의가 최선의 전문의를 찾아 의뢰해야 한다. 의뢰 시에는 장애인에 대한 정보를 충분히 기록해서 보낼 수 있도록 한다. 협력의사와 관련해서는 두 가지를 생각할 수 있다. 첫째, 급성·만성질환을 전문적으로 치료할 때는 여러 단과 전문의가 협력의사가 된다. 둘째, 주장애를 유형별로 관리할 때는 장애 담당 전문의가 협력의사가 될 수 있다. 장애인들은 장애인 건강 주치의를 통해 의료체계 내에서 어떤 의료서비스를 받을지 안내받을 수 있다.

장애인의 건강권은 인권 차원에서 다루어져야 한다. 장애인의 건강권은 그들의 인간적인 생활 보장과 삶의 질 향상을 위해 필수적이다. 이러한 상황에서 장애인 건강 주치의 제도는 사전에 질병의 위험요인을 관리함으로써 의료비를 절감하는 효과가 클 뿐만 아니라 장애인과 저소득층 등 사회취약계층의 미충족 의료 수요를 충족시키고 건강을 증진하는 효과가 큰 것으로 기대된다.

(2) 장애인 건강 주치의 제도의 의의

첫째, 장애인 건강 주치의 제도는 대상자가 중증장애인으로 한정되어 시행되고 있지만, 장애인의 건강권과 의료 접근성 보장하는 데 있어 획기적인 전기가 될 수 있다. 이 법이 본래의 목표를 달성하고 전체 장애인으로 사업을 확대할 수 있도록 기반을 다져야 한다. 둘째, 장애인 건강 주치의 제도는 건강 주치의를 두도록 명시한 국내 최초의 법이다. 주치의 사업은 국내에서 처음으로 시행되는 것이며, 사업의 성과에 따라 일차의료의 질을 획기적으로 향상시키는 계기가 될 수 있다. 셋째, 장애인 건강 주치의 제도는 지역사회에서 소득, 건강, 고용 등 여러 측면에서 가장 취약한 집단을 대상으로 한 보건사업으로, 성과에 따라 노인 주치의 사업 등 지역사회의 건강 불평 등을 완화할 수 있는 유용한 정책 수단으로 발전할 수 있다. 넷째, 장애인 건강 주치의 제도는 지역사회 공중보건, 의료, 복지사업을 연계하는 중요한 고리로서, 장애인 주치의 사업의 발전은 지역사회 보건의료를 강화하는 중요한 전기가 될 수 있다. 다섯째, 장애인 건강 주치의 제도는 성과에 따라 우리나라의 일차의료 약화, 고령화, 의료비 급등에 대한 대안을 마련할 수 있게 한다. 장애인 건강 주치의 제도가 보건의료체계의 근간을 새롭게 하는 사업으로 성공적으로 안착한다면, 그 모델을 일차의료 분야 전반으로 확산시킴으로써 우리나라 보건의료체계 정비에 획기적인 전기를 마련할 수 있을 것이다(임종한, 2017).

(3) 장애인 건강 보장을 위한 향후 과제

첫째, 장애인의 건강권과 의료 접근성 보장하는 법 시행을 위한 시행령, 시행규칙 제정과 전문 인력, 지역 인프라를 마련하기 위해서는, 이를 논의할 정부-장애인단체-보건의료 관련 학계의 거버넌스를 구축해야 한다. 당사자인 장애인단체, 장애인 건강 주치의 사업을 추진할 전문인력단체 등 현장의 의견을 잘 반영해야 한다. 둘째, 지역사회 내에서 장애인 건강 주치의 지원체계를 수립하고 추진해야 한다. 셋째, 「장애인건강권법」에서의 서비스 대상은 중증장애인이므로 대상자 확대의 필요성이 있다. 넷째, 지불체계를 개편해 장애인 건강 주치의 제도 지원을 구체화해야 한다. 현재의 행위별 수가제하에서는 장애인 건강 주치의 사업을 정상적으로 추진하기 어렵다. 다섯째, 취약 지역인 농촌은 의료 · 재활 서비스를 받을 수 있는 여건이 조성되지 못한 상태로, 서비스 전달에 필요한 기본적인 자원 배치가 열악하다. 보건소 관할 구역 내에 최소한 1개의 지역재활센터나 재활 병의원의 배치 혹은 이러한 서비스를 제공할 수 있는 시설이 필요하다. 여섯째, 일차의료 전문 인력을 육성하기 위해 교육 · 훈련 기회를 확대해야 한다. 장애인 건강 주치의 사업에 참여할 전문인력을 육성하는 것이 무엇보다 중요하다. 장애인 건강 주치의, 코디네이터를 위한 교육과정을 빨리 마련해야 한다. 일곱째, 장애인의 건강 및 복지에 대한 종합적인 통계나 정보체계를 구축해야 한다. 장애인 건강 주치의 제도가 제대로 시행되려면 장애인 건강 수준, 의료 요구(needs)를 정확히 파악해야 하며, 이러한 요구를 수용할 수 있는 사업 모델을 만들어야 한다. 이를 위해선 장애인의 건강과 복지에 대한 종합적인 통계나 정보체계를 구축해야 한다.

3) 장애인 이동권 보장

장애인 이동권 투쟁이 그 어느 때보다 뜨겁다. 사실 이동권 투쟁의 역사는 20년이 넘었다. 2001년 1월 22일 서울 지하철 4호선 오이도역에서 휠체어를 타고 장애인용 리프트를 사용하던 승객이 리프트 추락사고로 사망하던 날부터 시작되었다. 사고 당사자가 사망하면서 장애인 이동권 투쟁은 '지하철을 탑시다'라는 문구를 내걸고 지하철 점거나 농성, 단식, 공무원 면담 등을 이어 가는 형태로 계속되었다. 이후 2005년 「교통약자법」이 만들어졌다. 동법에 따라서 신축 철도역사에는 엘리베이터 설치가 의무화되었고, 저상버스 및 장애인 콜택시 등 특별교통수단이 도입되기 시작했다. 그러나 2021년 기준 저상버스 도입은 27.8%에 머물고 있고, 서울 지하철 역사의 엘리베이터 설치 비율도 93% 수준이다. 2022년 선진국으로 인식되는 대한민국에서 장애인들은 왜 20년 전 투쟁을 계속하고 있고, 이동권은 여전히 보장되지 않는 것일까?

첫째, 법률상 임의 조항의 문제가 있다. 법률 조항이 '해야 한다'가 아닌, '할 수 있다'로 되어 있기 때문에 실질적인 정책으로 구현되지 않는 것이다. 2021년 12월 「교통약자법」

이 개정되어 저상버스 도입이 법률상 의무화되었고, 특별교통수단(콜택시)의 광역이동 지원센터 설치나 운영비 지원이 법률상 명기된 것은 환영할 일이다. 그러나 문제는 임의조항으로 확정된 데 있다. 임의조항은 하지 않아도 되는 영역으로 인식되기 때문이다. 게다가 향후 저상버스는 12년에 걸쳐 기존 버스 대차나 폐차 시 도입이 될 것이라고 하는데, 일반버스 대비 1대당 1억 원 정도 비싼 저상버스 도입을 예산지원 없이 운송사업자에게만 맡긴다면 더욱 더디게 도입될 것이다. 향후 임의조항에 대한 변경 논의도 필요하고, 보다 빠르고 적극적인 예산과 행정지원이 이루어져야 한다(김도현, 2023).

둘째, 이동권 보장과 관련하여 이행 책임을 누구에게 둘 것인가의 문제가 있다. 2022년 2월 시외버스의 휠체어탑승설비 미비와 관련한 대법원 판결이 나왔다. '장애인도 버스타고 고향에 가고 싶다'는 문구를 수년 전부터 봐 왔고, 2015년에 1심 결과가 나왔었는데, 8년 만에 대법원 판결이 나온 것이다. 판결 결과에 따르면, 국가와 지방자치단체가 시외버스 내 탑승설비 지도감독을 소홀히 한 점이나 행정적·재정적 지원을 하지 않은 것에 대해서 차별이 아닌 것으로 최종 판결하였다. 「장애인차별금지법」 차별 유형에 국가의 지도나 관리감독 소홀은 포함되지 않고, 시외버스 회사의 미설치 상황은 고의나 악의성이 없다는 것이다. 그러나 일반적인 생활환경인 상점이나 대중교통, 이용시설은 민간사업자가 운영하는 경우가 다수다. 장애인이 수많은 민간시설을 이용할 수 없다면 정부는 적극적으로 방법을 찾고 민간사업자들이 움직이도록 해야 한다. 민간에 이행책임이 있다는 이유로 정부는 장애인을 차별한 것이 아니라고 판결한다면, 장애인 권리보장을 담고 있는 수많은 법률과 정책들은 공적 영역 외에는 아무 소용이 없게 되는 상황인 것이다. 서울시 지하철 역사에서 쇼핑몰 등으로 연결되는 엘리베이터의 유지관리의 책임도 쇼핑몰 민간사업자에게 있다. 때문에 고장난 엘리베이터도 그냥 방치되는 경우도 많다. 버스운송사업자나 엘리베이터 유지관리 책임이 있는 사업자뿐만 아니라, 이들을 독려하고 지원하여 교통약자의 이동권을 보장하는 것은 지방자치단체나 정부의 분명한 역할이다. 장애인단체가 이동권 시위를 할 때 예산에 대한 책임을 요구하는 이유도 여기에 있다고 본다. 동시에 정부와 지방자치단체의 관리감독 소홀은 결과적으로 장애인을 불이익한 상항에 처하게 했기 때문에 간접차별로 해석할 수도 있다(김도현, 2023).

셋째, 행정편의주의와 지방자치단체별로 제각각인 교통정책 구조의 문제다. 인천에 사는 장애인이 장애인 콜택시를 이용해서 서울에 가려고 해도 지역 간 이용 제한 때문에 갈 수 없는 곳이 많다. 지방의 먼 곳으로 가려면 여러 차례 장애인 콜택시를 갈아타야 하고, 해당 행정구역마다 콜택시를 탈 수 있는 자로 등록을 마쳐야 가능하다. 이러한 불편을 해소하기 위해서는 광역교통망을 연계하여 장애인 콜택시를 이용할 수 있도록 하는 광역이동지원체계가 반드시 필요하다. 장애인의 이동수요를 광역망 내에서 조사하고, 예산지원구조를 지방자치단체별로 정하고 있는 방식을 바꿔서 적극적 변화를 도모해야 한다. 지방비에 국비 매칭방식의 보조금으로 사업하기보다는 교통약자에 대한 광역이동지원은 국비 중심으로 이번 기회에 새판 짜기를 하길 바란다(김도현, 2023).

4) 돌봄서비스 공공성 강화

(1) 공공에 요구되는 돌봄의 필요성

돌봄은 오늘날 우리 삶에서 그 중요성이 새롭게 의식되고 있는 영역이다. 이제 돌봄은 가족 내에서 조용히 보이지 않는 노동으로 해결할 수 없게 되었고, 사회로부터 필요한 돌봄을 충족하는 것을 당연시하는 시대에 살고 있기 때문이다. 자연스럽게 돌봄 정책의 향배가 시민의 삶의 질에 중대한 영향을 미치는 체감 정책의 잣대가 되었다. 상당수 사람들이 자녀, 손자녀, 부모, 배우자 등 가족의 돌봄 문제로 부대끼고 있지만, 막상 직접 가족을 돌보기는 어려운 경우가 대부분이다. 덕분에 돌봄일자리가 늘어났고, 직업으로 돌봄을 제공하는 돌봄종사자들이 많아졌다. 하지만 막상 돌봄노동에 대한 사회적 인정과 보상이 불만족스러워 돌봄노동 공급의 철회로 나타나 돌봄종사자 수급에 어려움을 겪는 상황이다.

그러므로 좋은 돌봄을 위해서는 좋은 일자리, 좋은 돌봄기관, 좋은 돌봄사회에 이르는 지속 가능한 돌봄생태계를 조성하는 것이 오늘날의 정부에게 요구되는 중요한 역량이다. '안심돌봄 120'을 설치하여 누구나 120번에 전화하면 돌봄 상담 · 안내부터 서비스 연계까지 원스톱으로 지원하고, 지역별 거점에 돌봄통합지원센터를 공공형 또는 민간형으로 지정 · 운영하여 돌봄이 필요한 시민에게 종합 상담과 개인별 맞춤 돌봄계획을 수립하고 서비스 기관을 연계토록 하였다. 직접적인 돌봄서비스는 사회적으로 인정받은 장기요양 좋은돌봄인증기관 및 중증장애인 전문활동지원기관 등 민간제공기관을 활용하여 제공하도록 하였다. 또한 좋은 돌봄서비스 제공과 직접 연계한 적정 보상체계를 마련하여 좋은 일자리가 될 수 있도록 고난도 돌봄수당, 휴일 · 심야 시간대 근무자 특별수당, 학령기 장애아동 활동지원수당, 복지포인트 지원 등을 마련하는 방안을 강구하고 있다. 이를 통해 돌봄 사각지대 해소와 고난도 돌봄에도 돌봄노동이 원활히 공급될 수 있는 선순환 구조를 만들고자 했다(이윤진, 2018).

(2) 책임돌봄의 시대의 선도적 준비

2026년에는 의료 · 요양 등 지역 돌봄의 통합지원에 관한 법률이 발효된다. 진정한 지역중심 책임돌봄의 시대가 열릴 것이다. 이를 위해서는 각 지방자치단체의 선도적 준비가 필요하다. 첫째, 지역돌봄의 통합지원을 위한 행정 조직 및 공공 전달체계를 정비해야 한다. 지방자치단체는 통합지원을 위한 전담조직을 마련해야 하고, 보건소 및 행정복지센터 등에 통합지원 업무를 지원하기 위한 조직을 마련해야 한다. 특히 의료-요양-복지의 통합지원을 위한 보건소, 치매안심센터, 정신건강복지센터 등 서비스 인프라 기반의 협력-연계-통합 기반을 정비해야 한다. 둘째, 지방자치단체의 지속 가능한 좋은 돌봄생태계를 조성하고, 좋은 돌봄, 좋은 일자리 성과를 내기 위해 재량적인 시도가 가능한 지역돌봄기금을 조성할 준비가 필요하다. 셋째, 지역돌봄 통합지원을 위해서는 돌봄코디네이터의 역할이 중요하다. 이용자의 자기결정권과 서비스 구성권의 참여를 적극적으로 보장하는 과정에서 돌봄 관련 통합상담과 서비스 통합을 조정해 낼 수 있는 돌봄코디네이터 전문인력의 양성과 배치에 대한 투입이 필요하다. 넷째, 지역중심 책임돌봄을 위해 사업 및 기관의 평가시스템을 완전히 혁신해야 한다. 사업별 · 기관별로 평가해왔던 것을 서비스 영역별 성과목표로 평가하는 방식의 혁신이 필요하다. 다섯째, 민과 관의 지역돌봄 협의체 구성 등 협력적 거버넌스 구성이 필요하다. 또한 공공의 역할도 성과목표 달성을 중심으로 직접적 공공제공과 간접적 공공관리를 적절히 결합하는 유연한 접근이 필요하다(이윤진, 2018).

5) 장애인학대 대응체계 한계 및 개선방안

(1) 장애인학대 현황

'2023 장애인학대 현황보고서'에 따르면, 장애인권익옹호기관에 접수된 전체 신고는 2023년 5,497건이며, 이 중 학대의심사례는 2,969건(54%)으로 2018년 학대의심사례 1,835건에 비해 약 60%가량 큰 폭으로 증가하였다. 2017년 「장애인복지법」 개정을 통해 장애인학대 대응체계의 컨트롤 타워로서 중앙 및 지역장애인권익옹호기관이 설치 및 운영되고 있음에도 불구하고, 이처럼 장애인학대가 지속적으로 증가하는 것은 현재 장애인학대 대응체계의 한계와 무관하지 않다.

우리나라 장애인학대 대응체계의 한계는 학대조사와 피해 장애인 사후지원으로 구분할 수 있는데, 우선 학대조사의 경우, 긴급 사례는 신고가 접수된 지 12시간 이내, 일반 사례는 72시간 이내에 현장 조사를 실시해야 하며, 조사 시 반드시 2인 1조가 원칙이어야 한다. 하지만 현재 열악한 지역 장애인권익옹호기관의 여건상 이와 같은 학대조사 원칙이 제대로 지켜지지 못하고 있다. 12시간 이내 긴급 사례를 신속하게 대응하기 어려울 뿐만 아니라 일반 사례의 경우에도 72시간 이내라는 원칙이 무색할 정도로 거의 지켜지지 못하고 있는 형편이다. 특히 도(都) 단위 지역에 설치된 권익옹호기관의 경우, 물리적으로 넓은 면적과 제한된 상담원 수로 인해 이와 같은 학대조사 원칙을 지키기가 더욱 어려운 여건이다. 한편, 학대피해 장애인의 피해회복과 자립을 위해서는 응급지원, 주거지원, 심리지원, 사법절차 지원, 의료지원 및 복지서비스 연계 등 다양한 영역에서의 포괄적 · 체계적 지원이 이루어져야 한다. 하지만 지역장애인권익옹호기관의 예산과 인력 측면에서의 영세성으로 인해 장애인권익옹호기관의 업무가 학대 관련 신고접수 · 현장출동 · 조사 및 응급조치에 많은 부분 집중되어 있기에, 피해 장애인에 대한 사후지원의 경우, 임시 주거 제공, 상담 및 사법절차 지원 등을 중심으로 제한적으로 이루어지고 있는 형편이다.

(2) 장애인학대 개선방안

첫째, 장애인권익옹호기관의 역할을 학대에서 권익침해로 전환 및 확장해야 한다. 아동이나 노인과 다르게 장애인의 경우, 보호전문기관이라는 명칭을 사용하지 않고 권익옹호기관이라는 명칭을 사용하는 것은 장애인이 보호의 대상임을 거부함과 동시에 학대뿐만 아니라 차별, 인권침해를 포함한 권익침해에 대응하는 기관이라는 차이점이 있기 때문이다. 하지만 그동안 권익옹호기관의 열악한 인력과 예산의 한계로 인해 차별과 인권침해에 대해서는 소극적으로 대응할 수밖에 없었다. 하지만 향후에는 인프라 및 인력 확충을 전제로 장애인권익옹호기관으로서의 위상답게 학대를 포함한 권익침해에 대한 대응기관으로서의 기능 전환이 요구된다. 둘째, 지역장애인권익옹호기관 인프라 및 인력 확충이 절대적으로 필요하다. 최소한 도(都) 단위 지역의 경우, 지리학적 특성으로 인해 이동거리가 매우 넓기 때문에, 도 단위 지역을 중심으로 최소한 권익옹호기관을 1~2개소씩 추가 설치할 필요가 있다. 뿐만 아니라, 현재 지역장애인권익옹호기관의 경우 기관장 포함 기관당 5명의 인력이 지원되고 있는데, 향후 권익침해대응으로의 역할 전환, 학대 조사의 신속성 확보, 학대피해 장애인에 대한 체계적 사후지원을 위해서는 무엇보다도 지역 권익옹호기관의 인력 충원이 해결되어야 한다. 셋째, 학대 · 재학대 방지를 위한 지역사회 안전생태계 구축이다. 이를 위해 일차적으로 무엇보다도 지역옹호기관의 학대피해 장애인에 대한 모니터링을 강화할 필요가 있다. 학대피해 장애인에 대한 모니터링을 원칙적으로 6개월 동안 월 1~2회 이상 실시해야 하지만, 지역 권익옹호기관의 영세성으로 인해 그렇지 못한 실정이다. 따라서 향후 학대피해 장애인에 대한 사후모니터링을 재학대 예방 관점에서 정밀하게 접근하는 방안을 검토할 필요가 있다. 그리고 학대 행위자에 대한 상담, 교정프로그램 참여 등을 강제화시킬 수 있는 법령 개정이 필요하다. 또한 학대피해 장애인이 거주하고 있는 마을 단위로 지역사회 감시 네트워크를 구축할 필요가 있다. 즉, 학대피해 장애인을 재학대로부터 예방하기 위해, 학대피해 장애인의 지역 주민, 사회복지사, 공무원 등으로 구성된 감시 네트워크를 구축하여 학대피해 장애인에 대한 옹호체계 역할을 담당할 필요가 있다(박연주, 정수정, 2022).

6) 장애인활동지원인력 처우 개선 및 지위 향상

(1) 근무환경

① 최중증 장애인 지원 장애인활동지원사에 대한 수당 지원

최중증 발달장애인 중 도전적 행동이 심한 이용자, 정신장애인 등 어려움이 있는 이용자의 경우 장애인활동지원사 매칭이 어려운 경우도 있으며, 60시간 미만의 서비스 제공시간을 부여받은 이용자의 경우에도 매칭을 기피하는 등 어려움이 발생하고 있는 실정이다. 다만, 최근 외국인 활동지원사가 다수 유입되고 있음에 따라 일부 기관에서는 이들을 통해 중증장애인 매칭 문제를 해결하는 방안도 강구하고 있으나 이 또한 지속적인 서비스 질을 담보하기에는 어려움이 있을 수 있다. 따라서 최중증 발달장애인 중 도전적 행동을 지닌 장애인, 최중증 뇌병변 장애인, 60시간 미만의 서비스 제공시간 할당이 적은 장애인, 정신장애인 등의 경우 여전히 서비스 사각지대에 놓여 있거나 가족이 활동지원사와 함께 역할을 분담하여 서비스를 제공할 수밖에 없는 상황에 놓여 있을 수 있다. 따라서 이에 대해 중증장애인 활동지원 거점센터 또는 가산수당, 별도의 인센티브 등 다양한 방안을 강구하여 서비스 사각지대를 최소화할 필요가 있다. 이를 통해 이용자와 장애인활동지원사의 삶의 질 모두가 향상될 수 있다.

② 긴급 활동지원서비스 필요 시 대체인력 지원 및 마련

앞서 제시하였듯 사각지대를 해소하기 위한 가산수당 등과 함께 활동지원사의 고령화로 인한 긴급상황 발생의 경우도 점차 빈번해지고 있는 상황이다. 특히 명절을 비롯한 장애인활동지원사의 경조사를 비롯한 질환이나 사고 발생 시 이용자를 위해서도 긴급 대체인력이 투입될 필요가 있으며, 이때 신원이 보증된 안전한 활동지원사 파견을 통해 서비스의 질이 유지될 필요가 있다. 따라서 긴급 활동지원서비스 제공을 위한 대체인력 풀이 마련될 필요가 있으며, 이를 위해서는 향후 전문 중증장애인활동지원 거점 기관을 통한 인력풀 구축 및 교육, 관리, 매칭 등이 함께 이루어질 필요가 있다. 그리고 이들에 대한 인사관리 및 업무 등에 대해서도 후속적인 논의가 필요하다. 이를 위해서는 권역별 전문 활동지원기관을 지정 · 운영하는 것도 제안할 수 있다.

(2) 인권 및 안전

활동지원사 인권 및 권익 보호를 위한 매뉴얼 마련, 교육, 모니터링 실시가 반드시 필요하다. 현재 장애인활동지원서비스 제공 시 문제 발생과 관련하여 기본적인 도움을 제공하는 주체는 활동지원 제공기관 담당자(53.3%)인 것으로 나타났다. 1차적인 상담이 활동지원 제공기관에서 이루어지는 것은 적절하지만, 업무상 질환과 관련한 공적 지원에 대한 조치가 없는 것으로 보아 활동지원사 인권 및 안전과 관련하여 간단한 상담 정도만 이루어지는 것으로 파악되었다. 따라서 향후 장애인활동지원사 노무 상담 및 쉼터의 역할을 하는 지원기관의 필요성도 함께 검토가 필요하다. 또한 향후 인권침해 및 성폭력 발생 등을 사전에 안전하게 예방하기 위한 장애인 활동지원사 인권 및 권익보호 위한 매뉴얼과 교육 등이 필요하다. 즉, 장애인활동지원사에 대한 인권 매뉴얼, 성폭력 대응 매뉴얼 개발 · 보급 및 교육 실시를 통한 사전 예방 및 인권역량 강화도 필요할 것으로 여겨진다(최용길, 김유정, 2019).

(3) 처우실태

① 활동지원기관 전담인력 대상 교육 필요

기관에 따라 차이는 있으나, 센터 전담인력의 잦은 이직 등으로 인하여 재무 · 회계, 노무관리 등에 있어 어려움을 겪는 전담인력이 있을 수 있다. 뿐만 아니라 슈퍼비전 체계가 구축되어 있지 않은 경우 관련 정보 및 교육에 대한 부분에 어려움이 있을 수 있으므로 지방자치단체 또는 사회서비스지원센터 등에서 관련 역할을 수행할 것을 제안한다.

② 활동지원기관 재무 · 회계 담당자 대상 법정수당 등 노무관리 관련 교육 필요

최근 장애인활동지원사의 처우 및 근무환경 개선 등에 대한 이슈가 불거짐에 따라 법정수당을 포함한 표준근로계약서를 활동지원 제공기관에 배포하고, 표준근로계약서와 관련한 구체적인 설명을 보수교육 등을 통해서 안내할 필요가 있다. 추가적으로, 향후 장애인활동지원사 처우실태와 관련된 실태조사 또는 자치구 공무원을 통한 인건비 점검 등이 이루어질 수 있도록 관련 담당자에 대한 주기적인 교육이 필요하다.

③ 활동지원사 인건비 지급 실태에 대한 가이드라인 마련

장애인활동지원사의 인건비 지급 실태 점검과 관련하여 장애인활동지원사의 경우 초단시간 노동자(주 15시간 미만, 주 5일 근무 시 일 3시간 미만)와 단시간 노동자의 구분이 필요하다. 즉, 주 15시간 미만은 각종 법정수당, 퇴직금, 사회보험에서 제외되어 있음에 따라 향후 자치구에서 인건비 지급 실태 등 점검 시 추가 가이드라인이 마련될 필요가 있다.

(4) 교육훈련 및 역량 강화

활동지원사의 역량 강화를 위한 이용 장애인별 보수교육 내실화 방안을 마련하여야 한다. 현재 장애인활동지원사 양성과정의 경우 이론(40시간), 실습(10시간)으로 요양보호사와 다른 유사 직종에 비해 교육시간이 비교적 짧은 기간 내에 이루어지고 있다. 다만, 기관에서의 보수교육과정을 통해 추가적인 교육 등을 실시하고 있으나 교육의 내실화와 이용자 중심 서비스를 지원하기 위해서는 장애 유형별 보수교육과정 개발 및 실습 등에 대한 추가적인 교육을 더욱 강화할 필요가 있다. 또한 활동지원사 부정수급 예방, 근로시간과 관련한 정확한 교육이 필요하다. 활동지원사 보수교육에 대한 실효적인 교육의 필요성이 요청되고 있는 상황이며, 특히 보수교육을 전담하는 교육기관의 설립 및 운영에 대한 검토도 마련될 필요가 있다(최용길, 김유정, 2019).

학습과제

- 장애인의 이동권과 간강권 연착륙 방안을 제시해 보자.
- 장애인학대 대응체계 한계 및 개선방안
- 발달장애인과 고령장애인에 대한 구체적인 지역사회에서의 지원 방안을 제시해 보자.

참고문헌

김도현(2023). 22년간의 이동권 투쟁, 이제는 국가가 답해야 한다. **기독교사상, 2023**(4), 통권 제772호. 대한기독교서회.

박연주, 정수정(2022). 빅데이터 분석을 통한 장애인 학대에 관한 예방 및 지원체계 고찰. **인문사회21, 13**(6).

임종한(2017). 장애인 건강권 보호를 위한 정책 방향과 과제: 장애인 건강 주치의를 중심으로. **보건복지포럼**, (246). 한국보건사회연구원.

이윤진(2018). 돌봄서비스 종사자 고용안정성 강화. 경기연구원 연구논총.

최용길, 김유정. (2019). 우리나라 장애인활동지원제도의 개선방안에 관한 연구. **제주대학교 법과정책, 25**(2).

한국장애인단체총연합회(2023). **장애인정책 리포트**(vol. 436).

〈추천 동영상〉

- 날 보러 와요(http://movie.naver.com/movie/bi/mi/basic.nhn?code=140718)
  - 정신병동 감금 106일째 난 미치지 않았어요…

대낮 도심 한복판, 강수아(강예원)는 이유도 모른 채 정신병원에 강제 이송, 감금된다. 강제 약물 투여와 무자비한 폭력 속에 시달리던 수아는 이곳에서의 끔찍한 일들을 세세하게 기록하기 시작한다. 합법적 감금, 그 이면의 충격적 사실! 누가, 왜, 그녀를 가두었는가?

그로부터 1년 뒤, 시사프로 〈추적 24시〉의 나남수(이상윤) PD에게 수첩이 배달된다.

나PD는 믿기 힘든 사건들이 기록된 이 수첩의 진실을 밝히고자 강수아를 찾아갔지만, 그녀는 현재 살인사건 용의자로 수감되어 있다. 취재를 거듭할수록 드러나는 충격적 사실들!!! 과연 무엇이 진실이고, 무엇이 거짓일까?

찾아보기

저자 소개

임종호(Im Jong-Ho)

대구대학교 특수교육과 졸업

성결대학교 사회복지학과 졸업

숭실대학교 대학원 사회복지학 석사

가톨릭대학교 대학원 사회복지학 박사

현 한라대학교 사회복지학과 교수

이영미(Lee Young-Mi)

연세대학교 교육학과 졸업

연세대학교 대학원 사회복지학 석사

미국 조지아 주립대학교 대학원 특수교육학 석사

연세대학교 대학원 사회복지학 박사

현 한남대학교 사회복지학과 교수

이은미(Lee Eun-Mi)

서울신학대학교 사회복지학과 졸업

영국 켄트대학교 대학원 사회복지학 석사

서울대학교 대학원 사회복지학 박사

현 서울신학대학교 사회복지학과 교수

장애인복지론(6판)

Social Welfare for the Person with Disabilities (6th ed.)

2010년 8월 30일 1판 1쇄 발행
2013년 4월 5일 1판 6쇄 발행
2013년 7월 30일 2판 1쇄 발행
2016년 3월 25일 2판 5쇄 발행
2016년 9월 1일 3판 1쇄 발행
2020년 4월 20일 3판 6쇄 발행
2020년 9월 10일 4판 1쇄 발행
2021년 8월 20일 4판 3쇄 발행
2022년 6월 30일 5판 1쇄 발행
2024년 1월 25일 5판 4쇄 발행
2025년 9월 5일 6판 1쇄 발행

지은이 • 임종호 · 이영미 · 이은미

펴낸이 • 김진환

펴낸곳 • ㈜학지사

04031 서울특별시 마포구 양화로 15길 20 마인드월드빌딩

대표전화 • 02-330-5114 팩스 • 02-324-2345

등록번호 • 제313-2006-000265호

홈페이지 • http://www.hakjisa.co.kr

인스타그램 • https://www.instagram.com/hakjisabook

ISBN 978-89-997-3498-4 93330

정가 25,000원

저자와의 협약으로 인지는 생략합니다.

파본은 구입처에서 교환해 드립니다.